国家出版基金项目
NATIONAL PUBLICATION FOUNDATION

# 南岭走廊契约文书汇编（1683—1949年）

主　编　杨文炯　骆桂花　唐学情
副主编　李　双　沈世明

# 衡阳、永州、浏阳、玉林、赣州卷

邱运胜　刘　然　刘　珊
杨婷婷　王　佳　编校

中山大學出版社
SUN YAT-SEN UNIVERSITY PRESS
·广州·

图书在版编目（CIP）数据

南岭走廊契约文书汇编：1683—1949 年．衡阳、永州、浏阳、玉林、赣州卷 / 邱运胜等编校；杨文炯，骆桂花，唐学情主编；李双，沈世明副主编．—广州：中山大学出版社，2023.12
ISBN 978 - 7 - 306 - 07932 - 9

Ⅰ．①南…　Ⅱ．①邱…　②杨…　③骆…　④唐…　⑤李…　⑥沈…
Ⅲ．①契约—文书—汇编—中国—1683—1949　Ⅳ．① D923.69

中国国家版本馆 CIP 数据核字（2023）第 208024 号

NANLING ZOULANG QIYUE WENSHU HUIBIAN：
1683—1949 NIAN · HENGYANG YONGZHOU LIUYANG YULIN GANZHOU JUAN

出　版　人：王天琪
策划编辑：王天琪　嵇春霞
责任编辑：王延红
封面设计：曾　斌
责任校对：管陈欣
责任技编：靳晓虹
出版发行：中山大学出版社
电　　话：编辑部（〇二〇）八四一一一九〇一
　　　　　发行部（〇二〇）八四一一一九八
地　　址：广州市新港西路一三五号
邮　　编：五一〇二七五
印　刷　者：广州市友盛彩印有限公司
开　　本：十六　　印　　张：二三点一二五
字　　数：四三四千字
版次印次：二〇二三年十二月第一版　二〇二三年十二月第一次印刷
定　　价：一一六元

# 凡例

一、本汇编所收契约文书之时间，上限为一六八三年，下限为一九四九年十月中华人民共和国成立前；按地域分为五卷，分别是粤北卷，郴州卷，贺州卷，桂林、柳州、来宾、贵港卷，衡阳、永州、浏阳、玉林、赣州卷。

二、本汇编所收原件为收藏在广东瑶族博物馆和连山壮族瑶族自治县统战部的契约文书。

三、本汇编所录契约文书皆无名称，均由编者自拟，文书名称包括时间、责任者（立契人或发布人）、事由、文书类别。

四、本汇编每一卷中的契约文书先按地域排列，再以时序编次。若一契写有两个年份者，以初立契约日为序编排；若干支纪年与历史纪年不对应者，按照历史纪年排序；若只知年号不知年份者，排在该年号的最后。

五、本汇编之录文，无版本依据不作按断。简体字以二〇一三年六月国务院公布之通用规范汉字表为准。通假字、生僻字，不改。繁体字、异体字（人名与地名除外）、避讳字，径改。舛误，用（　）标注正确的内容。衍字，用［　］标示。疑讹字，用〔　〕号补上拟正的字。根据上下文或者前后文的意思，需补充的字用〈　〉标示。画押符号均写成『【押】』，印章均写成『【印】』。

六、本汇编凡原文献因年代久远、手写或印刷等因素导致字迹漫漶不清、缺字、纸页残缺者，按照以下方式处理：无法辨认的用『?』标示；据所缺字数用『□』逐一标示，字数难以确定者用『▨』标示，可以补齐的用〈　〉标示。

七、本汇编中出现的对少数民族的蔑称均根据国家相关民族政策一律改为规范称呼，如『猺』改为『瑶』。其余未规定事项，为保存历史文献原貌，一般从原。

# 南岭走廊契约文书汇编（1683—1949年）

## 总序

杨文炯

民间契约文书的发掘、整理、出版和跨学科研究是改革开放四十余年以来中国学术文化苑中最亮丽的风景之一，形成了『东有石仓文书，西有敦煌文献、黑水城文献，南有徽州文书、清水江文书，北有太行山文书的研究格局』[一]。自近代民间契约文书发现以来，作为历史文化现象的民间契约文书遍布西北、华南、华北、华中、西南等广大地区，不仅存在于汉族地区，而且存在于少数民族分布地区。这种文化现象的普遍性及其『大同小异』的丰富内容无疑呈现了『多元一体的中国社会』——一个沉淀在底层社会且呼应着经史子集之大传统的『小传统』的中国社会。如果说作为正史的二十四史是大一统历史的『上层建筑』——王朝国家的话语表达，那么这些浩如烟海的民间契约文书作为『元史料』就是它的『下层建筑』——乡土中国的乡土话语。正如赵世瑜先生所说的清水江文书的研究具有『重建西南乃至中国的历史叙述』[二]之价值，亦如郑振满先生指出的『系统收集和整理、利用民间历史文献，深入揭示民间文化的传承机制，开展多学科结合的综合研究，对于推动中国人文社会科学的发展具有战略性意义。通过深入发掘和研究民间文献，有助于深化对中国基本国情的认识，建构具有中国特色的人文社会科学理论模式与概念体系』[三]。因此，这些民间历史文献的全面发掘、整理和研究，有助于对中国社会历史文化深层结构的探究，有助于深化对中华文明之突出特性的理解与揭示，有助于提升中国式现代化的文化自信，有助于构建中国人文社会科学的话语体系。

每一份民间契约文书都是沉默的全息的历史文本。它们作为乡土中国的乡土话语是老百姓曾经的日常生活实践和生活样态的真实写照，作为今天学术研究的史料又是我们寻找中国文化乡土之根的历史记忆。传统的中国文化是土地里长出来的，正如费孝通先生所言的：『中国基本的社会结构和生活方式都植根于农村这个乡土社会，这

〔一〕鲁书月、顾海燕：邯郸学院藏太行山文书学术研讨会综述，中国史研究动态二〇一五年第三期。
〔二〕赵世瑜：清水江文书在重建中国历史叙述上的意义，原生态民族文化学刊二〇一五年第四期。
〔三〕郑振满：民间历史文献与文化传承研究，东南学术二〇〇四年增刊。

是中国的国情。因此，我认为认识中国社会，认识中国人，首先要认识中国农村社会，认识农村经济，认识农民生活及其社会心态。』[一]差序格局是乡土熟人社会的基本结构，礼制又是生于斯、长于斯的乡土人不言自明的规矩，信用是教化、内化于『礼』中的『规』，又是敬畏、服膺于心的『矩』。所以，『乡土社会的信用并不是对契约的重视，而是发生于对一种行为的规矩熟悉到不假思索时的可靠性』[二]。因此，民间契约文书作为文化记忆是连结过去与未来的生生不息的文脉，对它的学术研究正是对历史的追问与对未来承前启后的理性思考，更是理解『何为中国』的一种全新的学术视角。从学术史的角度看，此类研究也是傅衣凌、梁方仲二位先生所开创的华南学派的学术传统，近些年学术界关于清水江文书的发现和整理研究而形成的『清水江学』就是典型个案。正如张应强先生指出的：『从宏观上看，如果把清水江文书反映的具体社会生活，与大的历史背景、区域的历史建构联系起来，那么，从非常具体而微的个案入手，围绕清水江文书的解读，就不仅可以助益我们对区域社会文化过程的认识和理解，而且还提供了理解和解释明清西南开发历史进程的新途径，乃至通过西南理解和解释中国历史的一把钥匙。』[三]同样，朱荫贵先生从构建中国特色哲学社会科学体系的角度指出：『长期以来，学术界对明清以来中国社会经济各个领域的研究，受史料和文化传承等影响，基本集中在东部、中部和汉族文化地区，这种状况使得已有的研究成果很难说完整地代表了整个中华文明，也成为现有研究成果难以避免的弱点之一。清水江文书的发现和整理研究……也为今后更长期的历史研究和从更广泛的角度研究中国奠定了坚实基础，有可能使中国的社会科学研究在某些领域和课题上具有更加鲜明的中国特色，并大大增强站在世界学术研究前沿的可能性。』[四]同时，作为方法的清水江文书的中国研究又有着『小中见大』的重要意义，即透过地方性『小问题』『小历史』而发现中国性的『大意义』『大历史』。如张新民先生指出的：『我们既要透过中华文明的整体架构来准确地分析复杂多元的地域文明形态，也要以复杂多元的地域形态来客观完整地反映中华文明的整体架构。研究清水江流域乡民生存、生活、交往与劳作的社会性实践模式，当然应该将其置于中华文明变迁发展的整体历史背景中，以「多元一体」即大一统复合型文明共同体的视域来展开多方面的分析，在强调其地方性（个别性）的同时也注意其国家性（共同性），而注意国家性（共同性）则决不意味着可以忽视地方性（个别性）……复线式的叙事学研究方法之所以显得重要，

〔一〕费孝通：中国乡村考察报告·总序，社会二〇〇五年第一期。
〔二〕费孝通：乡土中国，人民出版社二〇一五年版，第七页。
〔三〕张应强：方法与路径：清水江文书整理研究的实践与反思，贵州大学学报二〇一八年第一期。
〔四〕朱荫贵：从贵州清水江文书看近代中国的地权转移，杨军昌主编清水江学研究，中央民族大学出版社二〇一六年版，第五十四页。

即在于它能够帮助我们更好地认知多重地理文化空间组合而成的完整意义上的中国。』[一]由此可见，因为民间历史文献学的『下层建筑』视角呈现了被长期遮蔽的中国历史文化之根深叶茂的乡土性，从而与正史的『上层建筑』视角构成了深度理解中国社会多元一体结构的全新视阈，使得以往的中国研究的宏大叙事因为落地生根的乡土性而使『中国故事』更为生动、真实、丰满，使得『何为中国』的自主性知识体系的本土话语更有中国特色、风格、气派。

我们步学界后尘，与广东瑶族博物馆合作出版五卷本南岭走廊契约文书汇编（1683—1949年）。这套民间历史文献具有三大特点：一是时间跨度大，从清朝康熙二十二年（一六八三）到一九四九年，其间虽经『三千年未有之大变局』与改朝换代之巨变，但这些民间契约文书作为一种文化现象却保持了相当的历史连续性与书写风格的一致性。二是这些文献主要分布在南岭走廊，它是历史上多元族群的共生之地，又是不同族群南来北往、东进西出的必经之道。大量契约文书的存在，既反映了这一地区的社会流动性，又说明了契约文书是地方社会之共识性契约与社会制度的设置。三是这些契约文书最大的特点是绝对多数是『白契』，即民契。如果说『红契』作为官契是地方社会正式制度，那么，『白契』就是非正式制度，是传统乡土社会自在的契约文化的载体与物证。如仲伟民、王正华先生指出的：『契约文书揭示了中国历史最真实的样态，从中我们可以看到传统中国尤其是乡土社会所表现出的务实精神、契约精神和法治精神。就契约文书的内容与格式而言，呈现出丰富多彩的面貌，同时又具有极大的相似性，从此出发可以让我们对于中国文化的多样性与统一性有更为深层的理解。』[二]但笔者依然需要追问的是，什么样的意义使得这些作为非正式制度的『白契』在地方社会起着让人信守契约的重要作用？这些『一纸值千金』的『白契』的神圣性何在，即是什么样的神圣性让人们敬畏契约、尊重契约？这就需要我们的研究回归它所在的没有『祛魅』的地方社会中，因为它是这些契约文本被生产的语境，这一语境不仅有显性的归户性、宗族性、地方性的社会结构，更有其隐性的、内嵌于宇宙观之中的神圣价值结构。人是意义的社会存在，亦如马克斯·韦伯所言，人是悬挂在自己编织的意义之网上的动物。这些契约文书是无声的历史话语，我们只有通过分析文本话语，即对意义的追问才能回归对『人』的主体性研究，因为历史研究不是研究『史料』本身，而是通过『史料』认识、理解具体的『人』。笔者在阅读这些契约文书时，发现大量的契约文书在契尾处的『中见人』

---

〔一〕张新民：寻找中国文化的乡土社会之根，广西民族研究二〇一六年第三期。

〔二〕仲伟民、王正华：契约文书对中国历史研究的重要意义，史学月刊二〇一八年第五期。

『经场人』『代笔人』『保人』『中证人』『族老某某正』等上方明确写有『天理良心』『存乎天理』『存乎天良』『仁心天理』『永年千秋』『天长地久』『长发祺祥』『添丁进业』『永远善业』『风调雨顺』等字样。显而易见，这些字样不是装饰的，它恰似契约文书的『天眼』，是契约文本话语的关键词。透过这些源自文化主体之宇宙观的『心灵话语』，笔者看到了乡土社会无处不在的香火袅袅的土地庙、佛道与民间信仰杂糅的寺院、宗祠乃至家屋墙上的『天地君亲师』，更见到了作为大传统的宋明理学在乡土社会的根植与功能。这些『白契』文书不只是一张张立字为据的契约，更是一张无形的意义之网。在乡土社会，它们不仅是可见的『礼』——工具性的乡规民约，更是人们心灵的『理』——乡土人安身立命的价值之基，正是这种内在的『理』与外在的『礼』构筑了乡土社会『白契』之有效性契约规范的双重价值维度。因此，对这些契约文书的研究让我们找到了中国乡土社会生生不息的文脉，看到了中国社会悠久的契约文化传统和精神，揭橥了源远流长的中华文明之连续性、统一性、稳定性的文化基因。

在本套丛书付梓之际，我们非常感谢中山大学出版社王天琪社长、嵇春霞副总编辑的大力支持和各位编辑付出的艰辛劳动！同时，谨以本套丛书的出版纪念骆桂花教授！

# 目录

## 第一部分　湖南衡阳

## 耒阳（二）



# 第二部分 湖南永州

## 宁远

## 道县（二） 九九

## 第三部分　湖南浏阳

## 第四部分　广西玉林

### 玉林（一）

## 玉林（一二）

## 玉林（三）　二三六

## 于都

# 第一部分　湖南衡阳

# 耒阳（一）

## 乾隆年间黄雨鸣等卖重补屋图契

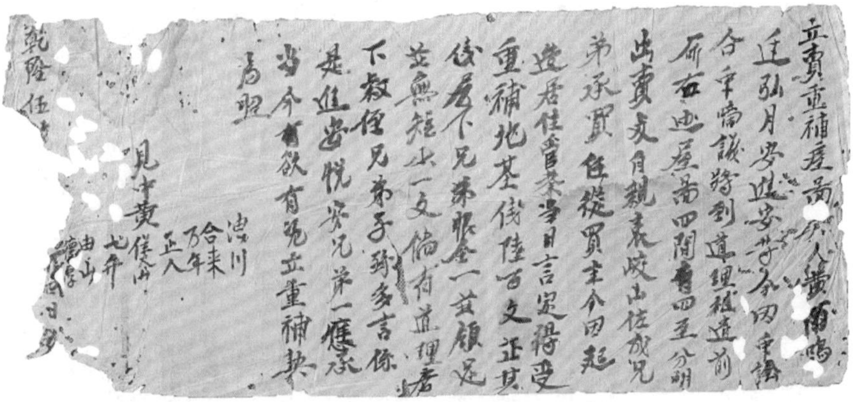

立卖重补屋图契人黄雨鸣廷弘月安进安等今因众讼合众
嘀（商）议将到道理祖遗前厅右边屋图四间四至分明出
卖与自亲袁峧山佐成兄弟承买任从买主今因起造居住管
业当日言定得受重补地基钱陆百文正其钱屋下兄弟眼仝
一并领足并无短少一文倘有道理房下叔侄兄弟子孙多言
系是进安悦安兄弟一应承当今欲有凭立重补契为照
见中黄泄川黄合来黄万年黄正人黄俣山黄七开黄由山黄
德厚
乾隆伍☒四日立

## 嘉庆十五年十一月初四日袁明境卖屋契

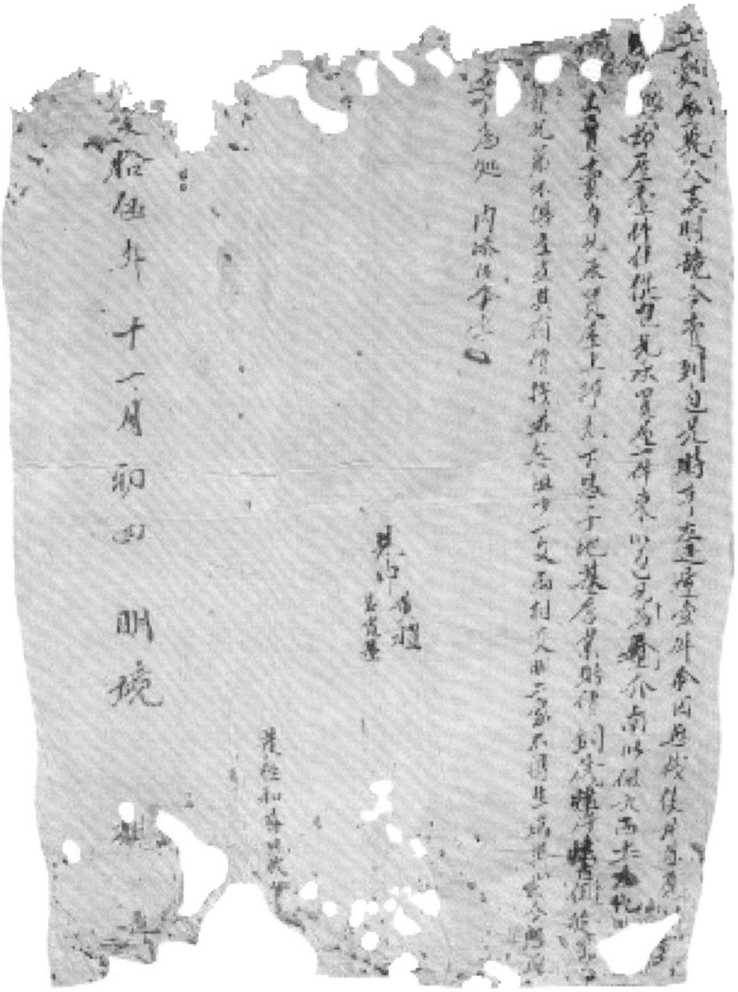

立卖屋契人袁明境今卖到包兄时亨左边屋壹件（间）今因无钱使用自愿将到地名塘节屋壹件（间）任从包兄承买屋一件（间）东以包兄屋为介南以佩天西土北以□□为界将来出卖与兄承买屋上净先下昌子地基管业时价铜钱肆仟肆百文正任从买主管业兄弟不得主当其有价钱并无短少一文两相交明二家不得生端异言今恐无凭立字为处（据）

内添伍个字【押】

见中黄礼袁宽墨

黄姓和裔⍰代笔

〈嘉庆〉拾伍年十一月初四明境亲立

## 道光七年十月初九日时泰卖垦田契

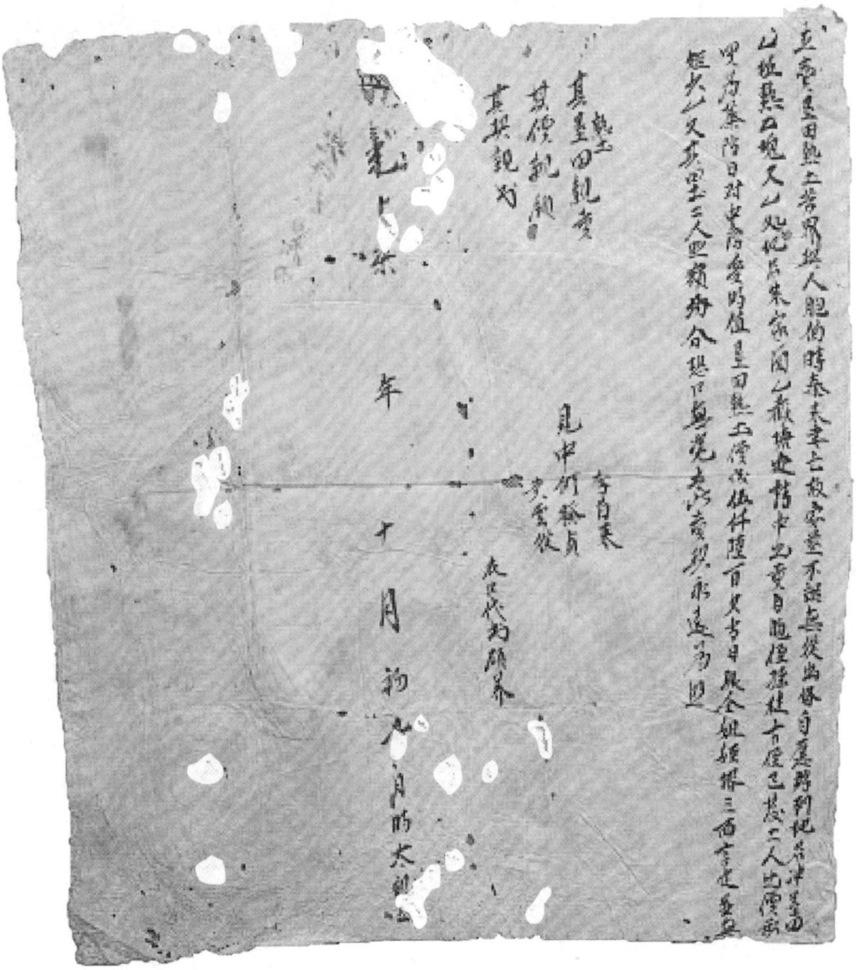

立卖垦田熟土芳界契人胞伯时泰未妻亡故安葬不办无从出备自愿将到地名冲垦田一丘熟〈土〉一块又一处为地名朱家园一截塘边请中出卖与胞侄孙桂古侄正发二人出价承买为业凶（当）日对中得受时值垦田熟土价钱伍仟陆百文当日眼仝姐姪婿三面言定并无短少一文其田土二人照额均分恐口无凭立此卖契永远为照

其垦熟土田亲卖

其价亲领

其契亲书

见中李白?何发贞黄云从

衣（依）口代书硕养

道光柒年十月初九日时太（泰）亲立

道光十七年十月三十日黄茄古卖菜园契

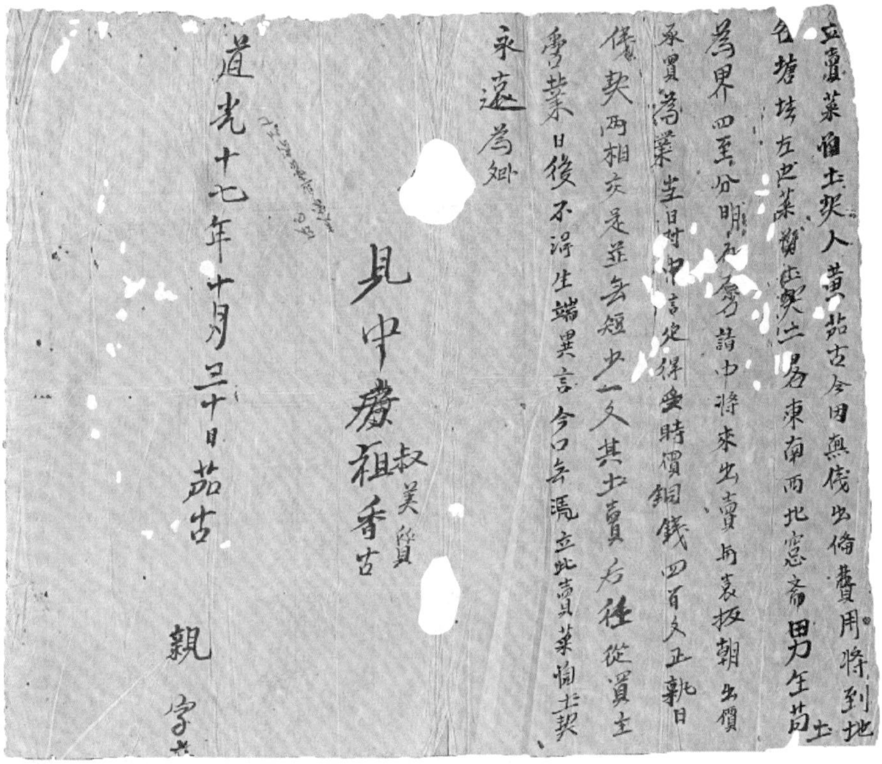

立卖菜园土契人黄茄古今因无钱出备费用将到地名塘坛左边菜园土契二略东南西北窗斋☐苟土为界四至分明自愿请中将来出卖与袁扳朝出价承买为业当日对中言定得受时价铜钱四百文正就日钱契两相交足并无短少一文其土卖后任从买主管业日后不得生端异言今口无凭立此卖菜园土契永远为据

见中房叔美质房祖香古

道光十七年十月三十日茄古亲字立

# 道光十九年八月十二日赵山堂分关地契

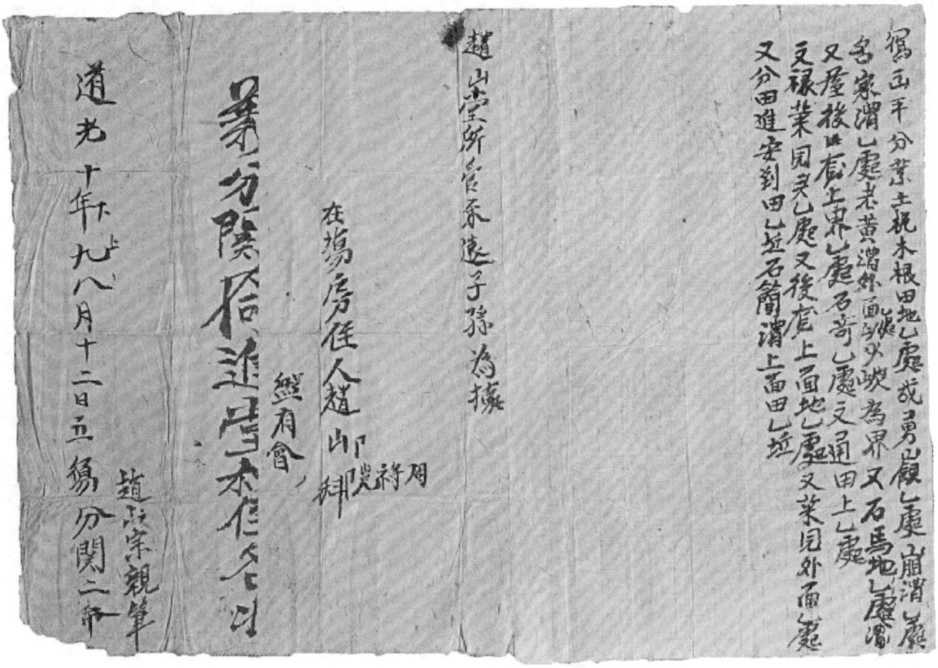

写出平分业土梶木根田地一处成勇岭一处崩漕一处名家漕一处老黄漕外面一处以火岐为界又石马地一处漕又屋后龙上界一处石奇一处文通田上一处文禄菜园头一处又后龙上面地一处又菜园外面一处又分田进安到田一丘石简漕上面田一丘

赵山堂所管永远子孙为据

在场房侄人赵山周赵山禄赵山?赵山科盘

有会

〈业分关合同进堂叔侄各收〉

赵山宗亲笔

道光十九年八月十二日立写分关二纸

## 咸丰七年四月二十日王丁斋兄弟灌溉合约

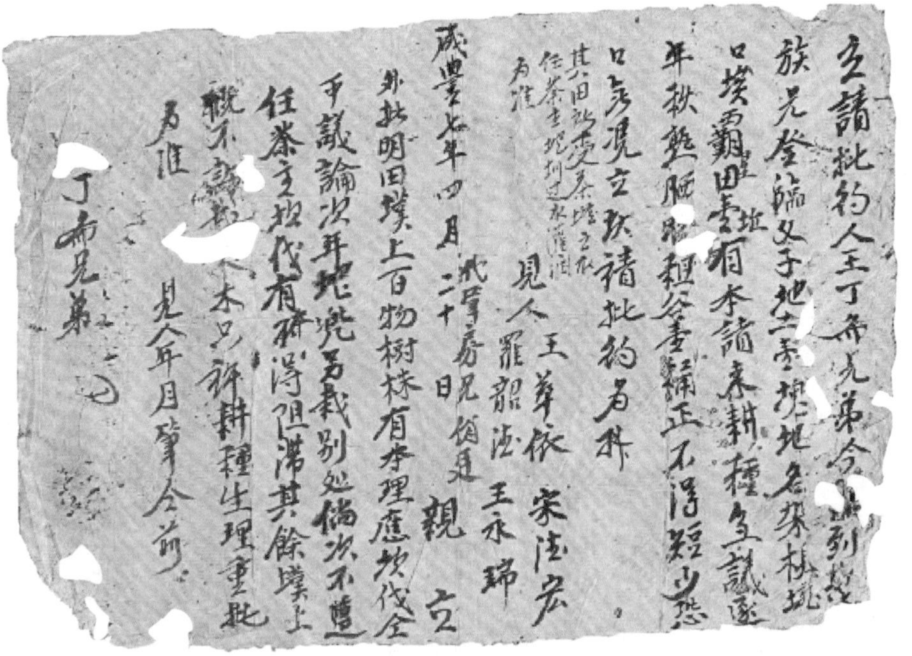

立请批约人王丁斋兄弟今□到□族兄登临父子地土壹块地名架枧垅口埃霸星田壹丘有本请来耕种当议逐年秋熟晒□租谷壹桶正不得短少恐口无凭立此请批约为据

其田所受茶垅之水任业主挖圳过水灌润为准

见人王华依宋德宏罗韶德王永瑞

代笔房兄□廷

咸丰七年四月二十日亲立

外批明田墣上百物树株有本理应坎伐仝众议论次年挖兆另栽别处倘次不遵任业主坎伐有本不得阻滞其余墣上概不许栽□木只许耕种生理重批为准

见人年月笔仝前

丁斋兄弟

# 光绪八年十二月二十日李黑改当过耕禾田契

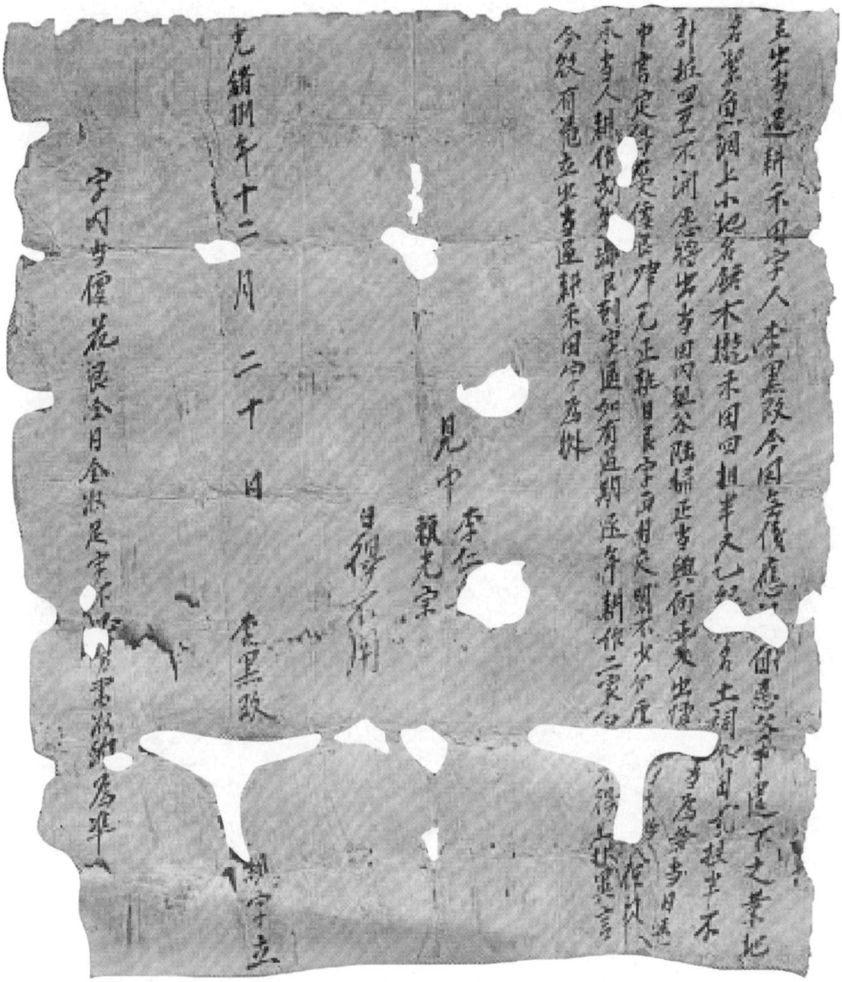

立出当过耕禾田字人李黑改今因无钱应用自愿父手遗下之业地名洁鱼洞上小地名锯木垅禾田四担半又一处地名土祠禾田贰担半不计丘四至不开愿将出当田内租谷陆桶正当与何正文出价□当为业当日凭中言定得受价银肆元正就日银字两相交明不少分厘▨任从承当人耕作贰年满银到字退如有过期逐年耕作二家⍰□不得生枝异言今欲有凭立出当过耕禾田字为据

见中李仁□赖光宗

日得不用

光绪捌年十二月二十日李黑改亲字立

字内当价花银仝日全收足字不必另书收约为准

## 光绪十六年十月二十二日孙国陵兄弟发批据

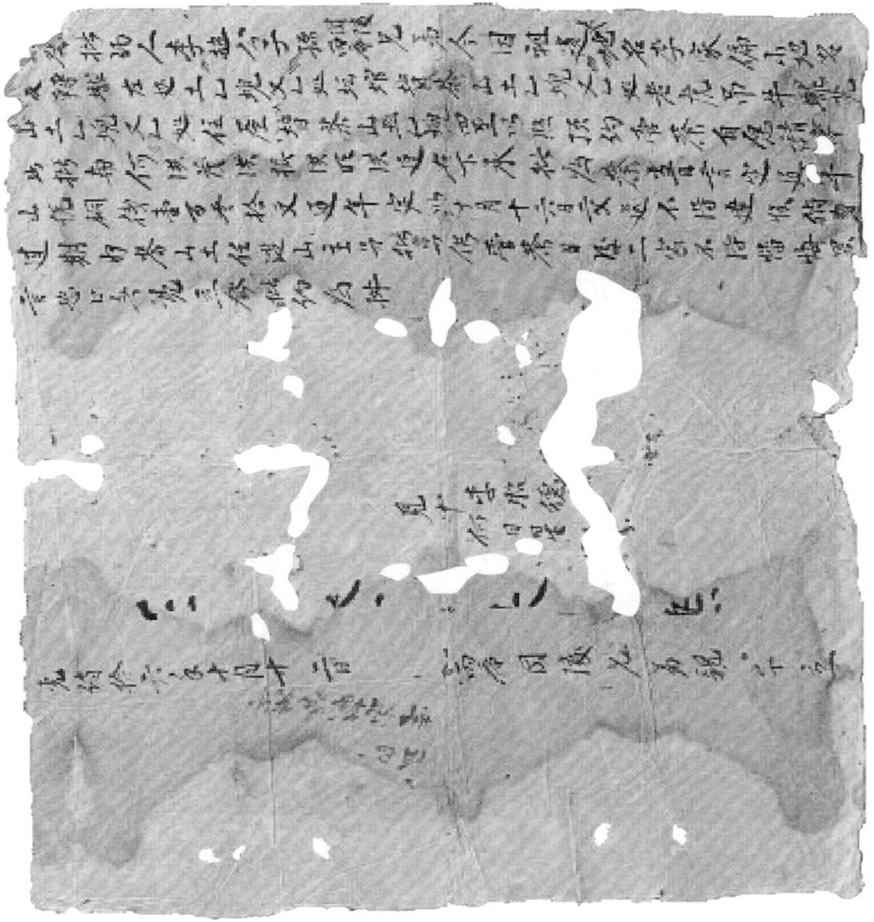

立发批约人李超公子孙国陵丙斋兄弟今因祖遗大地名李家偏小地名及转坊左边土一块又一处坛墙背茶山土一块又一处老虎吊牛坊荒山土一块又一处住屋背茶山土一块四至以照顶约管业自愿请中出批与何洪茂洪振洪明洪廷名下承批为业当日言定逐年山税铜钱壹百叁拾文逐年定以十月十六日交送不得违误倘有过期将茶山土任从山主另批另借管业日后二家不得播悔异言恐口无凭立发批约为据

见中李昭德何日星

〈丰登大熟〉

光绪拾六年十月廿二日丙斋国陵兄弟亲字立

## 光绪二十一年七月十六日如松典禾田据

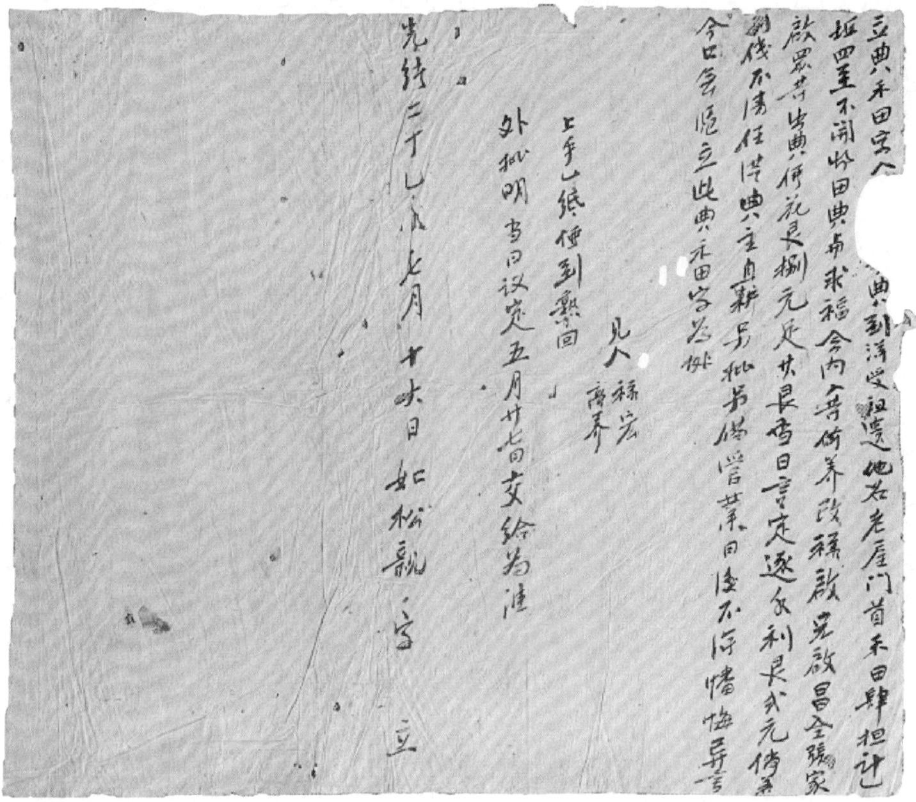

立典禾田字人☒〈如松〉今典到得受祖遗地名老屋门首禾田肆担计一丘四至不开将田典与求福会内人等?养改禄启宏启昌全张家启众等出典价花银捌元足其银当日言定逐年利银贰元倘若利钱不清任从典主自耕另批另借管业日后不得憣悔异言今口无凭立此典禾田字为据

见人禄宏高养

上手一纸价到熟（赎）回

外批明当日议定五月廿七日交给为准

光绪二十一年七月十六日如松亲字立

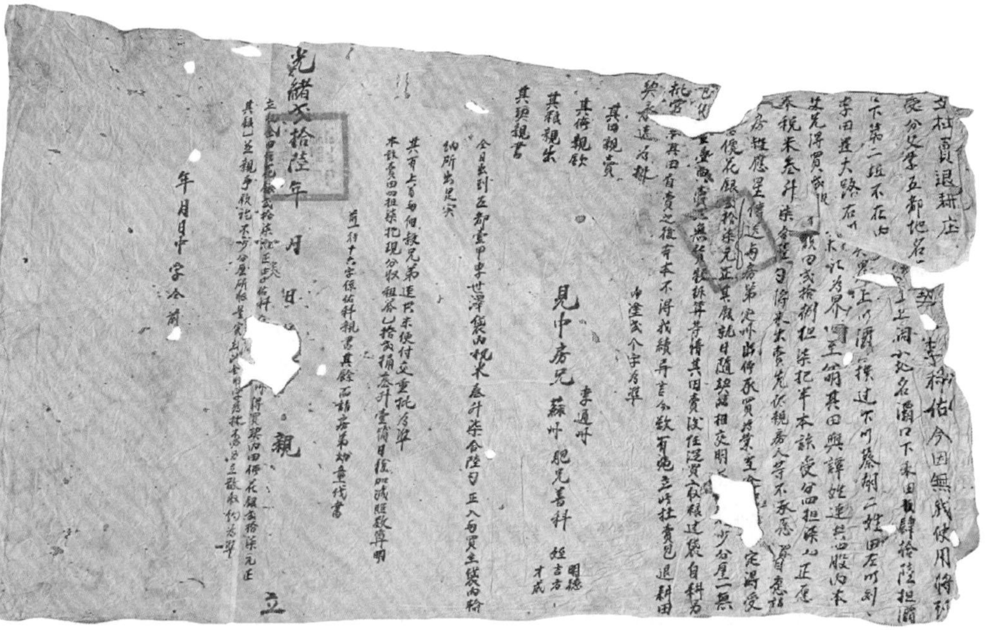

光绪二十六年李佑科卖退耕庄红契

立杜卖退耕庄契〈人〉李佑科今因无钱使用将到受分父业五都地名☐上洞小地名灞口下禾田肆拾陆担灞口下第二丘不在内☐界上以灞口横过下以蔡胡二姓田左以刘李田并大路右以大江为界四至分明其田与谭姓连共四股内本父兄得买贰股☐该田贰拾捌担柒把半本该受分四担柒〈把〉正愿奉税米叁升柒合陆勺将来出卖先尽亲房人等不承愿买自愿请中房叔应星传送与房弟定州出价承买为业当☐定得受☐☐价花银贰拾柒元正其银就日随契两相交明〈并无短〉少分厘一无包☐☐叠典卖又无货物拆（折）算等情其田卖后任从买主收粮过袋自耕另批管业其田自卖之后有本不得找续异言今欲有凭立此杜卖包退耕田契永远为据

内涂贰个字为准

其田亲卖

其价亲领

其粮亲出

其契亲书

见中房兄李通州苏州胞兄善科侄明德吉方才成

仝日出到五都壹甲李世泽袋内税米叁升柒合陆勺正入与买主袋内输纳所出是实

其有上首与伯叔兄弟连共未便付交重批为准

本该卖田四担柒把现分收租谷一拾贰桶叁升壹筒日后加减照数算明

前一行十六字系佑科亲书其余面请房弟幼童代书

光绪贰拾陆年月日〈佑科〉亲立

立收全田价花银贰拾柒元正字人李佑科☐☐☐到得买契内田价花银贰拾柒元正

其银一并亲手领讫不少分厘所收是实立此全收字为据不必另立散收约为准

年月日中字仝前

## 光绪三十四年十月二十一日夏戊求卖退耕水田契

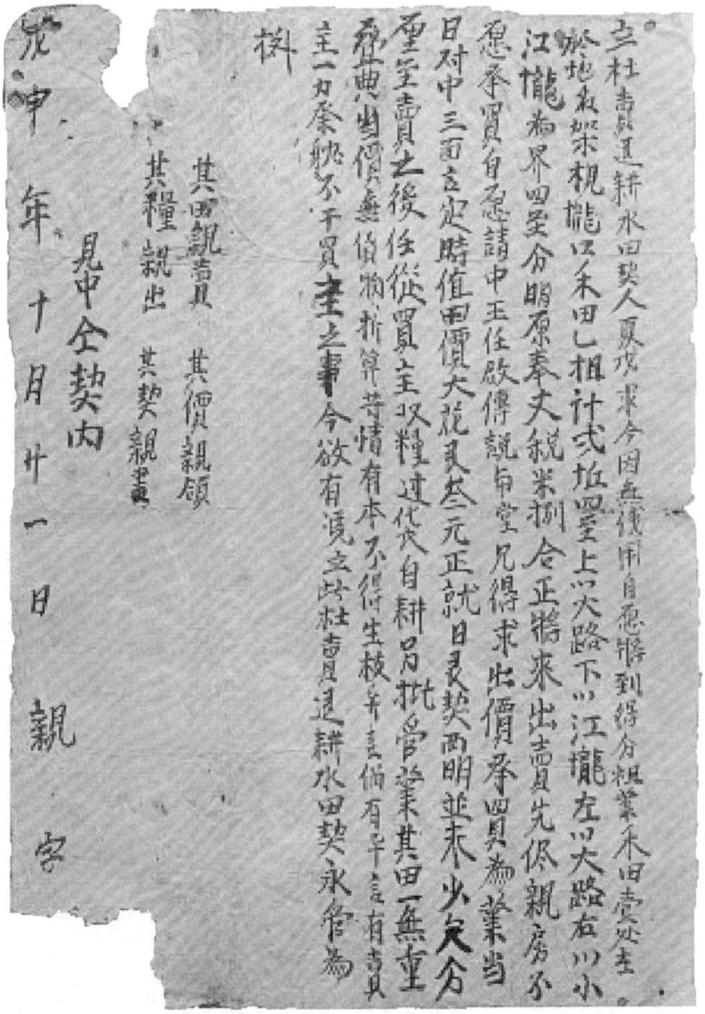

立杜卖退耕水田契人夏戊求今因无钱用自愿将到得分祖业禾田壹处左（在）于地名架枧垅口禾田一担计贰丘四至上以大路下以江垅左以大路右以小江垅为界四至分明原奉丈税米捌合正将来出卖先尽亲房不愿承买自愿请中王任啟传说与堂兄得求出价承买为业当日对中三面言定时值田价大花银叁元正就日银契两明并未少欠分厘至卖之后任从买主收粮过袋自耕另批管业其田一无重叠典当价无货物折算等情有本不得生枝异言倘有异言有卖主一力承躭（担）不干买主之事今欲有凭立此杜卖退耕水田契永管为据

其田亲卖
其价亲领
其粮亲出
其契亲书
见中仝契内
戊申年十月廿一日亲字

宣统元年二月初九日夏戊求卖退耕水田契

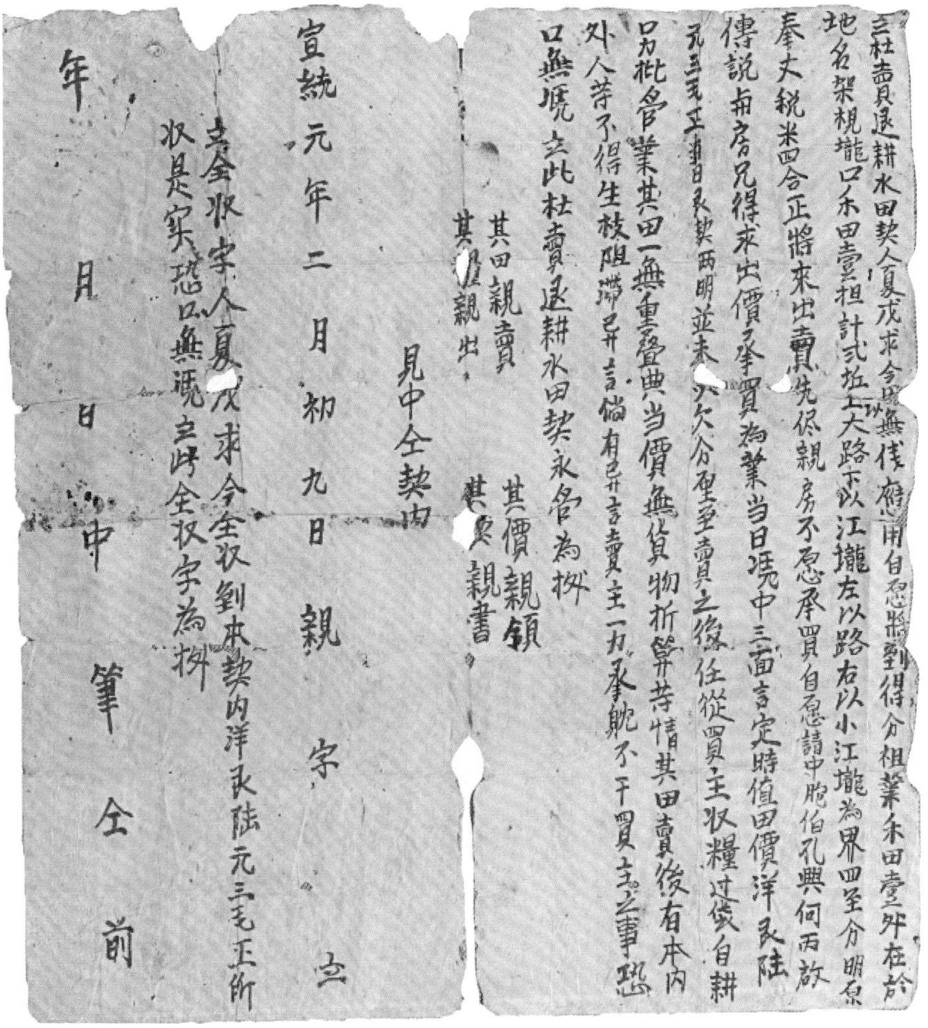
立杜賣退耕水田契人夏戊求今因無錢應用自愿將到得分祖業禾田壹坵外在於
地名架槻壠口禾田壹坵計弍拾弍大路下以江壠左以路右以小江壠為界四至分明原
奉丈税米四合正將來出賣先儘親房不愿承買自愿請中胞伯孔興何両啟
傳說弟房兄得求出價承買為業当日憑中三面言定時值田價洋艮陆
元三毛正其日艮契兩明並未少欠分厘至賣之後任從買主收糧过戶自耕
另批管業其田一無重疊典当價無貨物折筭等情其田賣後有本內
外人等不得生枝阻滯已并言擋有已并言賣主一力承䏍不干買主之事恐
口無憑立此杜賣退耕水田契永管為據
其田親賣　其價親領
其□親出　其契親書
見中仝契內
宣統元年二月初九日親字立
立仝收字人夏戊求今仝收到本契內洋艮陆元三毛正所
收是实恐口無憑立此仝收字為據
年　月　日　中　筆　仝　前

立杜卖退耕水田契人夏戊求今因无钱应用自愿将到得分祖业禾田壹处在于地名架枧垅口禾田壹担计贰丘上以大路下以江垅左以路右以小江垅为界四至分明原奉丈税米四合正将来出卖先尽亲房不愿承买自愿请中胞伯孔兴何丙啟传说与房兄得求出价承买为业当日凭中三面言定时值田价洋银陆元三毛正当日银契两明并未少欠分厘至卖之后任从买主收粮过袋自耕另批管业其田一无重叠典当价无货物折算等情其田卖后有本内外人等不得生枝阻滞异言倘有异言卖主一力承躭（担）不干买主之事恐口无凭立此杜卖退耕水田契永管为据

其田亲卖

其价亲领

其粮亲出

其契亲书

见中仝契内

宣统元年二月初九日亲字立

立全收字人夏戊求今全收到本契内洋银陆元三毛正所收是实恐口无凭立此全收字为据

年月日中笔仝前

## 民国十五年十月□九日王祯祥卖中油柞契

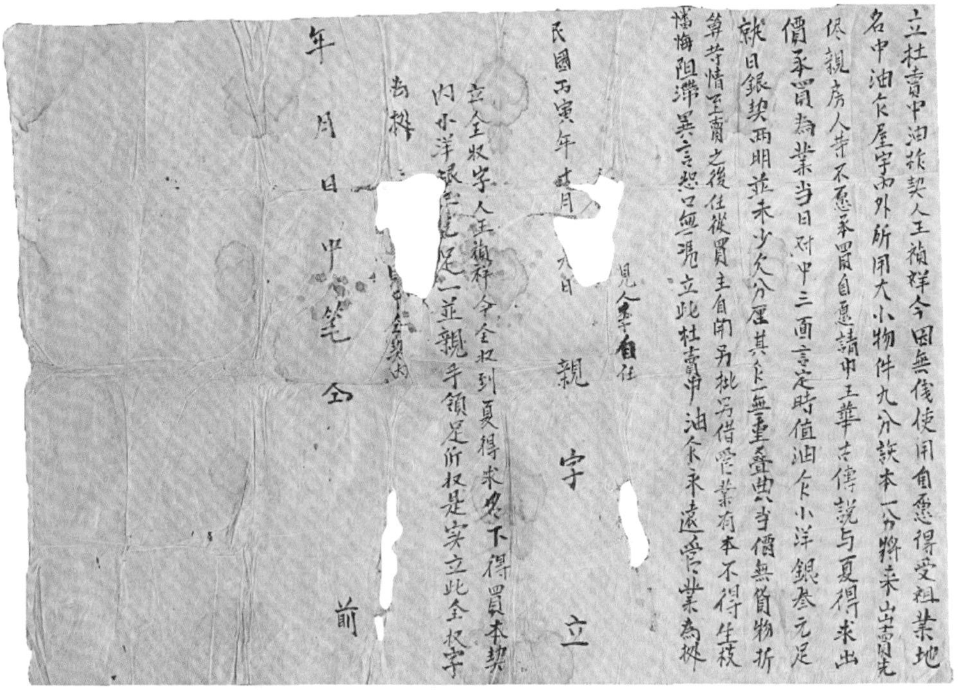

立杜卖中油柞契人王祯祥今因无钱使用自愿得受祖业地名中油乍屋宇内外所用大小物件九分该本一分将来出卖先尽亲房人等不愿承买自愿请中王华古传说与夏得求出价承买为业当日对中三面言定时值油乍小洋银叁元足就日银契两明并未少欠分厘其乍一无重叠典当价无货物折算等情至卖之后任从买主自开另批另借管业有本不得生枝憣悔阻滞异言恐口无凭立此杜卖中油乍永远管业为据

见人李自任

民国丙寅年十月□九日亲字立

立全收字人王祯祥今全收到夏得求名下得买本契内小洋银三元足一并亲手领足所收是实立此全收字为据

见中仝契内

年月日中笔仝前

## 民国二十九年古三月十一日邓啟逊黄啟桂灌溉合约

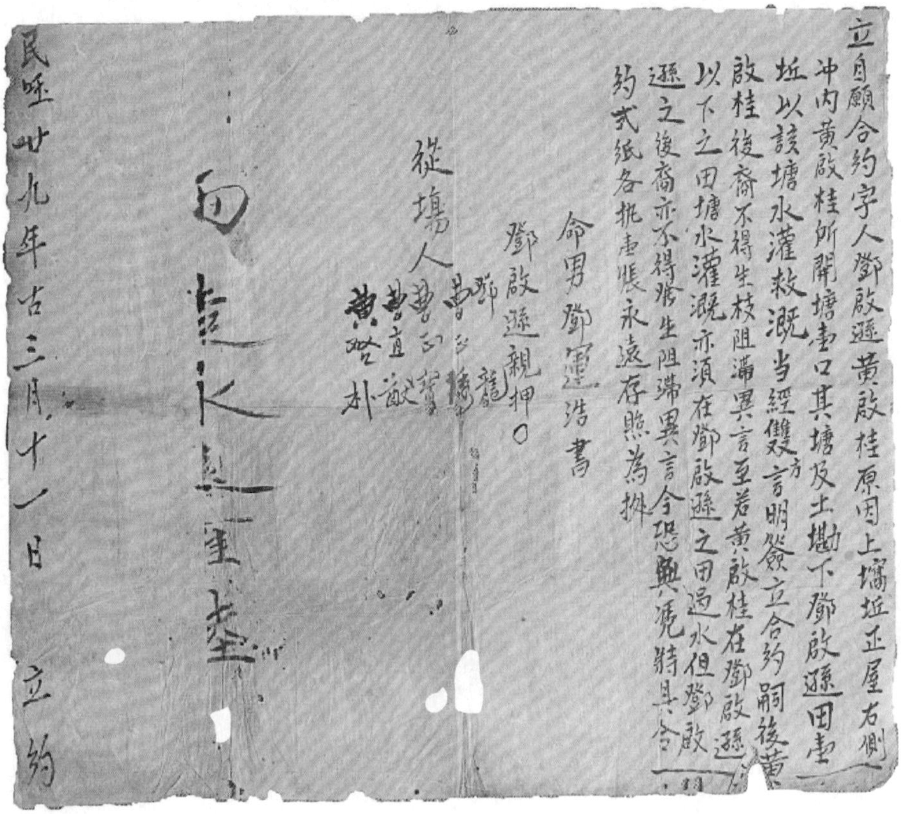

立自愿合约字人邓啟逊黄啟桂原因上墥坵正屋右侧冲内黄啟桂所开塘壹口其塘及土塝下邓啟逊田壹丘以该塘水灌救溉当经双方言明签立合约嗣后黄啟桂后裔不得生枝阻滞异言至若黄啟桂在邓啟逊以下之田塘水灌溉亦须在邓啟逊之田过水但邓啟逊之后裔亦不得发生阻滞异言今恐无凭特具合约贰纸各执壹张永远存照为据

命男邓运浩书

邓啟逊亲押【押】

从场人邓龙曹正秀曹正宝曹直猷黄?朴

??永远??

民国廿九年古三月十一日立约

## 不知年份分关文书

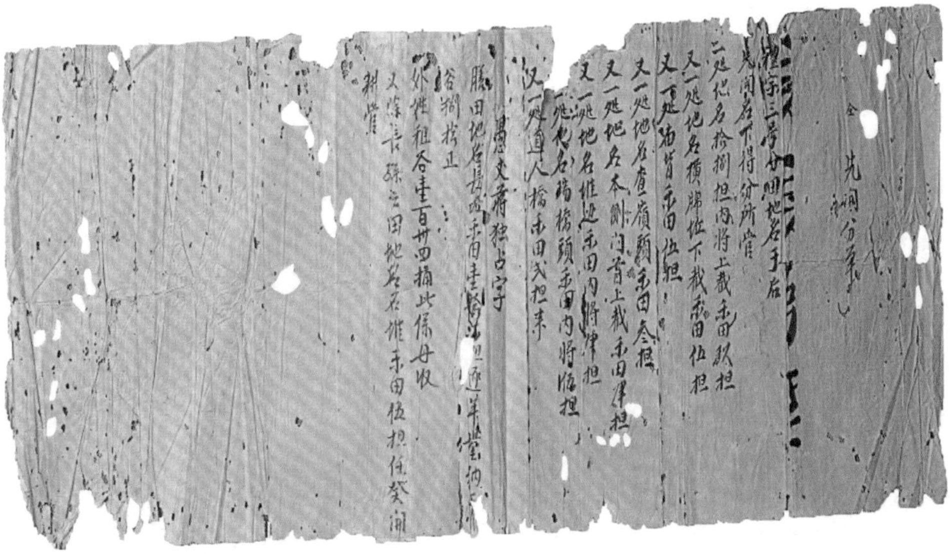

仝　先开分单
□□□
礼字三号分田地名于后
先开名下得分所管
一处地名拾捌担内将上截禾田玖担
又一处地名横牌垢下截禾田伍担
又一处庙背禾田伍担
又一处地名查岭头禾田叁担
又一处地名本侧门首上截禾田肆担
又一处地名堆边禾田内将肆担
□一处地名瑞桥头禾田内将伍担
又一处道人桥禾田贰担米
愚丈蒋独占字
膳田地名长垢禾田壹拾柒担逐年⍰纳□谷捌
拾正
外姓租谷壹百卅四桶此系母收
又除长孙得田地名石堆禾田伍担任癸开耕管

## 耒阳（二）

### 光绪二十二年十二月初六日陈寿芝卖杉茶山契

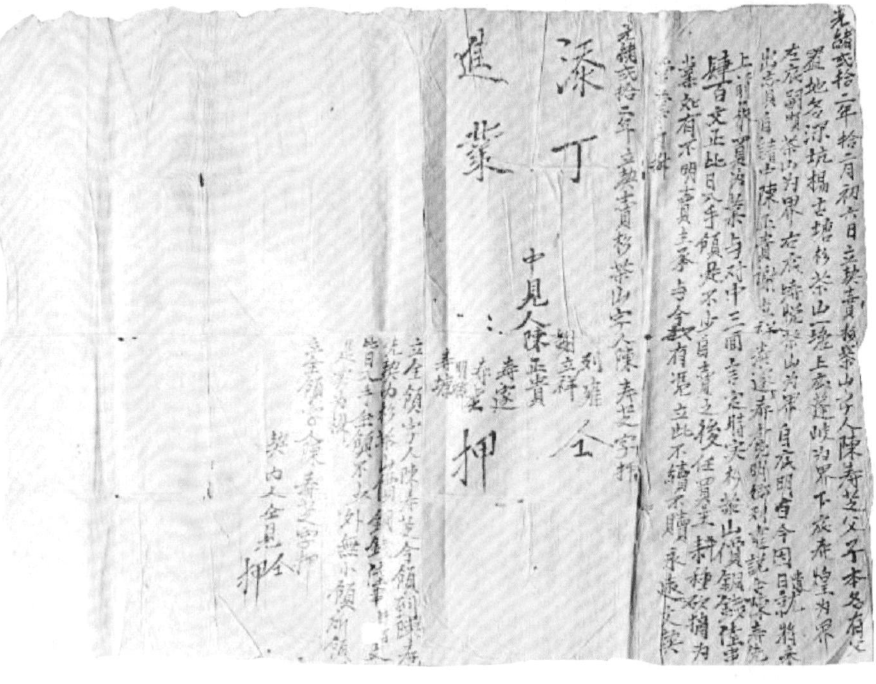

光绪贰拾二年拾二月初六日立契卖杉茶山字人陈寿芝父子本名有父置地名深坑杨古塘杉茶山一块上底蓬岐为界下底寿煌为界左底嗣顺茶山为界右底铸悦茶山为界自底明白今因日遗就将来出卖自请中陈正贵谢立祥寿邃寿虎明卿列雍说合陈寿先上前承买为业与对中三面言定时实杉茶山价铜钱陆串肆百文正比日入手领足不少自卖之后任买主耕种砍摘为业如有不明卖主承当今欲有凭立此不续不赎永远文契管业为据

光绪贰拾二年立契卖杉茶山字人陈寿芝字押

添丁进业

中见人谢列雍谢立祥陈正贵陈寿邃陈寿虎陈明卿陈寿塘仝【押】

立全领字人陈寿芝今领到陈寿先契内杉茶山价铜钱陆串肆百文比日入手全领不少外无小领所领是实为据

立全领字人陈寿芝字【押】

契内人仝见仝【押】

## 民国十一年九月初八日曹德林卖田契

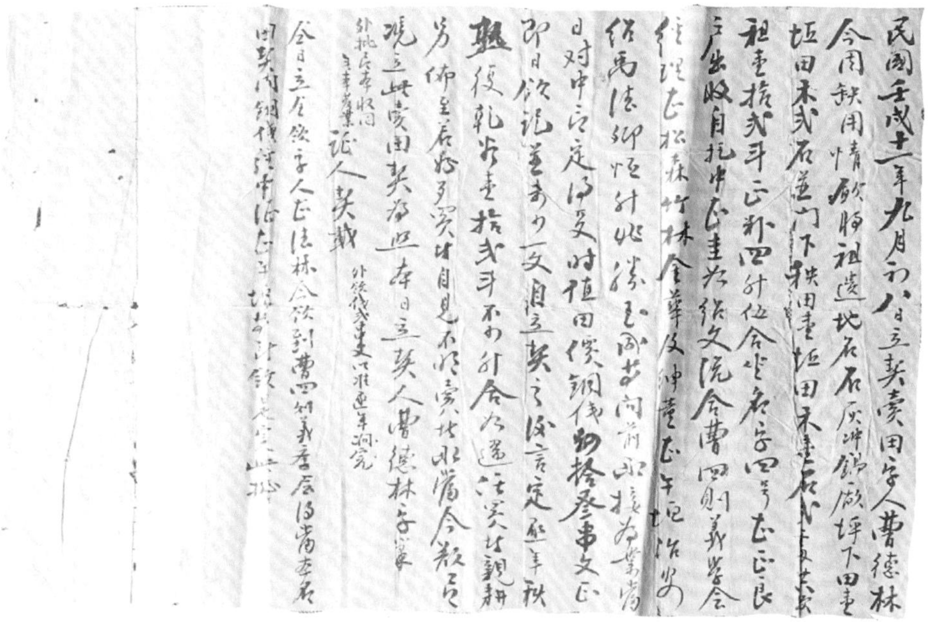

民国壬戌十一年九月初八日立契卖田字人曹德林今因缺用情欲将祖遗地名石灰冲锡厂坪下田壹丘田禾贰石并门下秧田壹丘田禾壹石贰处共□租壹拾贰斗正粮四升伍合坐名字四号曹正良户出收自托中曹圭为张文说合曹四则义学会经理曹松森竹林金华及绅董曹午垣治安绍禹德卿恒升兆胜玉同等向前承接为业当日对中言定得受时值田价铜钱肆拾叁串文正即日领讫并未少一文自立契之后言定逐年秋熟复干谷壹拾贰斗不少升合如违任买者亲耕另布至若好歹买者自见不明卖者承当今欲有凭立此卖田契为照本日立契人曹德林字笔

外批有本收回无本管业

外领钱贰串文以准逐年?完

证人契载

仝日立全领字人曹德林今领到曹四则义学会得当本名田契内铜钱经中证曹午垣等所领是实此据

## 民国三十四年八月十七日雷惟贤卖粮田契

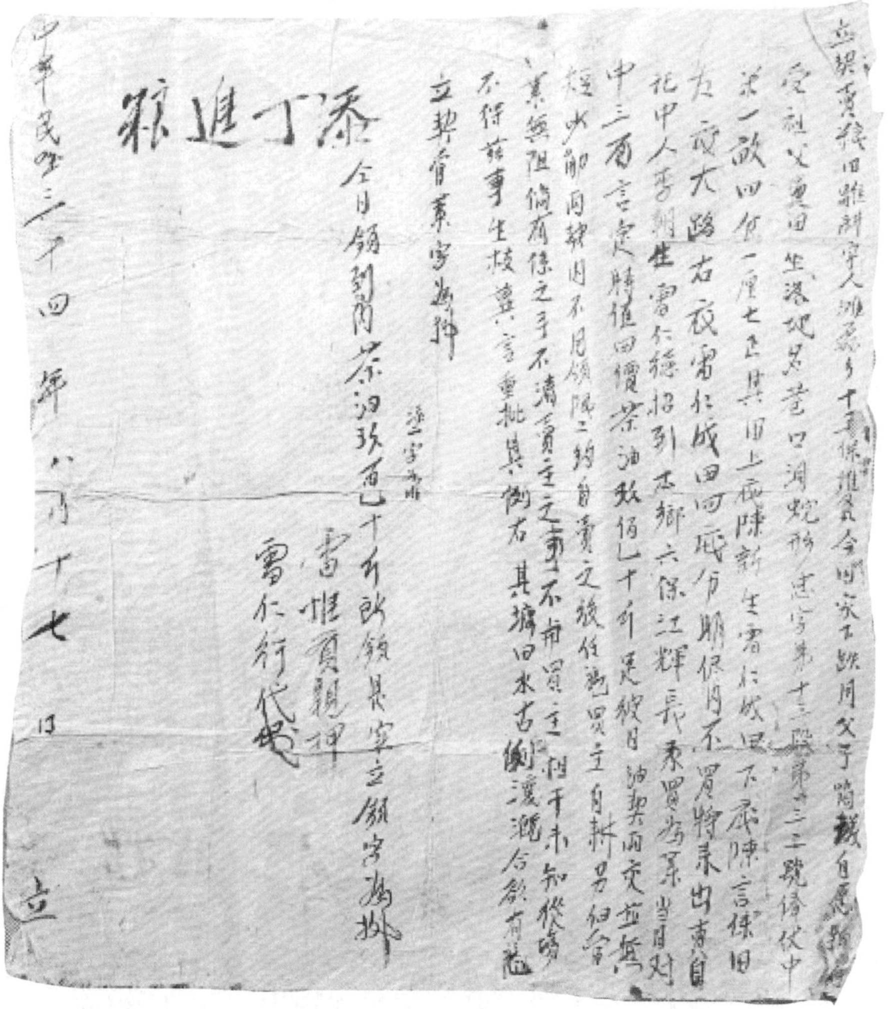

立契卖粮田离耕字人滩磊乡十五保雷惟贤
今因家下缺用父子嘀（商）议自愿将得受
祖父遗田坐落地名巷口洞蛇形忠字第十三
段第三二号倖仗中米一亩四分一厘七正其
田上底陈新生雷仁成田下底陈言倈田左底
大路右底雷仁成田四底分明尽内不买将来
出卖自托中人李朝生雷仁德招到本乡六保
江辉长承买为业当日对中三面言定时值田
价茶油玖佰一十斤足彼日油契两交并无短
少斤两契内不用领限二约自卖之后任凭买
主自耕另佃管业无阻倘有系之手不清卖主
之事不与买主相干未知从场不得滋事生枝
异言重批其例右其塘田水古例灌溉今欲有
凭立契管业字为据

添二字为准

添丁进粮

仝日领到内茶油玖百乙十斤所领是实立领
字为据

雷惟贤亲押

雷仁行代书

中华民国三十四年八月十七日立

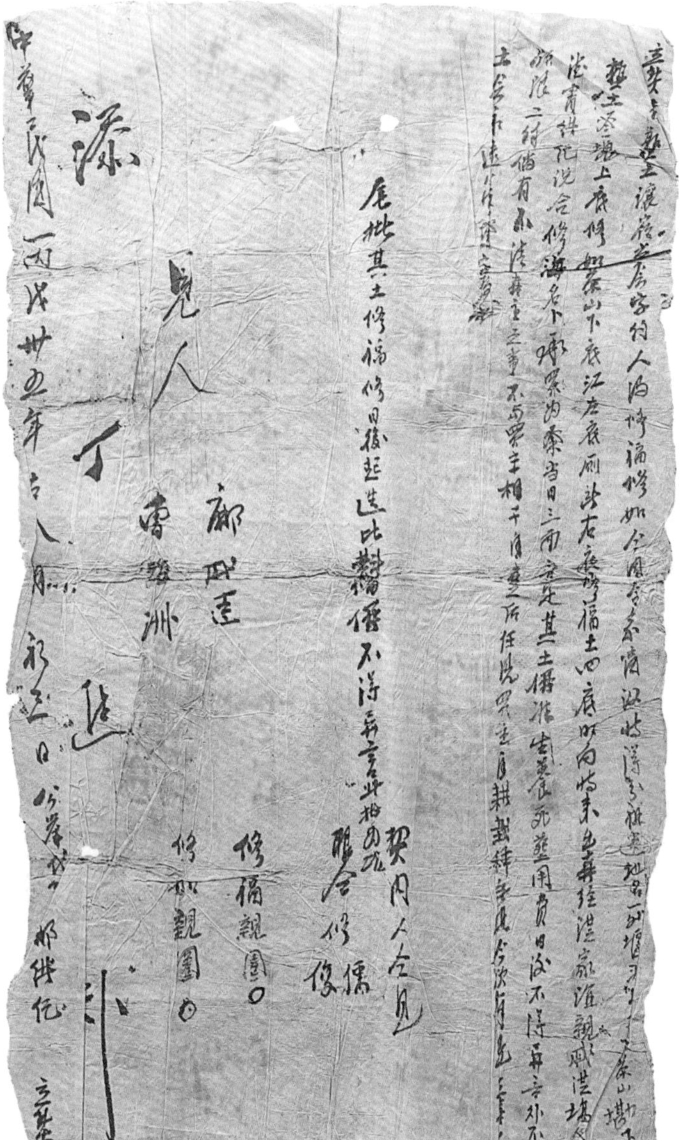

民国三十五年古八月初三日冯修福冯修如卖塾土契

立契卖塾土壤岭□?字约人冯修福修如今因合家嘀（商）议将得分祖遗地名□堰□□□茶山塌下共塾土叁块上底修如茶山下底江左底厕所右底修福土四底明白将来出卖经从家谊亲戚从场人德字德贵绪纪说合修海名下承买为业当日三面言定其土价准生养死葬用费日后不得异言外不用领限二约倘有不清卖主之事不与买主相干自卖之后任凭买主自耕栽种无异今欲有凭立□□土会永远□□□□为照

尾批其土修福修日后起造比斢备价不得异言此据为证

契内人仝见

眼仝修儒修复

修福亲圈【押】

修如亲圈【押】

见人邝戚臣曹海洲

添丁进粮

中华民国丙戌卅五年古八月初三日公举代笔邝绪仡立契

## 民国三十七年七月二十六日邝家旺卖粮田契

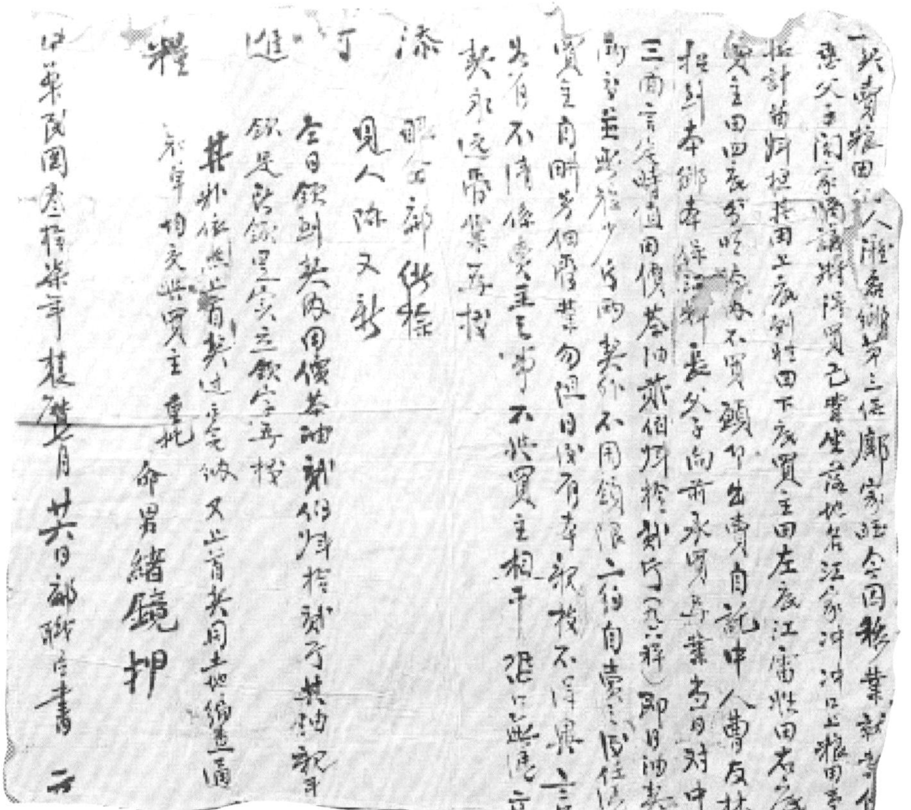

立契卖粮田字人滩磊乡第三保邝家旺今因移业就业〈自〉愿父子阖家嘀（商）议将得买已业坐落地名江家冲冲口上粮田壹丘计苗肆担其田上底刘姓田下底买主田左底江雷姓田右底买主田四底分明⃞内不买愿即出卖自托中人曹友林招到本乡本保江辉长父子向前承买为业当日对中三面言定时值田价茶油贰佰肆拾贰斤（九六秤）即日油契两交并无短少斤两契外不用领限二约自卖之后任凭买主自耕另佃管业勿阻日后有本亲枝不得异言如有不清系卖主之事不与买主相干恐口无凭立契永远管业为据

添丁进粮

眼仝邝绪梌

见人陈又新

仝日领到契内田价茶油贰佰肆拾贰斤其油亲手领足所领是实立领字为据

其粮依照上首契过户完纳又上首契园土地编查通知单均交与买主重批

命男绪镜【押】

中华民国叁拾柒年农历七月廿六日邝联臣书立

# 第二部分　湖南永州

# 宁远

## 同治六年九月十三日发熿发炳卖播土荒山契

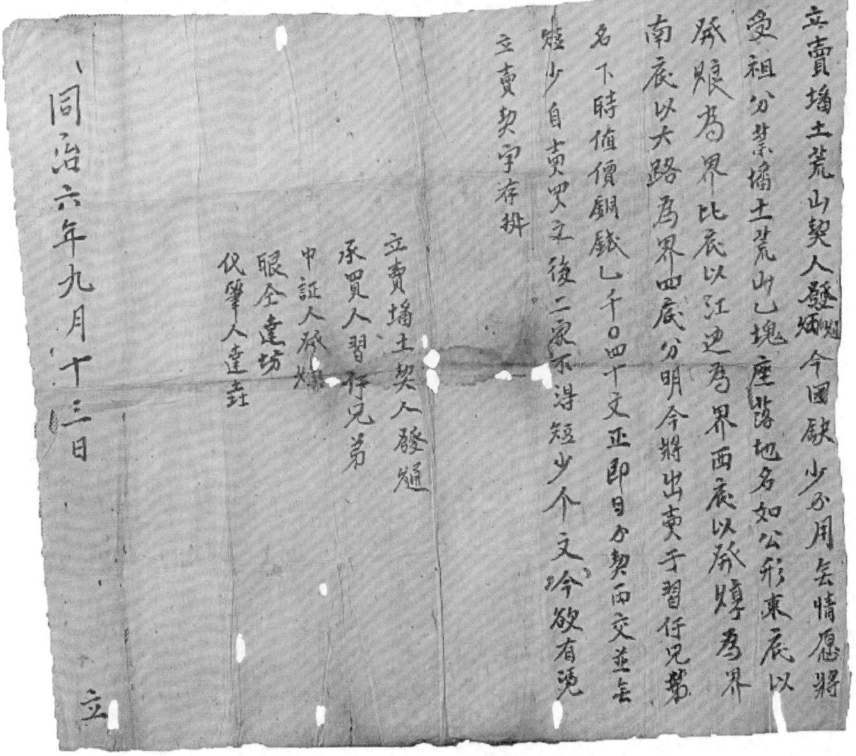

立卖播土荒山契人发熿发炳今因缺少钱用无情愿将受祖分业播土荒山一块座落地名如公形东底以发烺为界比（北）底以江边为界西底以发焞为界南底以大路为界四底分明今将出卖于习儒兄弟名下时值价铜钱一千〇四十文正即日钱契两交并无短少自卖买之后二家不得短少个文今欲有凭立卖契字存据

立卖播土契人发熿

承买人习儒兄弟

中证人发灼

眼仝达坊

代笔人达垚

同治六年九月十三日立

## 同治六年十二月二十一日发熥卖房屋契

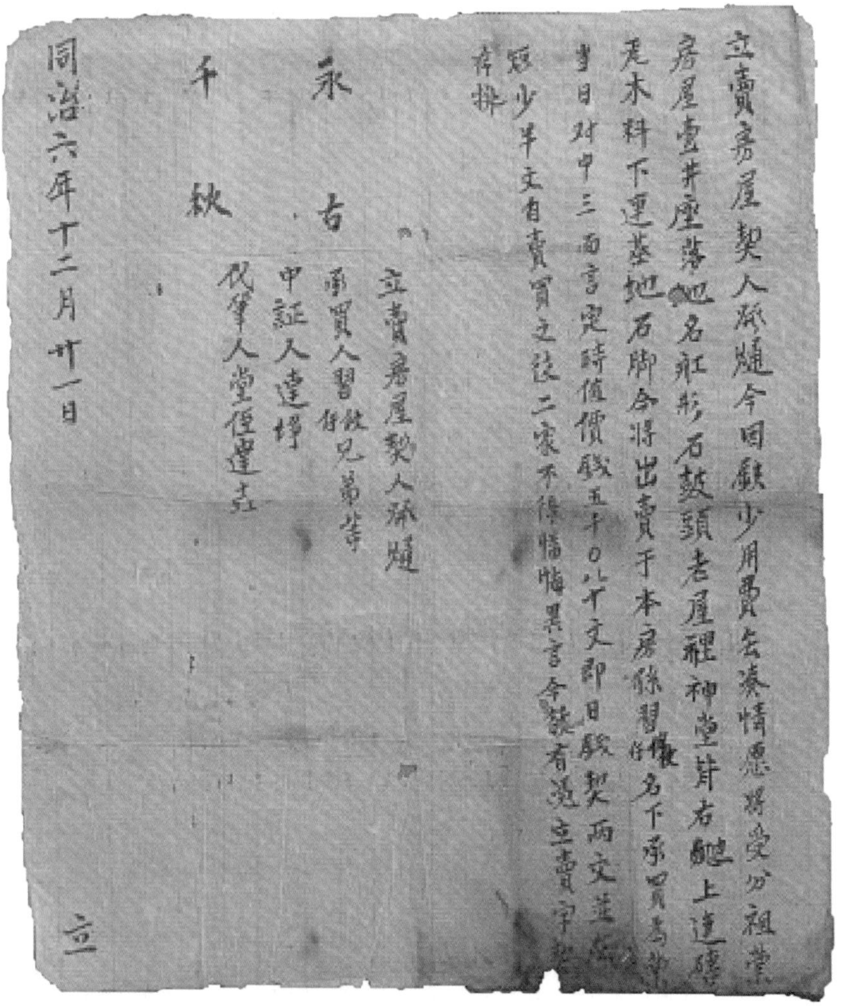

立卖房屋契人发熥今因缺少用费无凑情愿将受分祖业房屋壹井座落地名舡形石鼓头老屋里神堂背右边上连砖瓦木料下连基地石脚今将出卖于本房孙习攸习儒名下承买为业当日对中三面言定时值价钱五千〇八十文即日钱契两交并无短少半文自卖买之后二家不得憣悔异言今欲有凭立卖字契存据

永古千秋

立卖房屋契人发熥

承买人习攸习儒兄弟等

中证人达垶

代笔人堂侄达垚

同治六年十二月廿一日立

光绪元年十二月二十四日习云卖墦土契

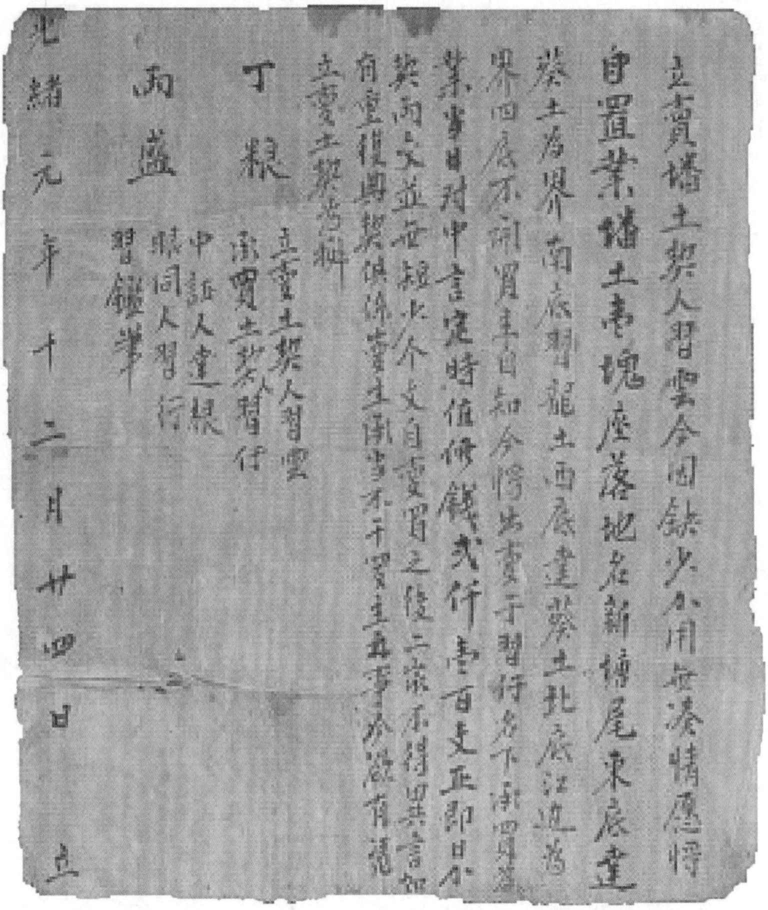

立卖墦土契人习云今因缺少钱用无凑情愿将自置业墦土壹块座落地名新塘尾东底达葵土为界南底习龙土西底达葵土北底江边为界四底不开买主自知今将出卖于习儒名下承买为业当日对中言定时值价钱贰仟壹百文正即日钱契两交并无短少个文自卖买之后二家不得异言如有重复典契俱系卖主承当不干买主之事今欲有凭立卖土契为据

丁粮两盛

立卖土契人习云

承买土契人习儒

中证人达根

眼同人习行

习鉴笔

光绪元年十二月廿四日立

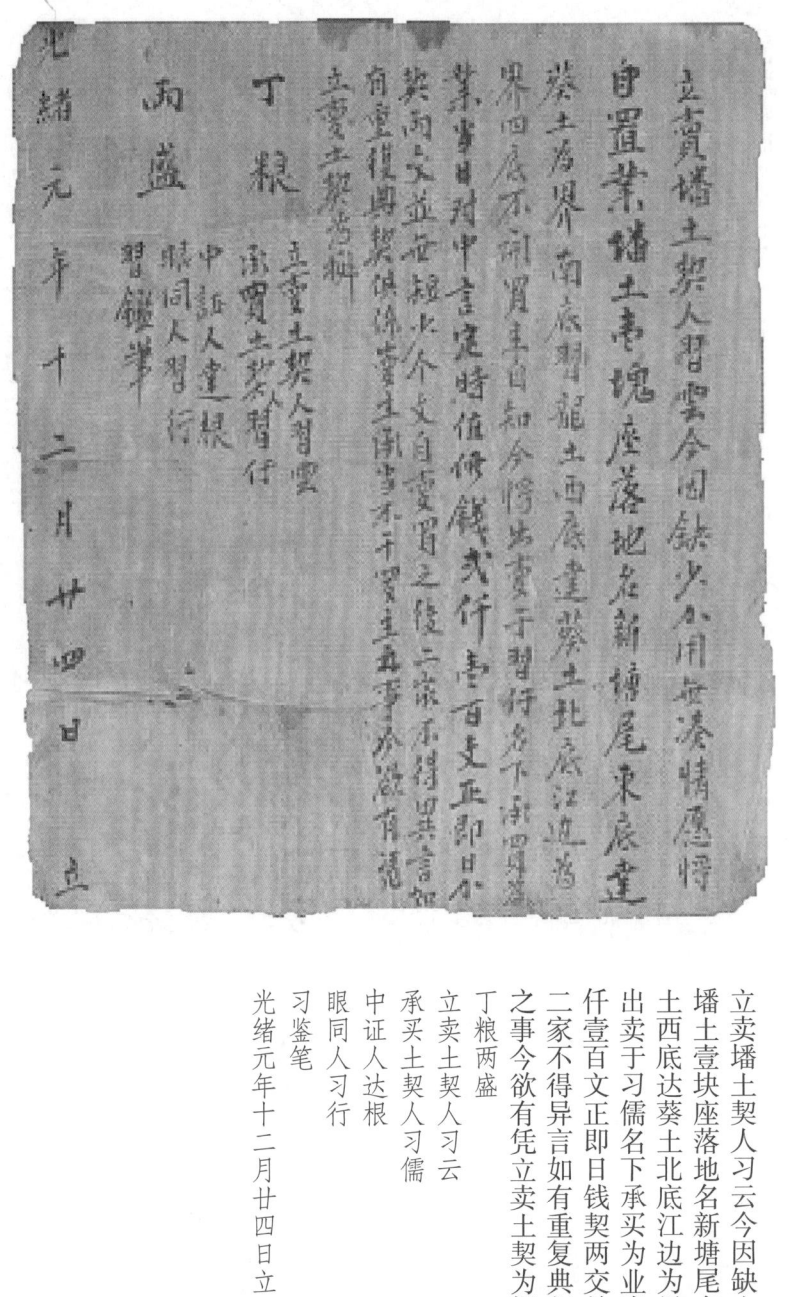

## 光绪二年二月三十日达上卖田契

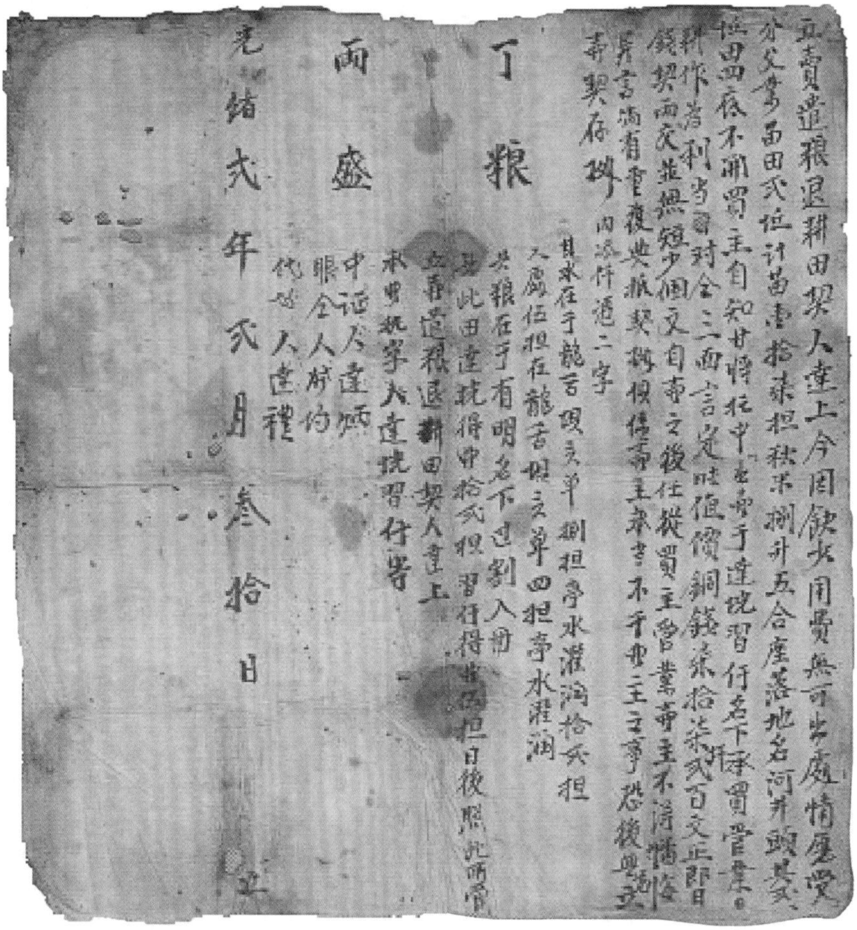

立卖遣粮退耕田契人达上今因缺少用费无可出处情愿受分父业苗田贰丘计苗壹拾柒担秋米捌升五合座落地名河井头其贰丘田四底不开买主自知甘将托中出卖于达垙习儒名下承买管业耕作为利当日对仝三面言定时值价铜钱柒拾柒扦（千）贰百文正即日钱契两交并无短少个文自卖之后任从买主管业卖主不得憣悔异言倘有重复典抵契据俱系卖主承当不干买主之事恐后无凭立卖契存据

内添仟凭二字

丁粮两盛

其水在于龙舌坝〔堤〕头单捌担亭水灌润拾贰担

一处伍担在龙舌坝〔堤〕头单四担亭水灌润

其粮在于有明名下过割入册

其此田达垙得买拾贰担习儒得买伍担日后照此所管

立卖遣粮退耕田契人达上

承买执字人达垙习儒等

中证人达炳

眼仝人发均

代书人达礼

光绪贰年贰月叁拾日立

## 光绪三年六月初九日达坤卖屋契

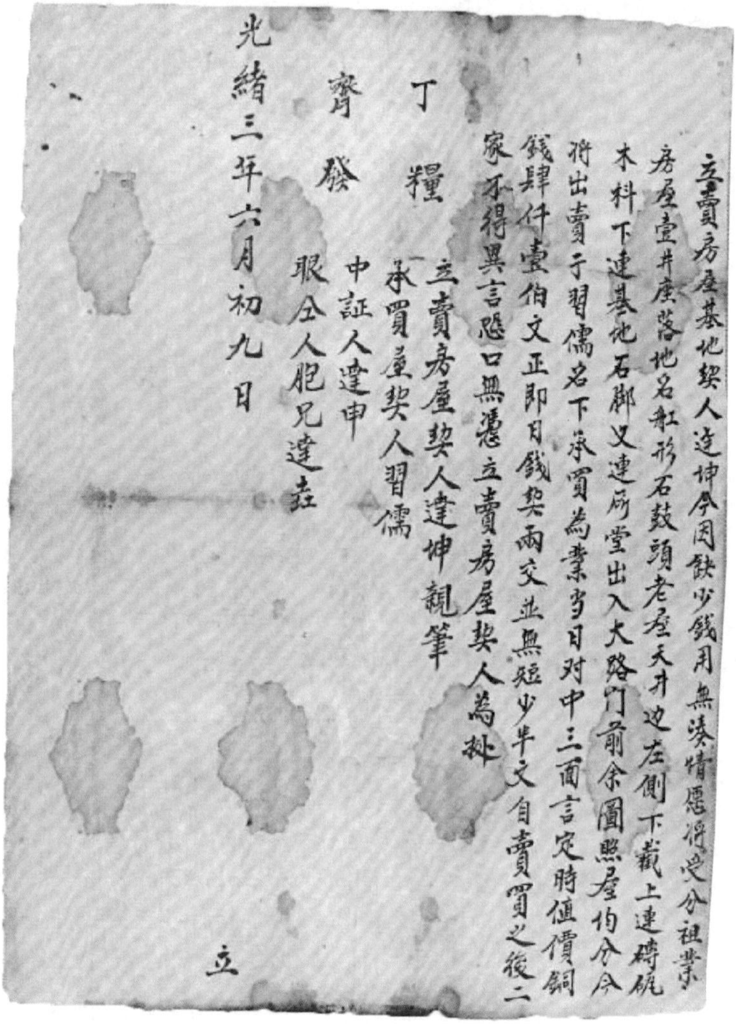

立卖房屋基地契人达坤今因缺少钱用无凑情愿将受分祖业房屋壹井座落地名舡形石鼓头老屋天井边左侧下截上连砖瓦木料下连基地石脚又连厅堂出入大路门前余图照屋均分今将出卖于习儒名下承买为业当日对中三面言定时值价铜钱肆仟壹伯（佰）文正即日钱契两交并无短少半文自卖买之后二家不得异言恐口无凭立卖房屋契人为据

丁粮齐发

立卖房屋契人达坤亲笔

承买屋契人习儒

中证人达申

眼仝人胞兄达垚

光绪三年六月初九日立

## 光绪三年十二月三十日发根卖播土契

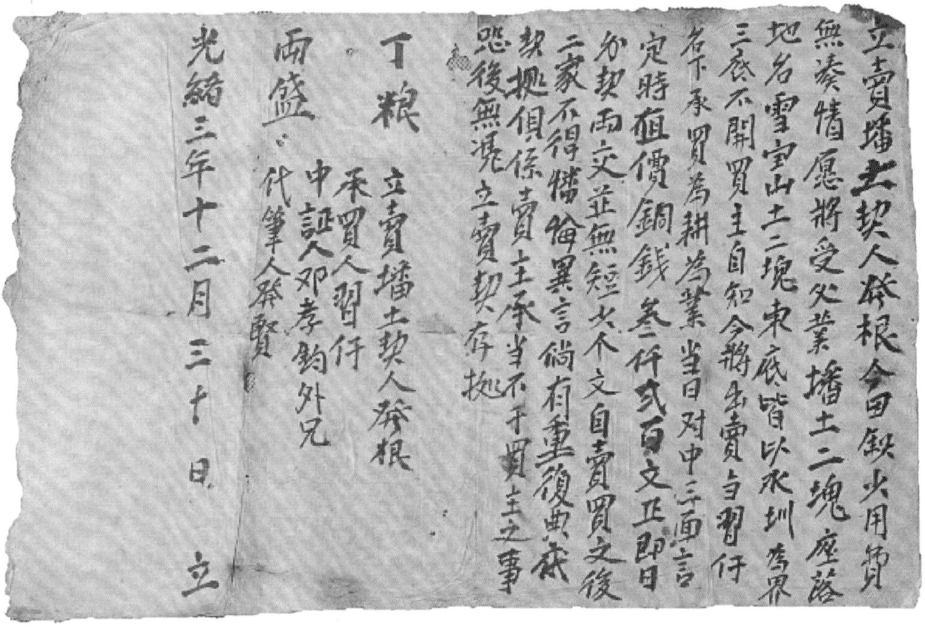

立卖播土契人发根今因缺少用费无凑情愿将受父业播土二块座落地名雪宝山土二块东底皆以水圳为界三底不开买主自知今将出卖与习儒名下承买为耕为业当日对中三面言定时值价铜钱叁仟贰百文正即日钱契两交并无短少个文自卖买之后二家不得憣悔异言倘有重复典底（抵）契据俱系卖主承当不干买主之事恐后无凭立卖契存据

丁粮两盛

立卖播土契人发根

承买人习儒

中证人邓孝钧外兄

代笔人发贤

光绪三年十二月三十日立

## 光绪五年三月二十二日达佑卖播土契

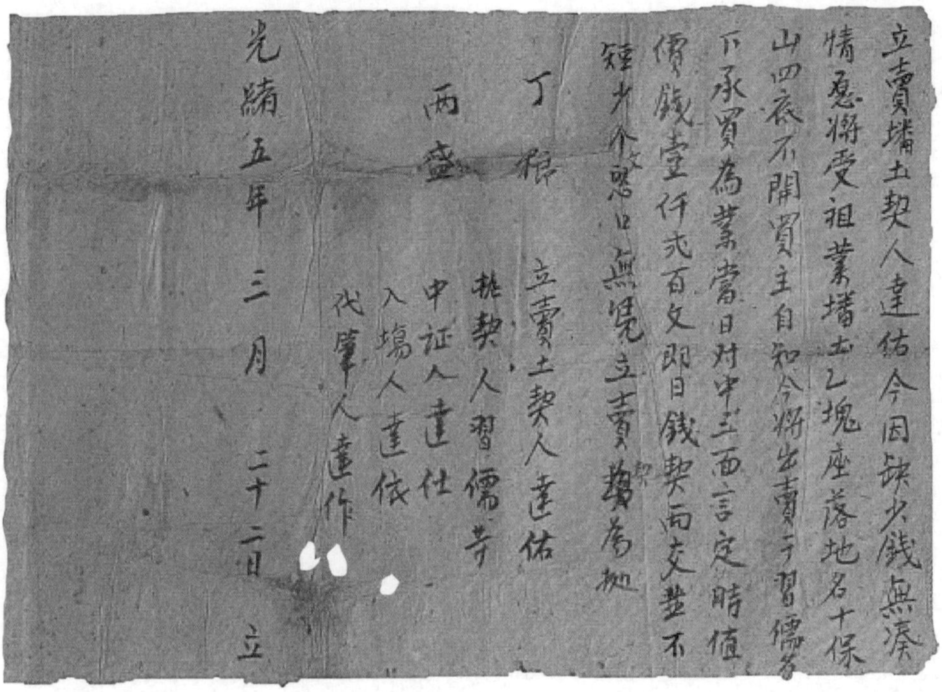

立卖播土契人达佑今因缺少钱无凑情愿将受祖业播土一块座落地名十保山四底不开买主自知今将出卖于习儒名下承买为业当日对中三面言定时值价钱壹仟贰百文即日钱契两交并不短少个文恐口无凭立卖契为据

丁粮两盛

立卖土契人达佑

执契人习儒等

中证人达仕

入场人达依

代笔人达作

光绪五年三月二十二日立

## 光绪五年五月初四日发根卖田契

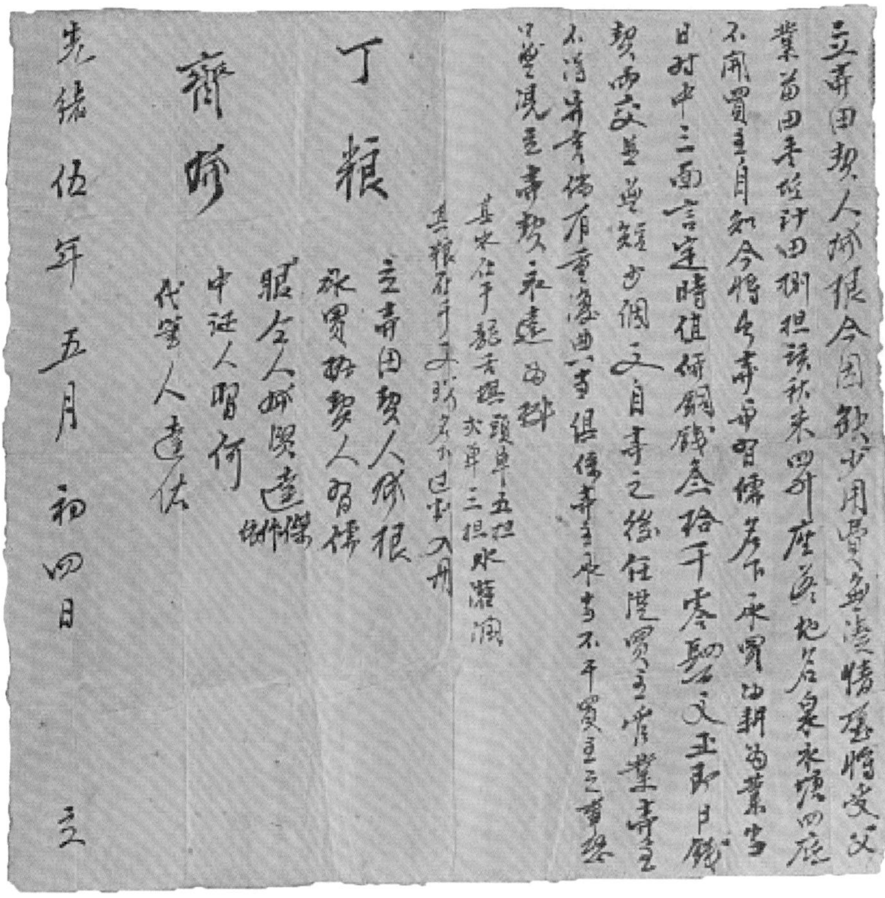

立卖田契人发根今因缺少用费无凑情愿将受父业苗田壹丘计田捌担该秋米四升座落地名泉水塘四底不开买主自知今将出卖与习儒名下承买为耕为业当日对中三面言定时值价铜钱叁拾千零肆佰文正即日钱契两交并无短少个文自卖之后任从买主管业卖主不得异言倘有重复典当俱系卖主承当不干买主之事恐口无凭立卖契永远为据

丁粮齐发

其水在于龙舌坝〔堪〕头单五担贰单三担水灌润

其粮在于[?][?]名下过割入册

立卖田契人发根

承买执契人习儒

眼仝人发贤达杰达作达依

中证人习何

代笔人达佑

光绪伍年五月初四日立

# 光绪五年十二月初六日达垚卖田契

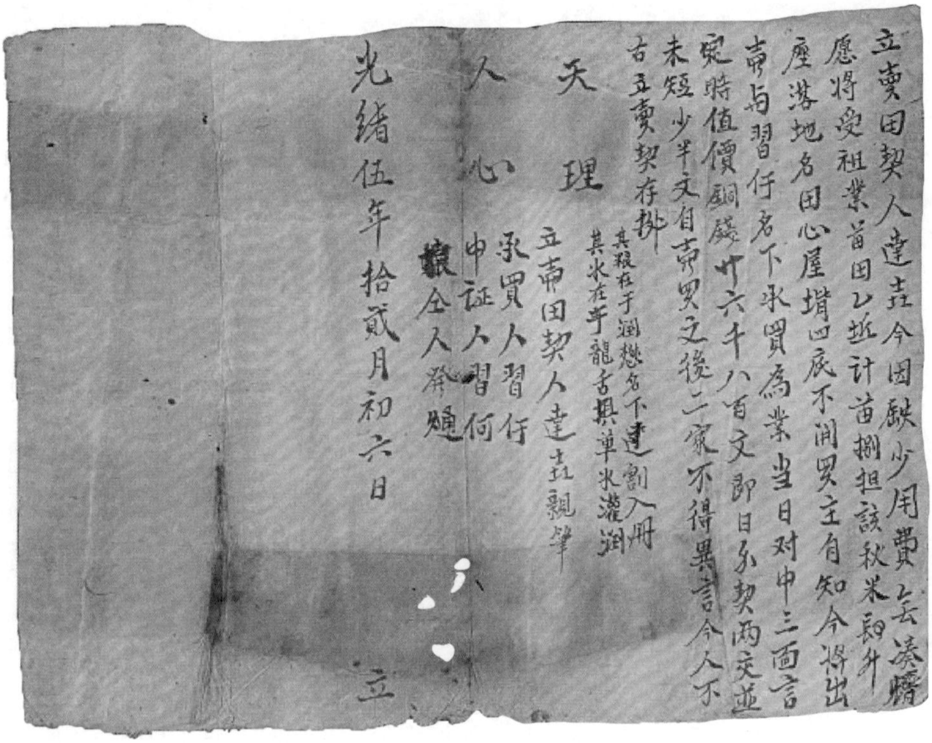

立卖田契人达垚今因缺少用费无凑情愿将受祖业苗田一丘计苗捌担该秋米肆升座落地名田心屋塆四底不开买主自知今将出卖与习儒名下承买为业当日对中三面言定时值价铜钱廿六千八百文即日钱契两交并未短少半文自卖买之后二家不得异言今人不古立卖契存据

天理人心

其粮在于润懋名下过割入册

其水在于龙舌坝〔堪〕车水灌润

立卖田契人达垚亲笔

承买人习儒

中证人习何

眼仝人发熂

光绪伍年拾贰月初六日立

## 光绪六年九月初二日达坫卖播土契

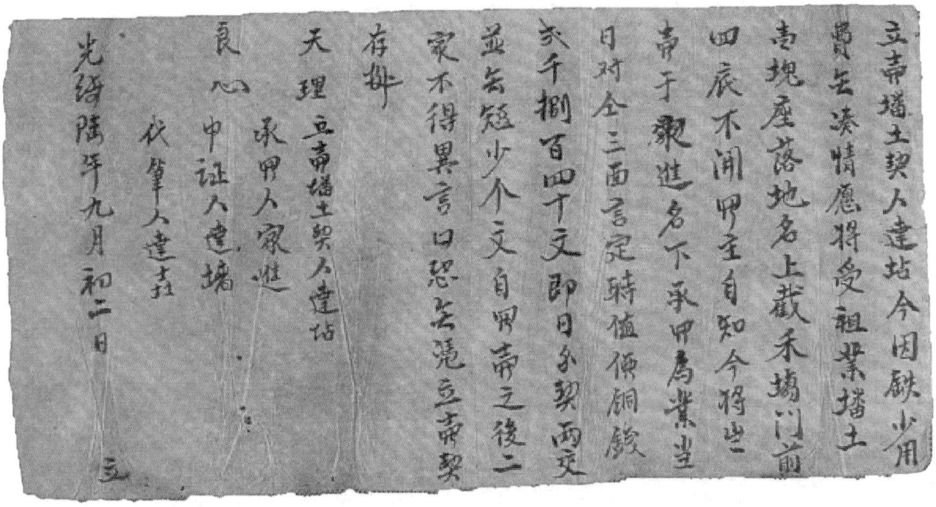

立卖播土契人达坫今因缺少用费无凑情愿将受祖业播土壹块座落地名上截禾场门前四底不开买主自知今将出卖于家进名下承买为业当日对仝三面言定时值价铜钱贰千捌百四十文即日钱契两交并无短少个文自买卖之后二家不得异言口恐无凭立卖契存据

天理良心

立卖播土契人达坫

承买人家进

中证人达墙

代笔人达垚

光绪陆年九月初二日立

## 光绪七年十二月十四日习人卖田契

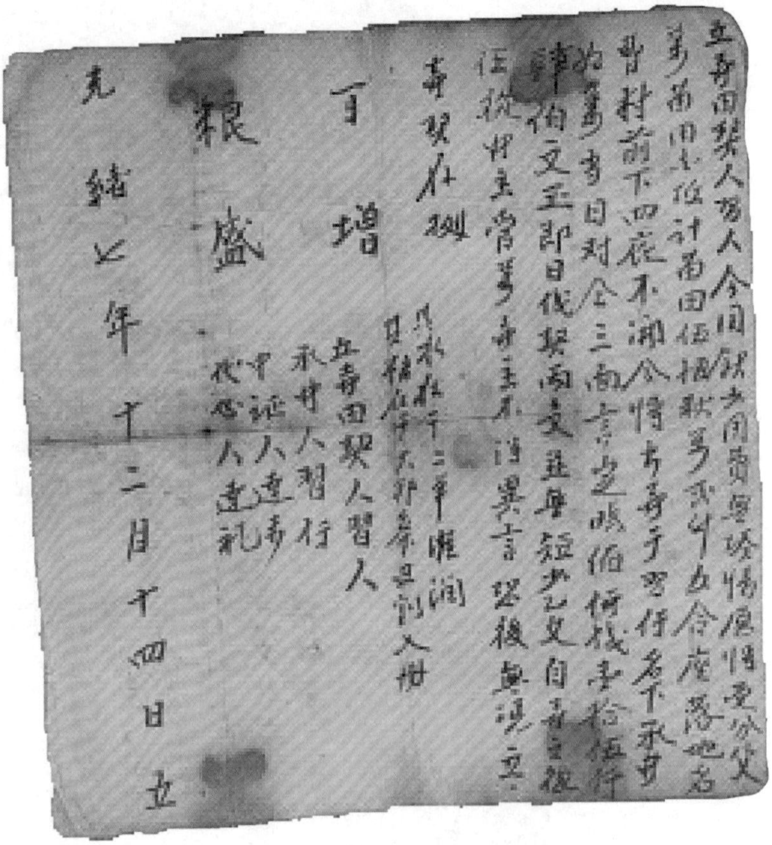

立卖田契人习人今因缺少用费无凑情愿将受分父业苗田壹丘计苗田伍担秋米贰升五合座落地名曹村前下四底不开今将出卖于习儒名下承买为业当日对仝三面言定时值价钱壹拾伍仟肆佰文正即日钱契两交并无短少一文自卖之后任从买主管业卖主不得异言恐后无凭立卖契存据

丁增粮盛

其水在于二单灌润

其粮在于大邝名下过割入册

立卖田契人习人

承买人习儒

中证人达来

代书人达礼

光绪七年十二月十四日立

光绪八年七月十八日豉显王施田契

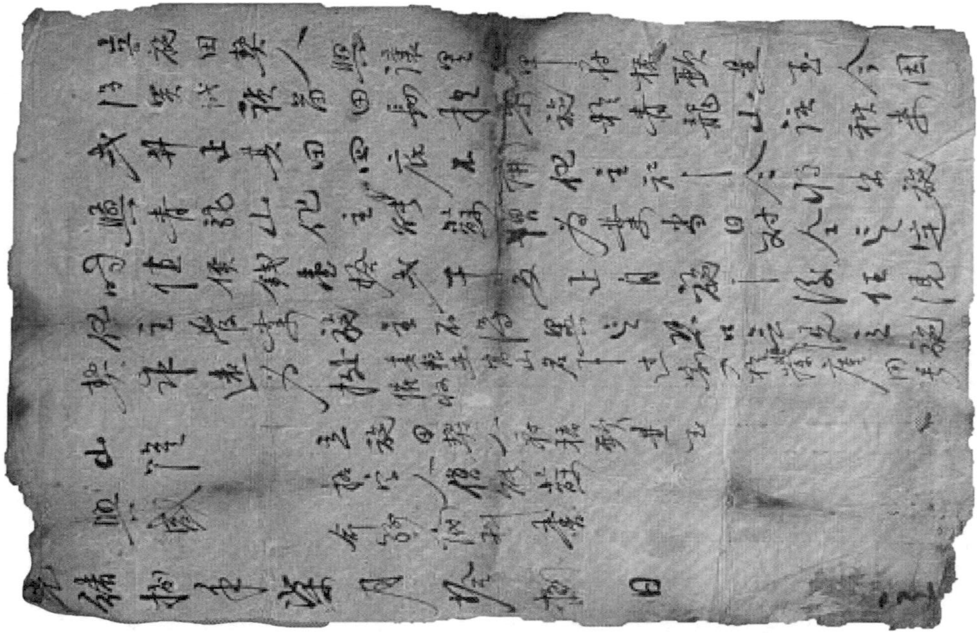

立施田契人兴让里一甲府桥豉显王今因得买试
祯苗田肆担乐施于青龙山该秋米贰升正其田
四底不开化主知之今将出施与青龙山化主能
苏僧为业当日对仝言定时值价钱壹拾贰千文
正自施之后任凭化主管业施主不得异言恐口
无凭立施契永远为据

其粮在寓山名下过割入于□园庵册号催收

山隆兴盛

立施田契人府桥豉显王

执字人僧能苏

命孙阅科书

光绪捌年柒月拾捌日立

光绪八年九月二十三日发君卖田契

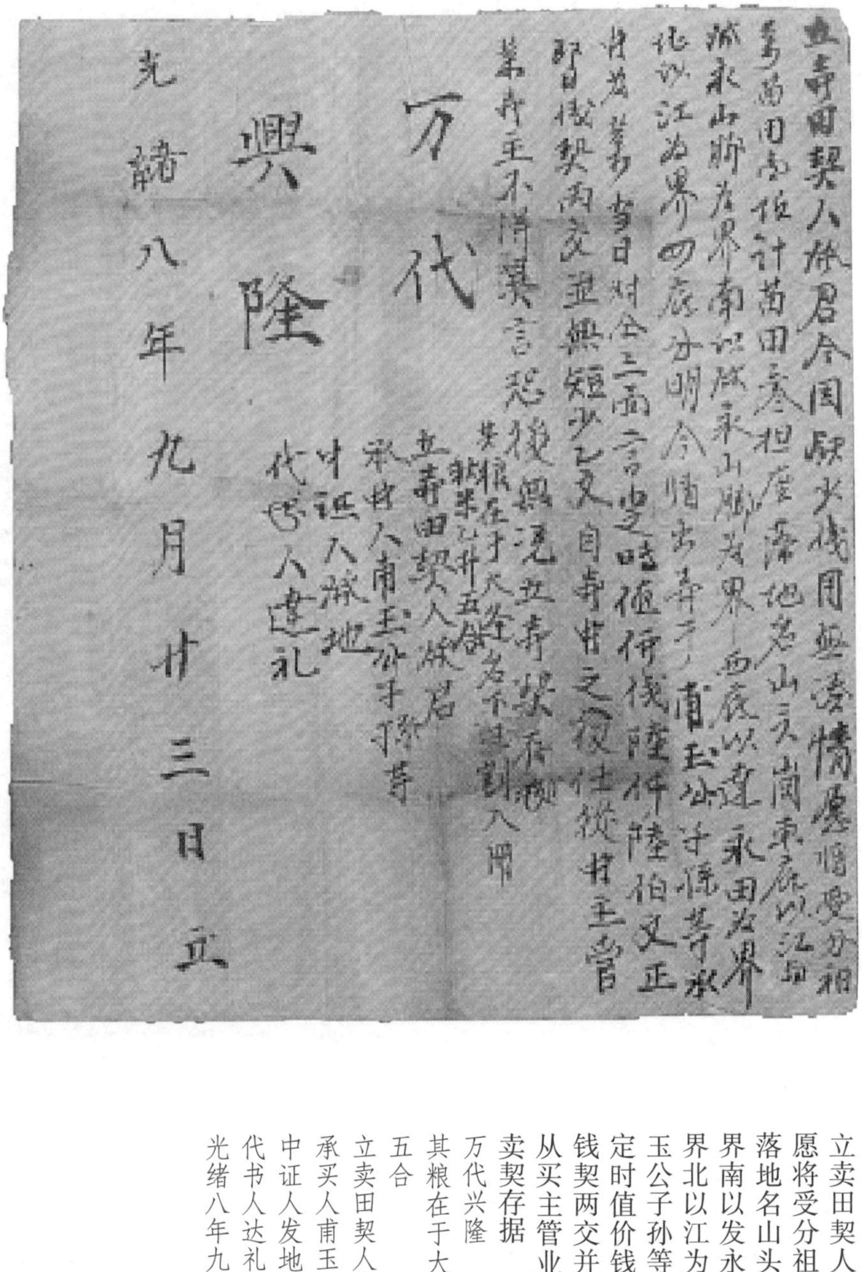

立卖田契人发君今因缺少钱用无凑情愿将受分祖业苗田壹丘计苗田叁担座落地名山头岗东底以江与发永山脚为界南以发永山脚为界西底以达永田为界北以江为界四底分明今将出卖于甫玉公子孙等承买为业当日对仝三面言定时值价钱陆仟陆伯（佰）文正即日钱契两交并无短少一文自卖买之后任从买主管业卖主不得异言恐后无凭立卖契存据

万代兴隆

其粮在于大逢名下过割入册秋米一升五合

立卖田契人发君

承买人甫玉公子孙等

中证人发地

代书人达礼

光绪八年九月廿三日立

# 光绪八年九月二十四日习舜卖田契

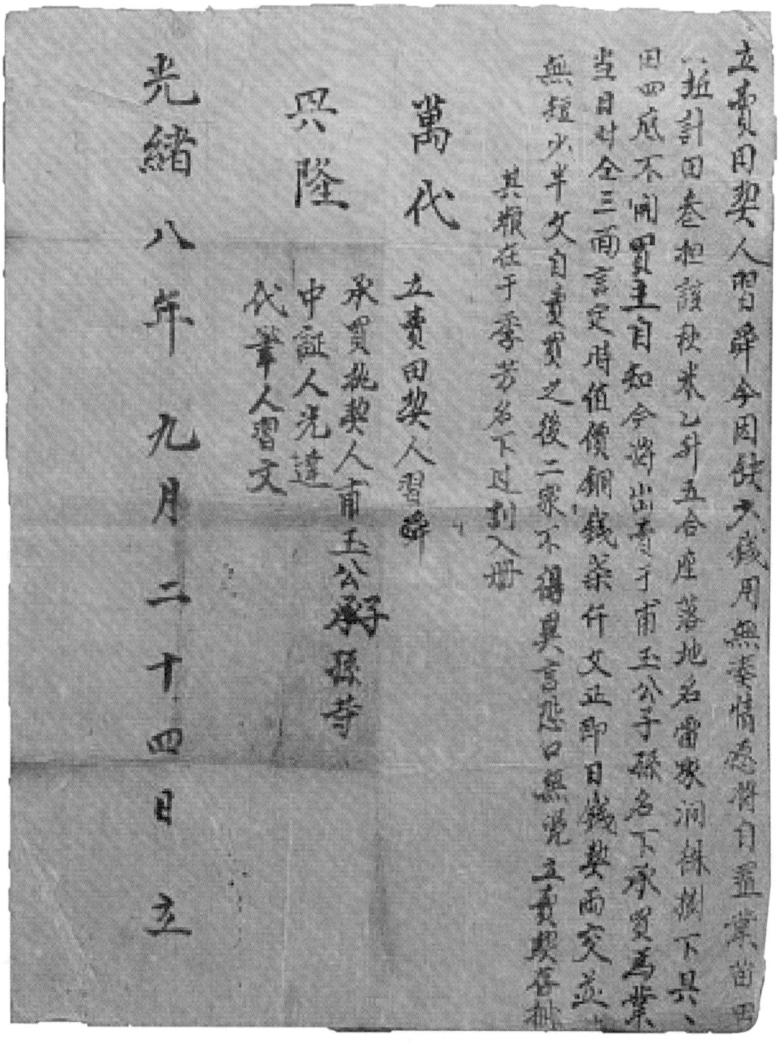

立卖田契人习舜今因缺少钱用无凑情愿将自置业苗田一丘计田叁担该秋米一升五合座落地名雷家洞株树下其田四底不开买主自知今将出卖于甫玉公子孙名下承买为业当日对仝三面言定时值价铜钱柒仟文正即日钱契两交并无短少半文自卖买之后二家不得异言恐口无凭立卖契存据

其粮在于季芳名下过割入册

万代兴隆

立卖田契人习舜

承买执契人甫玉公子孙等

中证人光达

代笔人习文

光绪八年九月二十四日立

## 光绪八年九月二十四日发琏卖田契

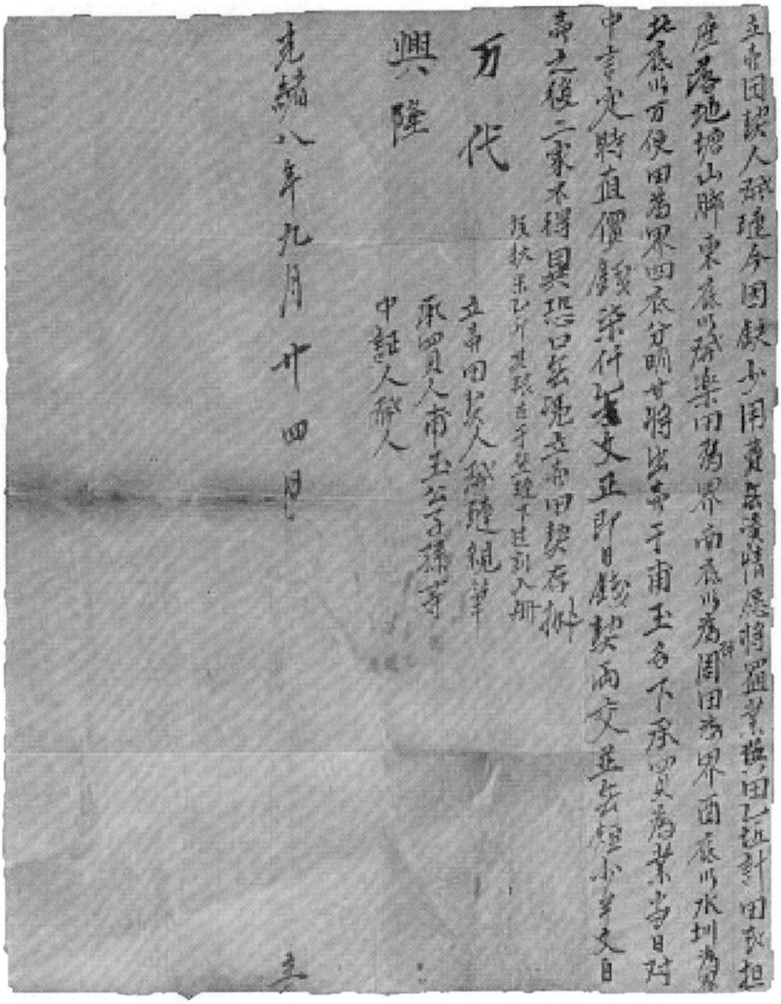

立卖田契人发琏今因缺少用费无凑情愿将置业⍰田一丘计田贰担座落地塘山脚东底以发乐田为界南底以为发周田为界西底以水圳为界北底以万便田为界四底分明甘将出卖于甫玉名下承买为业当日对中言定时值价钱柒仟一百文正即日钱契两交并无短少半文自卖之后二家不得异恐口无凭立卖田契存据

该秋米一升其粮在于笠琏下过割入册

万代兴隆

立卖田契人发琏亲笔

承买人甫玉公子孙等

中证人发人

光绪八年九月廿四日立

# 光绪八年十月十八日欧显杰子孙等捐田契

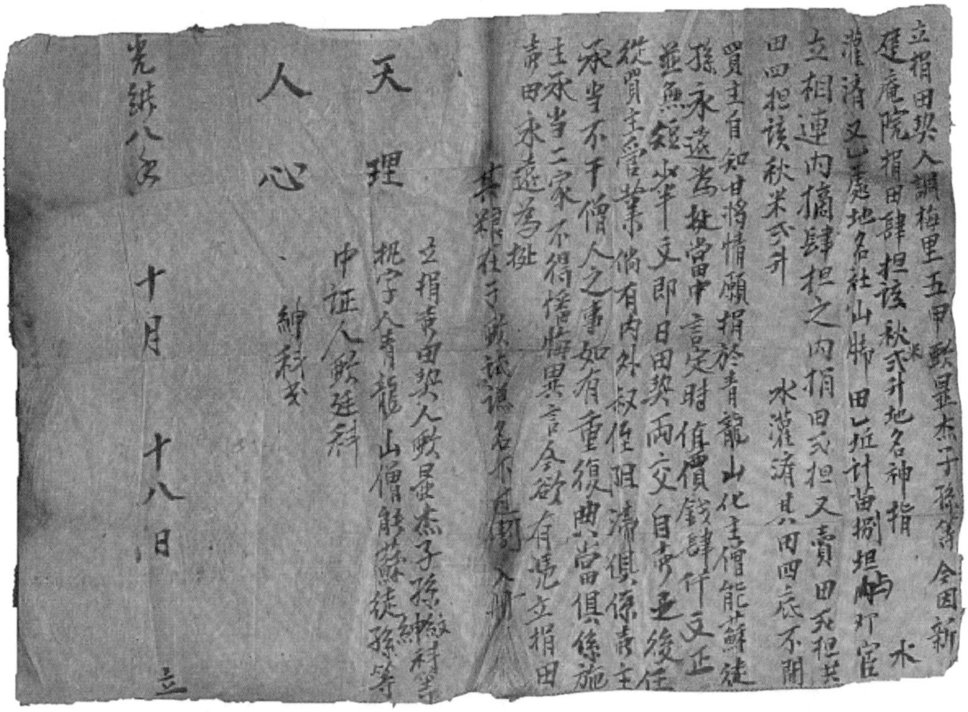

立捐田契人调梅里五甲欧显杰子孙等今因新建庵院捐田肆担该秋米贰升地名神指水灌济又一处地名社山脚田一丘计苗捌担与邓宦立相连内摘肆担之内捐田贰担又卖田贰担共田四担该秋米贰升　　水灌济其田四底不开买主自知甘将情愿捐于青龙山化主僧能苏徒孙永远为据当中言定时值价钱肆仟文正并无短少半文即日田契两交自卖之后任从买主管业倘有内外叔侄阻滞俱系卖主承当不干僧人之事如有重复典当俱系施主承当二家不得慒悔异言今欲有凭立捐田卖田永远为据

其粮在于欧试谦名下过割入册

天理人心

立捐卖田契人欧显杰子孙纹科绅科等

执字人青龙山僧能苏徒孙等

中证人欧廷科

绅科书

光绪八年十月十八日立

# 光绪八年十月十八日史达枢卖田契

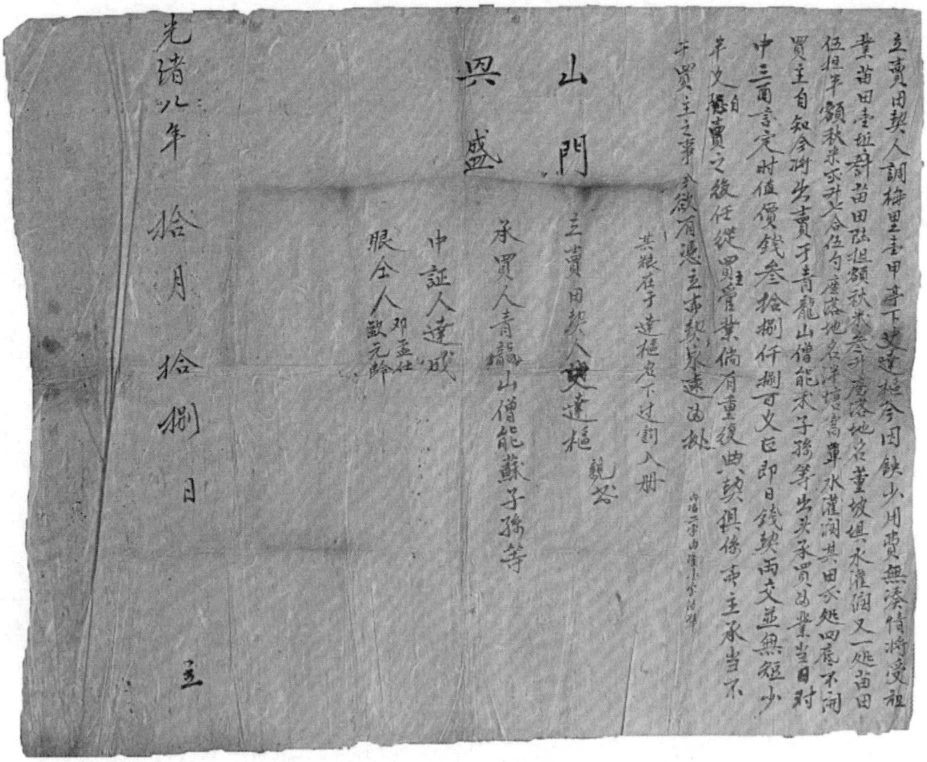

立卖田契人调梅里壹甲亭下史达枢今因缺少用费无凑情〈愿〉将受祖业苗田壹丘计苗田陆担额秋米叁升座落地名董坡埧水灌润又一处苗田伍担半额秋米贰升七合伍勺座落地名泮塘窝单水灌润其田贰处四底不开买主自知今将出卖于青龙山僧能术（苏）子孙等出头承买为业当日对中三面言定时值价钱叁拾捌仟捌百文正即日钱契两交并无短少半文自卖之后任从买主管业倘有重复典契俱系卖主承当不干买主之事今欲有凭立卖契永远为据

内添二字内涂小字为准

其粮在于达枢名下过割入册

山门兴盛

立卖田契人史达枢亲书

承买人青龙山僧能苏子孙等

中证人达成

眼仝人邓孟仕欧元龄

光绪八年拾月拾捌日立

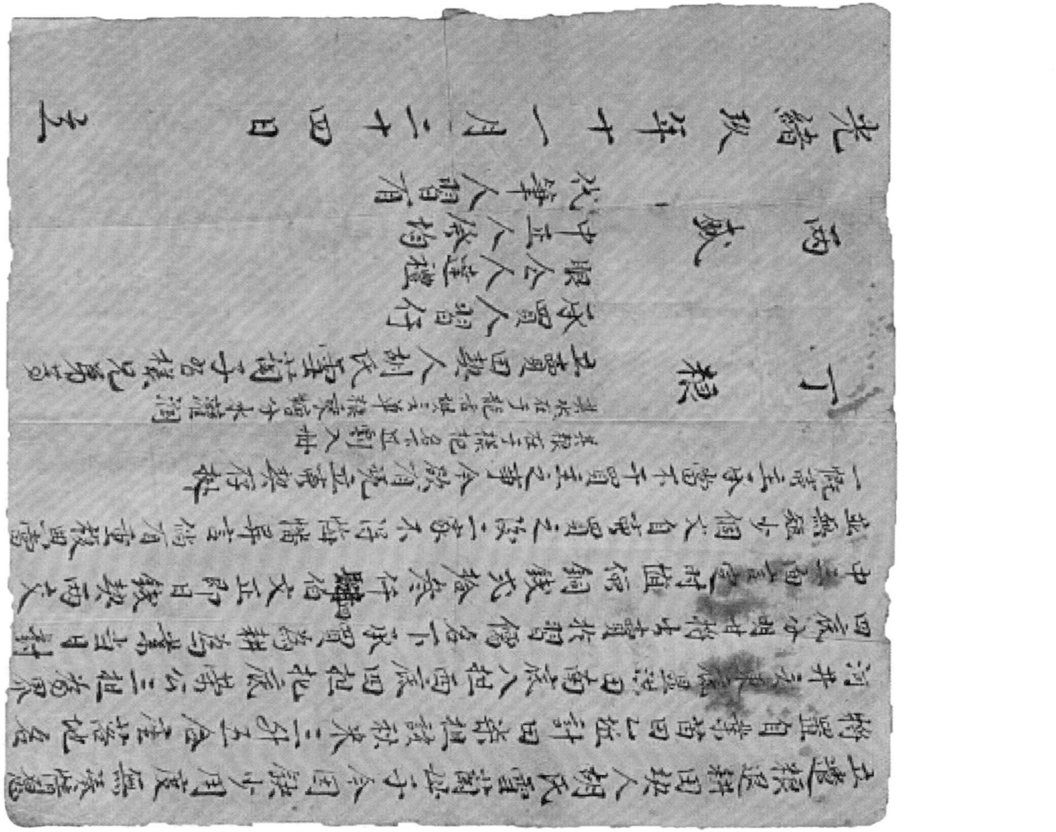

光绪九年十一月二十四日胡氏雪兰母子遣粮退耕田契

立遣粮退耕田契人胡氏雪兰母子今因缺少用度无凑
情愿将自置业苗田一丘计田粜担该秋米三升五合座
落地名河井头东底显洪田南底八担西底四担北底宗
公三担为界四底分明甘将出卖于刁儒名下承买为耕
为业当日对中三面言定时值价铜钱贰拾叁仟四伯
（佰）文正即日钱契两交并无短少个文自卖买之后
一家不得悔播异言倘有重复典当一慨（概）卖主承
当不干买主之事今欲有凭立卖契存据
丁粮两盛
其粮在于祥杞名下过割入册
其水在于龙舌坝〔坝〕头车粮乘塘分水灌润
立卖田契人胡氏雪兰子刁祥兄弟等
承买人刁儒
眼仝人达礼
中正人发均
代笔人刁有
光绪玖年十一月二十四日立

## 光绪九年十二月十二日习侦卖猪栏契

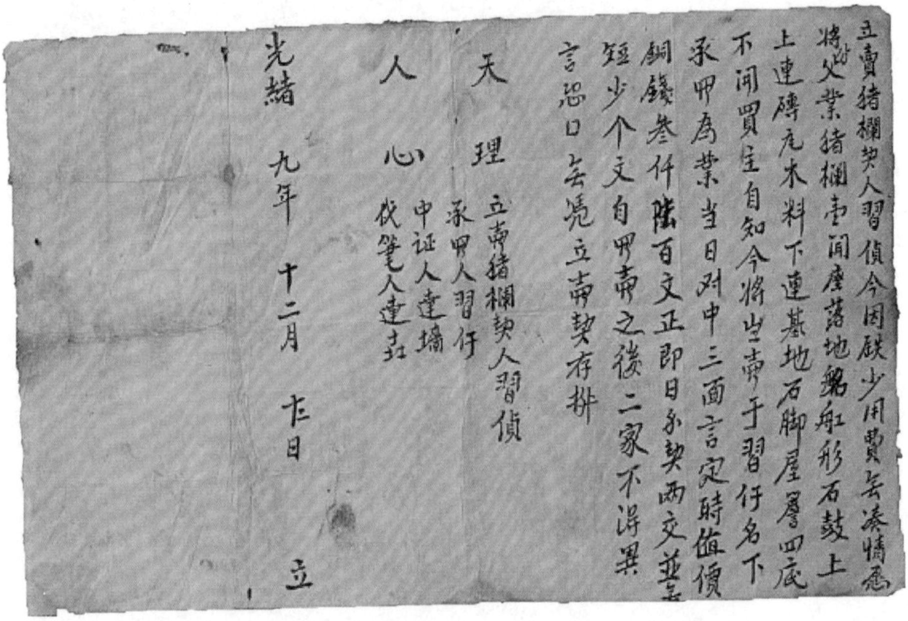

立卖猪栏契人习侦今因缺少用费无凑情愿将分父业猪栏壹间座落地名舡形石鼓上［上］连砖瓦木料下连基地石脚屋檐四底不开买主自知今将出卖于习儒名下承买为业当日对中三面言定时值价铜钱叁仟陆百文正即日钱契两交并无短少个文自买卖之后二家不得异言恐口无凭立卖契存据

天理人心

立卖猪栏契人习侦

承买人习儒

中证人达墙

代笔人达垚

光绪九年十二月十二日立

## 光绪十年六月十六日大根立卖田契

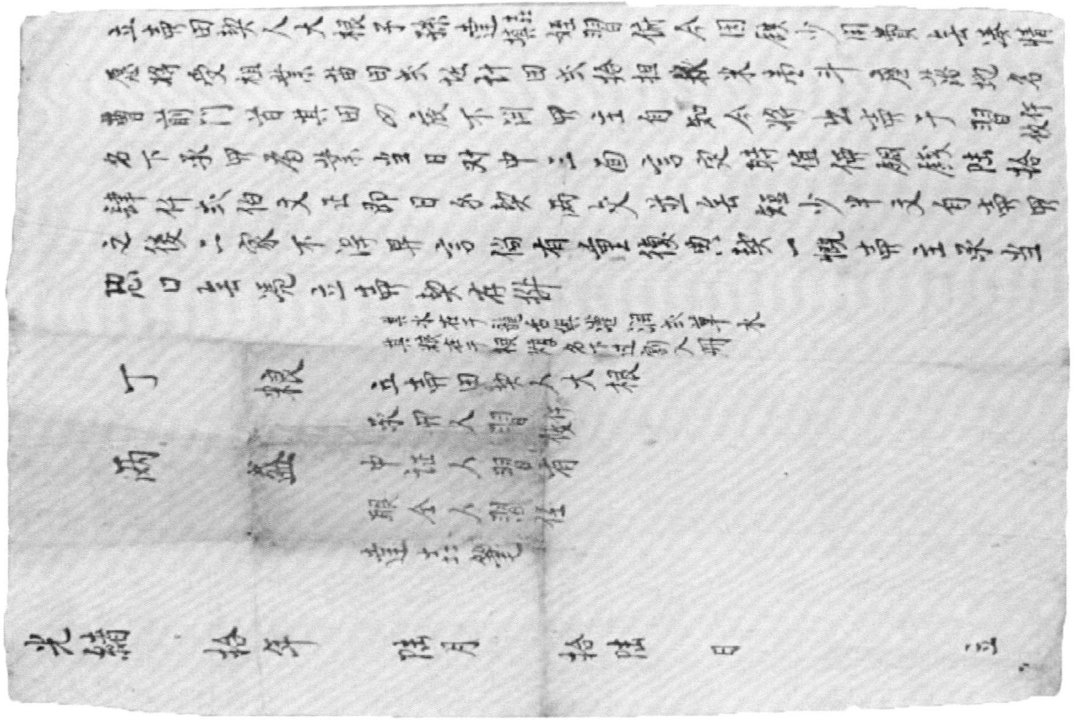

立卖田契人大根子孙达韭达填姪刁俯今
因缺少用费无凑情愿将受祖业苗田贰丘
计田贰拾担秋米壹斗座落地名曹前门首
其田四底不开买主自知今将出卖于刁儒
刁攸名下承买为业当日对中三面言定时
值价铜钱陆拾肆仟贰伯（佰）文正即日
钱契两交并无短少半文自卖之后二家
不得异言倘有重复典契一概卖主承当恐
口无凭立卖契存据

丁粮两盛

其水在于龙舌坝〔垻〕灌润贰草水
其粮在于根埻名下过割入册
立卖田契人大根
承买人刁儒刁攸
中证人刁有
眼仝人刁任
达韭笔
光绪拾年陆月拾陆日立

光绪十年九月二十四日习侦卖横屋契

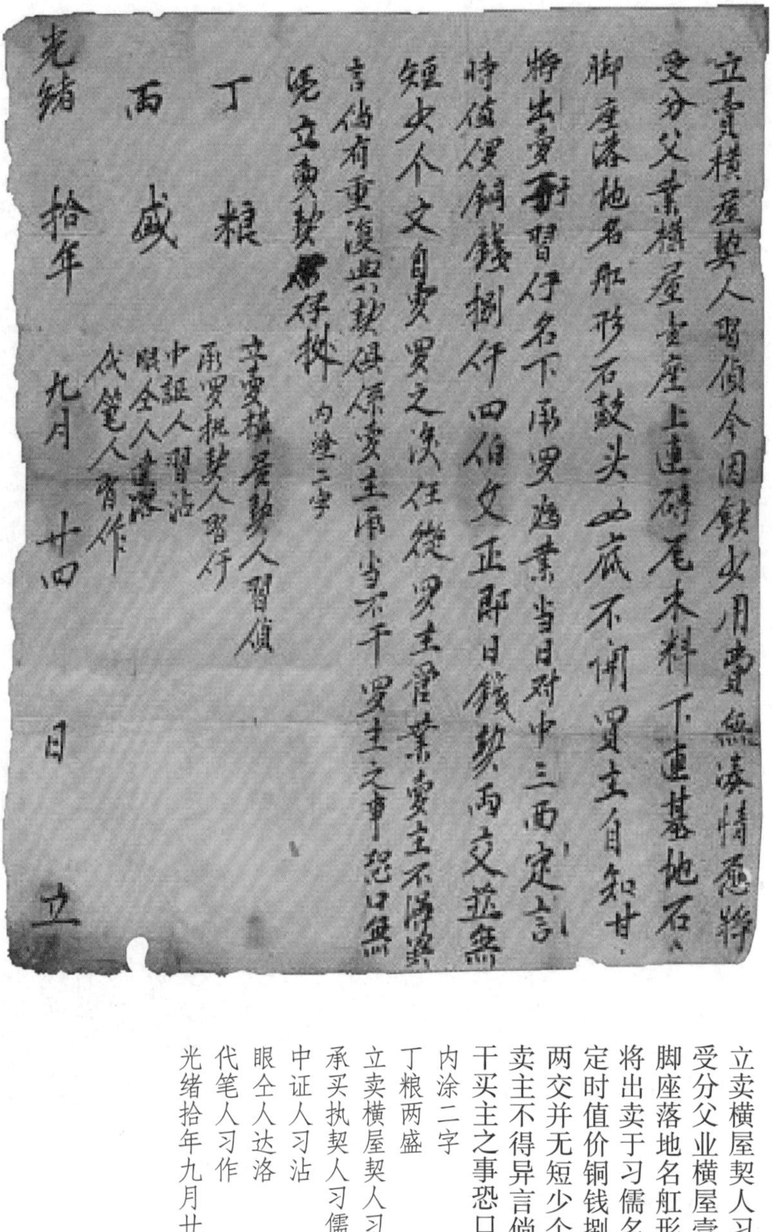

立卖横屋契人习侦今因缺少用费无凑情愿将受分父业横屋壹座上连砖瓦木料下连基地石脚座落地名舡形石鼓头四底不开买主自知甘将出卖于习儒名下承买为业当日对中三面言定时值价铜钱捌仟四伯（佰）文正即日钱契两交并无短少个文自卖买之后任从买主管业卖主不得异言倘有重复典契俱系卖主承当不干买主之事恐口无凭立卖契存据

内涂二字

丁粮两盛

立卖横屋契人习侦

承买执契人习儒

中证人习沾

眼仝人达洛

代笔人习作

光绪拾年九月廿四日立

## 光绪十一年十二月二十七日习侦卖菜园契

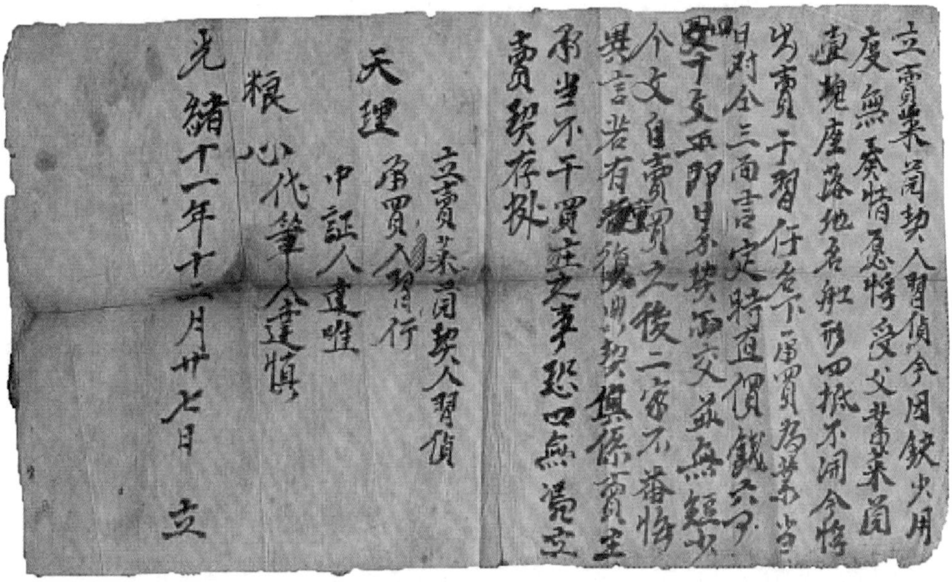

立卖菜园契人习侦今因缺少用度无奏情愿将受父业菜园壹块座落地名舡形四抵不开今将出卖于习儒名下承买为业当日对仝三面言定时值价钱六百四十文正即日钱契两交并无短少个文自卖买之后二家不番〔憣〕悔异言若有重复典契俱系卖主承当不干买主之事恐口无凭立卖契存据

天理粮（良）心

立卖菜园契人习侦

承买人习儒

中证人达唯

代笔人达慎

光绪十一年十二月廿七日立

# 光绪十一年十二月二十八日邓孝点捐田契

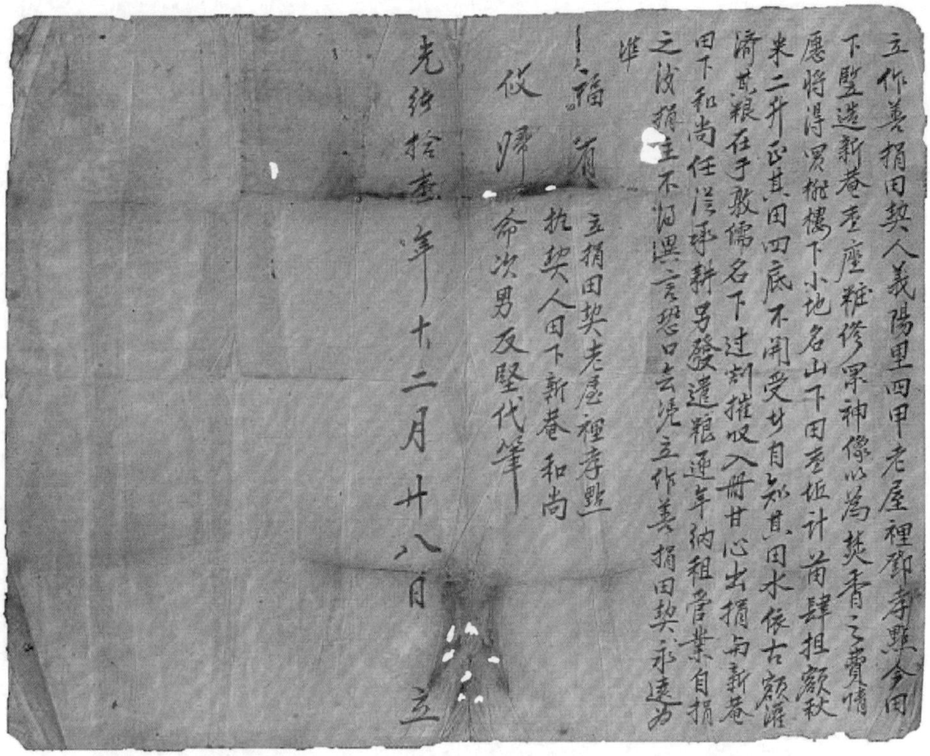

立作善捐田契人义阳里四甲老屋里邓孝点今田下监造新庵壹座妆修众神像以为焚香之费情愿将得买枕楼下小地名山下田壹丘计苗肆担额秋米二升正其田四底不开受者自知其田水依古额灌济其粮在于敦儒名下过割摧（催）收入册甘心出捐与新庵田下和尚任从承耕另发遣粮逐年纳租管业自捐之后捐主不得异言恐口无凭立作善捐田契永远为准

福有攸归

立捐田契老屋里孝点

执契人田下新庵和尚

命次男友坚代笔

光绪拾壹年十二月廿八日立

## 光绪十二年十二月十八日习明卖园土契

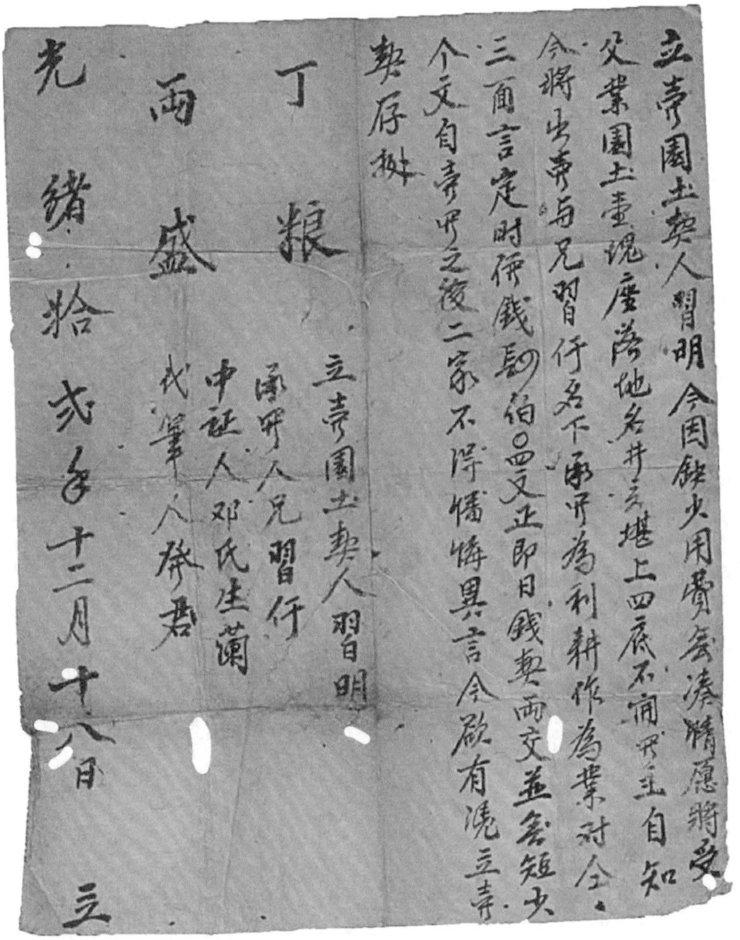

立卖园土契人习明今因缺少用费无凑情愿将受父业园土壹块座落地名井立堪上四底不开买主自知今将出卖与兄习儒名下承买为利耕作为业对仝三面言定时〈值〉价钱肆伯（佰）〇四文正即日钱契两交并无短少个文自卖买之后二家不得憣悔异言今欲有凭立卖契存据

丁粮两盛

立卖园土契人习明

承买人兄习儒

中证人邓氏生兰

代笔人发君

光绪拾贰年十二月十八日立

# 光绪十三年十一月十九日达墙等卖田契

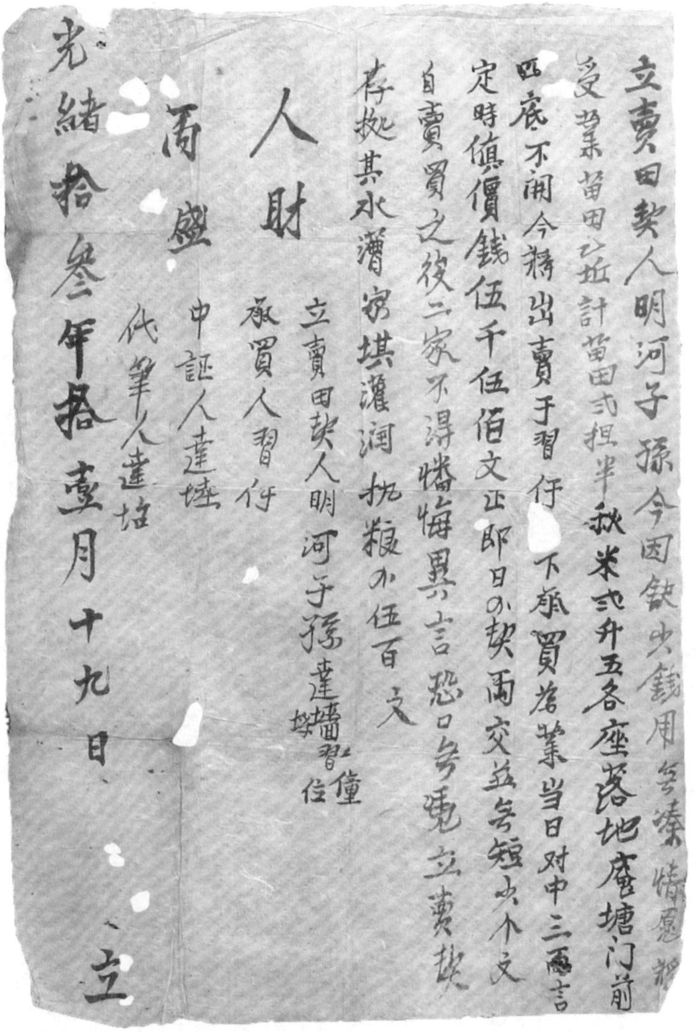

立卖田契人明河子孙今因缺少钱用无凑情愿将受业苗田一丘计苗田贰担半秋米贰升五各（合）座落地庵塘门前四底不开今将出卖于习儒（名）下承买为业当日对中三面言定时值价钱伍千伍佰文正即日钱契两交并无短少个文自卖买之后二家不得憣悔异言恐口无凭立卖契存据

其水漕家⍰灌润执粮钱伍百文

人财两盛

立卖田契人明河子孙达墙达埒习僮习位

承买人习儒

中证人达埄

代笔人达培

光绪拾叁年拾壹月十九日立

## 光绪十九年二月二十三日成一山卖播土阴地契

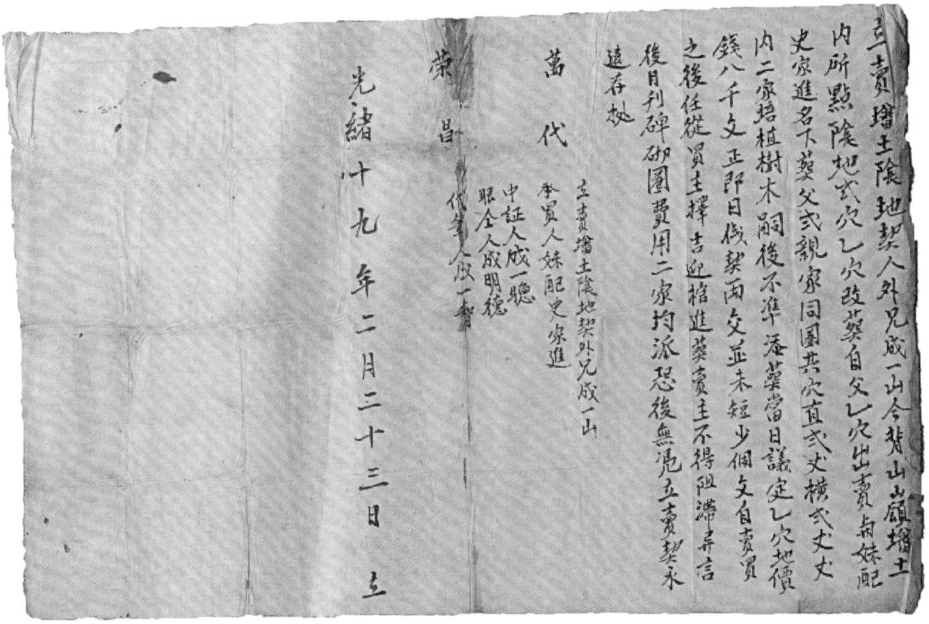

立卖播土阴地契人外兄成一山今背山岭播土内所点阴地贰穴一穴改葬自父一穴出卖与妹配史家进名下葬父贰亲家同圈共穴直贰丈横贰丈丈内二家培植树木嗣后不准添葬当日议定一穴地价钱八千文正即日钱契两交并未短少个文自卖买之后任从买主择吉迎棺进葬卖主不得阻滞异言后日刊碑砌圈费用二家均派恐后无凭立卖契永远存据

万代荣昌

立卖播土阴地契外兄成一山

承买人妹配史家进

中证人成一聪

眼仝人成明德

代笔人成一智

光绪十九年二月二十三日立

## 光绪十九年六月十二日习条兄弟卖田契

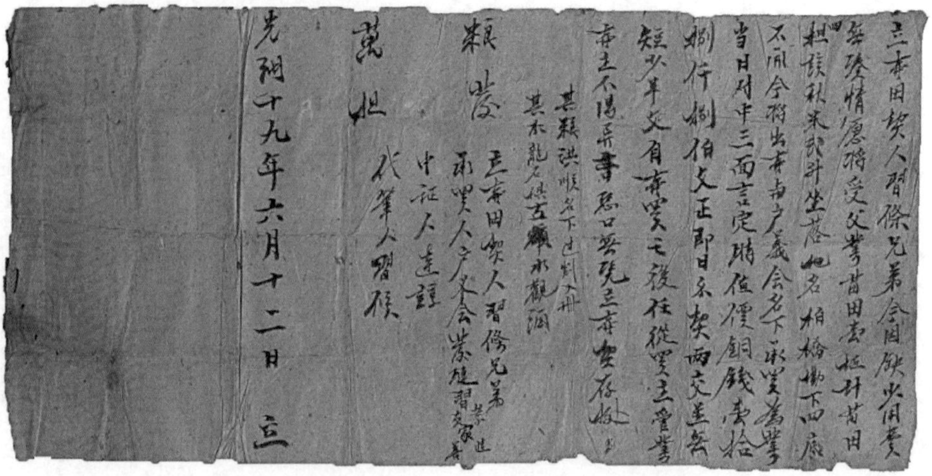

立卖田契人习条兄弟今因缺少用费无凑情愿将受父业苗田壹丘计苗田四担该秋米贰升坐落地名柏侨塅下四底不开今将出卖与户义会名下承买为业当日对中三面言定时值价铜钱壹拾捌仟捌伯（佰）文正即日钱契两交并无短少半文自卖买之后任从买主管业卖主不得异言恐口无凭立卖契存据

其粮洪顺名下过割入册

其水龙石坝〔堤〕古[?]水观（灌）润

粮发万担

立卖田契人习条兄弟

承买人户义会发琏习孝习友家进家善

中证人达谆

代笔人习候

光绪十九年六月十二日立

## 光绪二十年六月二十九日习孝典田契

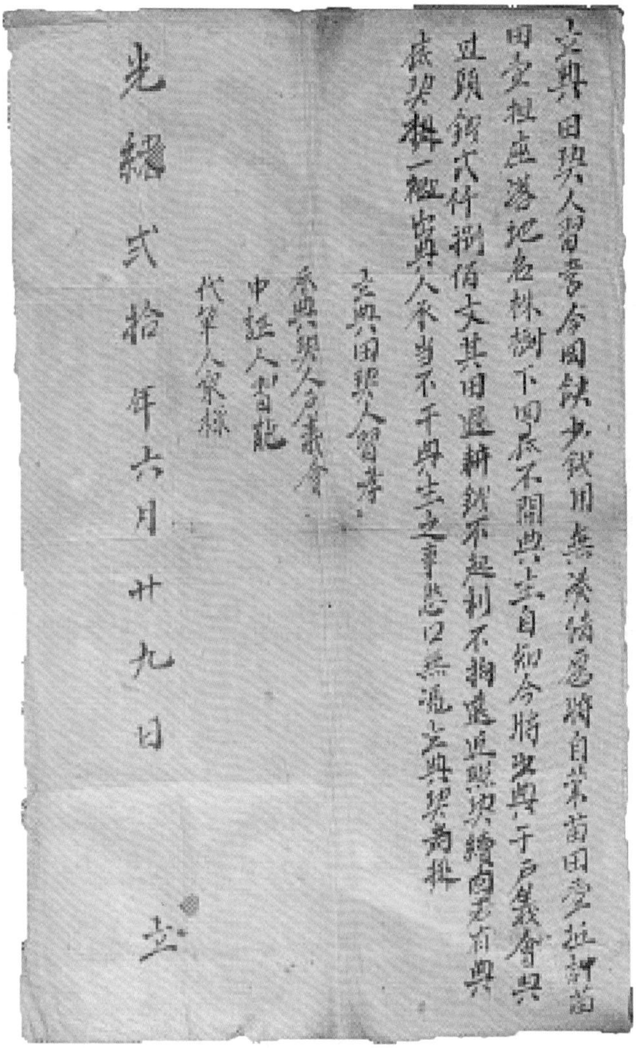

立典田契人习孝今因缺少钱用无凑情愿将自业苗田壹丘计苗田壹担座落地名株树下四底不开典主自知今将出典于户义会典过头钱贰仟捌佰文其田退耕钱不起利不拘远近照契续回若有典底契据一概出典人承当不干典主之事恐口无凭立典契为据

立典田契人习孝

承典契人户义会

中证人习龙

代笔人家标

光绪贰拾年六月廿九日立

## 光绪二十二年四月十四日习偹卖田契

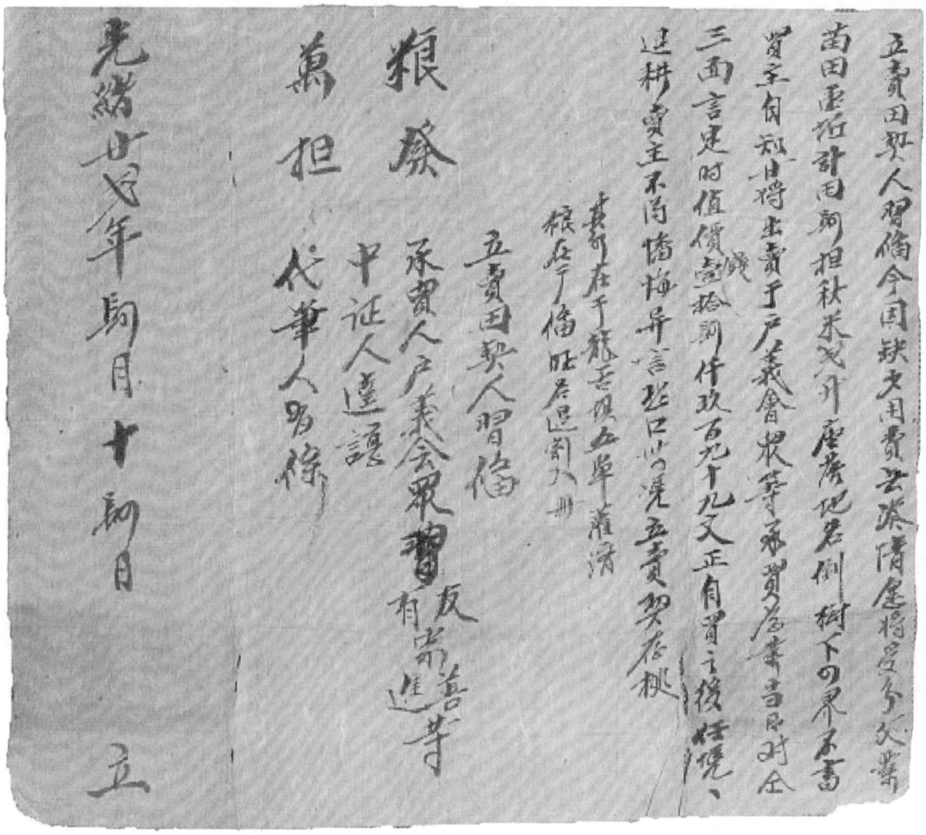

立卖田契人习偹今因缺少用费无凑情愿
将受分父业苗田壹丘计田肆担秋米贰升
座落地名倒树下四界不书买主自知甘将
出卖于户义会众等承买为业当日对仝三
面言定时值价钱壹拾肆仟玖百九十九文
正自买之后任凭退耕卖主不得憣悔异言
恐口无凭立卖契存据
其水在于龙舌坝〔埧〕五单灌济
粮在于偹旺名过割入册
粮发万担
立卖田契人习偹
承买人户义会众习友习有家善家进等
中证人达谆
代笔人习条
光绪廿贰年肆月十肆日立

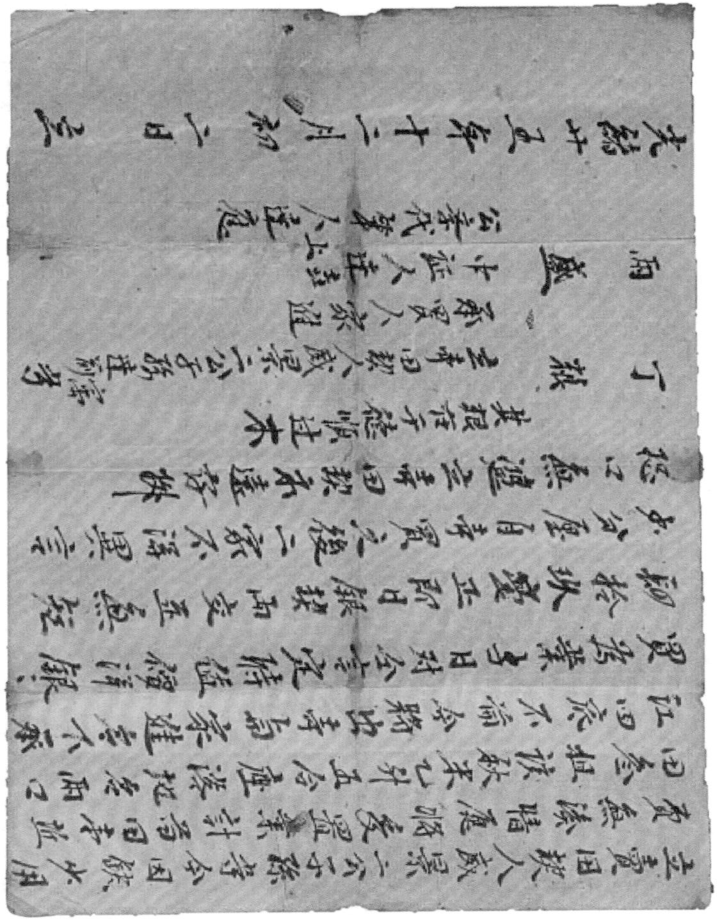

光绪二十五年十二月初二日达寓等卖田契

立卖田契人威景二公子孙等今因缺少用费
无凑情愿将受置业计苗田壹丘田叁担该秋
米一升五合座落地名两口江四底不开今将
出卖与家进名下承买为业当日对仝言定时
值价洋银肆拾玖毫正即日银契两交并无短
少分厘自卖之后二家不得异言恐口无凭
立卖田契永远存据
其粮在于德顺过木
丁粮两盛
立卖田契人威景二公子孙达寓达前等
承买人家进
中证人达奎达上
公学（举）代笔人达应
光绪廿五年十二月初二日立

## 光绪二十七年五月初二日胡荣贵卖阴地茶山契

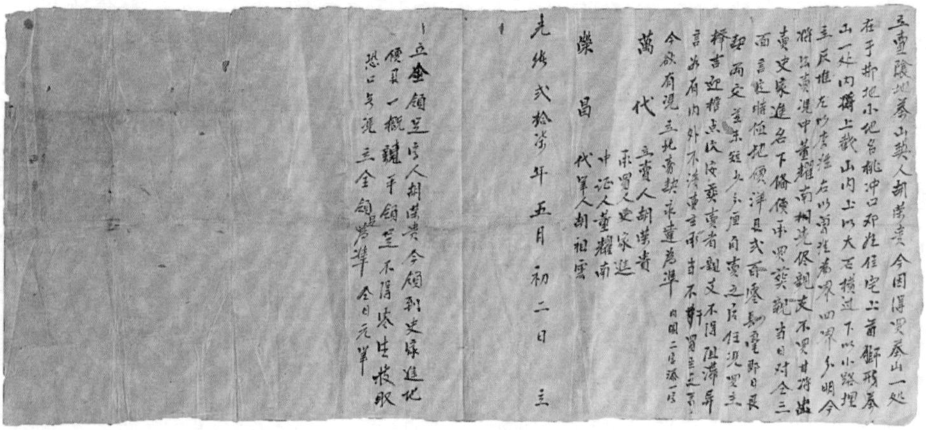

立卖阴地茶山契人胡荣贵今因得买茶山一处在于郴地小地名桃冲口邓姓住宅上首狮形茶山一处内上截山内上以大石横过下以小路埋立灰堆左以李姓右以曾姓为界四界分明今将出卖凭中董耀南先尽亲支不买甘将出卖史家进名下备价承买葬亲当日对仝三面言定时值地价洋银贰百零肆毫即日银契两交并未短少分厘自卖之后任凭买主择吉迎棺点穴安葬卖者亲支不得阻滞异言如有内外不清卖主承当不干买主之事今欲有凭立此卖契永远为准

内圈二字添一字

万代荣昌

立卖人胡荣贵

承买人史家进

中证人董耀南

代笔人胡祖云

光绪贰拾柒年五月初二日立

立全领足字人胡荣贵今领到史家进地价具一概亲手领足不得零（另）生枝取〔节〕恐口无凭立全领足为准

仝日元笔

光绪二十七年六月二十六日天音等卖阴地契

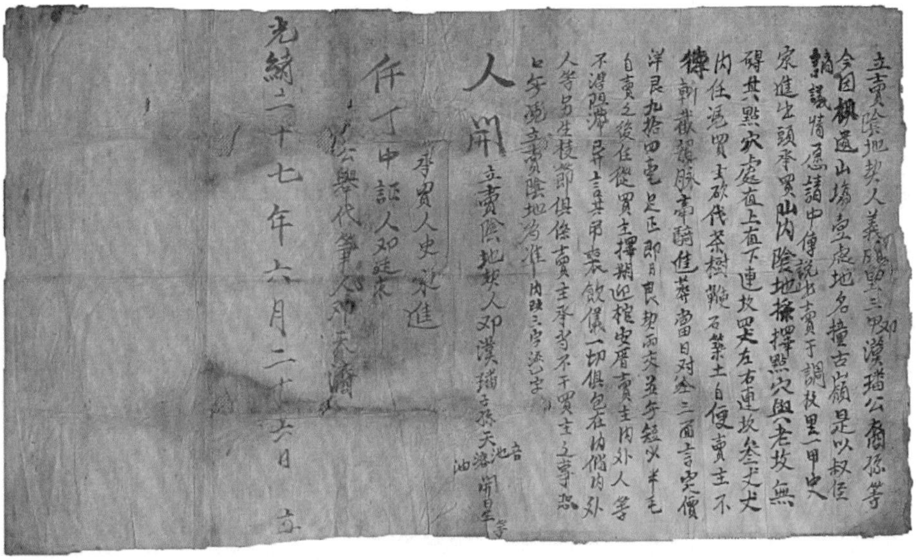

立卖阴地契人义□里三甲邓汉璠公裔孙等今因祖遗山场壹处地名撞古岭是以叔侄谪（商）议情愿请中传说出卖于调枚（梅）里一甲史家进出头承买山内阴地采择点穴与老坟无碍其点穴处直上直下连坟四丈左右连坟叁丈丈内任凭买主砍伐茶树鞭石筑土自便卖主不得斩截龙脉牵骑进葬当日对仝三面言定价洋银九拾四毫足正即日银契两交并无短少半毛自卖之后任从买主择期迎棺安厝卖主内外人等不得阻滞异言其吊丧饮仪一切俱包在内倘内外人等另生枝节俱系卖主承当不干买主之事恐口无凭立卖阴地为准

内改三字添一字

人开仟丁

立卖阴地契人邓汉璠子孙天音天池天溶天油开星等

承买人史家进

中证人邓廷求

公举代笔人邓天滳

光绪二十七年六月二十六日立

宣统元年又二月初六日习信卖田契

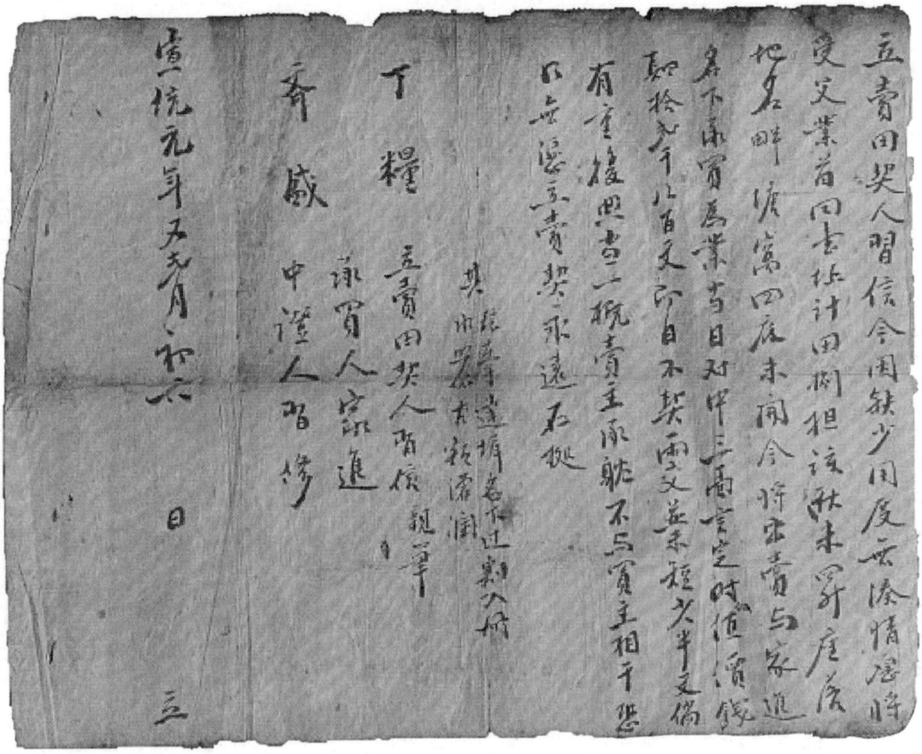

立卖田契人习信今因缺少用度无凑情愿将受父业苗田壹丘计田捌担该秋米四升座落地名畔塘窝四底未开今将出卖与家进名下承买为业当日对中三面言定时值价钱肆拾贰千八百文即日钱契两交并未短少半文倘有重复典当一概卖主承躭（担）不与买主相干恐口无凭立卖契永远存据

丁粮齐盛

其粮在于达墀名下过割入册

其水照依古额灌润

立卖田契人习信亲笔

承买人家进

中证人习修

宣统元年又贰月初六日立

## 宣统元年三月二十二日习丙卖园土契

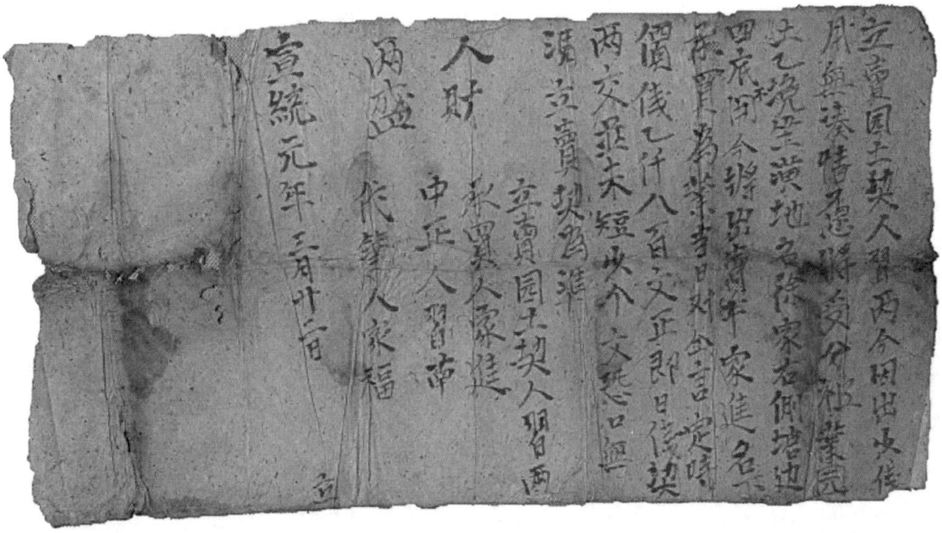

立卖园土契人习丙今因出少钱用无凑
情愿将受分祖业园土一块坐潢（落）
地名徐家右侧塘边四底不开今将出卖
于家进名下承买为业当日对仝言定时
价钱一仟八百文正即日钱契两交并未
短少个文恐口无凭立卖契为准
人财两盛
立卖园土契人习丙
承买人家进
中正人习南
代笔人家福
宣统元年三月廿二日立

宣统元年八月二十二日习修等卖阴地契

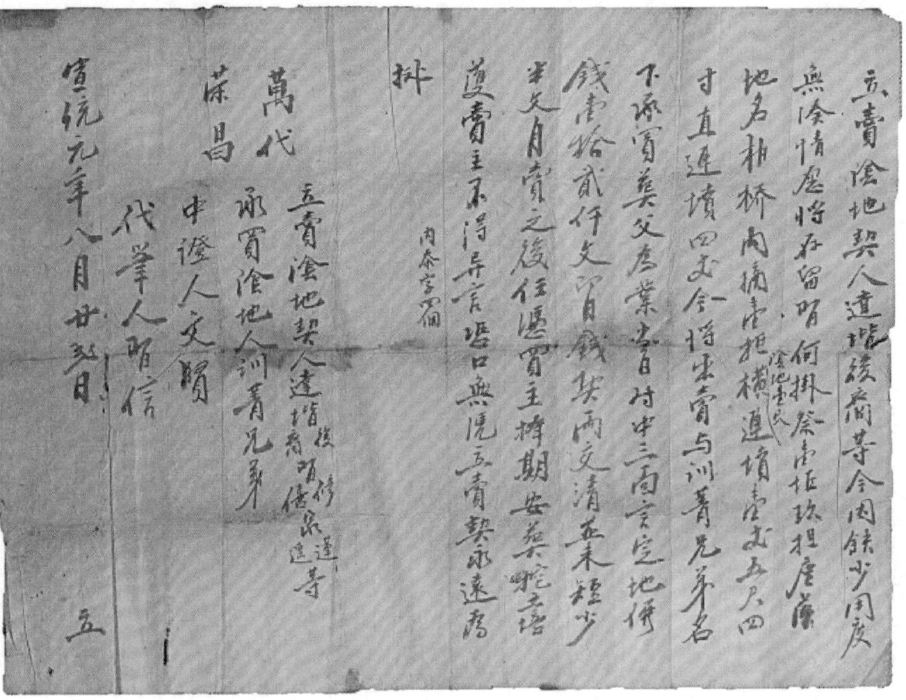

立卖阴地契人达堦后裔等今因缺少用度无凑情愿将存留习何挂祭壹丘玖担座落地名柏桥内摘壹担阴地壹穴横连坟壹丈五尺四寸直连坟四丈今将出卖与训菁兄弟名下承买葬父为业当日对中三面言定地价钱壹拾贰仟文即日钱契两交清并未短少半文自卖之后任凭买主择期安葬挖土培护卖主不得异言恐口无凭立卖契永远为据

内忝（添）字四个

万代荣昌

立卖阴地契人达堦后裔习修习僖家蓬家遥等

承买阴地人训菁兄弟

中证人文贤

代笔人习信

宣统元年八月廿贰日立

## 民国元年十二月二十八日家迪卖茶山契

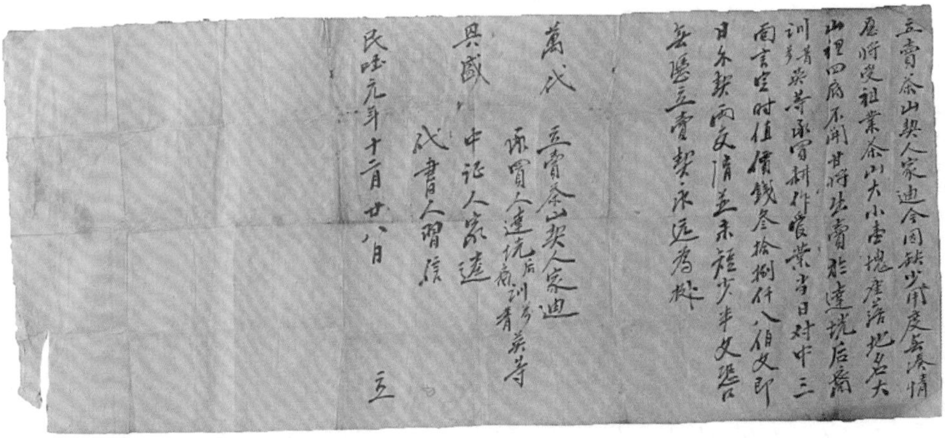

立卖茶山契人家迪今因缺少用度无凑情愿将受祖业茶山大小壹块座落地名大山里四底不开甘将出卖于达珖后裔训菁训芬训英等承买耕作管业当日对中三面言定时值价钱叁拾捌仟八伯（佰）文即日钱契两交清并未短少半文恐口无凭立卖契永远为据

万代兴盛

立卖茶山契人家迪

承买人达珖后裔训芬训菁训英等

中证人家逵

代书人习信

民国元年十二月廿八日立

## 民国十年十一月初五日训菁训荃兄弟祭田契

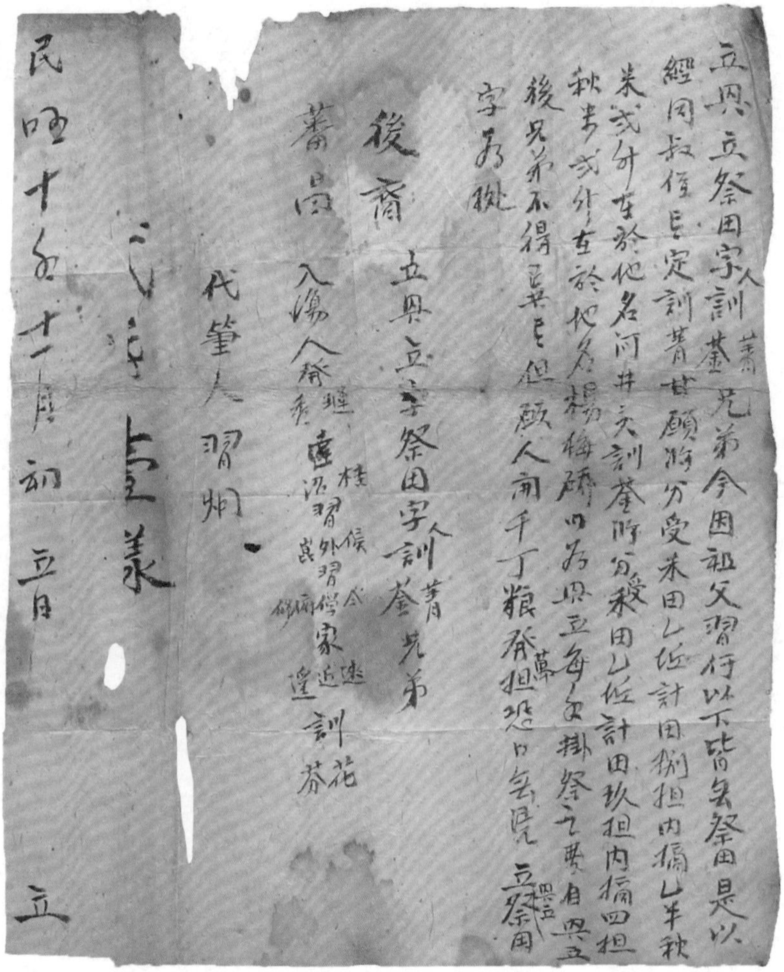

立兴立祭田字人训菁训荃兄弟今因祖父习儒以下皆无祭田是以经同叔侄言定训菁甘愿将分受禾田一丘计田捌担内摘一半秋米贰升在于地名河井头训荃所分受禾田一丘计田玖担内摘四担秋米贰升在于地名杨梅硚以谷兴立每年挂祭之典自兴立后兄弟不得异言但愿人开千丁粮发万担恐口无凭立兴立祭田字为据

后裔蕃昌

立兴立字祭田字人训菁训荃兄弟

入场人发秀发琏达沼达桂习侯习外习学习全习近习芬家远家近家逢训花训芬

代笔人习炯

〈贰纸壹样〉

民国十年十一月初五日立

## 民国十三年十二月十四日训菁卖茶山契

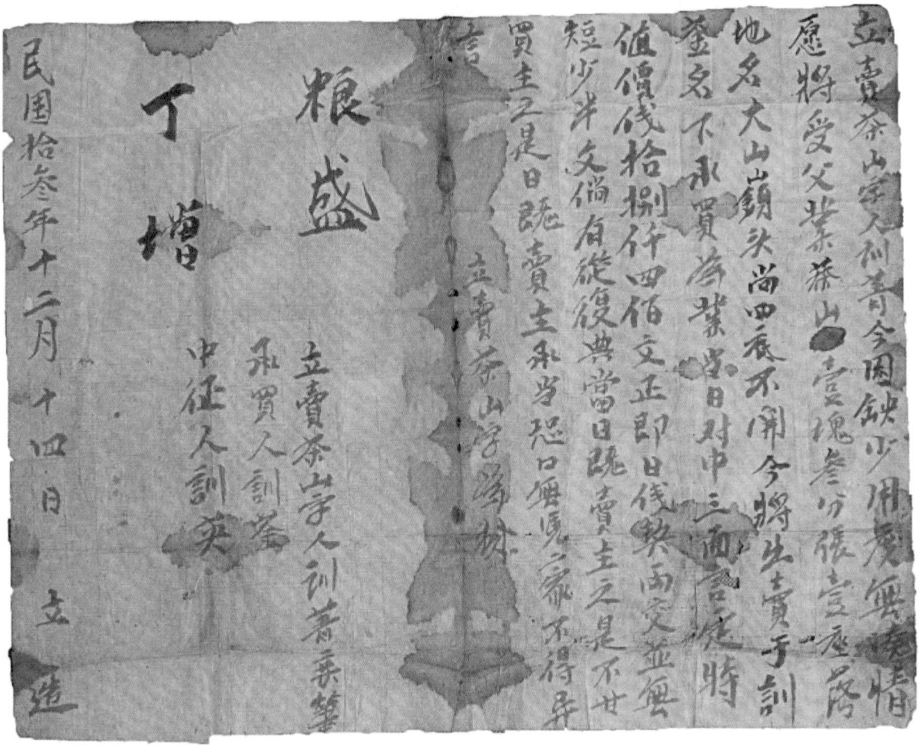

立卖茶山字人训菁今因缺少用度无凑情愿将受父业茶山壹块叁分张壹座落地名大山岭头尚四底不开今将出卖于训荃名下承买为业当日对中三面言定时值价钱拾捌仟四佰文正即日钱契两交并无短少半文倘有从（重）复典当日既卖主之是（事）不甘（干）买主之是（事）日既卖主承当恐口无凭二家不得异言立卖茶山字为据

粮盛丁增

立卖茶山字人训菁亲笔

承买人训荃

中征（证）人训英

民国拾叁年十二月十四日立造

# 民国十四年十一月二十日训菁卖正屋契

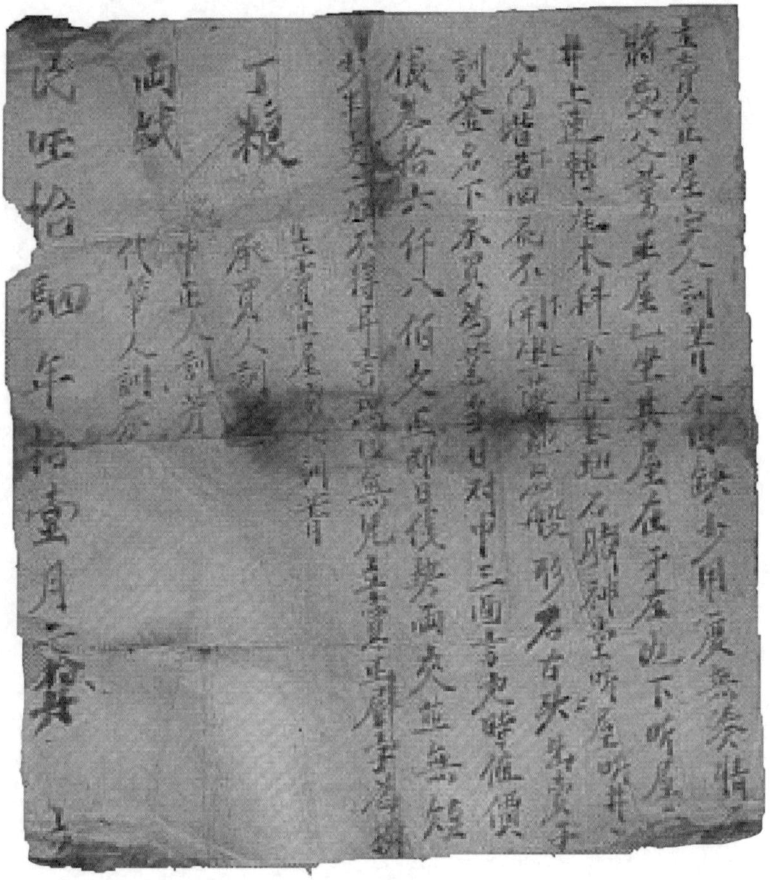

立卖正屋字人训菁今因缺少用度无凑情愿将受父业正屋一坐其屋在于左边下听（厅）屋二井上连转（砖）瓦木科（料）下连基地石脚神堂听（厅）屋听（厅）井大门阶下若四底不坐开落地名般形石古头上出卖于训荃名下承买为业当日对中三面言定时值价钱叁拾六仟八佰文正即日钱契两交并无短少半文二加（家）不得异言恐口无凭立卖正屋字为据

丁粮两盛

立卖正屋字人训菁

承买人训荃

中正人训芳

代笔人训芬

民国拾肆年拾壹月二拾日立

## 民国十五年正月二十四日训菁卖地契

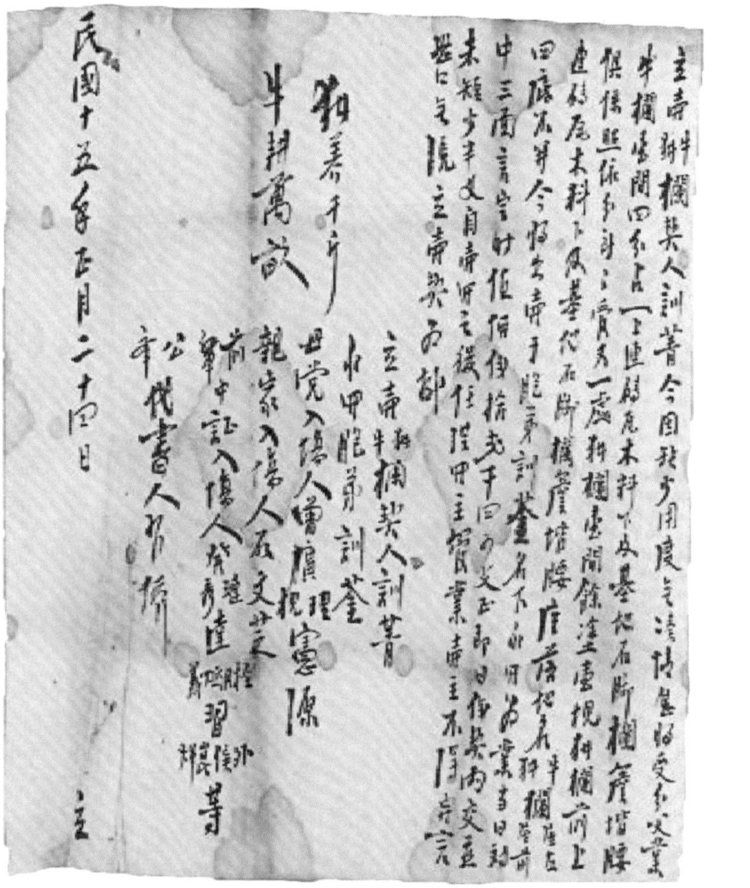

立卖牛牲栏契人训菁今因缺少用度无凑情愿将受分父业牛栏壹间四分占一上连砖瓦木料下及基地石脚栏檐阶腰俱系照依分所所管又一处牲栏壹间余涂壹垷牲栏前上连砖瓦木料下及基地石脚栏檐阶腰座落地名牛牲栏屋左屋前四底不并今将出卖于胞弟训荃名下承买为业当日对中三面言定时值价钱拾贰千四百文正即日钱契两交并未短少半文自卖买之后任从买主管业卖主不得异言恐口无凭立卖契为据

立卖牲牛栏契人训菁

牲养千斤牛耕万亩

承买胞弟训荃

母党入场人曾广理曾广槐曾宪源

亲家入场人名石文芝

前辈中证入场人发琏发秀达桎达?达烜达义习外习

侯习昆习煇等

公举代书人习侨

民国十五年正月二十四日立

## 民国三十七年古三月初八日柏生兄弟等卖地基契

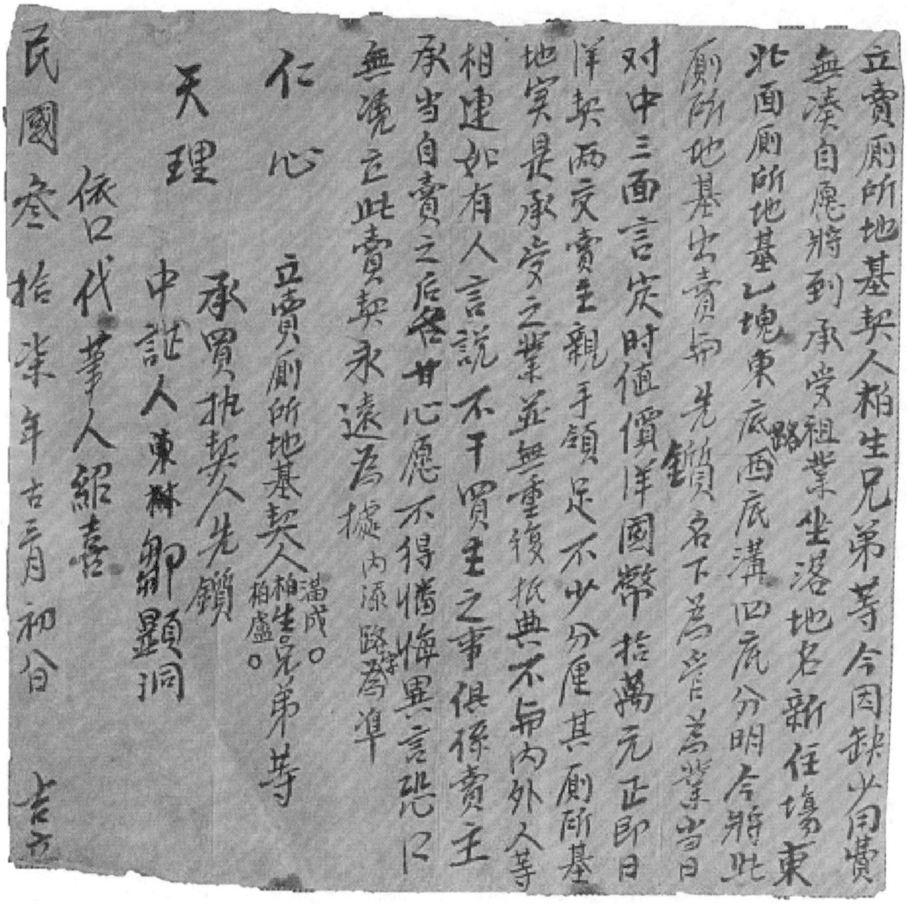

立卖厕所地基契人柏生兄弟等今因缺少用费无凑自愿将到承受祖业坐落地名新住场东北面厕所地基一块东底路西底沟四底分明今将此厕所地基出卖与先锁名下为管为业当日对中三面言定时值价洋国币拾万元正即日洋契两交卖主亲手领足不少分厘其厕所基地实是承受之业并无重复抵典不与内外人等相连如有人言说不干买主之事俱系卖主承当自卖之后各甘心愿不得憣悔异言恐口无凭立此卖契永远为据

内添路字为准

仁心天理

立卖厕所地基契人满成【押】柏生【押】柏卢【押】兄弟等

承买执契人先锁

中证人邹显洞

依口代笔人绍喜

民国叁拾柒年古三月初八日吉立

# 道县（一）

## 嘉庆十八年三月初六日樊德胜卖地契

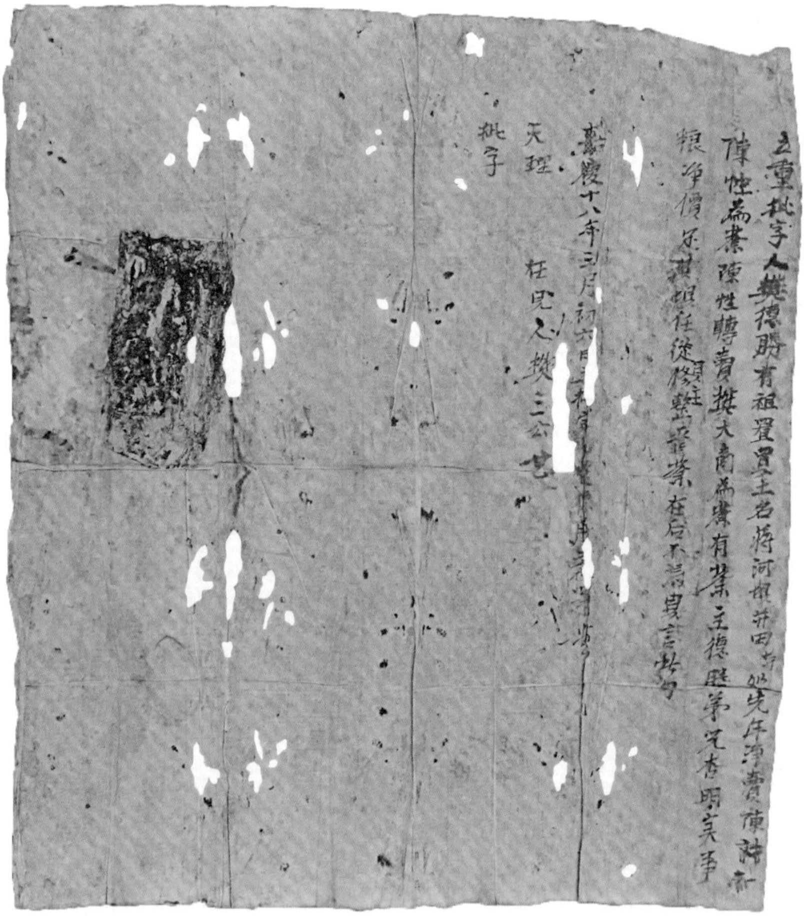

立重批字人樊德胜有祖置买土名将河坝井田等处先年净卖陈☐☐陈性〔姓〕为业陈性〔姓〕转卖樊大商为业有茶主德胜弟兄杏明实事粮净价足其坝任从买主修整管业在后不得异言此☐

嘉庆十八年三月初六日☐

天理枇（批）字

任见心樊三公【押】

## 道光五年十一月二十日先培卖山场契

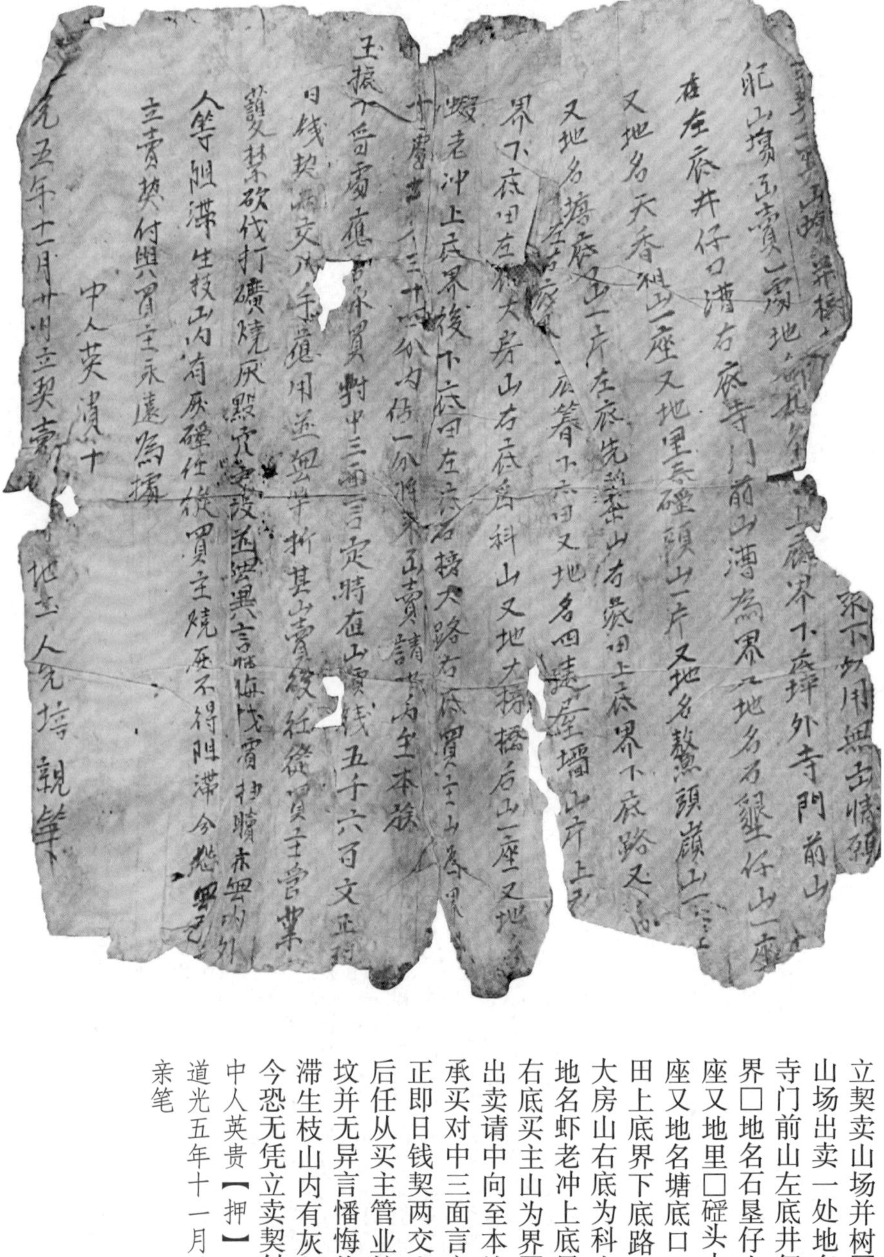

立契卖山场并树⧄众下缺用无出情愿将己山场出卖一处地名九茶□上底界下底坪外寺门前山左底井仔口漕右底寺门前山漕为界□地名石垦仔山一座又地名天香祖山一座又地里□硿头山一片又地名鳌头岭山一座又地名塘底口山一片左底先⍰茶山右底田上底界下底路又⧄〈为〉界下底田左底大房山右底为科山又地大榜桥后山一座又地名虾老冲上底界后下底田左底石榜大路右底买主山为界⧄三十四分内占一分将来出卖请中向至本族玉据〔振〕⍰哥处应□承买对中三面言定时值山价钱五千六百文正即日钱契两交入手应用并无准折其山卖后任从买主管业护禁砍伐打矿烧灰点穴宅坟并无异言憣悔找价抽赎亦无内外人等阻滞生枝山内有灰硿任从买主烧灰不得阻滞今恐无凭立卖契付与买主永远为据

中人英贵【押】

道光五年十一月廿日立契卖□地土人先培亲笔

## 光绪二十年十一月八日宾积明卖山地契

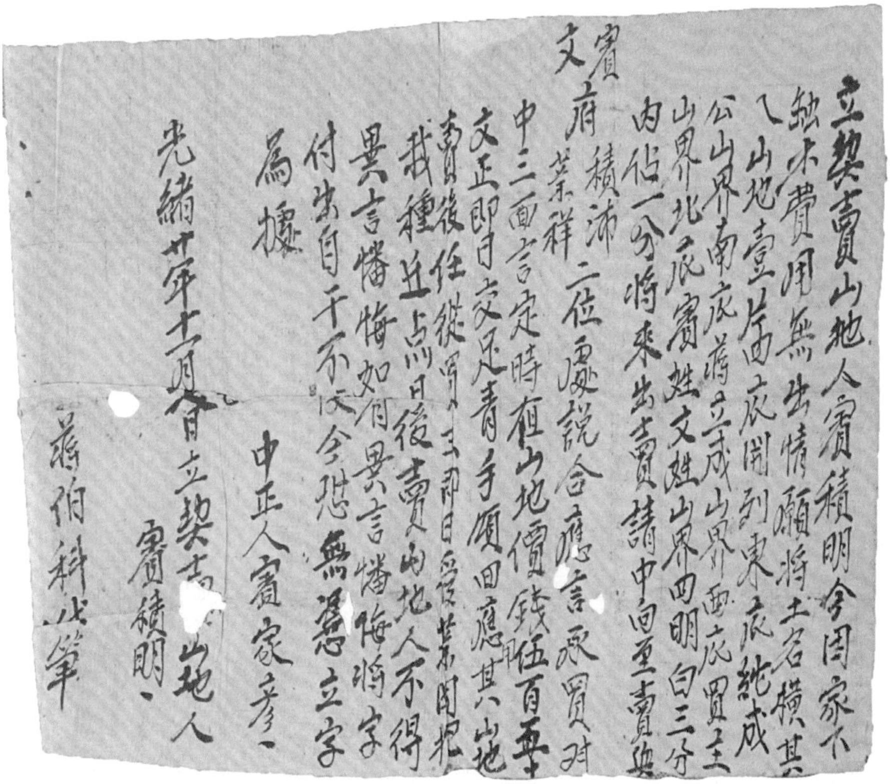

立契卖山地人宾积明今因家下缺少费用无出情愿将土名横其□山地壹片四底开列东底纯成公山界南底蒋立成山界西底买主山界北底宾姓文姓山界四明白三分内占一分将来出卖请中向至卖与宾府积沛文府业祥二位处说合应言承买对中三面言定时值山地价钱伍百五十文正即日交足青（亲）手领回应用其山地卖后任从买主即日管业□□栽种迁点日后卖山地人不得异言憣悔如有异言憣悔将字付出自干不〈便〉今恐无凭立字为据

中正人宾家彦【押】

光绪廿年十一月八日立契卖山地人宾积明【押】

蒋伯科代笔

## 光绪二十七年二月十三日白六二卖田契

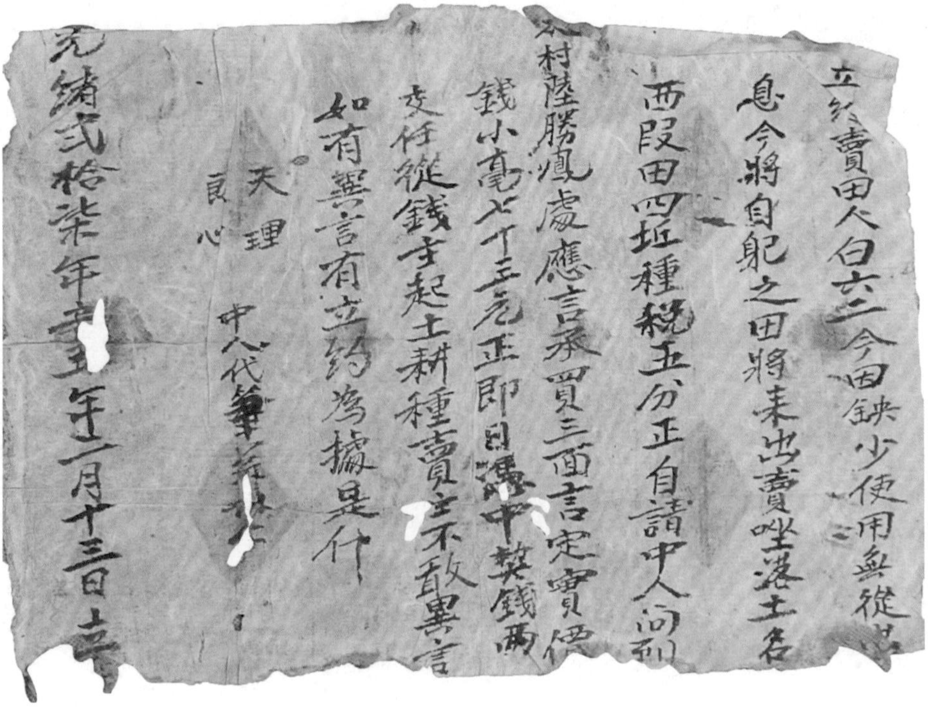

立约卖田人白六二今因缺少使用无从出息今将自己之田将来出卖坐落土名西段田四丘种税五分正自请中人问到本村陆胜凤处应言承买三面言定实价钱小毫七十三元正即日凭中契钱两交任从钱主起土耕种卖主不敢异言如有异言有立约为据是什（实）

天理良心

中人代笔?仁

光绪贰拾柒年辛丑年二月十三日立

## 光绪二十八年二月初八日秦寅生卖断田契

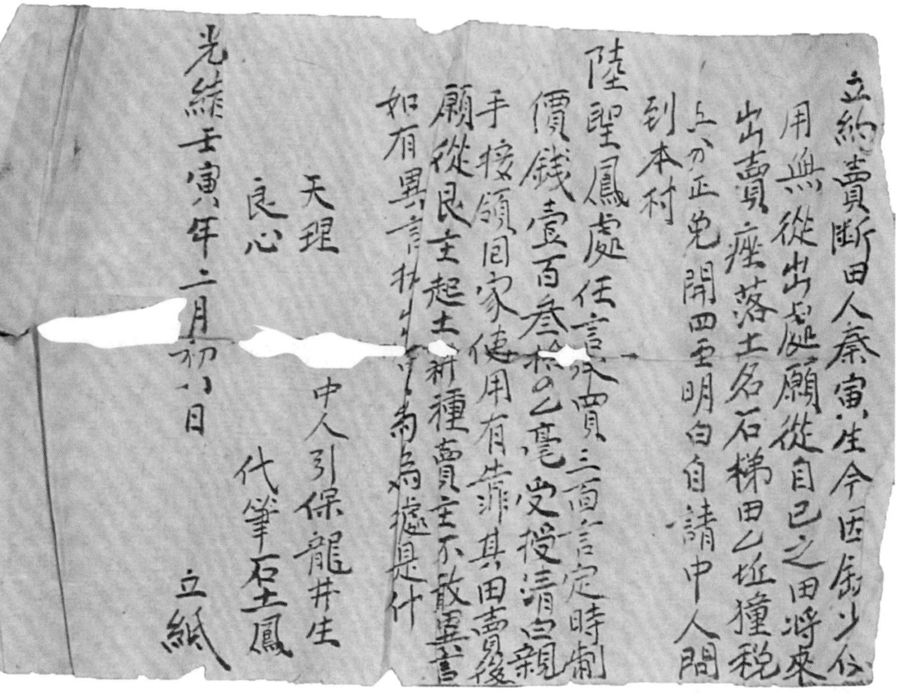

立约卖断田人秦寅生今因缺少使用无从出处愿从自己之田将来出卖痤（坐）落土名石梯田一丘种税五分正免开四至明白自请中人问到本村陆圣凤处任言承买三面言定时制（值）价钱壹百叁拾一毫受授清白亲手接领回家使用有靠其田卖后愿从银主起土耕种卖主不敢异言如有异言□□□□为据是什（实）

天理良心

中人引保龙井生

代笔石土凤

光绪壬寅年二月初八日立纸

光绪三十年正月二十日蒋立俊当竹山地契

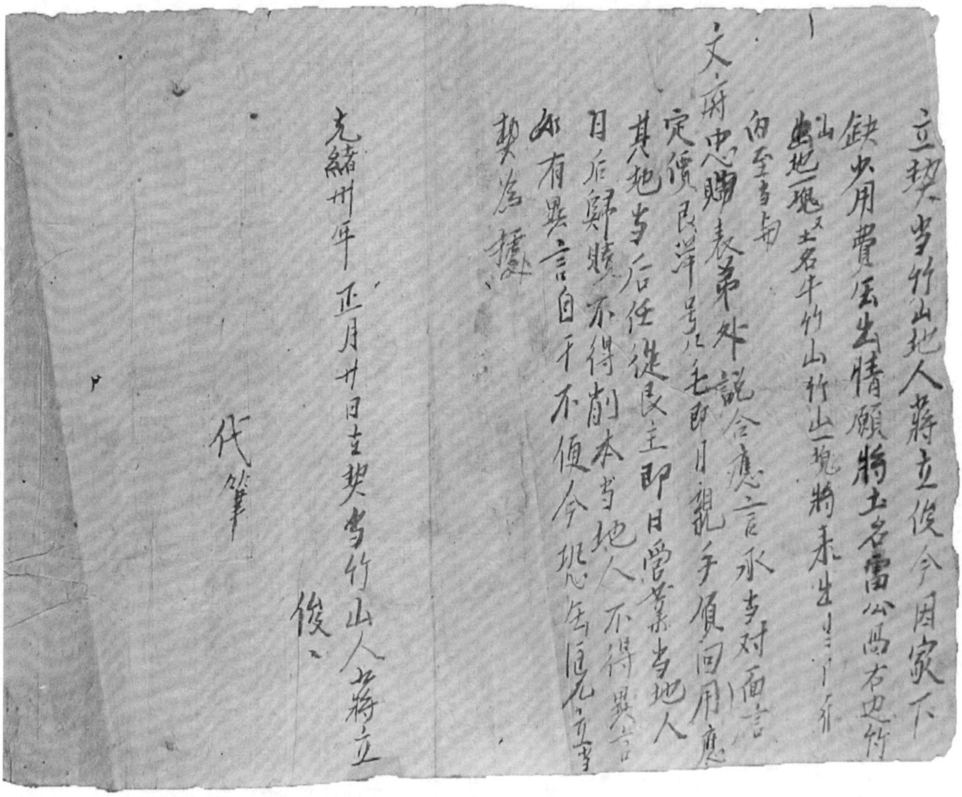

立契当竹山地人蒋立俊今因家下缺少用费无出情愿将土名雷公呙右边竹山地一块又土名牛竹山竹山一块将来出当⍰⍰向至当与文府忠赐表弟处说合应言承当对面言定价银洋号八毛即日亲手领回用应其地当后任从银主即日管业当地人日后归赎不得削本当地人不得异言如有异言自干不便今恐无凭立当契为据

光绪卅年正月廿日立契当竹山人蒋立俊代笔

民国二年九月初六日廖秀峰退耕契

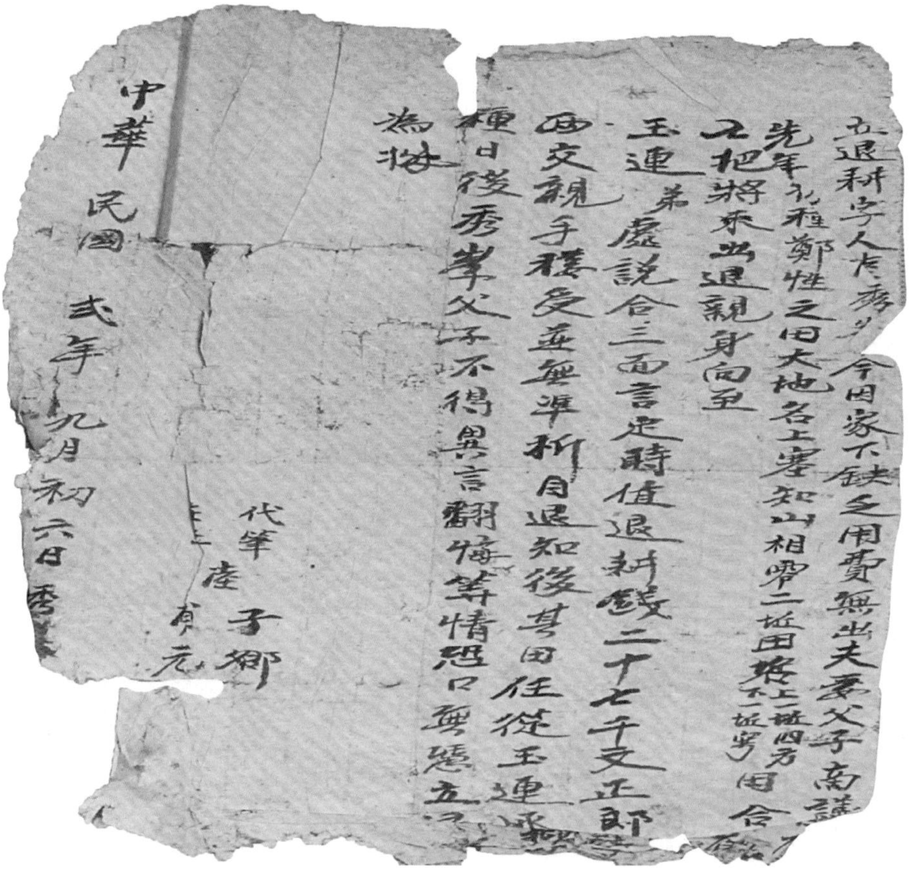

立退耕字人廖秀〈峰〉今因家下缺乏用费无出夫妻父子商（商）议先年?种郑性（姓）之田大地名上塞知山相零二丘田名上一丘四方田下一丘四方田合七把将来出退亲身向至玉连弟处说合三面言定时值退耕钱二十七千文正郎（即）〈日〉两交亲手接受并无准析（折）自退知后其田任从玉连承种日后秀峰父子不得异言翻悔等情恐口无凭立□为据

代笔陆子卿□□陆甫元

中华民国贰年九月初六日秀□□

## 民国三年十一月蒋吴氏仝男有劲借谷契

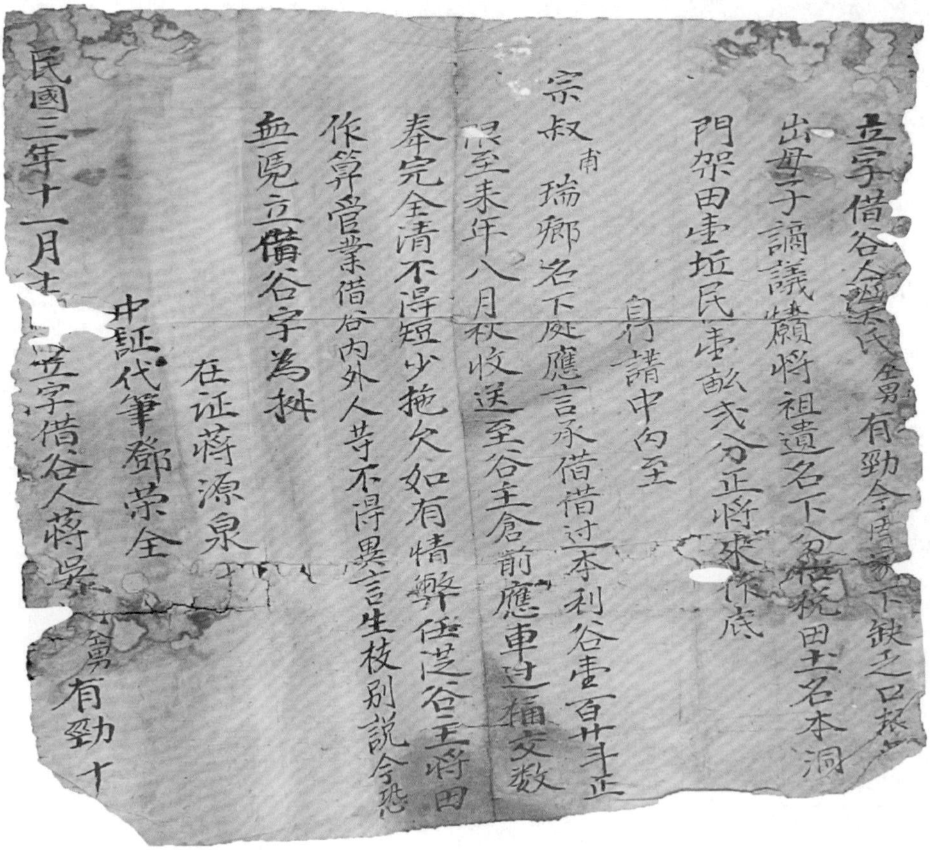

立字借谷人〈蒋吴〉氏仝男有劲今因家下缺乏口粮无出母子謪（商）议情愿将祖遗名下分占税田土名本洞门架田壹丘民壹亩贰分正将来作底自行请中向至宗叔甫瑞乡名下处应言承借借过本利谷壹百廿斗正限至来年八月秋收送至谷主仓前应车过桶交数奉完全清不得短少拖欠如有情弊任从谷主将田作算管业借谷内外人等不得异言生枝别说今恐无凭立借谷字为据

在证蒋源泉

中证代笔郑荣全

民国三年十一月十□日立字借谷人蒋吴〈氏〉仝男有劲【押】

## 民国六年十二月十八日周荣臣退耕契

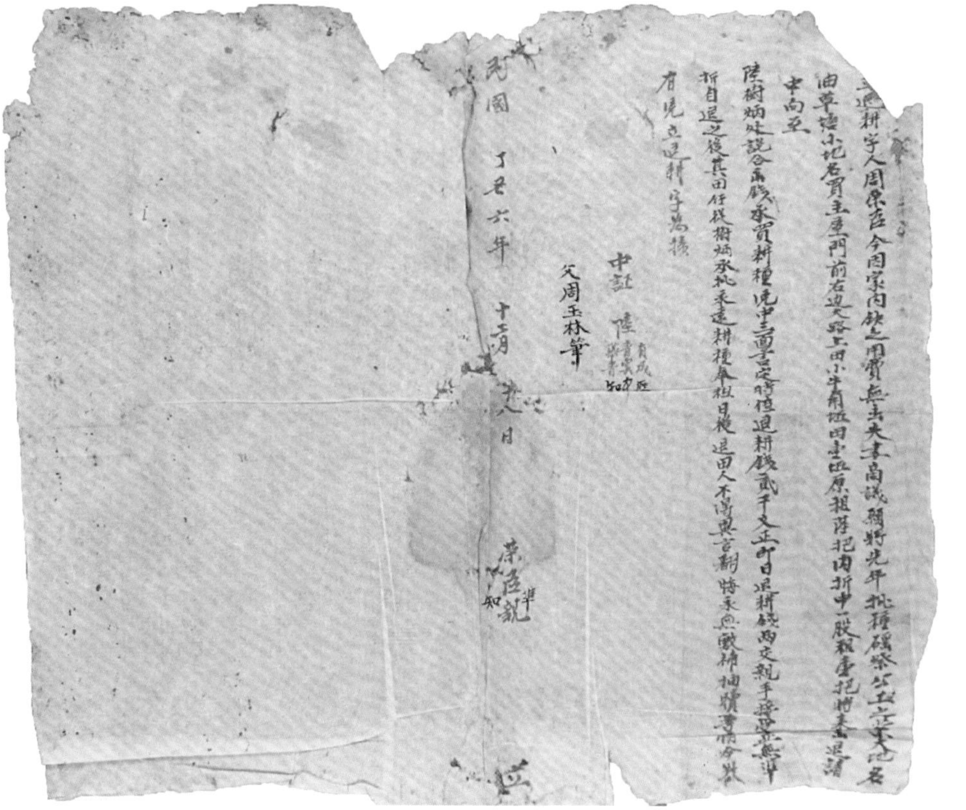

〈立〉退耕字人周荣臣今因家内缺乏用费无出夫妻商议愿将先年批种磘祭公土之业大地名油草塘小地名买主屋门前右边大路上田小牛角坵田壹丘原租陆把内折中一股租壹把将来出退请中向至陆树炳处说合出钱承买耕种凭中三面言定时值退耕钱贰千文正即日退耕钱〈契〉两交亲手接受并无准折自退之后其田任从树炳承批永远耕种奉租日后退田人不得异言翻悔永无敷补抽赎等情今欲有凭立退耕字为据

中证陆有成【押】陆青云【押】陆发青【押】

父周玉林笔

民国丁巳六年十二月十八日荣臣准知亲立

# 民国九年十二月初一日杨伟业当田契

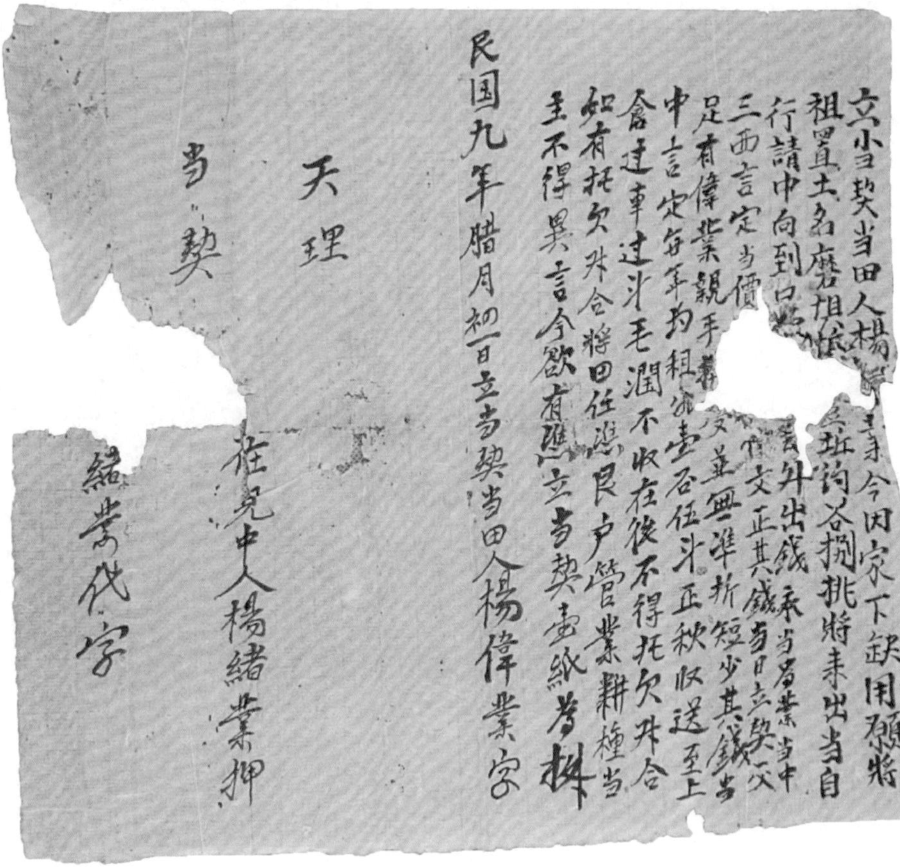

立当契当田人杨伟业今因家下缺用愿将祖置土名磨坝（垻）坵□壹丘约谷捌挑将来出当自行请中向到口▨处出钱承当为业当中三面言定当价▨文正其钱当日立契交足有伟业亲手□受并无准折短少其钱当中言定每年均租谷壹石伍斗正秋收送至上仓过车过斗毛润不收在后不得托（拖）欠升合如有托（拖）欠升合将田任凭银户管业耕种当主不得异言今欲有凭立当契壹纸为据

民国九年腊月初一日立当契当田人杨伟业字

天理当契

在见中人杨绪业【押】

绪业代字

民国十一年十月十四日天贵公后裔光生等批坟山契

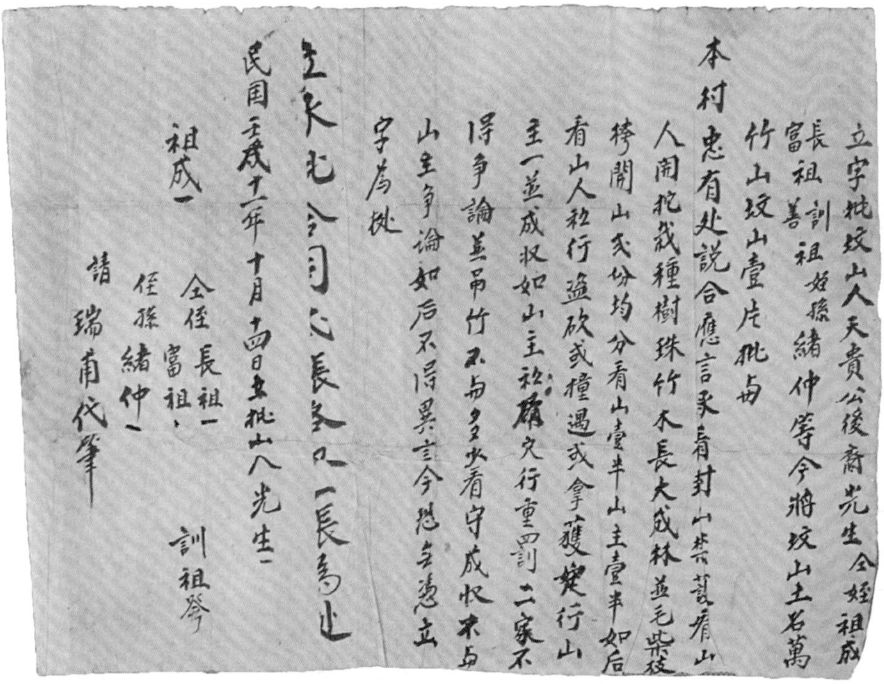

立字批坟山人天贵公后裔光生仝姪祖成长祖富祖训祖善祖姪孙绪仲等今将坟山土名万竹山坟山壹片批与本村忠有处说合应言承看封山禁护看山人开挖栽种树珠竹木长大成林并毛柴枝桍开山贰份均分看山壹半山主壹半如后看山人私行盗砍或撞遇或拿获定行山主一并成收如山主私砍穴行重罚二家不得争论并另竹不与多少看守成收不与山主争论如后不得异言今恐无凭立字为据

〈立承批合同贰张各执一张为据〉

民国壬戌十一年十月十四日立批山人光生【押】

祖成【押】仝侄长祖【押】富祖【押】训祖【押】

侄孙绪仲【押】

请瑞甫代笔

## 民国十二年九月初八日陆海瑞陆玉元兑田契

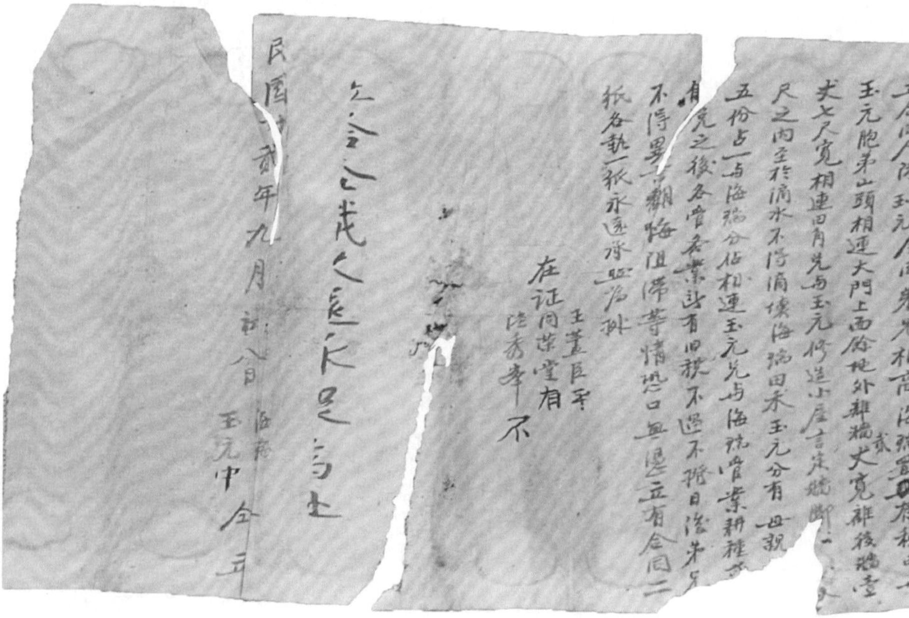

立合同人陆海瑞陆玉元今因弟兄相商（商）海瑞置有秧田与玉元胞弟山头相连大门上面余地外离墙贰丈宽离后墙壹丈七尺宽相连田角兑与玉元修造小屋言定墙脚□□尺之内至于滴水不得滴坏海瑞田禾玉元分有母亲□□五份占一与海瑞分占相连玉元兑与海瑞管业耕种或□自兑之后各管各业所有田税不遇不拨日后弟兄不得异言翻悔阻滞等情恐口无凭立有合同二纸各执一纸永远承照为据

在证王董臣【押】周荣堂【押】陆秀峰【押】

????????

民国十贰年九月初八日海瑞玉元【押】仝立

## 民国十四年二月十六日陆硚连卖田契

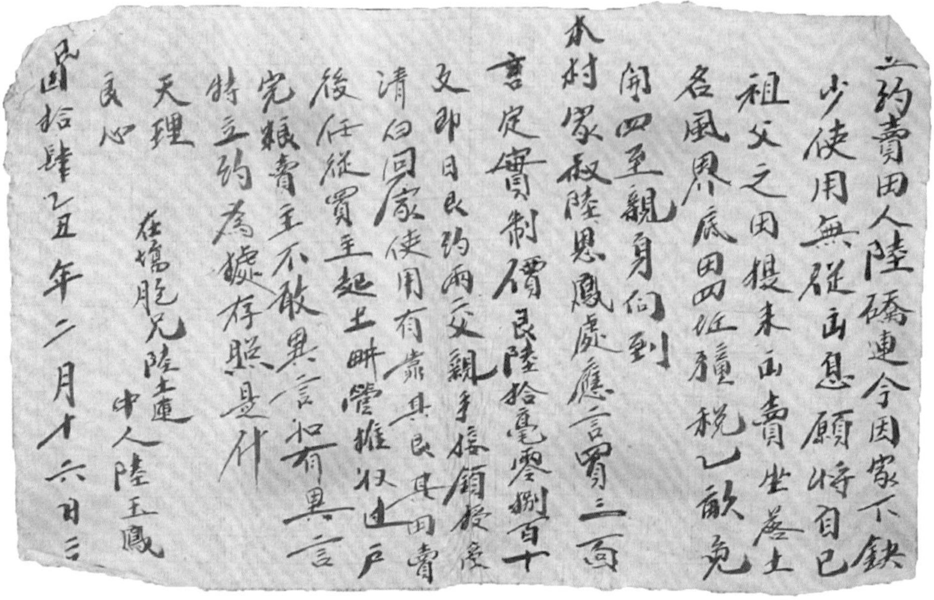

立约卖田人陆硚连今因家下缺少使用无从出息愿将自己祖父之田提来出卖坐落土名风界底田四丘僮税一亩免开四至亲身问到本村家叔陆恩凤处应言买三面言定实制（值）价银陆拾毫零捌百十文即日银约两交亲手接领授受清白回家使用有靠其银其田卖后任从买主起土耕管推收过户完粮卖主不敢异言如有异言特立约为据存照是什（实）

天理良心

在场胞兄陆土连

中人陆玉凤

民国拾肆乙丑年二月十六日立

## 民国十五年二月初八日陆硚连加当田契

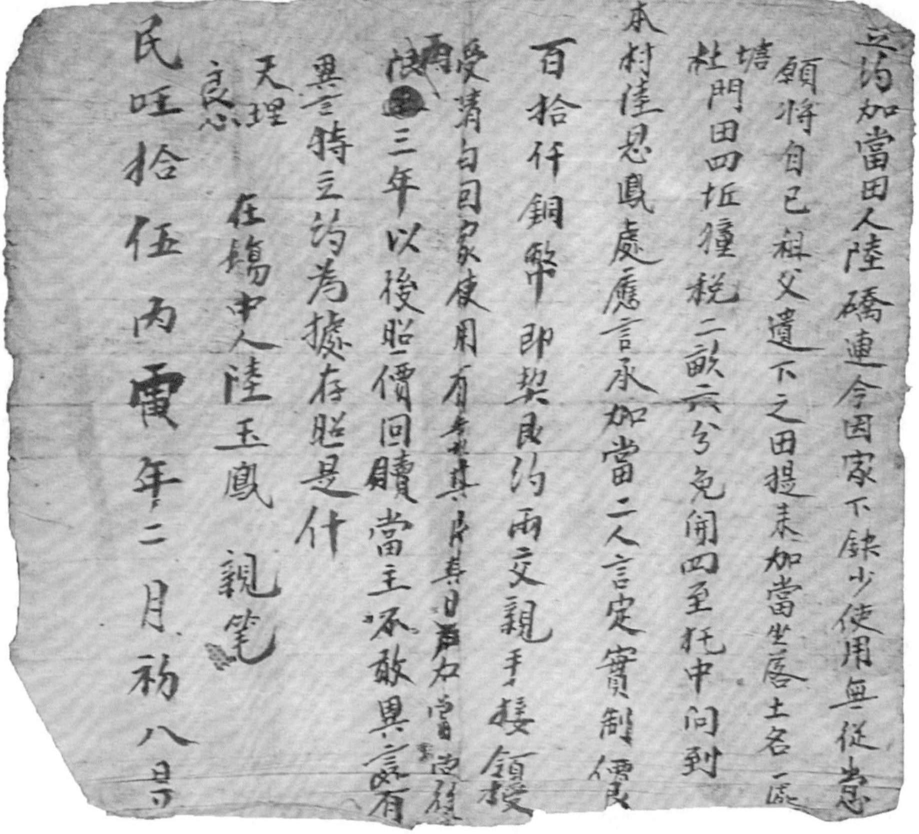

立约加当田人陆硚连今因家下缺少使用无从出息愿将自己祖父遗下之田提来加当坐落土名区塘门杜门田四丘僮税二亩六分免开四至托中问到本村陆恩凤处应言承加当二人言定实制（值）价银百拾仟铜币即契银约两交亲手接领授受清白回家使用有靠其银其日[?][?]当[?]后限两三年以后照价回赎当主不敢异言如有异言特立约为据存照是什（实）

天理良心

在场中人陆玉凤亲笔

民国拾伍丙寅年二月初八日立

## 民国十五年二月初八日陆硚连卖断田契

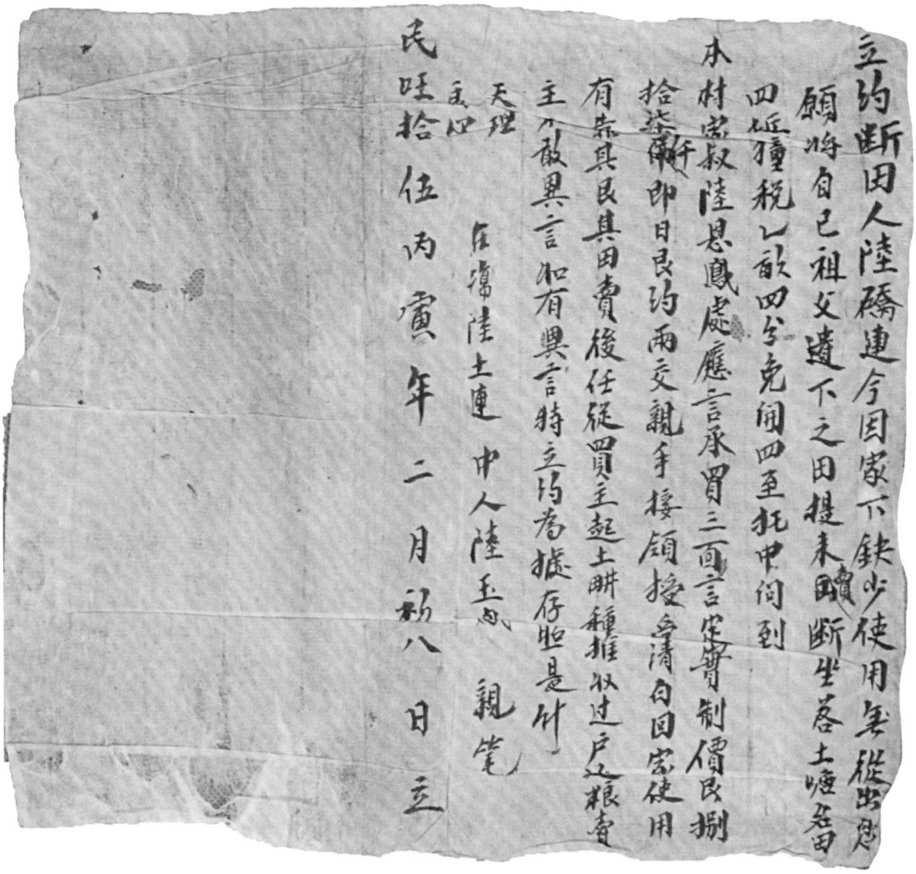

立约断田人陆硚连今因家下缺少使用无从出息愿将自己祖父遗下之田提来卖断坐落土塘名田四丘僮税一亩四分免开四至托中问到本村家叔陆恩凤处应言承买三面言定实制（值）价银捌拾柒仟即日银约两交亲手接领授受清白回家使用有靠其银其田卖后任从买主起土耕种推收过户还粮卖主不敢异言如有异言特立约为据存照是什（实）

天理良心

在场陆土连

中人陆玉凤亲笔

民国拾伍丙寅年二月初八日立

## 民国十六年十月初一日陆甫元卖礌与田租契

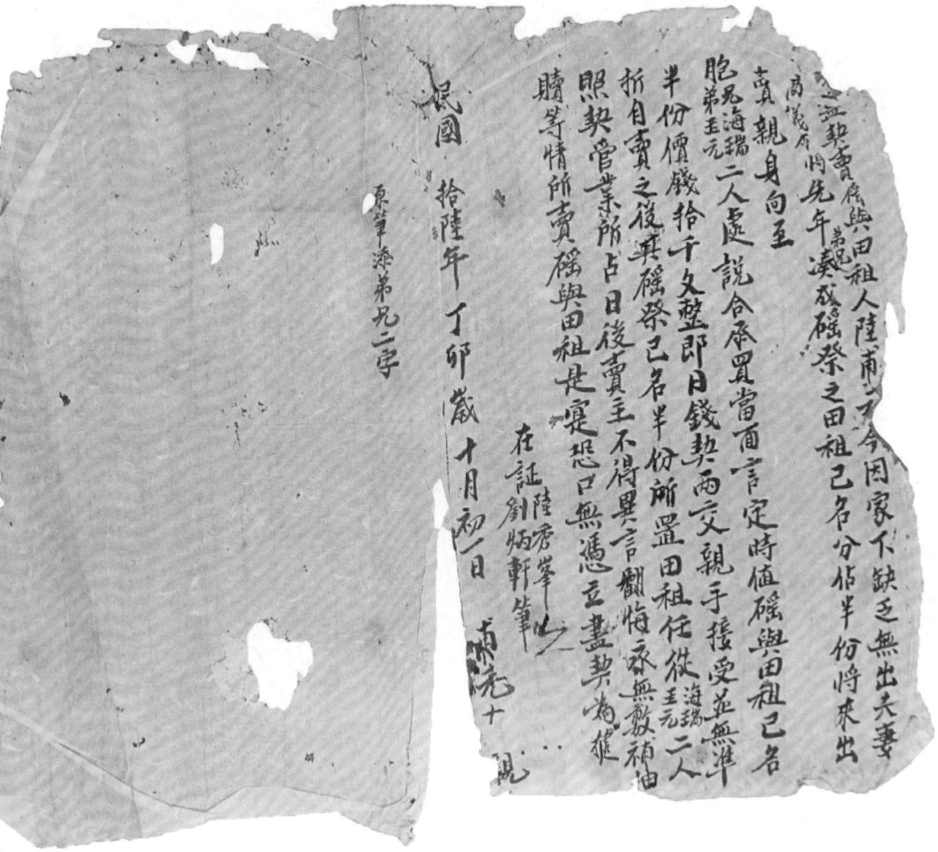

立契卖偣（礌）与田租人陆甫元今因家下缺乏无出夫妻商议愿将先年弟兄凑成礌祭之田租已名分占半份将来出卖亲身向至胞兄海瑞胞弟玉元二人处说合承买当面言定时值礌与田租已名半份价钱拾千文整即日钱契两交亲手接受并无准折自卖之后其礌祭已名半份所置田租任从海瑞玉元二人照契管业所占日后卖主不得异言翻悔永无敷补抽赎等情所卖礌与田租是实恐口无凭立尽契为据

在证陆秀峰【押】刘炳轩笔

民国拾陆年丁卯岁十月初一日甫元【押】亲〈立〉

原笔添弟兄二字

## 民国十九年四月初四日石三连卖断田契

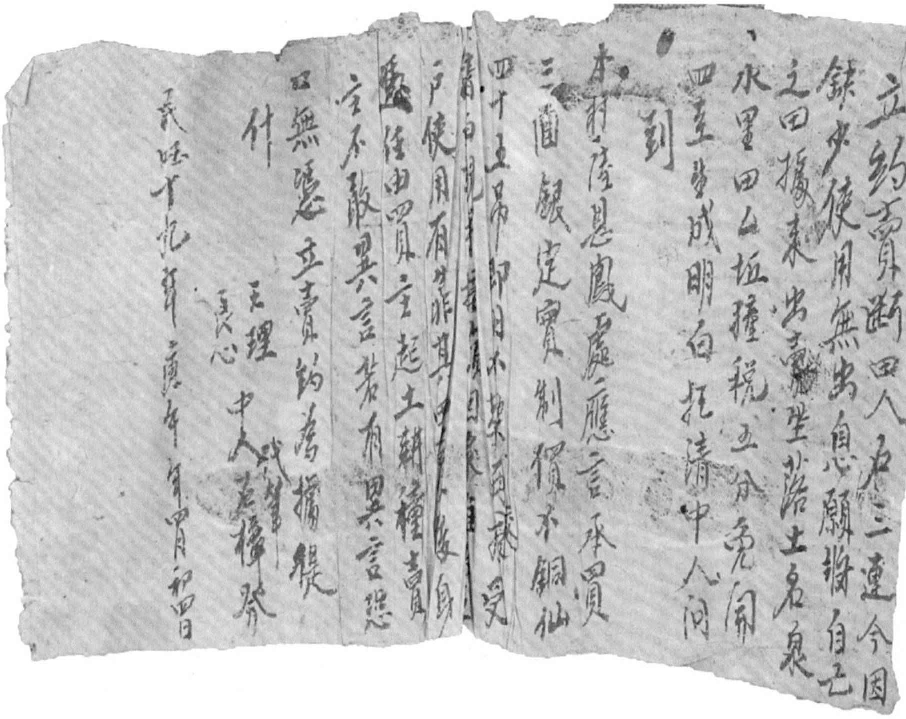

立约卖断田人石三连今因缺少使用无出自心愿将自己之田据（提）来出卖坐落土名泉水里田一丘僮税五分免开四至生成明白托清（请）中人问到本村陆恩凤处应言承买三面银（言）定实制（值）价钱铜仙四十五吊即日钱契两交授受清白▨户使用有靠其田▨后身凭任由买主起土耕种卖主不敢异言若有异言恐口无凭立卖约为据是什（实）

天理良心

中人代笔石樟发

民国十九年庚午年四月初四日

## 民国二十年六月二十二日冯福春讨土契

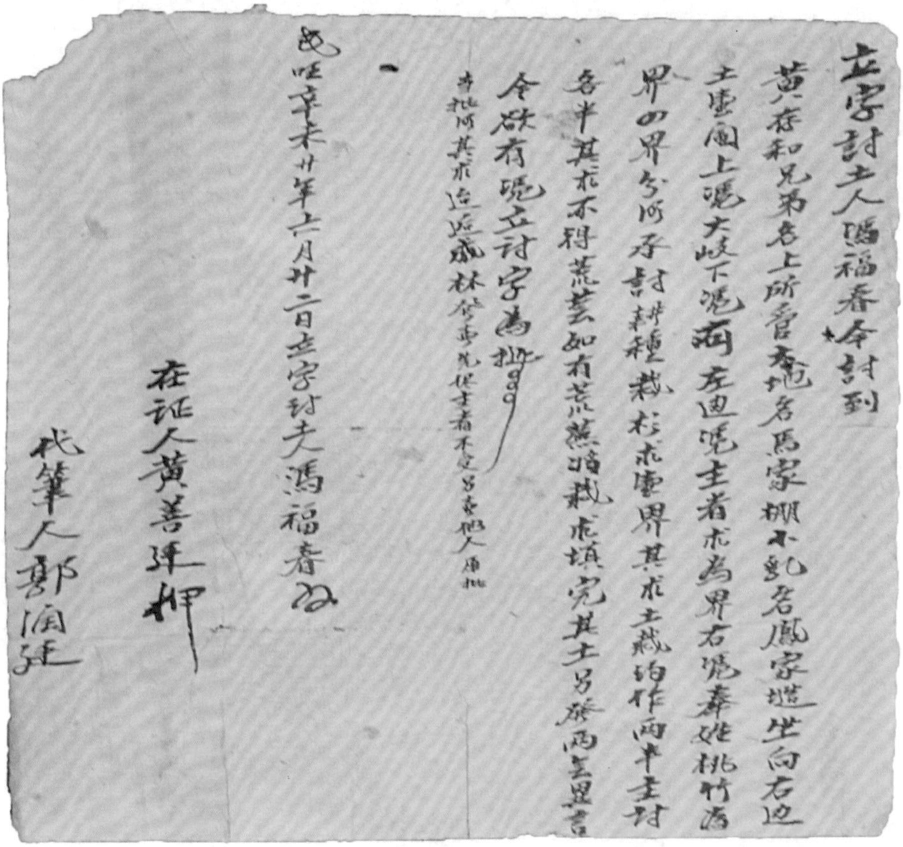

立字讨土人冯福春今讨到黄存和兄弟名上所管本地名马家棚小乳名凤家墙坐向右边土壹阉上凭大岐下凭向左边凭主者术〔树〕为界右凭奉姓桃竹为界四界分明承讨耕种栽杉术（树）壹界其术〔树〕土栽约作两半主讨各半其术〔树〕不得荒芜如有荒芜将载术〔树〕填完其土另发两无异言今欲有凭立讨字为据

当批何其术〔树〕追逅成林发卖先尽主者不受另卖他人原批

民国辛未廿年六月廿二日立字讨土人冯福春【押】

在证人黄善廷【押】

代笔人郭润廷

## 民国二十三年十二月二十三日陆苏盛卖茅地契

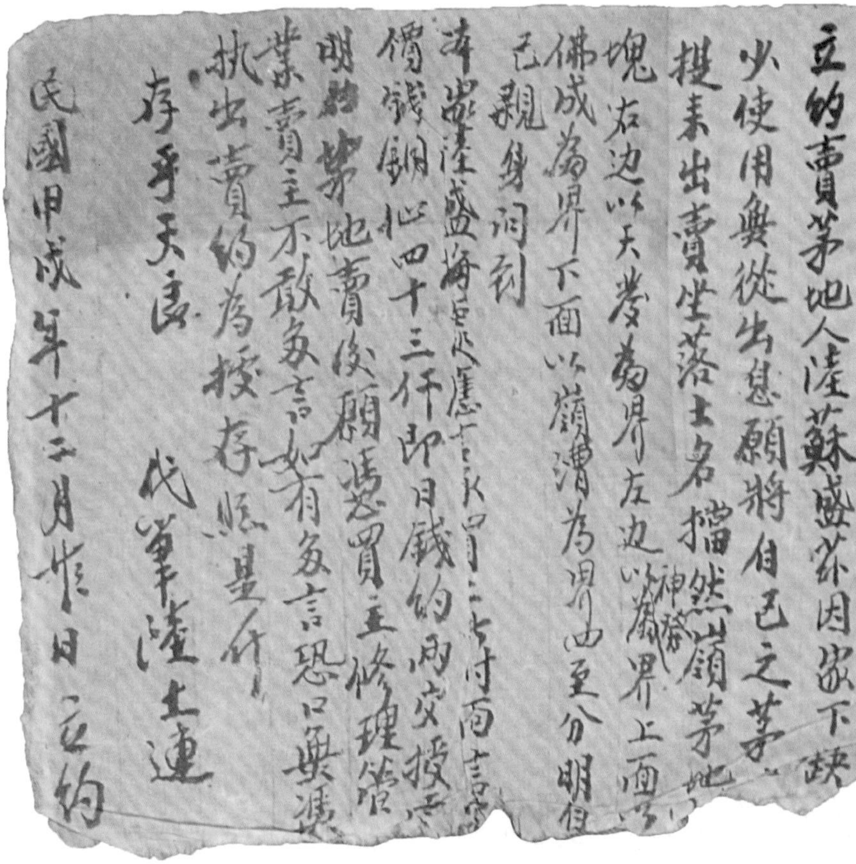

立约卖茅地人陆苏盛兹因家下缺少使用无从出息愿将自己之茅〈地〉提来出卖坐落土名挡然岭茅地〈一〉块右边以天农为界左边以神发为界上面以佛成为界下面以岭漕为界四至分明自己亲身问到本家陆盛海处应〈言承买〉[?][?][?]面言定价钱铜仙四十三仟即日钱约两交授受明白茅地卖后愿凭买主修理管业卖主不敢异言如有异言恐口无凭执出卖约为据存照是什（实）

存乎天良

代笔陆土连

民国甲戌年十二月廿三日立约

## 民国二十六年旧历四月二十六日陆中山卖山契

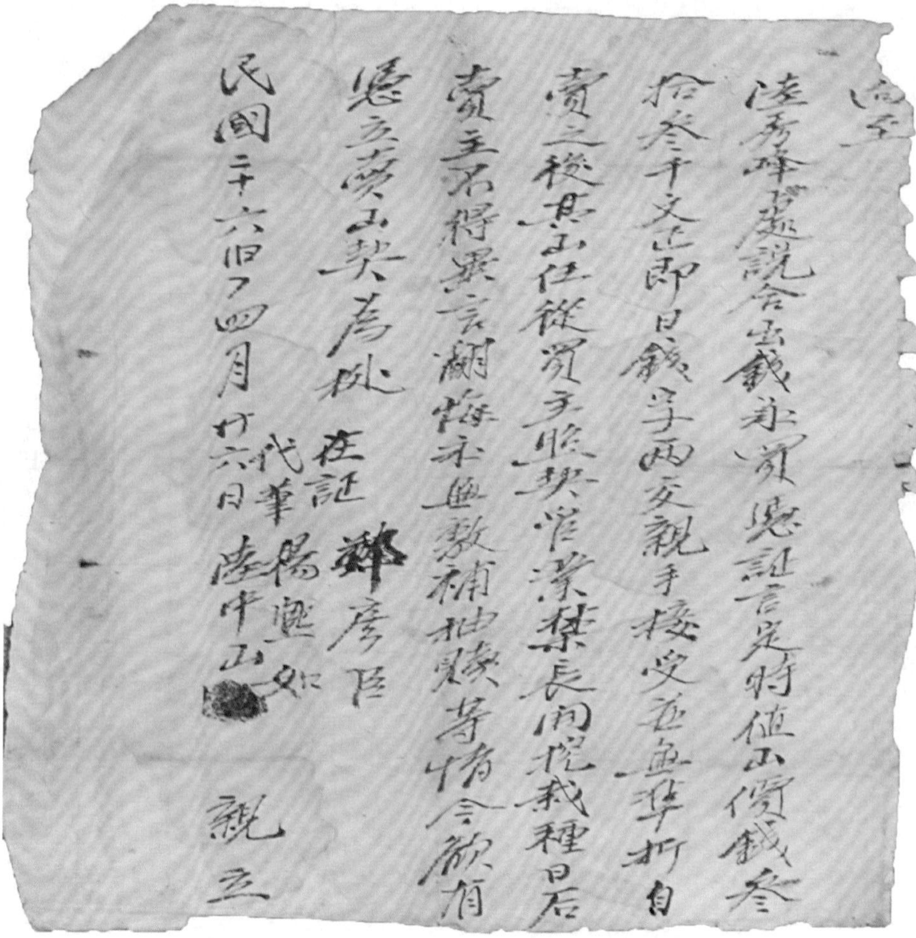

向至陆秀峰处说合出钱承买凭证言定时值山价钱叁拾叁千文正即日钱字两交亲手接受并无准折自卖之后其山任从买主照契管业禁长开挖栽种日后卖主不得异言翻悔永无敷补抽赎等情今欲有凭立卖山契为据

在证郑彦臣

代笔杨[?]如

民国二十六〈年〉旧历四月廿六日陆中山【押】亲立

## 民国二十七年又七月十九日李祖寅卖田契

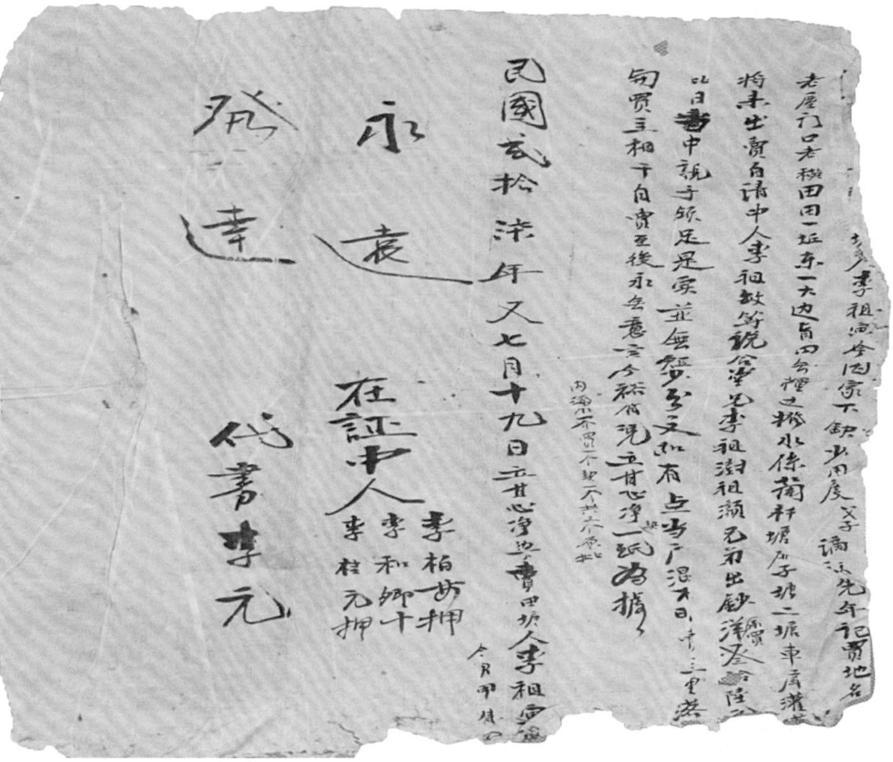

☐人李祖寅今因家下缺少用度父子
谪（商）议先年记买地名老屋门口
老秧田田一丘东一大边旨四无粮
过拨水系兰杆塘⍰子塘二塘车戽灌
☐☐将来出卖自请中人李祖敏等说
合堂兄李祖澍祖⍰兄弟出钞洋承买
叁拾陆☐比日当中亲手领足是实并
无短少分文如有点（典）当广混不
明卖主里［理］落与买主相干自卖
至后永无意（异）言今裕（欲）有
凭立甘心净契一纸为据
内添一个买一个契一个共三个原批
民国贰拾柒年又七月十九日立甘心
净边卖田塘人李祖寅
⍰⍰甲⍰⍰
永远发达
在证中人李柏等【押】李和乡【押】
李桂元【押】
代书李元

## 民国二十九年五月二十三日陆苏圣卖园地契

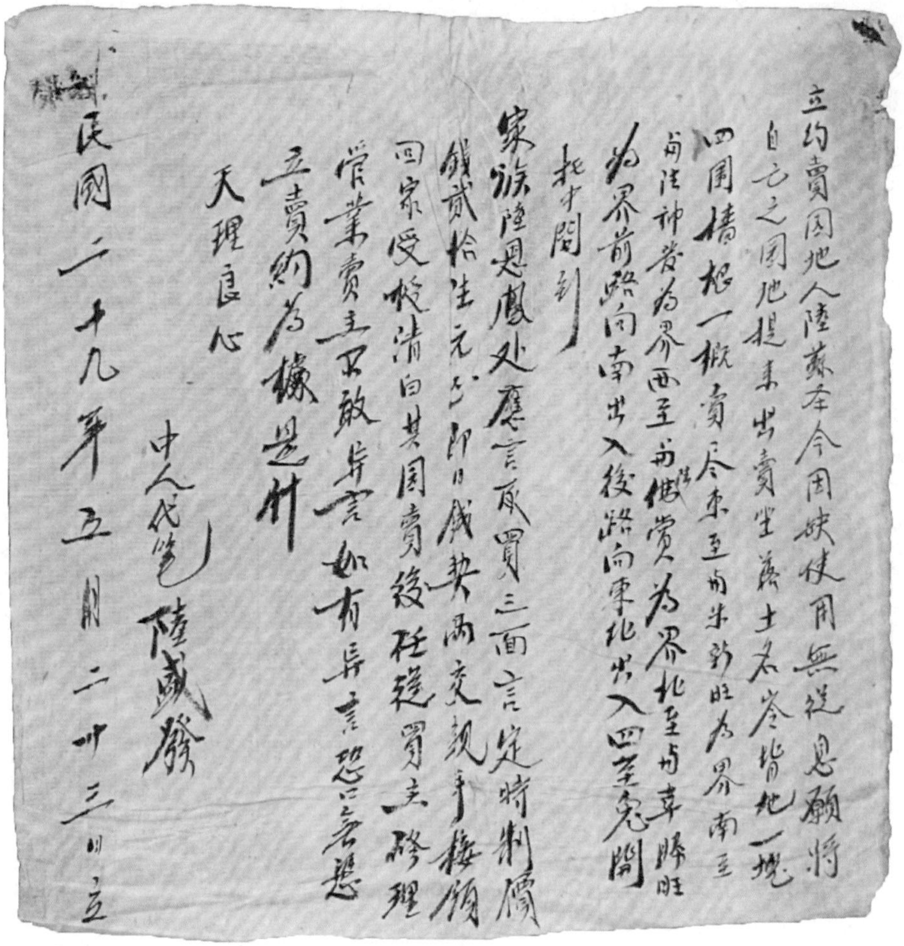

立约卖园地人陆苏圣今因缺使用无从息愿将自己之园地提来出卖坐落土名岭背地一块四围墙根一概卖尽东至与米新旺为界南至与法神发为界西至与陆佛赏为界北至与幸胜旺为界前路向南出入后路向东北出入四至免开托中问到家族陆恩凤处应言承买三面言定时制（值）价钱贰拾生（叁）元正即日钱契两交亲手接领回家受授清白其园卖后任从买主修理管业卖主不敢异言如有异言恐口无凭立卖约为据是什（实）

天理良心

中人代笔陆盛发

民国二十九年五月二十三日立

## 民国三十一年二月十四日何在太卖税田离土退耕契

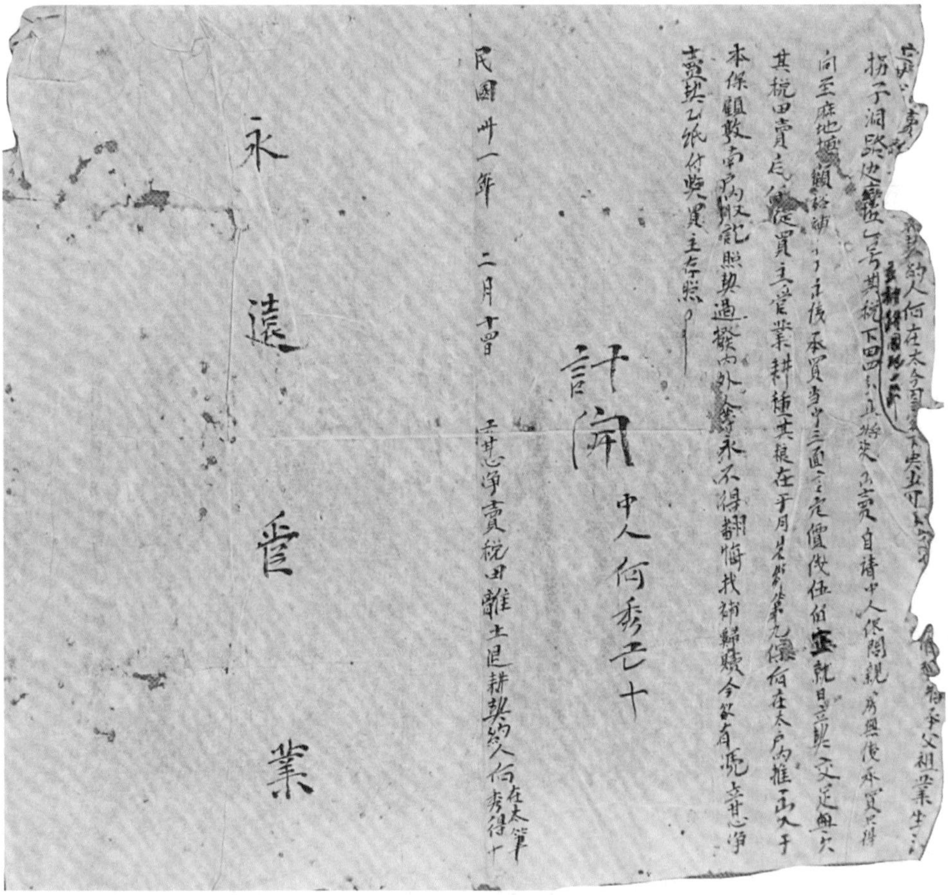

立甘心□卖☒契约人何在太今因家下缺少用☒将承父祖业生□拐子洞路边[?]丘一号并楼路园地一处其税下田四分正将来出卖自请中人尽问亲房无钱承买只得向至麻地塘顾裕补□□出钱承买当中三面言定价钱伍佰正就日立契交足无欠其税田卖后任从买主管业耕种其粮在于月岭[?]第九保后在太户内推出入于本保顾敦南户内收讫照契过拨内外人等永不得翻悔找补归赎今欲有凭立甘心净卖契一纸付契买主存照

计开中人何秀已【押】

民国卅一年二月十四日立甘心净卖税田离土退耕契约人何在太笔何秀得【押】

永远管业

## 民国三十一年古八月初十日周宗连卖欢挑杉树契

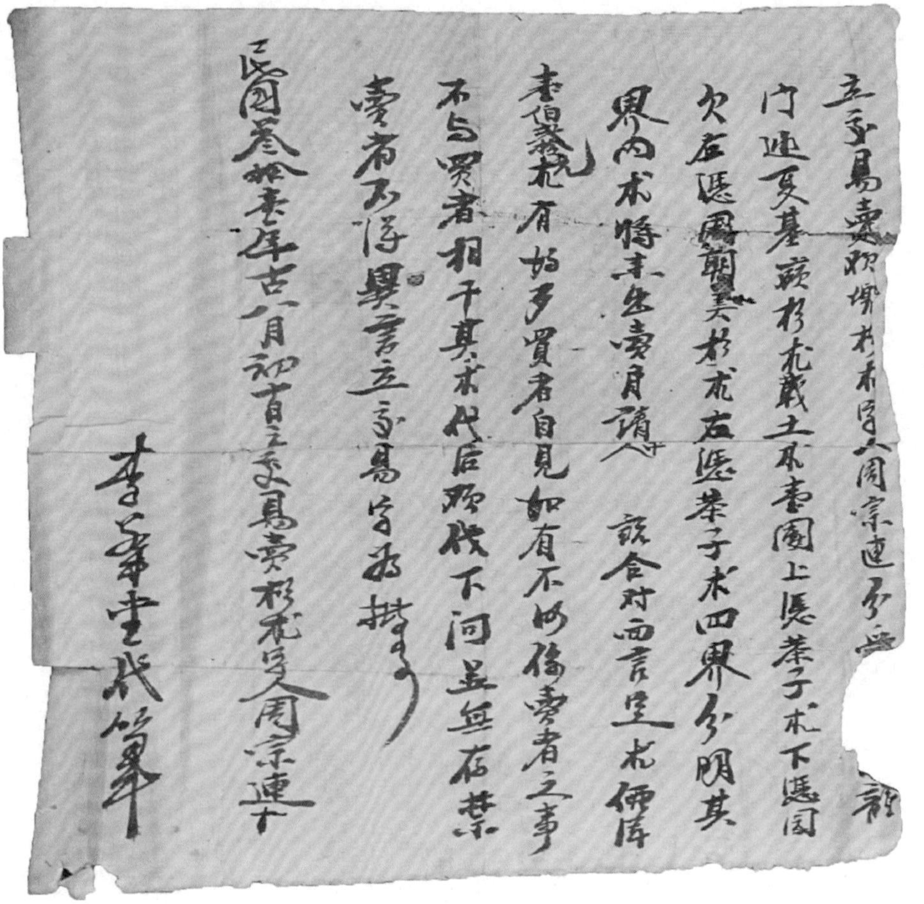

立交易卖欢挑杉术（树）字人周宗连分受□□□?门连夏基岭杉术（树）载土术（树）壹圈上凭茶子术（树）下凭园欠左凭周朝美杉术（树）右凭茶子术（树）四界分明其界内术（树）将来出卖月请中人说合对面言定术（树）价洋壹佰贰拾元术（树）有均〔好〕多〔歹〕买者自见如有不?系卖者之事不与买者相干其术（树）代后砍伐下问并无存禁卖者不得异言立交易字为批

民国叁拾壹年古八月初十日立交易卖杉术（树）字人周宗连【押】

李华堂代笔

## 民国三十四年二月初九日蒋母唐氏男作相作万卖茶山契

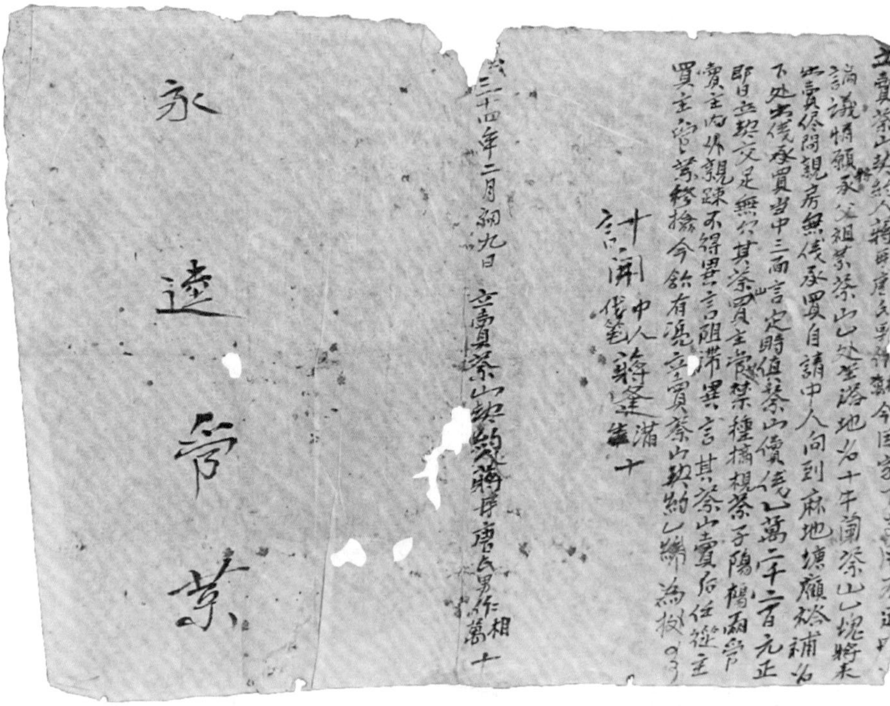

立卖茶山契约人蒋母唐氏男作相作万今因家下支用不足〈母子〉谪（商）议情愿将承父祖业茶山一处坐落地名十牛兰（栏）茶山一块将来出卖尽问亲房无钱承买自请中人向到麻地塘顾裕补名下处出钱承买当中三面言定时值茶山价钱一万二千二百元正即日立契交足无欠其茶山买主管业禁种摘枧茶子阳［阴］阳两管卖主内外亲疏不得［异言］阻滞异言其茶山卖后任从主买主管业修检今欲有凭立卖茶山契约一纸为据

计开中人蒋逢满代笔蒋逢生【押】

〈民国〉三十四年二月初九日立卖茶山契约人蒋母唐氏男作相作万【押】

永远管业

## 民国三十四年古九月二十七日熊秀章卖陆地茶山杉树契

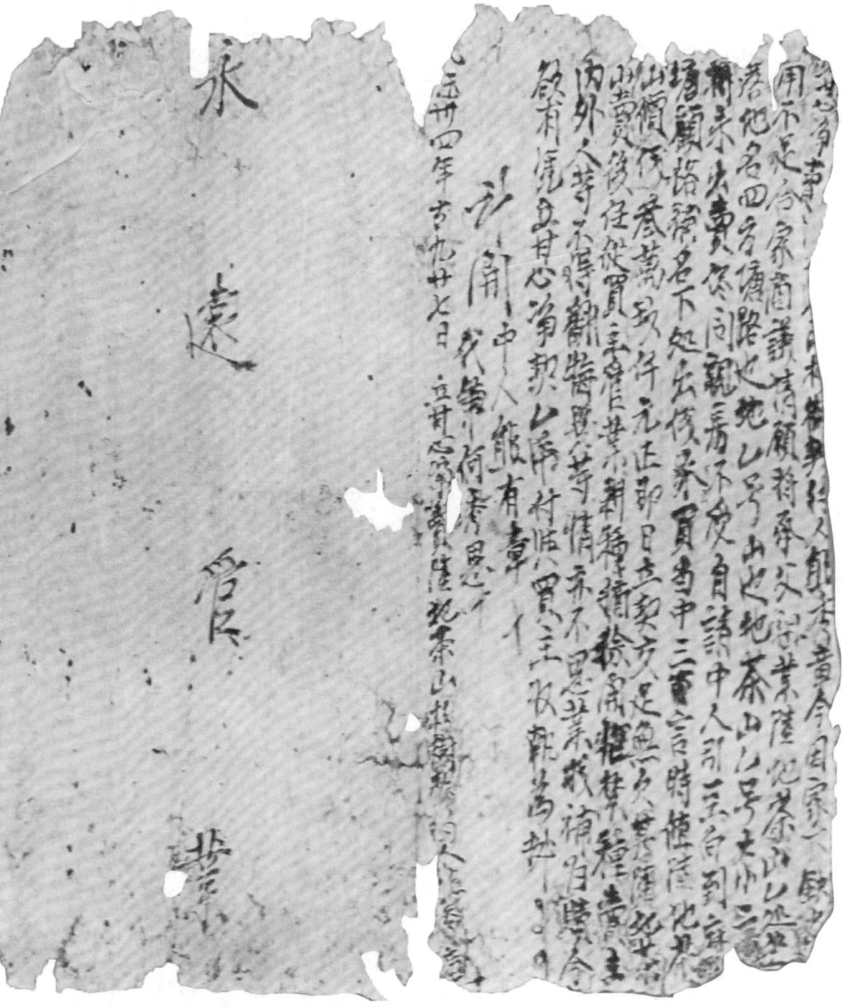

立甘心净卖☒杉树契约人熊秀章今因家下缺少用不足合家商议情愿将承父祖业陆地茶山一处坐落地名四方塘路边地一号山边地茶山一号大小二□将来出卖尽问亲房不受自请中人引至向到麻塘顾裕补名下处出钱承买当中三面言〈定〉时值陆地茶山价钱叁万玖仟元正即日立契交足无欠其陆地茶山卖后任从买主管业耕种摘捡开挖禁种卖主内外人等不得翻悔异〈言〉等情亦不思业找补归赎今欲有凭立甘心净契一纸付与买主收执为据

计开中人熊有章【押】

代笔何秀思【押】

民国卅四年古九〈月〉廿七日立

甘心净卖陆地茶山杉树契约人熊秀章

永远管业

## 民国三十五年古二月初九日熊德正卖税田离土退耕契

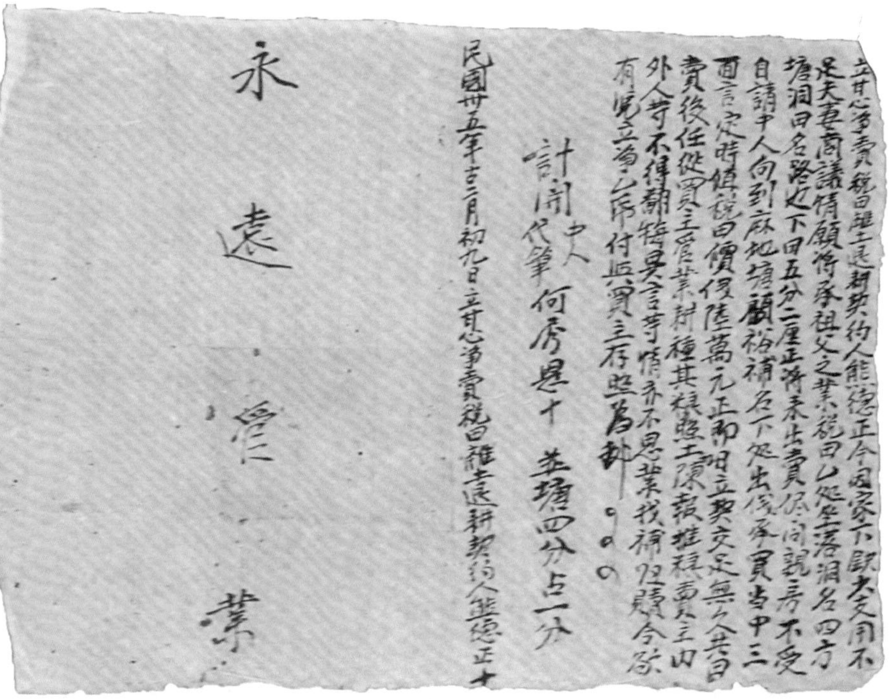

立甘心净卖税田离土退耕契约人熊德正今因家下缺少支用不足夫妻商议情愿将承祖父之业税田一处坐落洞名四方塘洞田名路边下田五分二厘正将来出卖尽问亲房不受自请中人向到麻地塘顾裕补名下处出钱承买当中三面言定时值税田价钱陆万元正即日立契交足无欠其田卖后任从买主管业耕种其粮照土▢陈报推粮卖主内外人等不得翻悔异言等情亦不思业找补归赎今欲有凭立净一纸付与买主存照为据

计开中人代笔何秀恩【押】并塘四分占一分

民国卌五年古二月初九日立甘心净卖税田离土退耕契约人熊德正【押】

永远管业

## 民国三十五年十月初九日兴安卖地基契

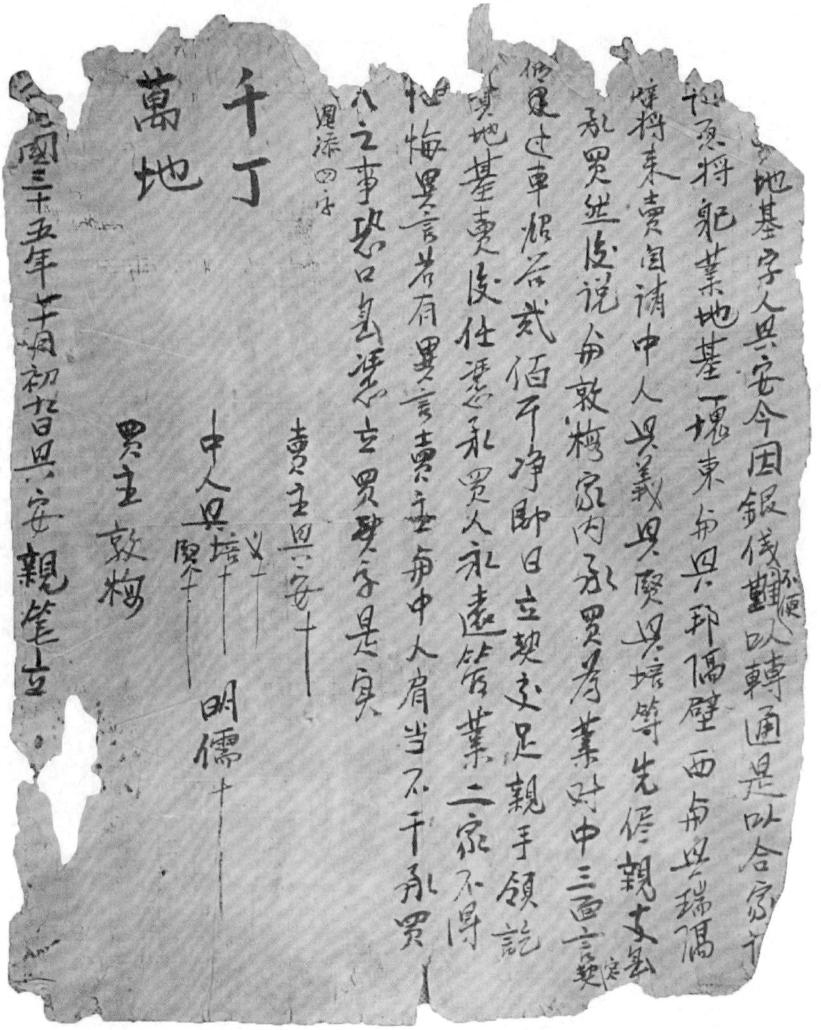

〈立卖〉地基字人兴安今因银钱不便难以转通是以合家〈商议〉愿将己业地基一块东与兴邦隔壁西与瑞隔壁将来〈出〉卖自请中人兴义兴贤兴培等先尽亲支无□承买然后说与敦梅家内承买为业对中三面言定契⍰过车⍰谷贰佰斤净即日立契交足亲手领讫□其地基卖后任凭承买人永远管业二家不得憣悔异言若有异言卖主与中人肩当不干承买人之事恐口无凭立买契字是实

内添四字

千丁万地

卖主兴安【押】

中人兴义【押】

兴培【押】兴贤【押】明儒【押】

买主敦梅

民国三十五年十月初九日兴安亲笔立

## 民国三十六年古三月二十八日熊德见卖税田离土退耕契

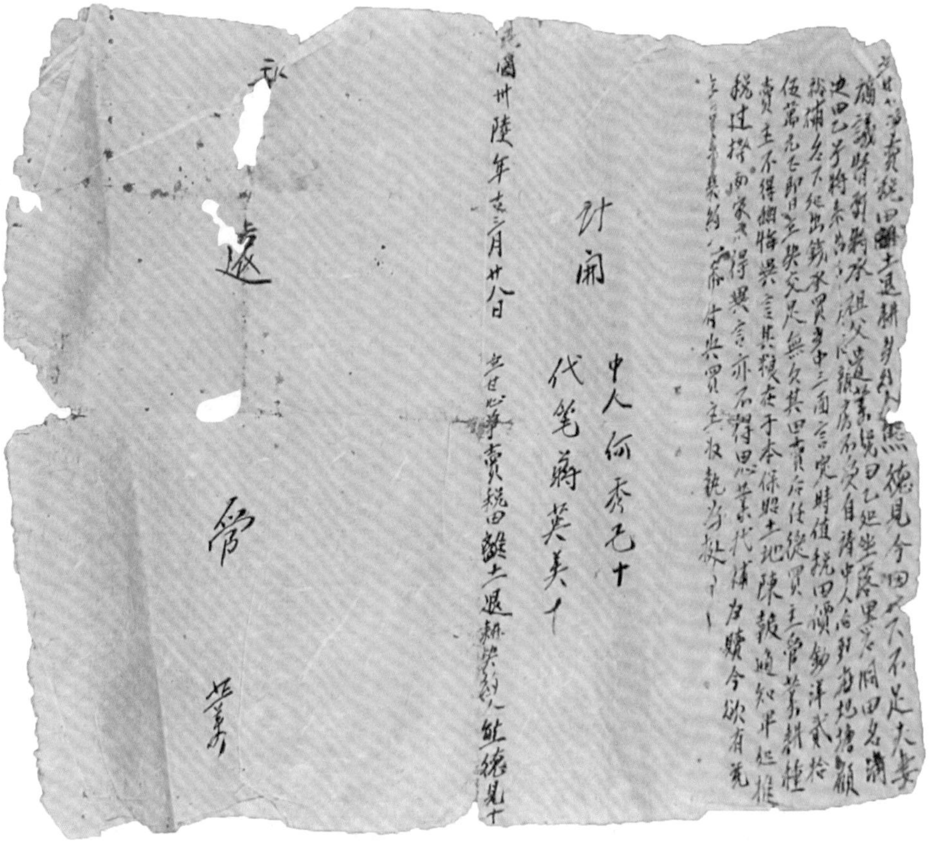

立甘心净卖税田离土退耕契约人熊德见今因家下不足夫妻谪（商）议情愿将承祖父遗业税田一处坐落黑石洞田名沟边田一号将来出卖先尽向亲房不受自请中人向到麻地塘顾裕补名下处出钱承买当中三面言定时值税田价钞洋贰拾伍万元正即日立契交足无欠其田卖后任从买主管业耕种卖主不得翻悔异言其粮在于本保昭（照）土地陈报通知⍰处推税过拨两家不得异言亦不得思业找补归赎今欲有凭立卖契约一纸付与买主收执为据

计开中人何秀己【押】

代笔蒋英美【押】

民国卅陆年古三月廿八日立甘心净卖税田离土退耕契约人熊德见【押】

永远管业

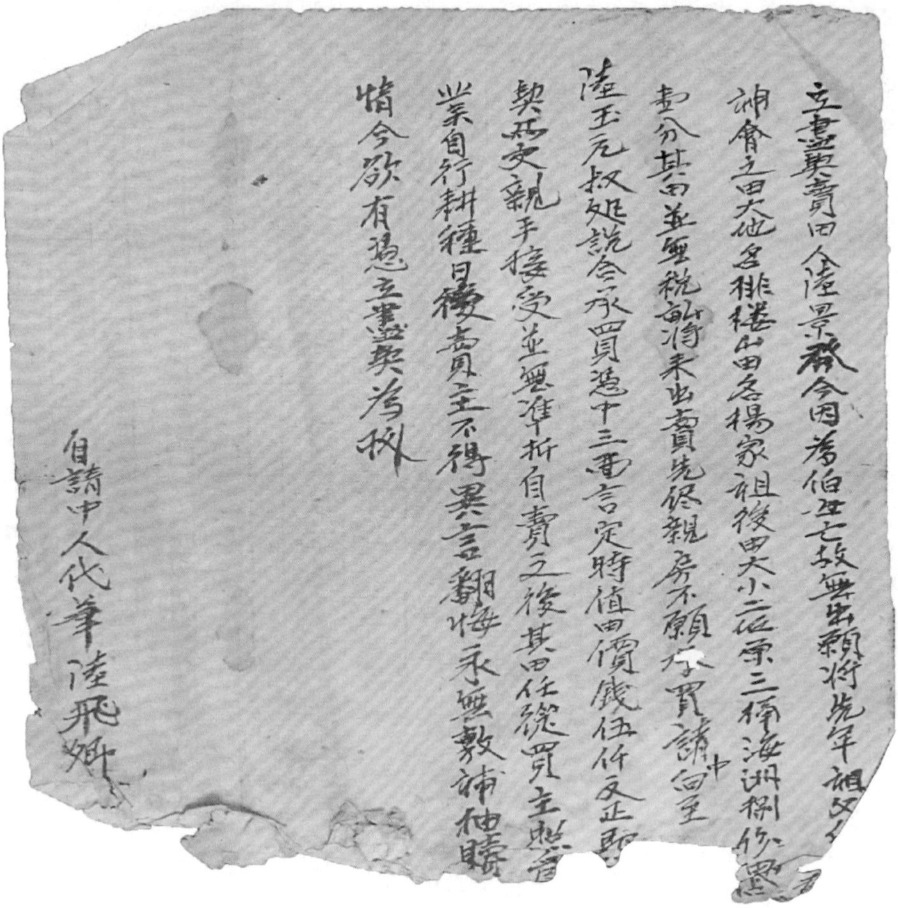

立尽契卖田人陆景发今因为伯母亡故无出愿将先年祖父□□神会之田大地名排楼山田名杨家祖后田大小二丘原三桶海洲捌份田占壹分其田并无税亩将来出卖先尽亲房不愿承买请中向至陆玉元叔处说合承买凭中三面言定时值田价钱伍仟文正即〈日钱〉契两交亲手接受并无准折自卖之后其田任从买主照管业自行耕种日后卖主不得异言翻悔永无敷补抽赎情今欲有凭立尽契为据

自请中人代笔陆飞卿

## 蒋学凤典税田契

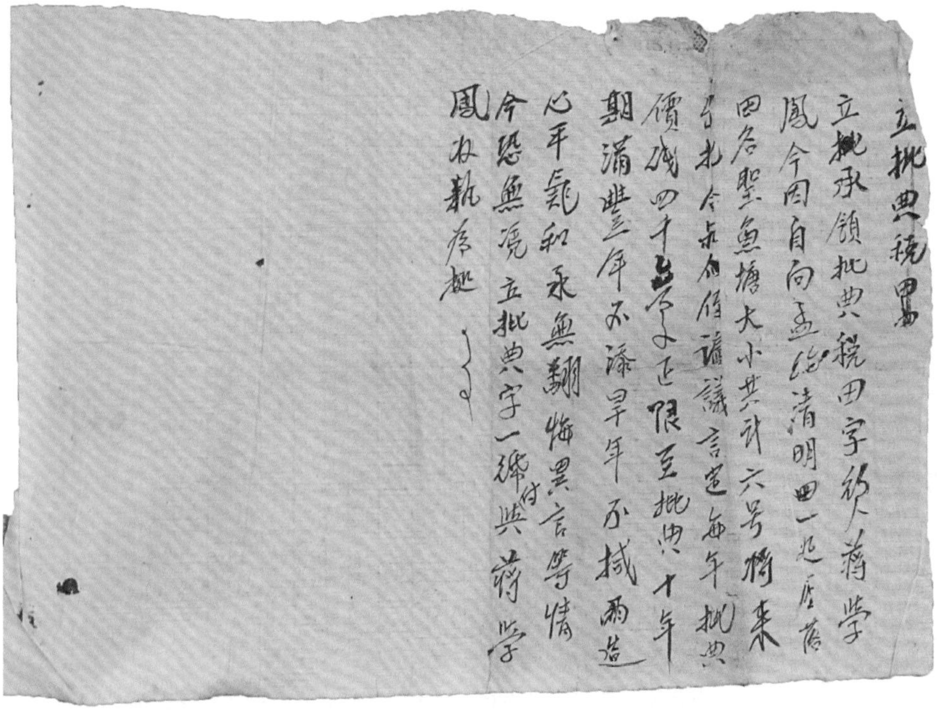

立承领批典税田字约人蒋学凤今因自向孟纶清明田一处座落田名圣鱼塘大小共计六号将来〈出批〉今叔侄谪（商）议言定每年批典价钱四千一百文正限至批典十年期满丰年不添旱年不减两造心平气和永无翻悔异言等情今恐无凭立批典字一纸付与蒋学凤收执为据

# 道县（二）

## 乾隆十五年十二月初三日唐君重卖田契

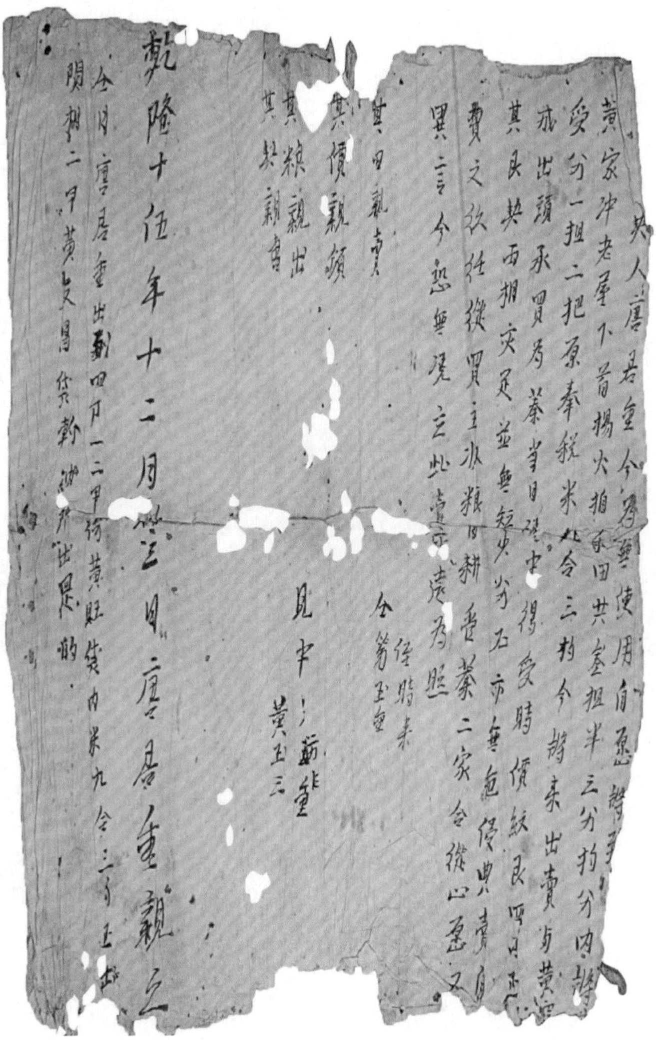

□□□契人唐君重今为无使用自愿将〈到〉□□□黄家冲老屋下首扬火掐禾田共叁担半三分扚〔均〕分内将□受分一担二把原奉税米八合三杓（勺）今将来出卖与黄□成出头承买为业当日凭中得受时价纹银四两正其银契两相交足并无短少分厘亦无包侵典卖自卖之后任从买主收粮自耕管业二家合从心愿又〈无〉异言今恐无凭立此卖〈契〉永远为照

其田亲卖

其价亲领

其粮亲出

其契亲书

侄时来仝弟玉重

见中□方重黄玉三

乾隆十伍年十二月初三日唐君重亲立

仝日唐君重出到四都一二甲何黄旺袋内米九合三勺正出关相二甲黄友昌袋输纳所出是的

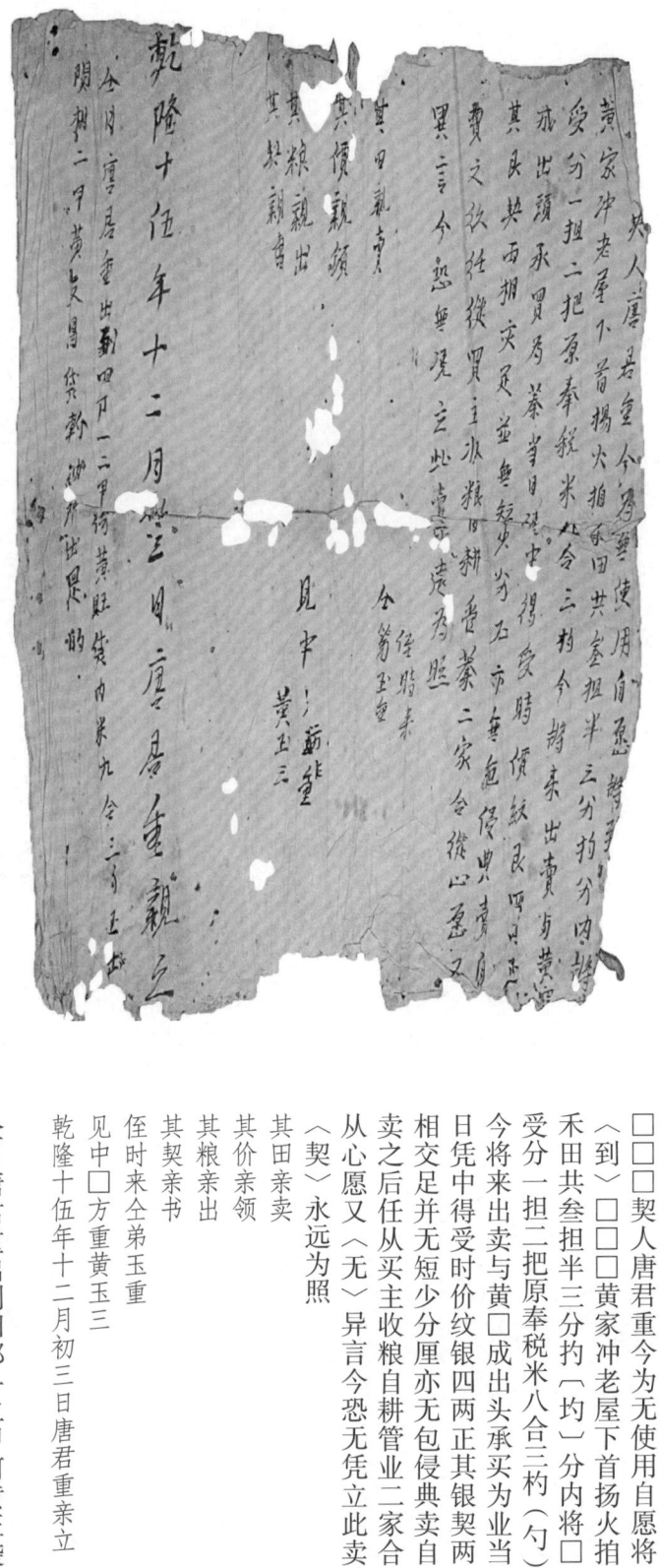

乾隆三十三年六月初四日黄达人等分关契

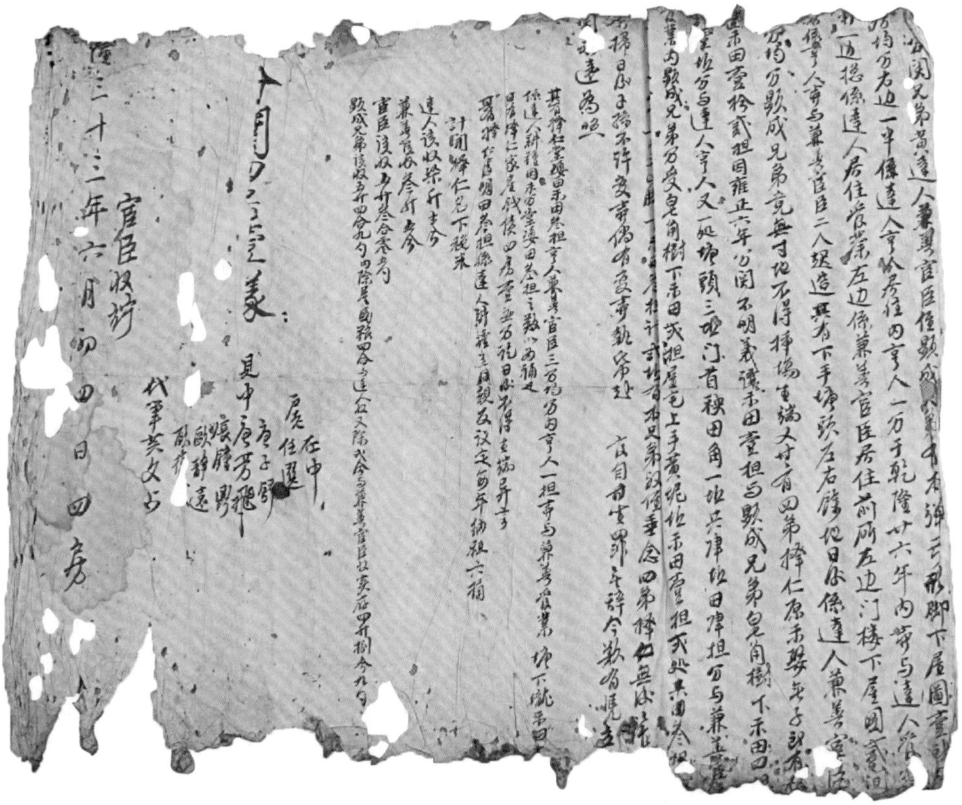

〈立〉分关兄弟黄达人兼善宦臣侄显成〈兄〉弟有本弹弓形脚下屋图壹所□房均分右边一半系达人亨人居住内亨人一分于乾隆廿六年内卖与达人管〈业〉□一边总系达人居住管业左边系兼善宦臣居住前所左边门楼下屋图贰间□系亨人卖与兼善宦臣二人起造其为下手塘头左右余地日后系达人兼善宦臣□分均分显成兄弟竟无寸地不得插扬生端又?有四弟择仁原未娶无子所有祖遗禾田壹拾贰担因雍正六年分关不明义?禾田壹担与显成兄弟皂角树下禾田四〈担〉□壹丘分与达人亨人又一处塘头三丘门首秧田角一丘共肆丘田肆担分与兼善宦〈臣〉管业内显成兄弟分受皂角树下禾田贰担屋宅上手黄坭坵禾田壹担贰处共田叁担〼〈山脚下禾田叁担计〉贰丘有本兄弟叔侄垂念四弟择仁无后以作□□扫日后子孙不许变卖倘有变卖执纸赴官自甘坐罪无辞今欲有凭立

〈分〉关〈永〉远为照

其有择仁堂婆田禾田叁担亨人兼善宦臣三分均分内亨人一担卖与兼善管业塘下垅禾田□系达人耕种因未分堂婆田叁担之数以为补足

其为择仁家产钱债四房壹并分讫日后不得生端异言

其有择仁清明田叁担系达人耕种并同亲友议定每年纳租六桶

计开择仁名下税米

达人该收柒升五合

兼善该收叁升五合

宦臣该收五升叁合零五勺

显成兄弟该收五升四合九勺内除屋图粮四合与达人收又除贰合与兼善宦臣收实存四升捌合九勺

????

户老在中任选

见中唐子舒唐芳飞张锺鼎欧静远欧德□

代笔黄文占

宦臣收迕

〈乾〉隆三十三年六月初四日四房

## 乾隆三十五年四月十六日黄兼善换田契

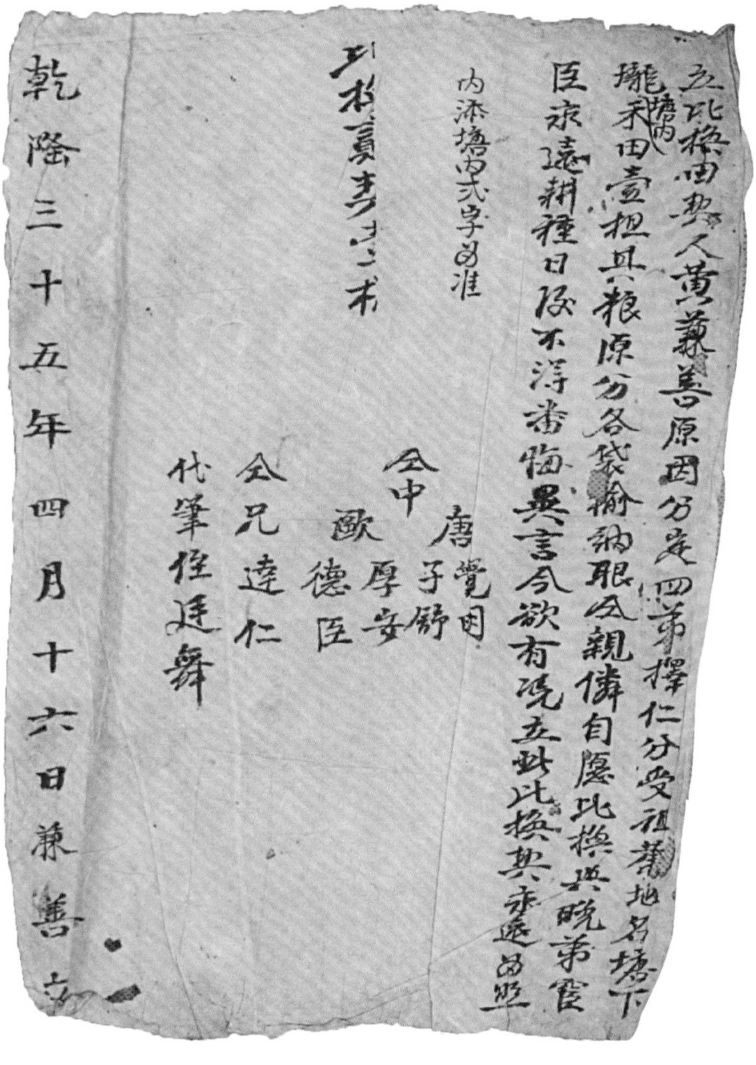

立比换田契人黄兼善原因分定四弟择仁分受祖业地名塘下垅塘内禾田壹担其粮原分各袋输纳眼仝亲邻自愿比换与晚弟宦臣永远耕种日后不得番悔异言今欲有凭立此比换契永远为照

内添塘内贰字为准

〈比换贰契壹样〉

仝中唐觉明唐子舒欧厚安欧德臣

仝兄达仁

代笔侄廷舞

乾隆三十五年四月十六日兼善立

## 乾隆四十四年四月二十七日李华专李克昌等卖土契

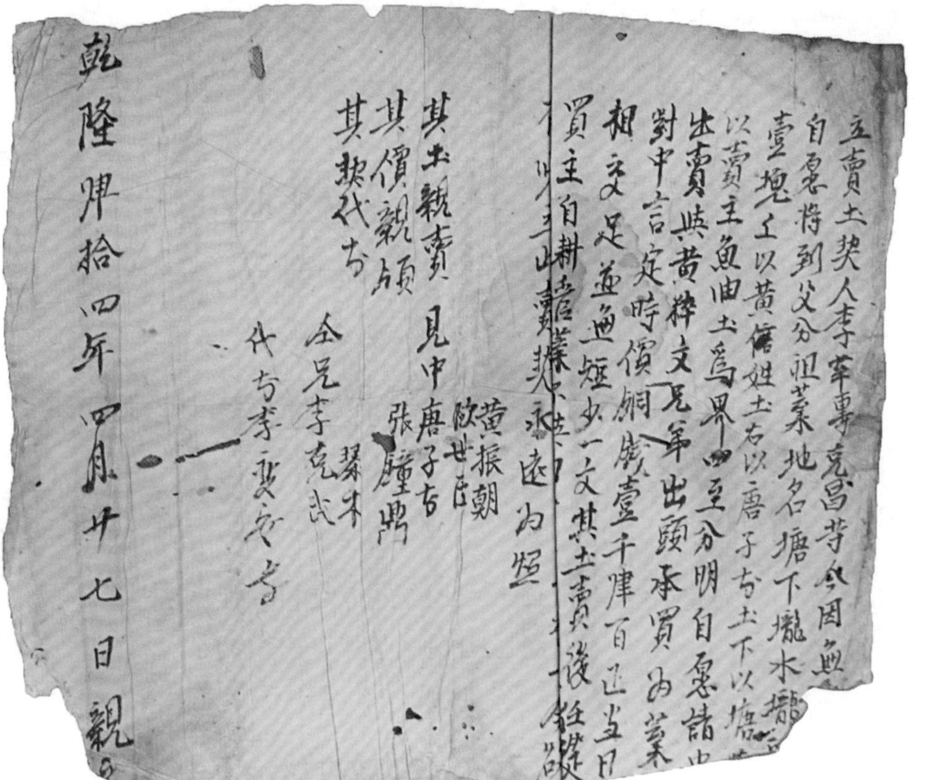

立卖土契人李华专克昌等今因无⧄自愿将
到父分祖业地名塘下垅水垅⧄壹块上以黄姓
土右以唐子书土下以塘□以卖主鱼油土为
界四至分明自愿请中出卖与黄粹文兄弟出
头承买为业对中言定时价铜钱壹仟肆百正
当日相交足并无短少一文其土卖后任从买
主自耕管业不⧄⍰⍰〈立此〉卖契永远为照

其土亲卖
其价亲领
其契代书
见中黄振朝欧世臣唐子书张钟鼎
仝兄李琹木李克武
代书李变安字
乾隆肆拾四年四月廿七日亲立

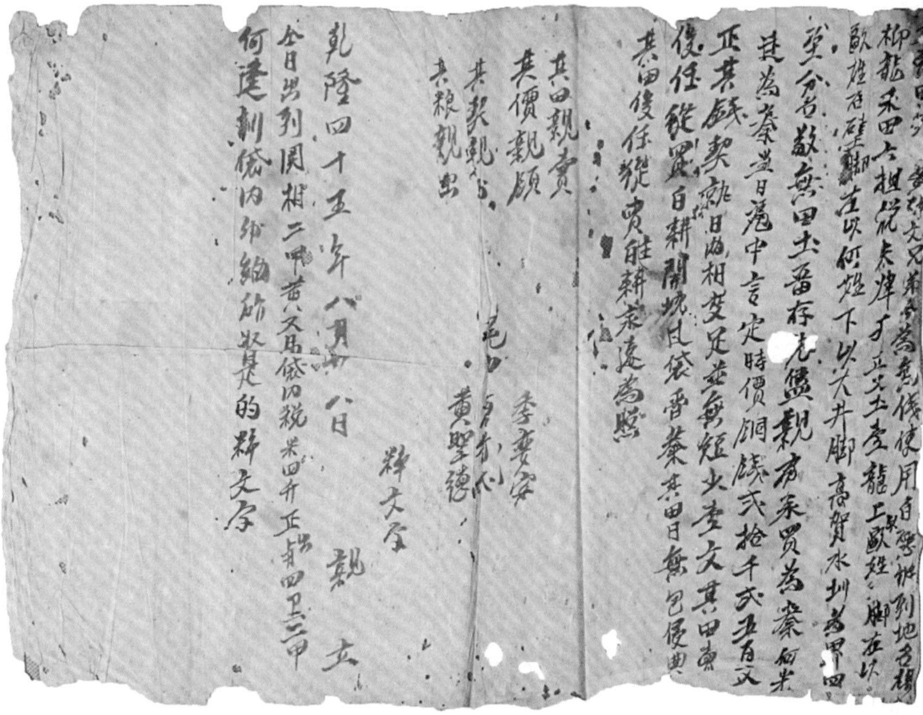

乾隆四十五年八月二十八日黄粹文兄弟卖田契

立卖田契〈人〉黄粹文兄弟今为无钱使用自愿将到地名杨柳龙禾田六担税米肆升正又土壹龙上以欧姓脚右以欧姓石壁脚左以何姓下以大井脚高贺水圳为界四至分名（明）敬无田土留存先尽亲房承买为业何光廷为业当日凭中言定时价铜钱贰拾千贰五百文正其钱契就日两相交足并无短少壹文其田卖后任从买〈主〉白（自）耕开挖过袋管业其田日无包侵典其田后任从买主白（自）耕永远为照

其田亲卖

其价亲领

其契亲书

其粮亲出

凭中季娈安唐行成黄圣德

粹文字

乾隆四十五年八月廿八日亲立

仝日出到关相二甲黄又昷袋内税米四升正出与四都二二甲何逢圳袋内幼纳所收是的粹文字

# 乾隆四十八年五月初十日唐可正卖土契

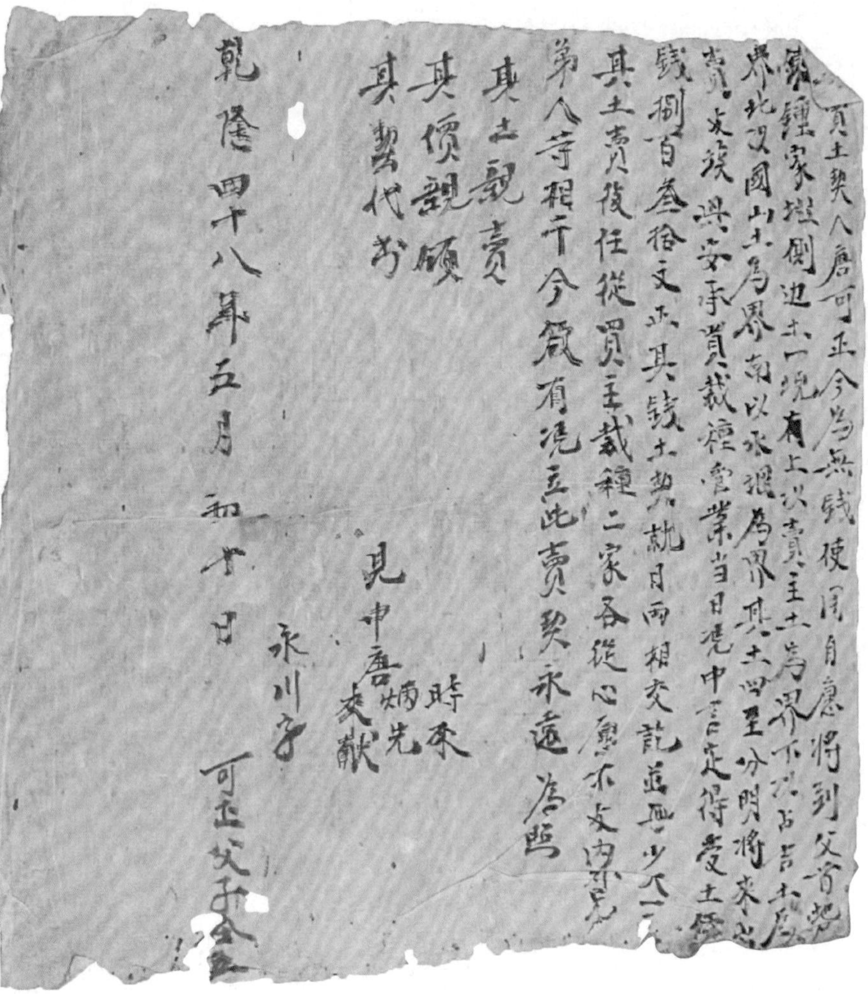

〈立〉卖土契人唐可正今为无钱使用自愿将到父首地〈名〉铁锺家坳侧边土一块上以卖主土为界下以占吉土为界北以国山土为界南以水埧为界其土四至分明将来出卖与族兴安承买裁（栽）种管业当日凭中言定得受土价钱捌百叁拾文正其钱土契就日两相交讫并无少欠一文其土卖后任从买主裁（栽）种二家各从心愿不与内外兄弟人等相干今欲有凭立此卖契永远为照

其土亲卖

其价亲领

其契代书

见中唐时来唐炳先唐来献永川字

乾隆四十八年五月初十日可正父子仝立

道光二十三年七月初十日刘善礼三子分关合同

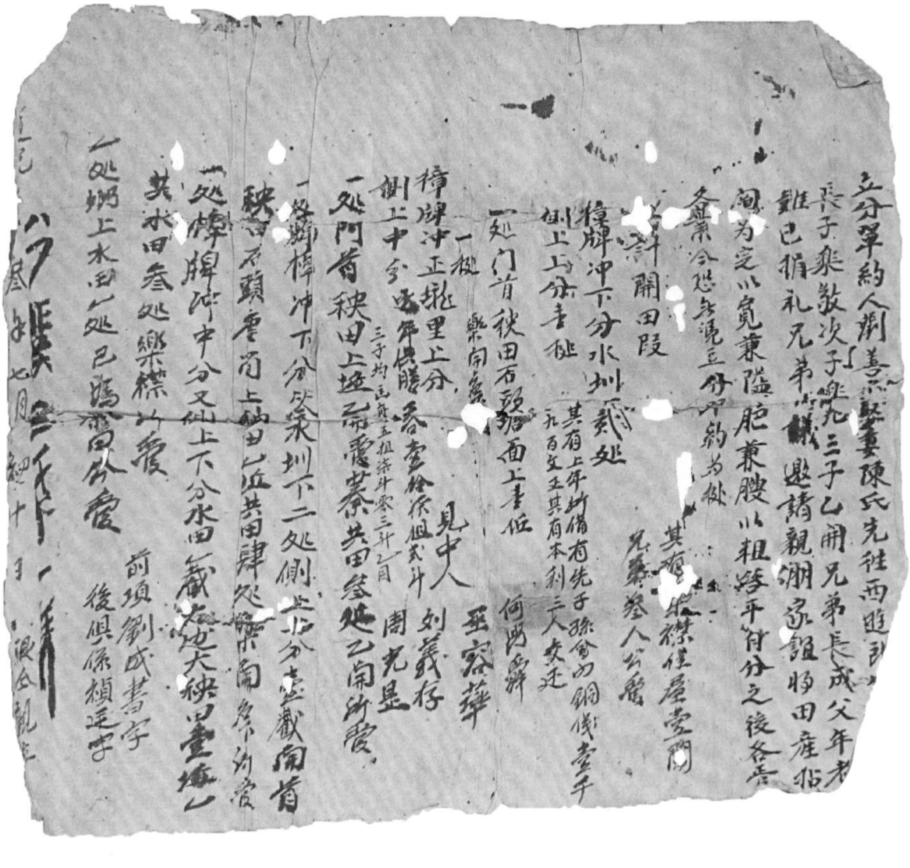

立分单约人刘善礼娶妻陈氏先往西游所〈生三子〉长子
乐敬次子乐九三子一开兄弟长成父年老难已捐礼兄弟商
议邀请亲朋家谊将田产拈阄为定以宽兼隘肥兼腴（瘦）
以粗答平自分之后各管各业今恐无凭立分单约为据
以计开田段
其有柒襟住屋壹间兄弟叁人公管
樟牌冲下分水圳贰处侧上上分壹处
其有上年所备有先子孙会内铜钱壹千九百文正其有本利
三人交还
见中人何鼎舜巫容华刘义存周光昰
一处门首秧田石头塘面上壹丘
一处乐开名下樟牌冲正垅里上分
侧上中分逐年供膳干谷壹拾柒担贰斗三子均出每〈人〉
五担柒斗零三升一同
一处门首秧田上丘一开管业共田叁处一开所管
一处牌（樟）樟（牌）冲下分答水圳下二处侧上上分壹
截开首秧田石头唐⍰上秧田一丘共田肆处乐开名下所管
一处樟牌冲中分又侧上下分水田一截右边大秧田壹丘一
共水田叁处乐襟所管
一处坳上水田一处已为茶田公管
前项刘成书字
后俱系祯廷字
⍰⍰⍰⍰⍰
〈道光二十〉叁年七月初十日眼仝亲立

## 道光二十九年十二月十六日陈爵显卖包退菜园土契

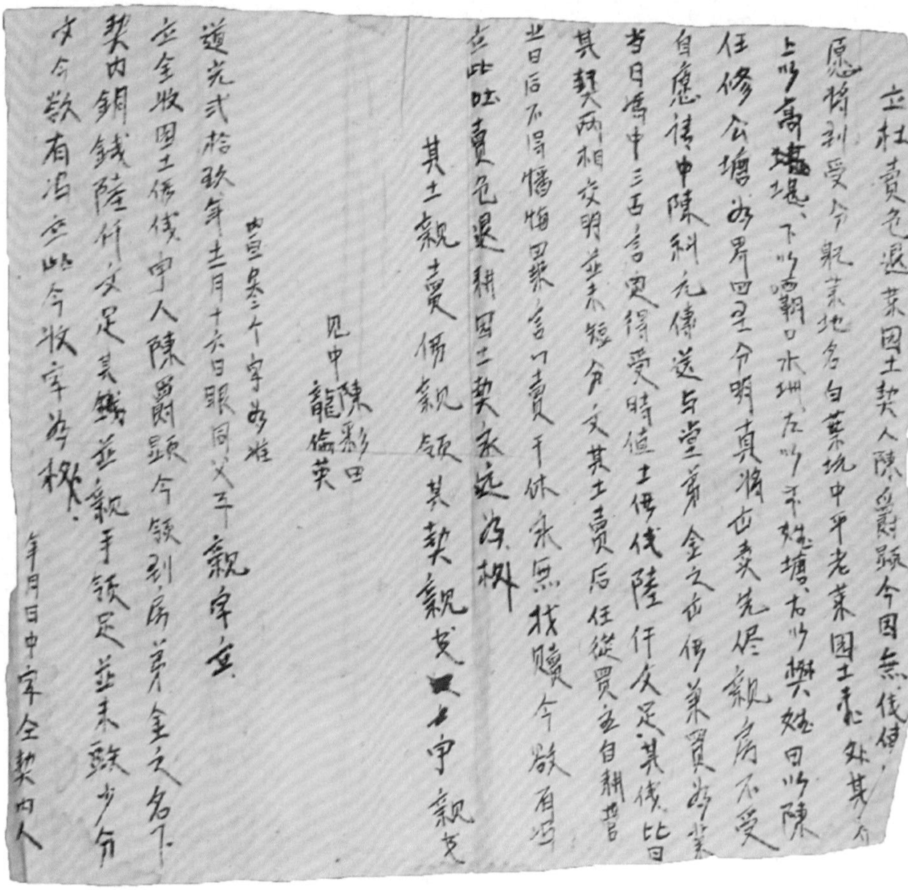

立杜卖包退菜园土契人陈爵显今因无钱使〈用自〉愿将到受分己菜地名白叶坑中平老菜园土壹处其界上以高堪下以嚅口水圳左以⍰姓塘右以樊姓田以陈任修公塘为界四至分明真将出卖先尽亲房不受自愿请中陈科元传送与堂弟金之出价兼买为业当日冯（凭）中三面言定得受时值土价钱陆仟文足其钱皆其契两相交明并未短分文其土卖后任从买主自耕管业日后不得憣悔异言一卖千休永无找赎今欲有冯（凭）立此吐（杜）卖包退耕园土契永远为据

其土亲卖价亲领

其契亲书字亲书

见中陈彩田龙伦英

内亘叁个字为准

道光贰拾玖年十二月十六日眼同父子亲字立

立全收园土价钱字人陈爵显今领到房弟金之名下契内铜钱陆仟文足其钱并亲手领足并未短少分文今欲有冯（凭）立此今收字为据

年月日中字仝契内人

## 同治十一年四月初二日陈谱发明亨兄弟分田契

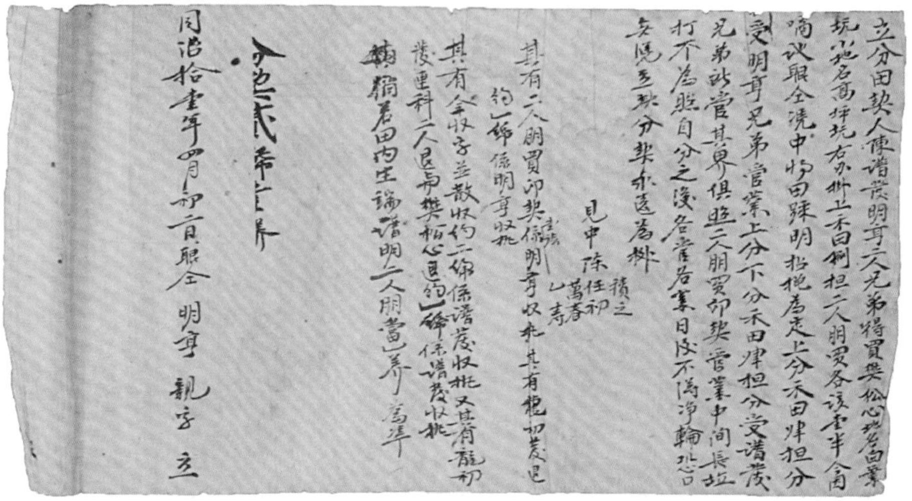

立分田契人陈谱发明亨二人兄弟得买樊松心地名白叶坑小地名高坪坑右办挂上禾田捌担二人朋买各该壹半今因嘀（商）议眼仝凭中将田踩明拈阄为定上分禾田肆担分受明亨兄弟管业上分下分禾田肆担分受谱发兄弟所管其界俱照二人朋买印契管业中间长圻打不为照自分之后各管各业日后不得净轮恐口无凭立契分契永远为据

见中陈积之陈任初陈万春陈乙寿

其有二人朋买印契壹张系明亨收执其有龙初发退约一纸系明亨收执

其有全收字并散收约二纸系谱发收执又其有龙初发连科二人退与樊松心退约一纸系谱发收执倘若田内生端谱明二人朋当一养为准

〈分契贰纸壹样〉

同治拾壹年四月初二日眼仝明亨亲字立

同治十二年二月二十五日升高明亨叔侄兄弟分田契

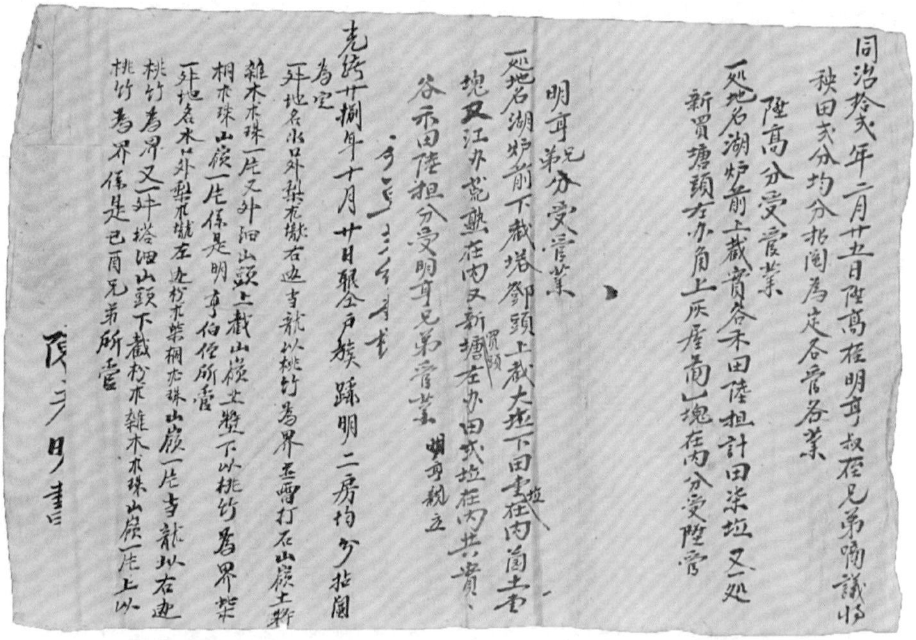

同治拾贰年二月廿五日升高侄明亨叔侄兄弟嘀（商）议
将秧田贰分均分拈阄为定各管各业
升高分受管业
一处地名湖炉前上截实谷禾田陆担计田柒丘又一处新买
塘头左办〔边〕角上灰屋图一块在内分受升管
明亨兄弟分受管业
一处地名湖炉前下截塔邓头上截大坵下田壹丘在内园土
壹块又江办〔边〕荒熟在内又新买头塘左办〔边〕田贰
丘在内共贵谷禾田陆担分受明亨兄弟管业明亨亲立
〈分单贰纸壹样〉
光绪廿捌年十月廿日眼仝户族踩明二房均分拈阄为定
一处地名水口外梨术（树）垅右边当龙以桃竹为界并雷
打石山岭土塍杂木术（树）珠一片又外细山头上截山岭
土塍下以桃竹为界柴
桐术珠山岭一片系是明亨伯侄所管
一处地名水口外梨术（树）垅左边桁术（树）柴桐术（树）
珠山岭一片当龙以右边
桃竹为界又一处塔细山头下截桁术（树）杂木术（树）
珠山岭一片上以桃竹为界系是已酉兄弟所管
〈陈光明书〉

## 光绪三年十二月二十六日谢章发卖田契

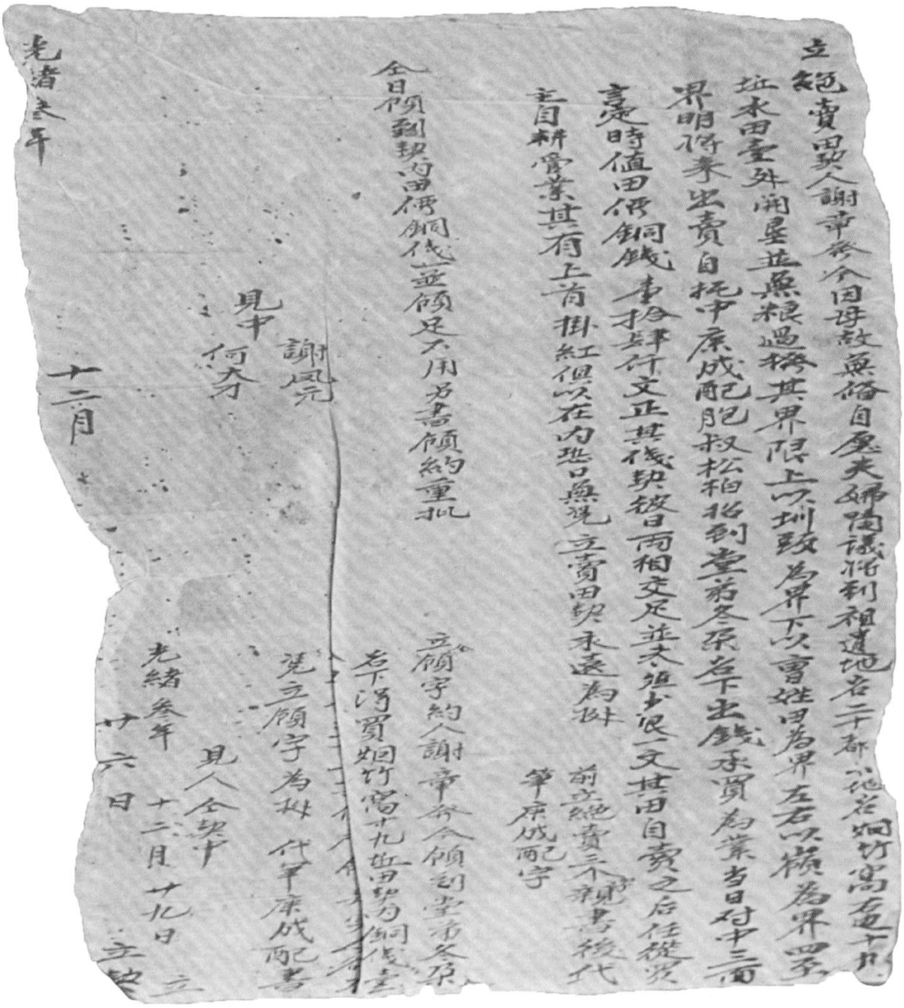

立绝卖田契人谢章发今因母故无备自愿夫妇嘀（商）议将到祖遗地名二十都小地名烟竹窝右边十九坵水田壹处开垦并无粮过拨其界限上以圳头为界下以曹姓田为界左右以岭为界四至界明将来出卖自托中庲成配胞叔松柏招到堂弟冬朵名下出钱承买为业当日对中三面言定时值田价铜钱壹拾肆仟文正其钱契彼日两相交足并未短少银一文其田自卖之后任从买主自耕管业其有上首挂红俱以在内恐口无凭立卖田契永远为据

前立绝卖三个字亲书后代笔庲成配字

仝日领到契内田价铜钱一并领足不用另书领约重批

立全领字约人谢章发今领到堂弟冬朵名下得买烟竹窝十九丘田契内铜钱壹☐〈领短少〉☐☐☐凭立领字为据代笔庲成配书

见中谢凤元何大才

见人仝契中

光绪叁年十二月廿九日立

光绪叁年十二月廿六日立契

## 光绪十年七月十三日谢阿李氏母子卖山林契

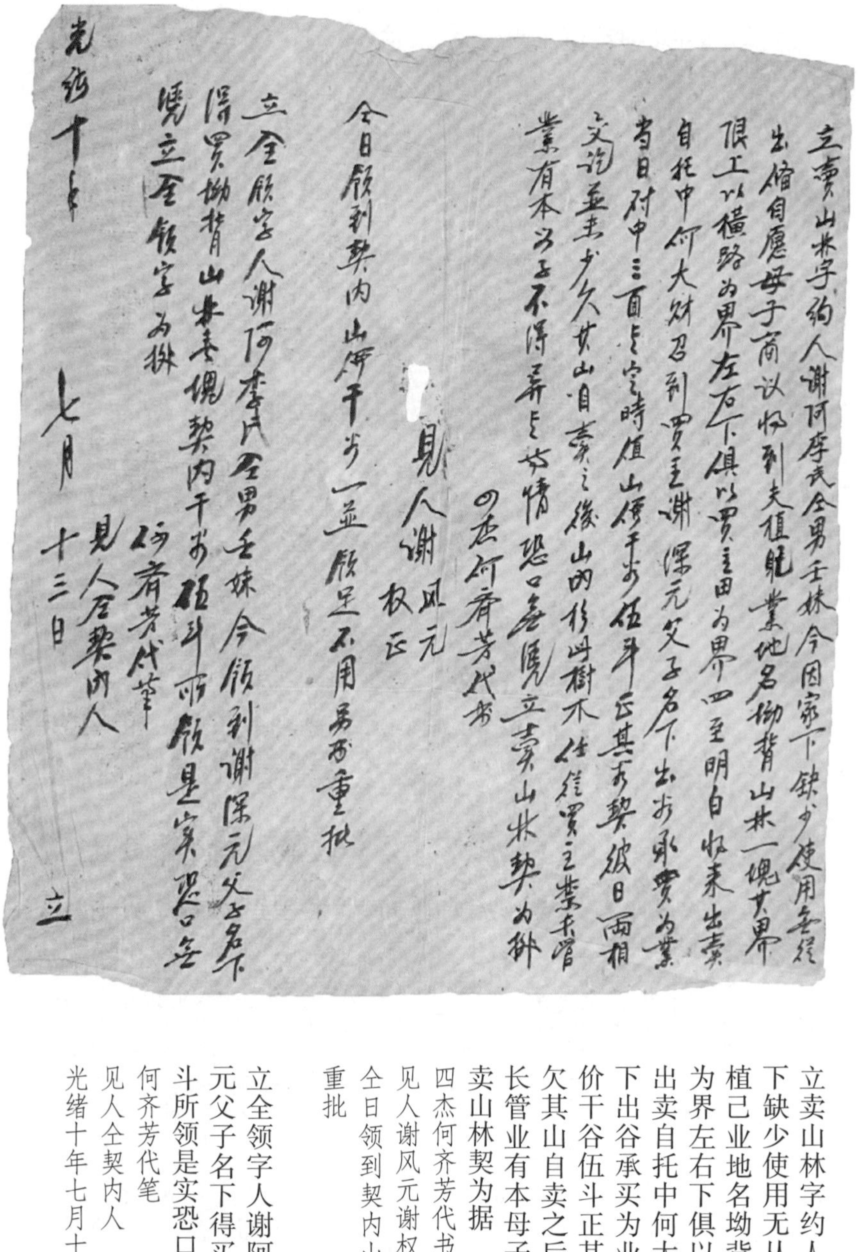

立卖山林字约人谢阿李氏仝男壬妹今因家下缺少使用无从出备自愿母子商议将到夫植己业地名坳背山林一块其界限上以横路为界左右下俱以买主田为界四至明白将来出卖自托中何大财召到买主谢深元父子名下出谷承买为业当日对中三面言定时值山价干谷伍斗正其谷契彼日两相交讫并未少欠其山自卖之后山内杉此树木任从买主禁长管业有本母子不得异言等情恐口无凭立卖山林契为据

四杰何齐芳代书

见人谢风元谢权正

仝日领到契内山价干谷一并领足不用另书

重批

立全领字人谢阿李氏仝男壬妹今领到谢深元父子名下得买坳背山林壹块契内干谷伍斗所领是实恐口无凭立全领字为据

何齐芳代笔

见人仝契内人

光绪十年七月十三日立

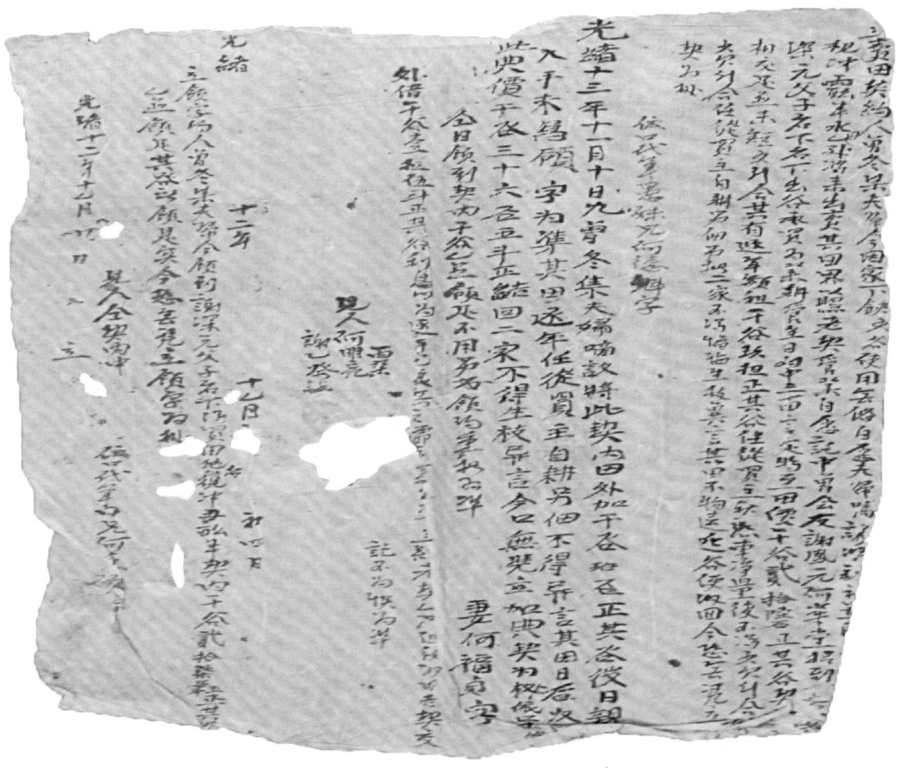

光绪十二年十一月初四日曾冬集夫妇卖田契

立卖田契约人曾冬集夫妇今因家下缺少谷使用无备自愿夫妇嘀（商）议将到私置〈己业地名〉枧冲两亩粪水田一处将来出卖其田界以照老契管业自愿托中曾会友谢凤元何水朱堂招到□□□深元父子名下［名下］出谷承买为业耕管当日对中三面言定时至田价干谷贰拾陆石正其谷契□□□□相交足并未短少升合其有逐年额租干谷玖担正其谷任从买主秋熟车净量后不得少欠升合□□□少欠升合任从买主自耕另佃另批二家不得懵悔生枝异言其田不物远近谷便收回今恐无凭立□□契为据

依口代笔愚妹兄何德魁字

光绪十三年十一月十九日曾冬集夫妇嘀（商）议将此契内田外加干谷拾石正其谷彼日亲□入手未写领字为准其田逐年任从买主自耕另佃不得异言其田日后收□□此典价干谷三十六石五斗正结回二家不得生枝异言今口无凭立加典契为据依口□□全日领到契内干谷一并领足不用另书领约重批为准

妻何福贞字

外借干谷壹担伍斗正其谷利息以为逐年完粮□之需☒老契一?????老契交

记不为契为准

见人何丙朶何明亮谢一发

光绪十二年十一月初四日

立领字约人曾冬集夫妇今领到谢深元父子名下得买田地名枧冲两亩半契内干谷贰拾柒斗五正其□一并领足其谷所领是实今恐无凭立领字为据

见人仝契内中依口代笔内兄何德魁字

光绪十二年十一月十日立

## 光绪二十四年二月二十一日谢壬姝绝卖灰屋地土契

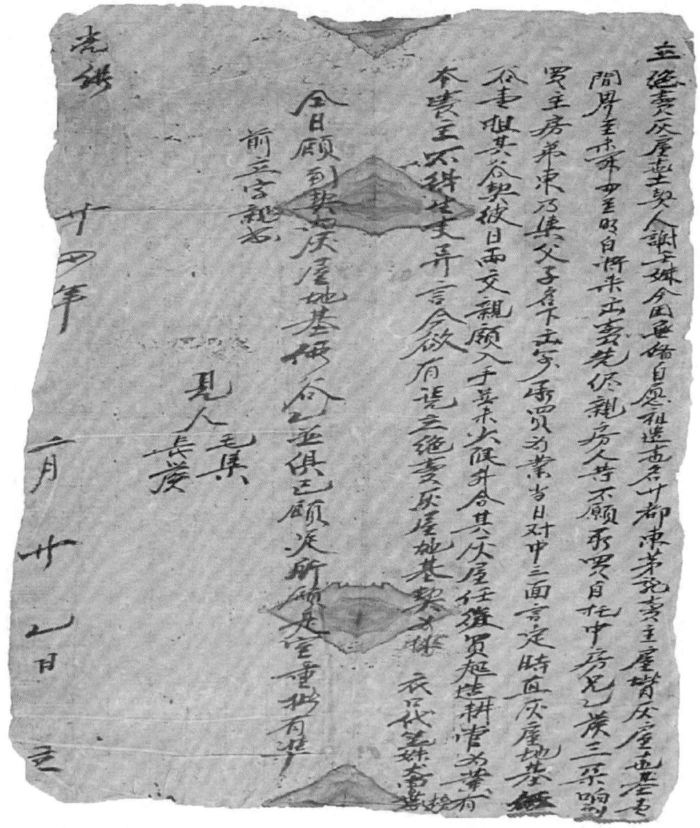

立绝卖灰屋地土契人谢壬姝今因无备自愿祖遗地名廿都东茅龙卖主屋阶灰屋地基壹间界至未列四至明白将来出卖先尽亲房人等不愿承买自托中房兄一发三朵响（问）到买主房弟东乃集父子名下出⃞承买为业当日对中三面言定时直（值）灰屋地基⃞谷壹担其谷契彼日两交亲领入手并未少限升合其灰屋任从买起造耕管为业有本卖主不得生支（枝）异言今欲有凭立绝卖灰屋地基契为据

衣（依）口代笔姝丈南世榜

仝日领到契内灰屋地基价谷一并俱已领足所领是实重批有准

前立字亲书

见人毛集长发

光绪廿四年二月廿一日立

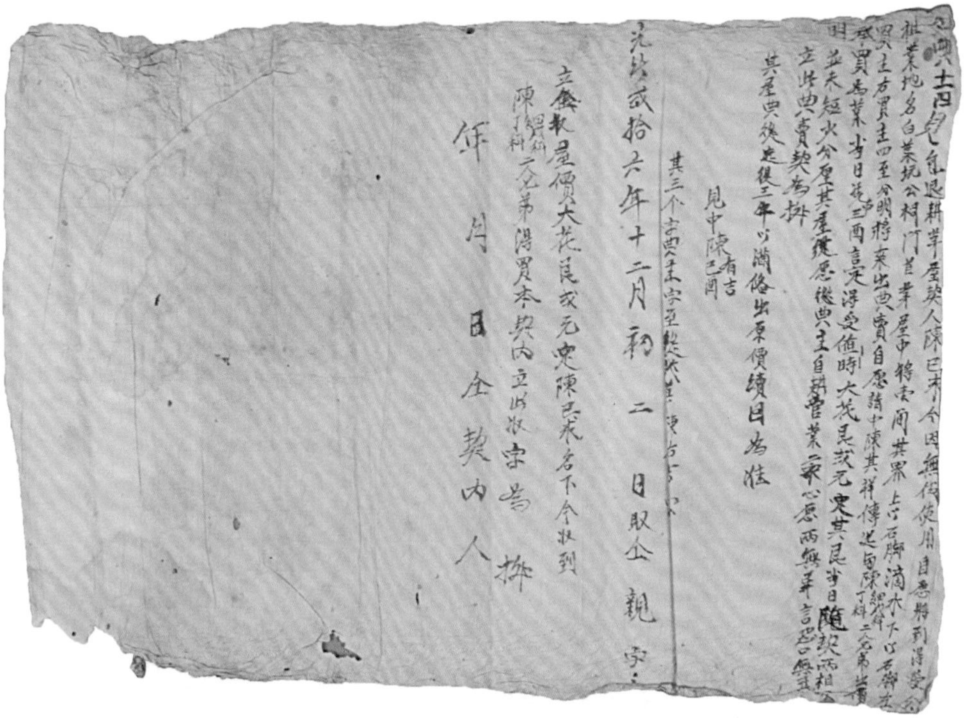

光绪二十六年十二月初二日陈已求典卖包退耕茅屋契

立典卖包退耕茅屋契人陈已求今因无钱使用自愿将到得受分祖业地名白叶坑公祠门首茅屋中将壹间其界上以石脚滴水下以石脚左买主右买主四至分明将来出典卖自愿请中陈其祥传送与陈细戊科陈丁科二人兄弟出价承买为业当日凭中三面言定得受时值大花银贰元定其银当日随契两相交明并未短少分厘其屋从愿从典主自耕管业二家心愿两无异言恐口无凭立此典卖契为据

其屋典后迄从三年以满备出原价续回为准

见中陈有吉陈已酉

其三个字典业字至从代笔陈有吉□

光绪贰拾六年十二月初二日取仝亲字

立全收屋价大花银贰元足陈已求名下今收到陈细戊科陈丁科二人兄弟得买本契内立此收字为据

年月日仝契内人

民国十二年九月十九日陈仁太等发批禾田契

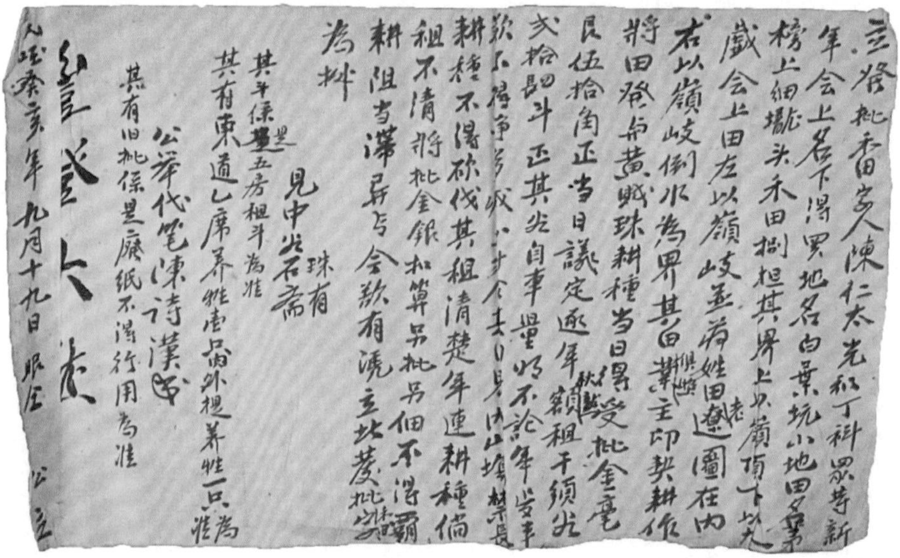

立发批禾田字人陈仁太光和丁科众等新年会上名下得买地名白叶坑小地田名茅榜上细垅头禾田捌担其界上以岭顶下以九戏会上田左以岭岐并蒋姓田老辽图在内右以岭岐倒水为界其田俱照业主印契耕作将田发与黄赋珠耕种当日得受批金亳银伍拾角正当日议定逐年秋熟额租干须谷贰拾肆斗正其谷自车量收不论年岁丰歉不得争（增）多减少升合其田界内山场禁长耕种不得砍伐其租清楚年连耕种倘租不清将批金银扣算另批另佃不得霸耕阻当滞异言今欲有凭立此发批禾田字为据

见中谷珠有谷石斋

其斗系是五房租斗为准

其有东道一席养牲壹只内外提养牲一只为准

公举代笔陈诗汉书

其有旧批系是废纸不得行用为准

〈丰登大熟〉

民国癸亥年九月十九日眼仝公立

## 民国十四年十月二十五日谢阿庲氏卖路会契

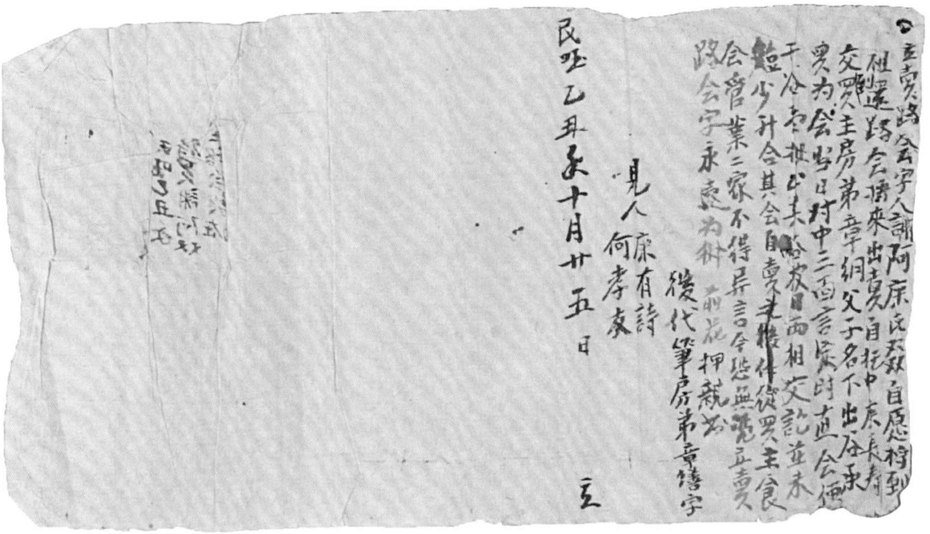

○立卖路会字人谢阿庲氏双双自愿将到
祖遗路会将来出卖自托中庲长寿交到买
主房弟章纲父子名下出谷承买为会当日
对中三面言定时直会价干谷壹担正其谷
彼日两相交讫并未短少升合其会自卖之
后任从买主食会管业二家不得异言今恐
无凭立卖路会字永远为据前花押亲书
后代笔房弟章缮字
见人庲有诗何孝友
民国乙丑年十月廿五日立

## 民国二十年古十二月初四日曾佑学卖包退耕禾田山岭土浆契

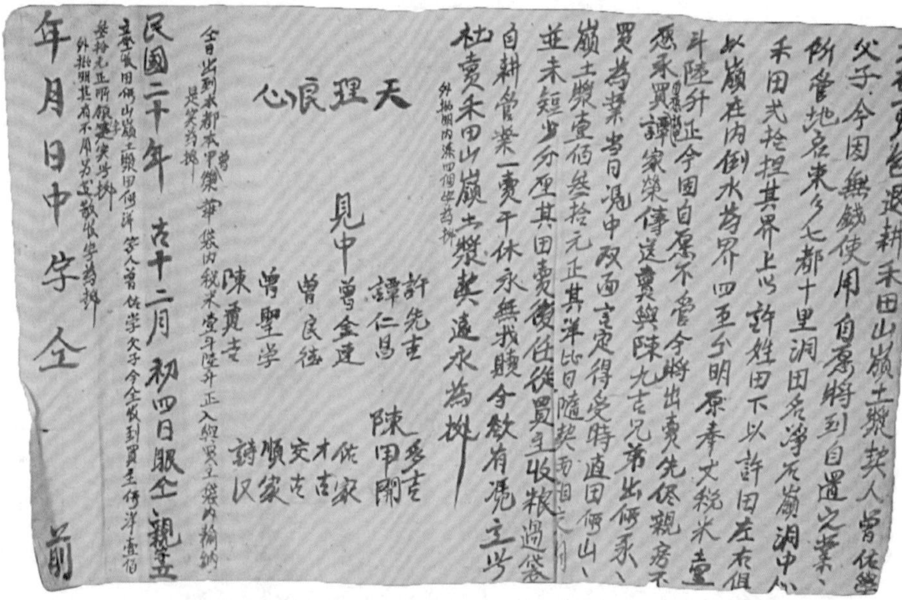

立杜卖包退耕禾田山岭土浆契人曾佑学父子今因无钱使用自愿将到自置之业所管地名东乡七都十里洞田名净石岭洞中心禾田贰拾担其界上以许姓田下以许田左右俱以岭在内倒水为界四至分明原奉丈税米壹斗陆升正今因自愿不管今将出卖先尽亲房不愿承买自愿请中谭家荣传送卖与陈九吉兄弟出价承买为业当日凭中双面言定得受时直田价山岭土浆壹佰叁拾元正其洋比日随契两相交明并未短少分厘其田卖后任从买主收粮过袋自耕管业一卖千休永无找赎今欲有凭立此杜卖禾田山岭土浆契远（永）永（远）为据

外批明内添四个字为据

天理良心

见中许先吉谭仁昌曾金连曾良德曾圣学陈贡吉陈多吉陈甲开陈佑家陈才古陈交古陈顺家陈诗汉

仝日出到本都本甲曾荣华袋内税米壹斗陆升正入与买主袋内输纳是实为据

民国二十年古十二月初四日眼仝亲字立

立坐收田价山岭土浆田价洋字人曾佑学父子今仝收到买主价洋壹佰叁拾元正所领字是实为据

外批明其有不用另书散收字为据

年月日中字仝前

民国二十七年古三月初二日许先腾全收田价山岭土浆契

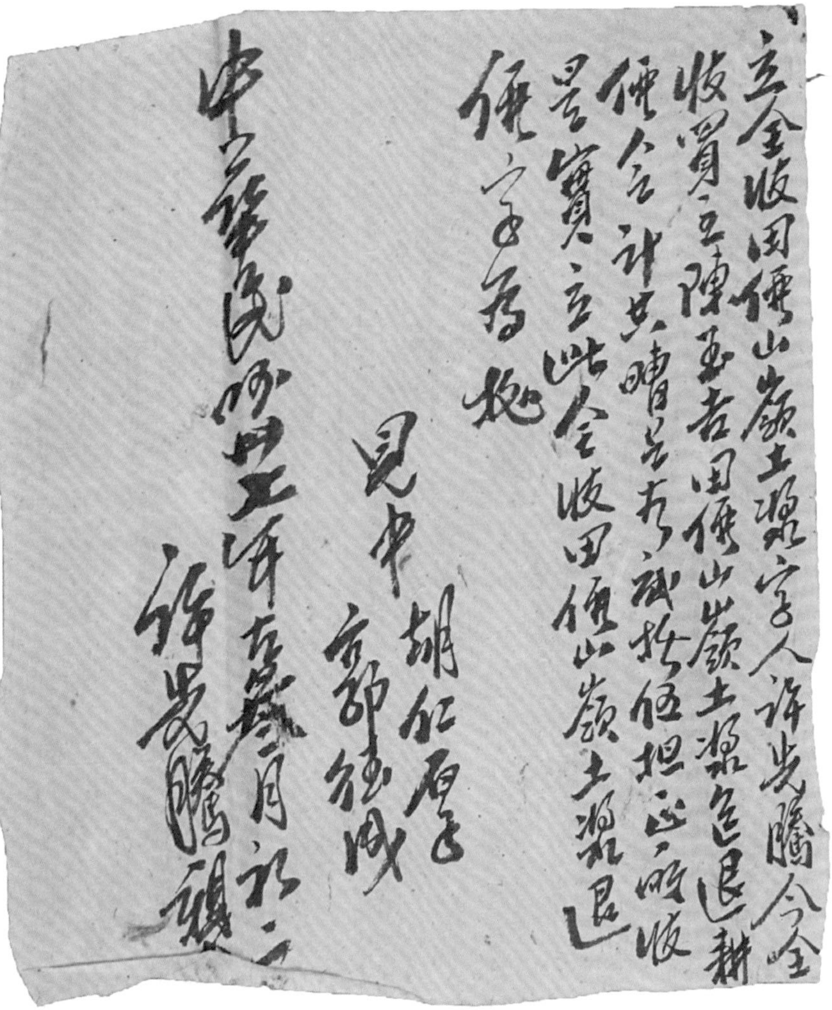

立全收田价山岭土浆字人许先腾今全收买主陈玉吉田价山岭土浆包退耕价今计共⍰占谷⍰括伍担正所收是实立此全收田价山岭土浆退价字为据

见中胡仁厚郭德成

中华民国廿七年古叁月初二〈日〉

许先腾亲〈立〉

# 民国三十六年古又二月十二日许兴洋许刘氏占谷契

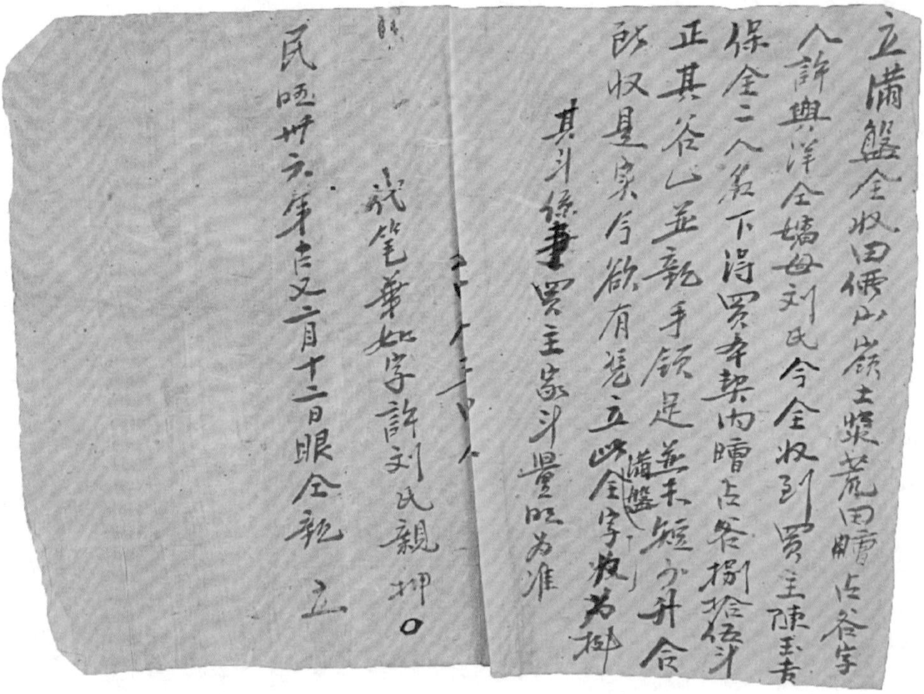

立满盘全收田价山岭土浆荒田□占谷字人许兴洋仝婶母刘氏今全收到买主陈玉吉保全二人名下得买本契内□占谷捌拾伍斗正其谷一并亲手领足并未短少升合所收是实今欲有凭立此满盘全字收为据

其斗系事（是）买主家斗量明为准

□□□□□

代笔华如字许刘氏亲押【押】

民国卅六年古又二月十二日眼仝亲立

## 民国三十六年三月十九日谢己才卖古坟会契

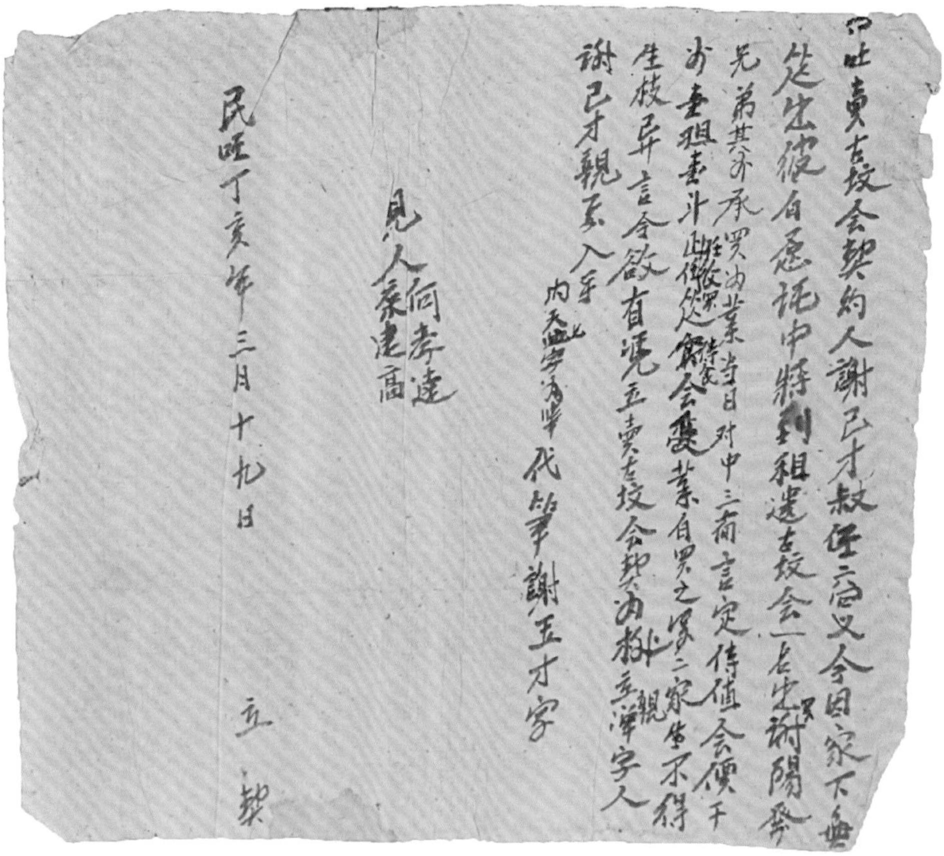

〇吐（杜）卖古坟会契约人谢己才叔侄商（商）义（议）今因家下无从出彼自愿讬（托）中将到租（祖）遗古坟会一名出买谢阳发兄弟其谷承买为业当日对中三面言定侍（时）值会价干谷壹担壹斗正任从任收买侍食会受业自买之后二家不得生枝异言今欲有凭立卖古坟会契为据立亲字人谢己才亲书入手

内天（添）七字为准代笔谢玉才字

见人何孝达庥建高

民国丁亥年三月十九日立契

民国三十六年古三月十九日谢昌本夫妇典田租契约

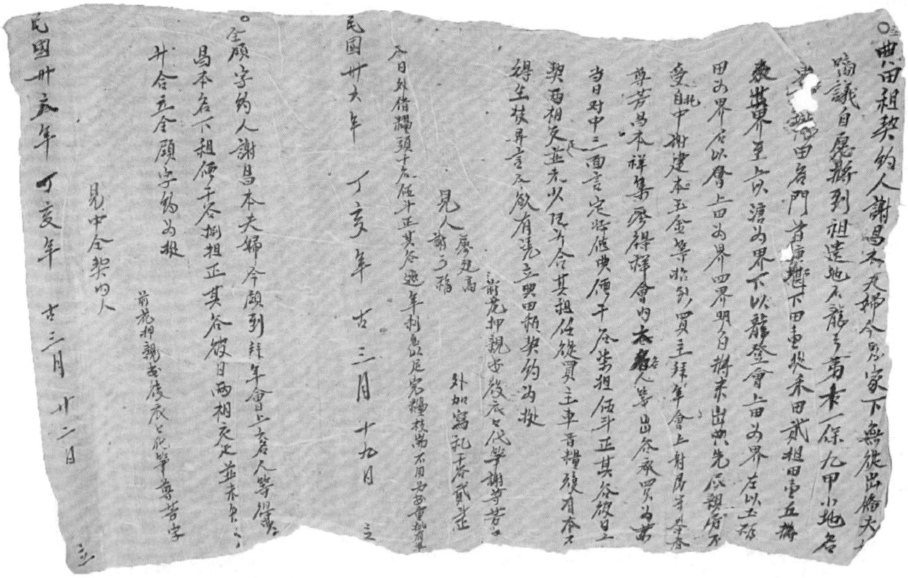

○立典田租契约人谢昌本夫妇今思家下无从出备夫〈妇〉嘀（商）议自愿将到祖遗地名龙⍰第十一保九甲小地名□□垅田名门首塘㙡下田壹据（处）禾田贰担田壹丘其界至上以溏为界下以龙登会上田为界左以土矩田为界右以会上田为界四界明白将来出典先尽亲房不受自托中谢建本玉金等招到买主拜年会上谢阳新黎春尊芳昌本祥集廖得祥会内六名人等出谷承买为业当日对中三面言定时值典价干谷柒担伍斗正其谷彼日立契两相交足并未少限升合其租任从买主车晋(净)粮(量)后有本不得生枝异言今欲有凭立典田租契约为据

前花押亲书后衣（依）口代笔谢尊芳【押】

见人廖建高谢可福

外加写礼干谷贰斗正

仝日外借粮头干谷伍斗正其谷逐年利息以足完粮枝（之）耑（需）不用另书重批有准

民国卅六年丁亥年古三月十九日立

○全领字约人谢昌本夫妇今领到拜年会上六名人等得典昌本名下租价干谷捌担正其谷彼日两相交足并未〈短少〉升合立全领字约为据

前花押亲书后衣（依）口代笔尊芳字

见中仝契内人

民国卅六年丁亥年古三月廿二日立

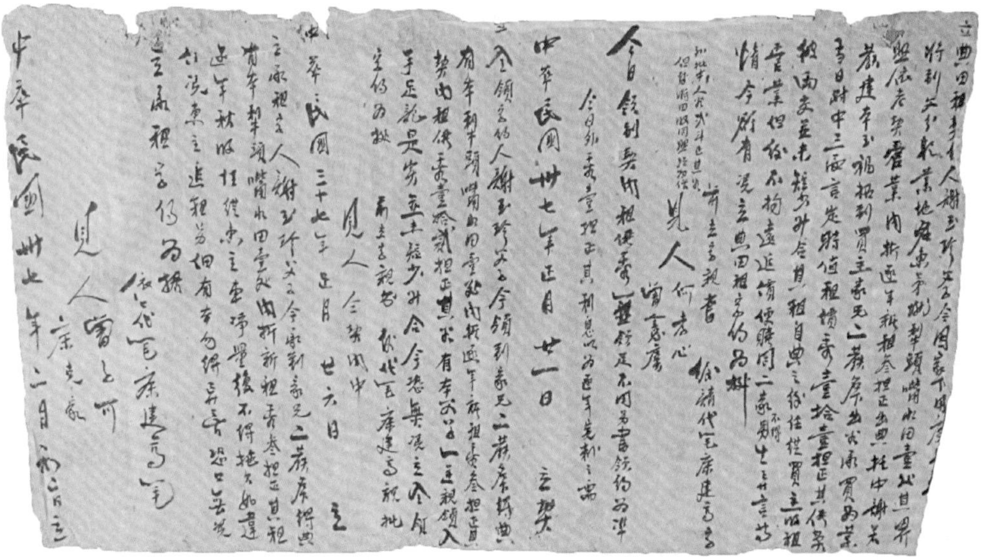

民国三十七年正月二十一日谢玉珍父子典田租契

立典田租契约人谢玉珍父子今因家下用度☐将到父分己业地名东茅垅犁头嘴水田壹处其界照依老契管业内折逐年新租叁担正出典托中谢若发建本玉福招到买主家兄二发名下出谷承买为业当日对中三面言定时值租价干谷壹拾壹担正其价契彼两交并未短少升合其租自典之后任从买主收租管业但后不拘远近价便赎回二家不得另生异言等情今欲有凭立典田租字约为据

前立字亲书后请代笔庥建高字

外批中人谷贰斗正其谷但后将田收回照?归偿

仝日领到契内租价干谷一并领足不用另书领约为准

仝日外干谷壹担正其利息以为逐年完粮之需

见人何孝心曾宪虞

中华民国卅七年正月廿一日立契

立仝领字约人谢玉珍父子今领到家兄二发名下得典有本犁头嘴水田壹处内折逐年新租干谷叁担正其契内租价干谷壹拾贰担正其谷有本父子一并亲领入手足讫是实并未短少升合今恐无凭立仝领字约为据前立字亲书发代笔庥建高亲批

见人仝契内中

中华民国三十七年正月廿六日立

立承租字人谢玉珍父子今承到家兄二发名下得典有本犁头嘴水田壹处内折新租干谷叁担正其租逐年秋收任从东主车净量复不得拖欠如违任凭东主追租另佃有本勿得异言恐口无凭立承租字约为据

依口代笔庥建高笔

见人曾子可庥克家

中华民国卅七年二月初二日立

## 民国三十七年古十二月初六日谢上海夫妇父子典田租契并领字

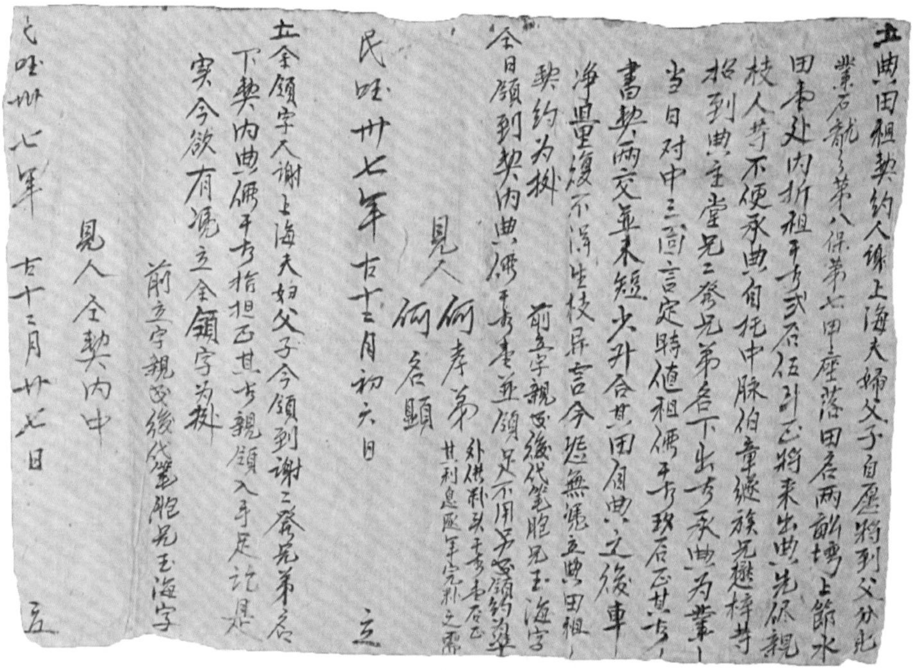

立典田租契约人谢上海夫妇父子自愿将到父分己业石龙乡第八保第七甲座落田名两亩塝上节水田壹处内折租干谷贰石伍斗正将来出典先尽亲枝人等不便承典自托中脉伯章缝族兄懋梓等招到典主堂兄二发兄弟名下出谷承典为业当日对中三面言定时值租价干谷玖石正其谷书契两交并未短少升合其田自典之后车净量复不得生枝异言今恐无凭立典田租契约为据

前立字亲书后代笔胞兄玉海字

仝日领到契内典价干谷壹并领足不用另书领约为准

外价粮头干谷壹石正

其利息逐年完粮之需

见人何孝弟何名显

民国卅七年古十二月初六日立

立全领字人谢上海夫妇父子今领到谢二发兄弟名下契内典价干谷拾担正其谷亲领入手足讫是实今欲有凭立全领字为据

前立字亲书后代笔胞兄玉海字

见人仝契内中

民国卅七年古十二月廿七日立

# 第三部分　湖南浏阳

## 咸丰二年十一月二十八日刘光朋卖田地山场契

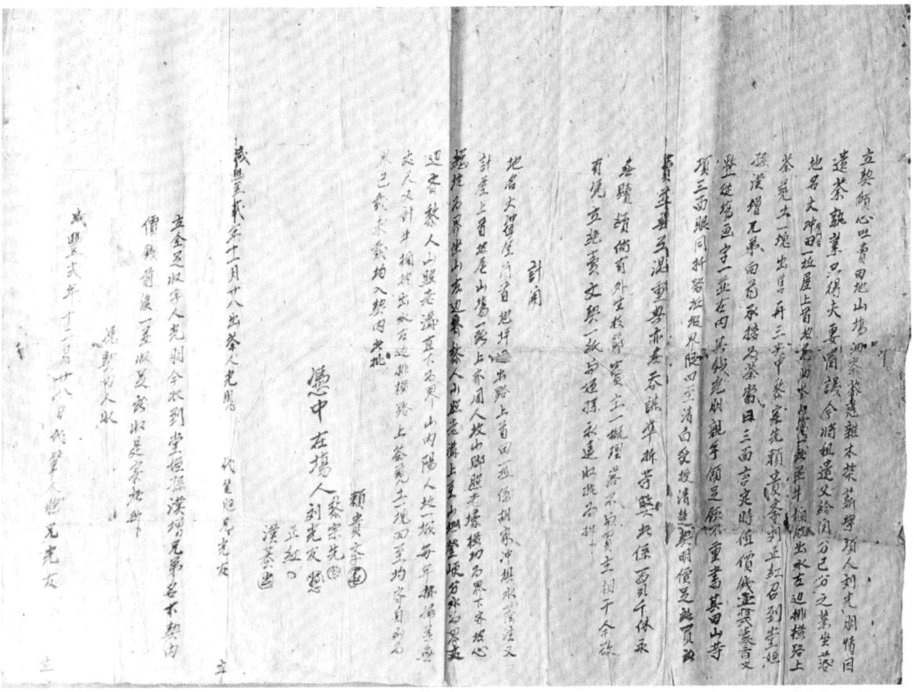

立契倾心吐（杜）卖田地山场油茶茶蔸杂木柴薪等项人刘光朋情因遗茶孰业只得夫妻商议今将租（祖）遗父给关分己分之业坐落地名大冲屋门首田一丘屋上首坡尾油茶山场一所并牛栏坡出水左边排横路上茶蔸土一块出售再三央中黎家先赖贵学刘正红召到堂侄孙汉增兄弟向前承接为业当日三面言定时值价钱壹拾贰串叁百文整从场画字一并在内其钱光朋亲手领足领不重书其田山等项三面眼同扦踏丘塅界限四至清白受授清楚契明价足所买所卖并无互混重典亦无吞谋准拆（折）等弊此系一卖千休永无赎续倘有外生枝节卖主一概理落不与买主相干今欲有凭立绝卖文契一纸与侄孙永远收执为据

计开

地名大冲?屋门首地坪边出路上首田一丘系胡家冲坝（堤）水荫注又计屋上首坡尾山场一所上齐周人坟山脚照老壕横切为界下齐坡心总坑为界坐山左边齐黎人山照老沟上至山坳登岘分水为界右边齐黎人山照老沟直下为界山内阳人坟一冢每年挂扫并无丈尺又计牛栏坡出水左边排横路上茶蔸土一块四至均齐自山为界已载未载均入契内此批

凭中在场人赖贵学【押】黎宗先【押】刘光友【押】刘正红【押】刘汉基【押】

咸丰贰年十一月廿八〈日〉出茶人光朋【押】代笔胞兄光友立

立全足收字人光朋今收到堂侄孙汉增兄弟名下契内价钱前后一并收足所收是实此据凭契内人收

咸丰贰年十二月廿八日代笔人胞兄光友立

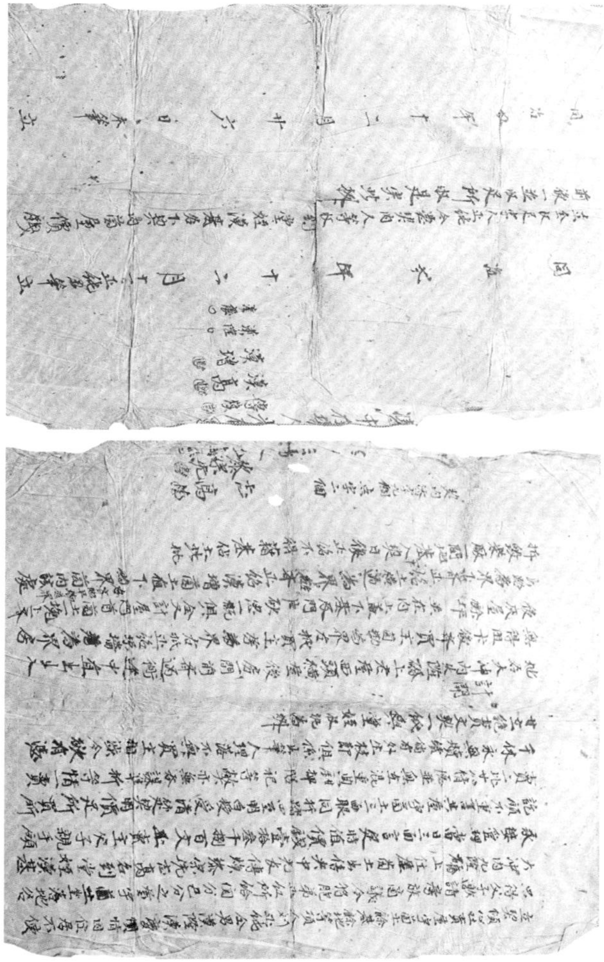

同治三年十二月十一日刘正纯卖屋宇园土等项契

立契倾心吐（杜）卖屋宇园土余基余地等项人刘正纯仝男汉隆汉庆情因住居不便只得父子邀请房族商议今将胞弟正红所给关分己分之屋宇园土坐落地名大冲内九隆硚上住屋园土出售央中光友传焕黎宗先志高名到堂侄汉基承接管理当日三面言定时值价钱壹拾叁千捌百文正卖主父子亲手领讫领不重书其屋宇园土三面眼同扦踏四至明白授受清楚契明价足所买所卖二比甘心情愿并无互混重典钳押膳祀等弊亦无吞谋准折等情一卖千休永无赎续倘有外生枝节俱系出笔人理落不与买主相涉今欲有凭甘立绝卖文契一纸与堂侄收执为据

计开

地名大冲内久（九）隆硚上老屋西头横屋后房一间前齐过同逢中直出出入无得阻卡后齐买主园塍为界左抵买主房为界右抵正绍垛墙为界房后灰屋余坪并在内上盖下基及门片砂窗一概俱全又计屋门首园土一块上齐出路为界下齐正绍土横过为界左右齐正绍汉增园土直下为界右齐地平塍为界园内该处拆毁柴厂一间地基一半入契日后正绍不得藉基占土此批

契内添字九个点字二个

凭中在场人志高【押】黎宗先【押】光有【押】传焕【押】汉高【押】汉增【押】汉陞【押】汉庆【押】

同治贰年十二月十一日正纯【押】笔立

立全收足字人正纯今凭契内人等收到堂侄汉基名下契内园屋价钱前后一并收足所收是实此据

同治贰年十二月廿六日本笔立

同治四年八月十三日孔继荣卖房屋契

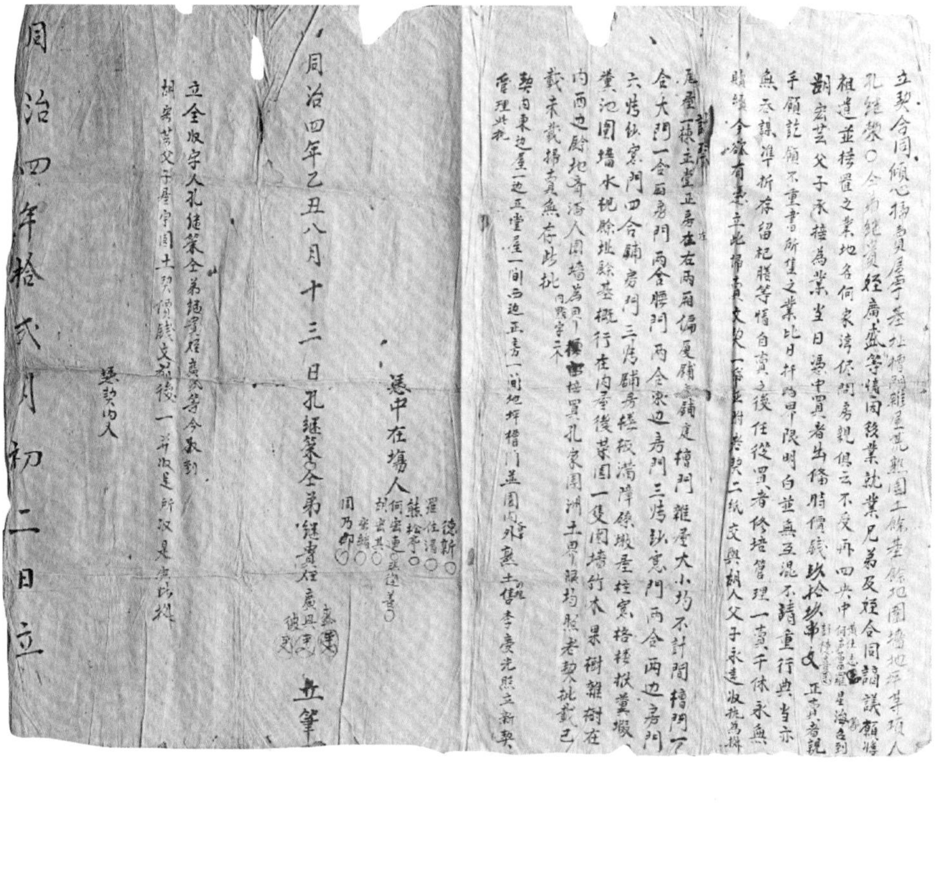

立契合同，傾心揚賣屋宇並杜槽門雜屋荒熟園土餘基餘地圍墻地坪等項人孔継榮○仝弟継貴、姪廣盛等情因毀業就業，兄弟及姪合同諸議，願將祖遺並續置之業，地名何家湾，係問房親俱云不受，再四央中星海去到劉宏芸父子承接為業，当日憑中買者出備時價錢玖拾捌串文正，賣者親手領訖，領不重書。所售之業比日折內界限明白，並無互混不清、重行典当，亦無吞謀準折、存留杞脹等情。自賣之後，任從買者修培管理，一賣千休，永無贖續。今欲有憑，立此帰賣文契一紙，並附老契二紙，交與胡人父子永遠收執為據。

計開

瓦屋一棟，正堂正房並左右兩廂偏屋鋪面、鋪庭，槽門雜屋大小均不計間，槽門一合，大門一合，廚房門兩合，腰門兩合，東边房門三扇，臥室門兩合，兩边房門六扇，臥室門四合，鋪房門三扇，鋪房樓板滿障，磚墩屋柱，窗格樓擬糞缸、糞池，圍墻水覘，餘址餘基概行在內，壹後菜園一塊，圍墻竹木果樹雜樹在內，西边廁地，寄酒人圍墻為界，接買孔家園洲土界，照均照老契，批載已載未載，掃賣無存。此批（內點字二个）

契內東边屋一边正堂屋一間，西边正房一間，地坪槽门並園内外熟土售李庚光照立新契，管理此批。

憑中在場人 張松亭○ 翟住湯○ 謝新○ 何宏運○ 胡宏其○ 周乃卿○

同治四年乙丑八月十三日孔継榮仝弟継貴、姪廣盛 立筆

立全收字人孔継榮仝弟継貴、姪廣盛等今收到胡宏芸父子屋宇園土契價錢文，扣後一并收足，所收是實。此據

憑契內人

同治四年拾弍月初二日立

立契合同倾心扫卖屋宇基址槽门杂屋荒熟园土余基余地围墙地坪等项人孔继荣【押】仝弟继贵侄广盛等情因移业就业兄弟及侄合同商议愿将祖遗并接置之业地名何家湾尽问房亲俱云不受再四央中黄仕志【押】何声原【押】彭德喜【押】罗星海【押】召到胡宏芸父子承接为业当日凭中买者出备时价钱玖拾玖串文正卖者亲手领讫领不重书所售之业比日扦踏界限明白并无互混不清重行典当亦无吞谋准折存留祀膳等情自卖之后任从买者修培管理一卖千休永无赎续今欲有凭立此扫卖文契一纸并附老契二纸交与胡人父子永远收执为据

计开

瓦屋一栋正堂正房在左右两厢偏厦铺店铺庭槽门杂屋大小均不计间槽门一合大门一合厢房门两合腰门两合东边房门三张纱窗门两合两边房门六张纱窗门四合铺房门三张铺房楼板满障磉墩屋柱窗格楼栿粪塅粪池围墙水枧余址余基概行在内屋后菜园一只围墙竹木果树杂树在内西边余地齐潘人围墙为界四接买孔家团洲土界限均照老契批载已载未载扫卖无存此批

内点字二个

契内东边屋一边正堂屋一间西边正房一间地坪槽门并园内各半外熟土四块售李庆光照立新契管理此批

凭中在场人罗德新【押】罗佐清【押】熊松亭【押】何宏连【押】胡宏其【押】胡宏绪【押】周乃即【押】张从善【押】

同治四年乙丑八月十三日孔继荣【押】仝弟继贵侄广盛【押】广兴【押】广彼【押】立笔

立全收字人孔继荣仝弟继贵侄广盛等今收到

胡宏芸父子屋宇园土契价钱文前后一并收足所收是实此据

凭契内人

同治四年拾贰月初二日立

## 同治九年十二月初六日赖传鉴卖地契

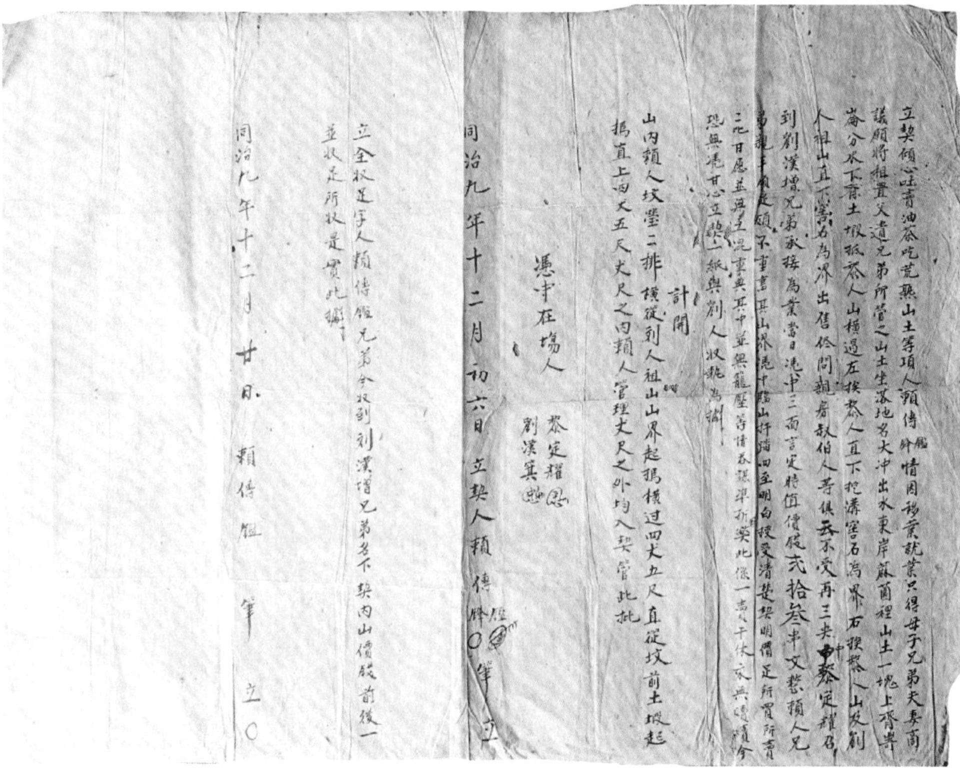

立契倾心吐（杜）卖油茶吃荒熟山土等项人赖传鉴赖传锋情因移业就业只得母子兄弟夫妻商议愿将祖置父遗兄弟所管之山土坐落地名大冲出水东岸麻园里山土一块上齐崎仑分水下齐土堺抵黎人山横过左挨黎人直下挖沟窖石为界右挨黎人山及刘人祖山直下窖石为界出售尽问亲房叔伯人等俱云不受再三央中黎定耀召到刘汉增兄弟承接为业当日凭中三面言定时值价钱贰拾叁串文整赖人兄弟亲手领足领不重书其山界凭中临山扦踏四至明白授受清楚契明价足所买所卖二比甘愿并无互混重典其中并无笼压等情吞谋准折等弊此系一卖千休永无赎续今恐无凭甘心立契一纸与刘人收执为据

计开

山内赖人坟茔二排横从刘人祖山山界起搊横过四丈五尺直从坟前土堺起搊直上四丈五尺丈尺之内赖人管理丈尺之外均入契管此批

凭中在场人黎定耀【押】刘汉箕【押】

同治九年十二月初六日立契人赖传鉴【押】赖传锋【押】笔立

立全收足字人赖传鉴兄弟今收到刘汉增兄弟名下契内山价钱前后一并收足所收是实此据

同治九年十二月廿日赖传鉴笔立【押】

## 同治九年赖传鉴赖传锋卖山场契

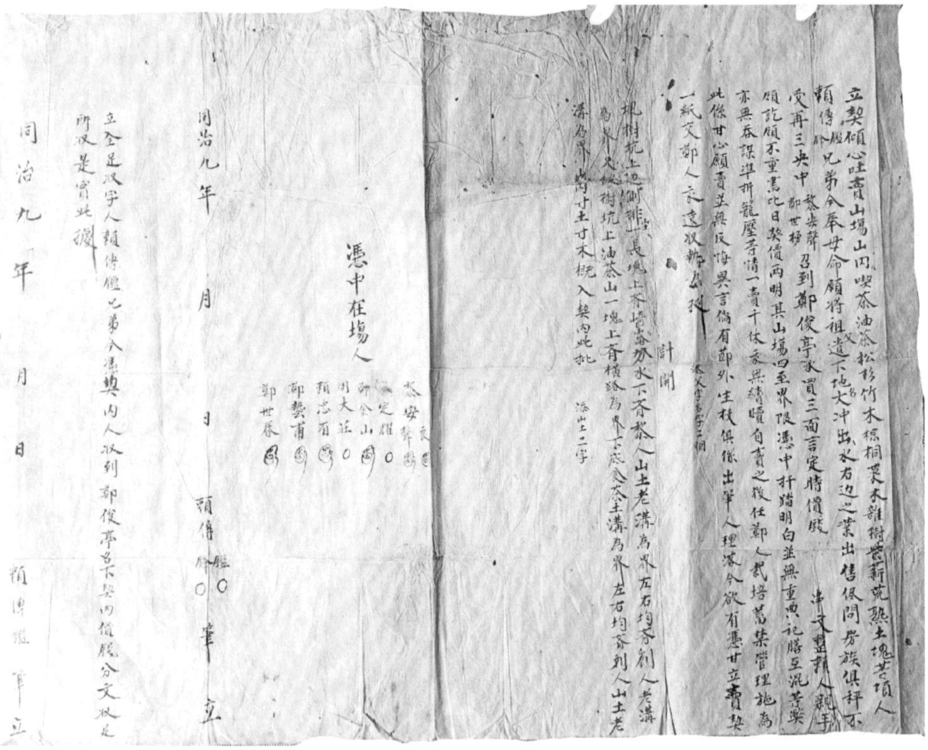

立契倾心吐（杜）卖山场山内吃茶油茶松杉竹木棕桐果木杂树柴薪荒熟土块等项人赖传鉴赖传锋兄弟今奉母命愿将祖父遗下地名大冲出水右边之业出售尽问房族俱秤（称）不受再三央中黎安声郑世榜召到郑俊亭承买三面言定时价钱串文整赖人亲手领讫领不重书比日契价两明其山场四至界限凭中扦踏明白并无重典祀膳互混等弊亦无吞谋准折笼压等情一卖千休永无续赎自卖之后任郑人栽培蓄禁管理施为此系甘心愿卖并无反悔异言倘有节外生枝俱系出笔人理落今欲有凭甘立卖契

一纸交郑人永远收执为据

添父字名字二个

计开

枫树坑上边侧排山土一长块上齐崎仑分水下齐黎人山土老沟为界左右均齐刘人老沟为界又枫树坑上油茶山一块上齐横路为界下底食茶土沟为界左右均齐刘人山土老沟为界山内寸土寸木概入契内此批

添山土二字

凭中在场人黎安良【押】黎安声【押】黎定耀【押】郑金山【押】周大庄【押】赖忠有【押】郑艺甫【押】郑世春【押】

同治九年月日赖传鉴【押】赖传锋【押】笔立

立全足收字人赖传鉴兄弟今凭契内人收到郑俊亭名下契内价钱分文收足所收是实此据

同治九年月日赖传鉴笔立

## 同治十年三月初四日郑俊亭父子卖山场契

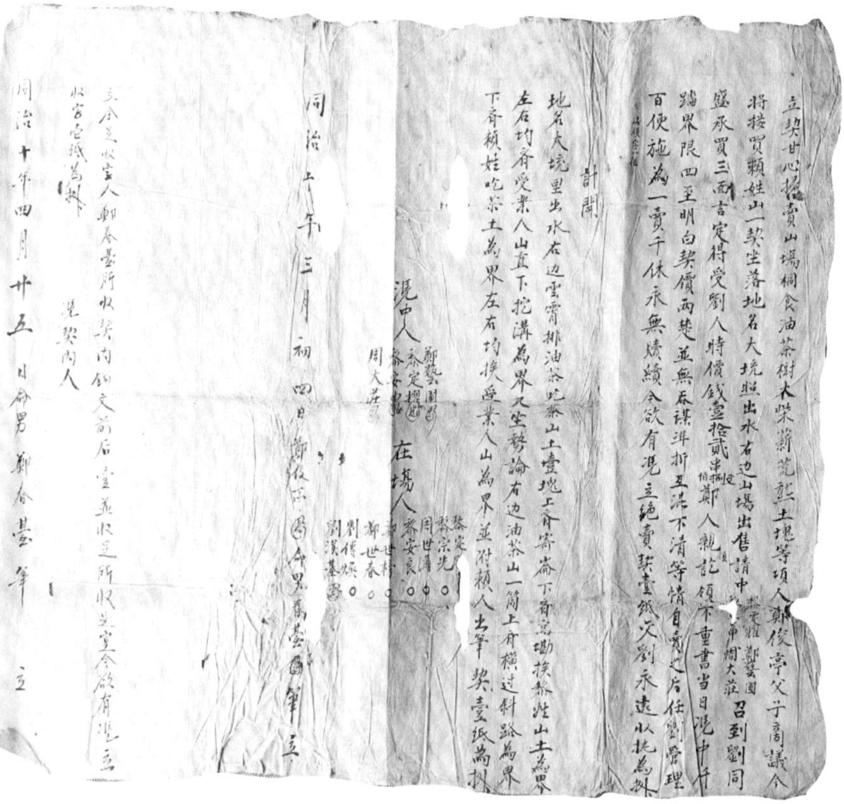

立契甘心杜賣山塲桐食油茶樹木柴薪荒熟土塊等項人鄭俊亭父子商議今
將接買賴姓山一欵坐落地名大垅出水右边山塲出售請中 鄭藝圃 黎定擺 周大莊 召到劉同
盛承買三面言定得受劉人時價錢壹拾貳串捌文 鄭人親記領不重書當日憑中千
踏界限四至明白契價兩楚並無反謀準折五洪不清等情自賣之后任劉管理
百便施為一賣千休永無續贖今欲有憑立絕賣契壹紙交劉永遠收执為據

計開

地名大垅里出水右边雷霄排油茶吃茶山土壹塊上齊嵩崙下齊宕埸挨黎姓山土為界
左右均齊受業人山直下挖溝為界又坐勢論右边油茶山一箇上齊横过斜路為界
下齊賴姓吃茶土為界左右均挨受業人山為界並附賴人出筆契壹紙為據

憑中人 鄭藝圃 黎定擺 蔡安熊 周大莊

在場人 黎定 黎宗先 周世清 黎安良 鄭世材 鄭世春 劉傳煥 劉漢基

同治十年三月初四日 鄭俊亭 仝男 鄭春基 筆 立

又今立收字人鄭春基所收契內銅文前后壹並收足所收是實今欲有憑立收字壹紙為據

憑契內人

同治十年四月廿五日 仝男 鄭春基 筆 立

立契甘心扫卖山场桐食油茶树木柴薪荒熟土块等项人郑俊亭父子商议今将接买赖姓山一契坐落地名大坑照出水右边山场出售请中黎定耀黎安申郑艺圃周大庄召到刘同盛承买三面言定得受刘人时价钱壹拾贰串文捌伯（佰）郑人亲领讫领不重书当日凭中扦踏界限四至明白契价两楚并无吞谋准折互混不清等情自卖之后任刘管理百便施为一卖千休永无赎续今欲有凭立绝卖契壹纸交刘永远收执为据

添领字一个

计开

地名大坑里出水右边云霄排油茶吃茶山土壹块上齐寄（崎）仑下齐高坳挨黎姓山土为界左右均齐受业人山直下挖沟为界又坐势论右边油茶山一筒上齐横过斜路为界下齐赖姓吃茶土为界左右均挨受业人山为界并附赖人出笔契壹纸为据

凭中人郑艺圃【押】黎定耀【押】黎安申【押】周大庄【押】

在场人黎定刚【押】黎宗先【押】周世满【押】黎安良【押】郑世榜【押】郑世春【押】刘传焕【押】刘汉基【押】

同治十年三月初四日郑俊亭【押】命男春台【押】笔立

立全足收字人郑春台所收契内钱文前后壹并收足所收是实今欲有凭立收字壹纸为据

凭契内人

同治十年四月廿五日命男郑春台笔立

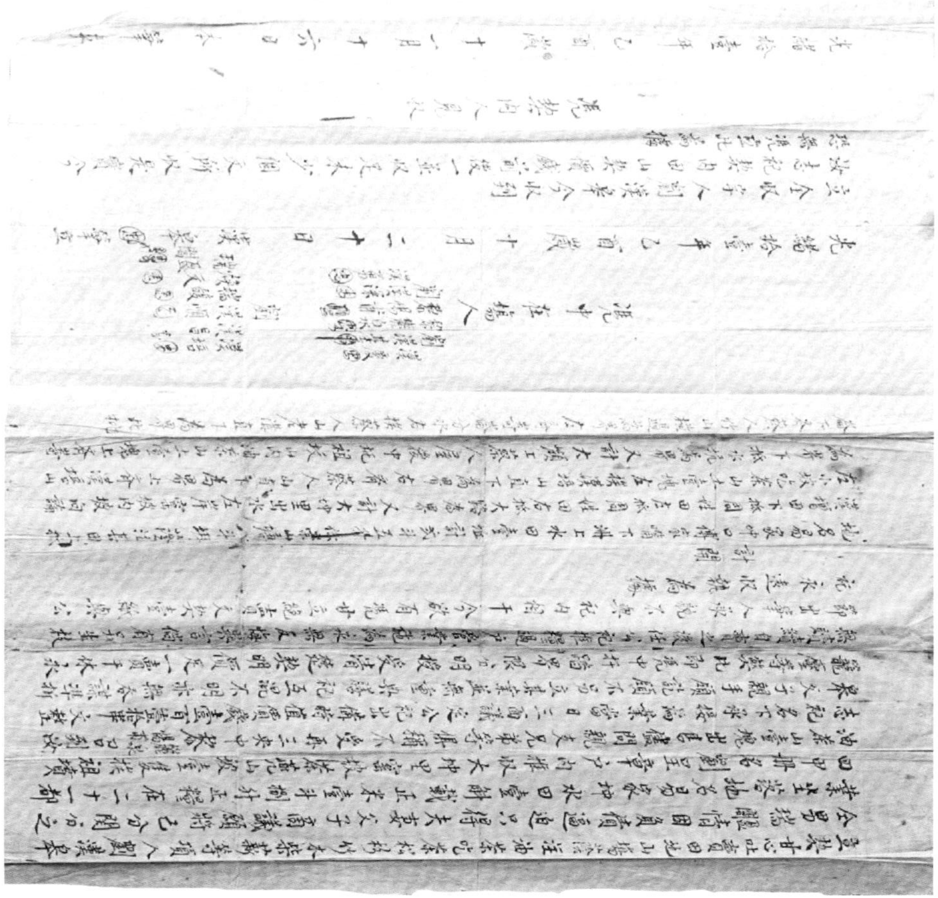

光绪十一年十月二十日刘汉皋卖田地山场契

立契甘心吐（杜）卖田地山场荫注油茶吃茶松杉竹木柴薪等项人刘汉皋仝男瑞盈瑞阁情因负债逼迫只得夫妻父子商议愿将己分关分之业坐落地名易家坤水田壹斛载正米壹斗捌升正粮在二十一都四甲册名刘呈章户内推收大坤里窑坡茶蔸山坡壹只挨祖坟油茶山壹块出售尽问亲支兄弟等俱称不受再三央中黎麓泉黎惕甫召到汝志祀名下承接为业当日三面议定公祀出备时值价钱壹百壹拾串文整皋父子亲手领讫领不另立其业并无重典膳祀互混不明亦无吞谋准折笼压等弊比即凭中扦踏界限分明授受清楚契明价足一卖千休永无赎续自卖之后任公祀推粮过户管业施为永无反悔异言倘有另生枝节出笔人承躭（担）不与祀内相干今欲有凭甘立绝卖文契壹纸与公祀永远收执为据

计开

地名易家坤口傅家嘴下洲上水田壹丘计贰斗五升系崇山塘八斗塀荫注其田上抵汉增田下抵周姓田左抵周姓田右抵大路为界又计大坤里出水左岸窑坡内坡向论左小坡吃茶山土壹块左挨汉培山直下为界右齐蔡人山直下为界上齐汉培山为界下抵水坑为界又计大岭上蔡人屋后中托祖坟山内油茶山土壹块上齐崎仑下齐蔡人竹山横过为界左齐崎仑分水右挨蔡人山老沟直下为界此批

凭中在场人刘汉庆【押】刘汉基【押】黎麓泉【押】黎惕甫【押】刘汉深【押】刘汉勇【押】刘汉培【押】刘汉昌【押】刘汉顺【押】刘瑞馥【押】刘焕文【押】刘瑞盈【押】刘瑞阁【押】

光绪拾壹年乙酉岁十月二十日汉皋【押】笔立

立全收字人刘汉皋今收到汝志祀契内田山契价钱前后一并收足未少个文所收是实今恐无凭立此为据

凭契内人见收

光绪拾壹年乙酉岁十一月十六日本笔立

## 光绪十二年十二月初四日汉基卖文契

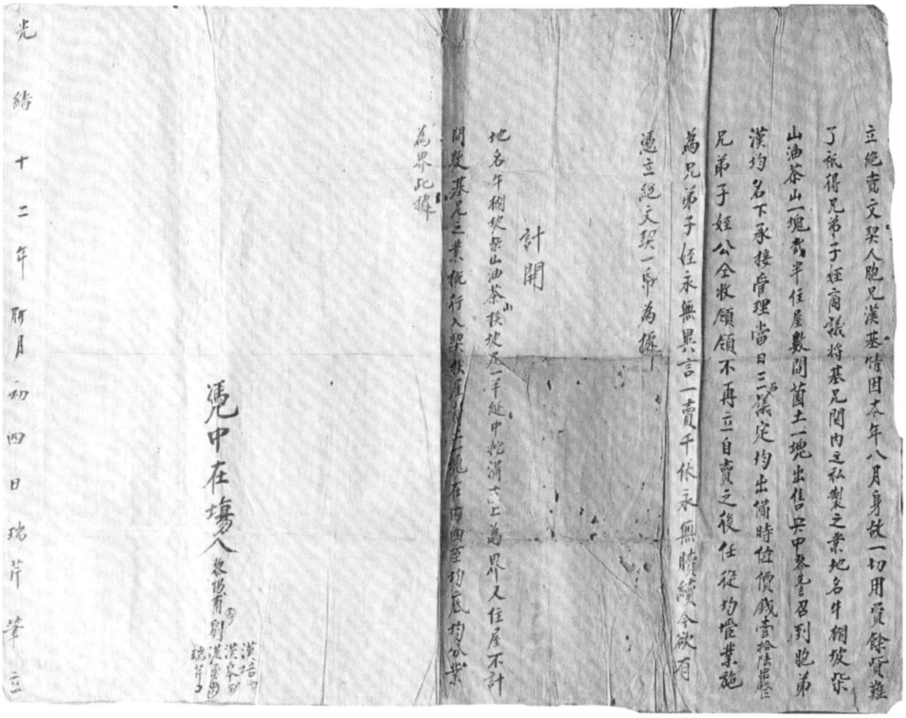

立绝卖文契人胞兄汉基情因本年八月身故一切用费余资难了只得兄弟子姪商议将基兄关内私制（置）之业地名牛栏坡柴山油茶山一块裁半住屋数间园土一块出售央中黎先吉召到胞弟汉均名下承接管理当日三面议定均出备时值价钱壹拾陆串整兄弟子姪公仝收领领不再立自卖之后任从均管业施为兄弟子姪永无异言一卖千休永无赎续今欲有凭立绝文契一纸为据

计开

地名牛栏坡柴山油茶山挨坡尾一半缝中挖沟直上为界又住屋不计间数基兄之业概行入契挨屋园土一块在内四至均底均分业为界此据

凭中在场人黎惕甫【押】刘汉培【押】刘汉皋【押】刘汉勇【押】刘瑞芹【押】

光绪十二年腊月初四日瑞芹笔立

## 光绪十九年十一月初九日刘传焕卖山场契

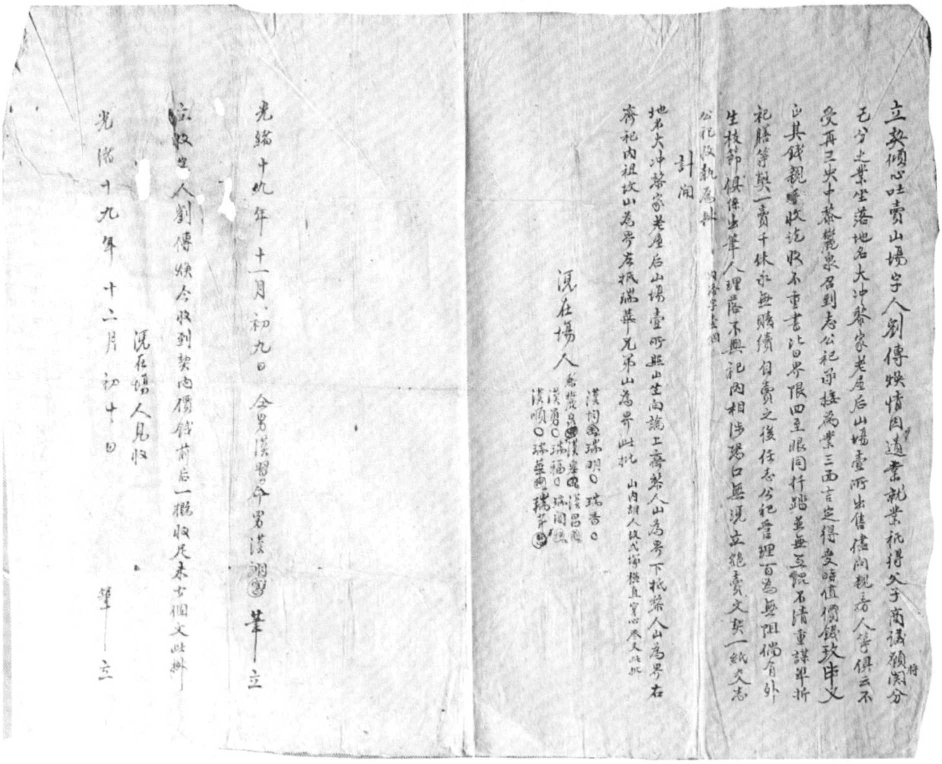

立契倾心吐（杜）卖山场字人刘传焕情因遗业就业只得父子商议愿将关分已分之业坐落地名大冲黎家老屋后山场壹所出售尽问亲房人等俱云不受再三央中黎麓泉召到志公祀承接为业三面言定得受时值价银玖串文正其钱亲手收讫不重书比日界限四至眼同扦踏并无互混不清重谋准折祀膳等弊一卖千休永无赎续自卖之后任志公祀管理百为无阻倘有外生枝节俱系出笔人理落不与祀内相涉恐口无凭立绝卖文契一纸交志公祀收执为据

内添字壹个

计开

地名大冲黎家老屋后山场壹所照山坐向论上齐黎人山为界下抵黎人山为界右齐祀内祖坟山为界左抵瑞华兄弟山为界此批山内胡人坟贰冢横直穿心叁丈此批

凭在场人黎汉均【押】黎麓泉【押】黎汉勇【押】黎汉顺【押】

黎瑞明【押】黎汉皋【押】黎瑞福【押】黎瑞华【押】黎瑞香【押】

黎汉昌【押】黎瑞阁【押】黎瑞芹【押】

光绪十九年十一月初九日仝男汉习【押】命男汉翊【押】笔立

立收字人刘传焕今收到契内价钱前后一概收足未少个文此据

凭在场人见收

光绪十九年十二月初十日笔立

光绪二十年十二月十八日刘氏兄弟卖产业契

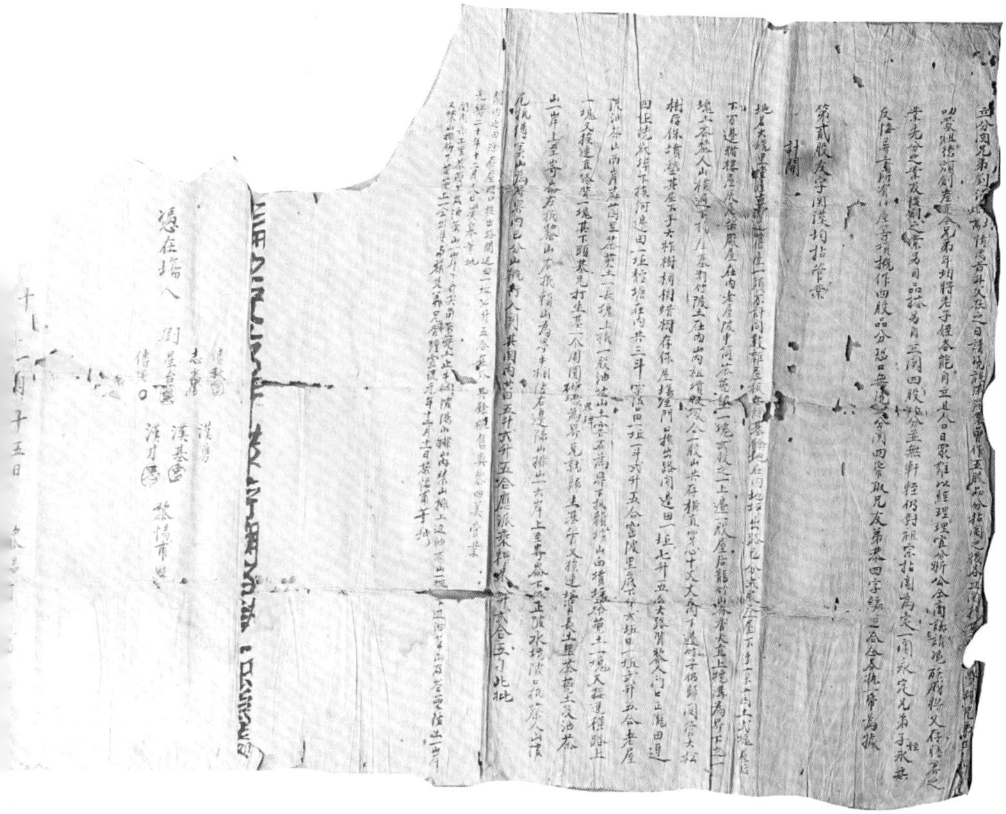

立分关兄弟刘汉□刘汉⍰刘汉均刘汉高情因昔年父在之日请凭族戚产业曾作五股品分拈阄之后各立关据基□□爨增兄弟〼叨蒙祖德颇创产业今兄弟年均将老子姪各能自立且人口日众难以经理理宜分析公仝商议请凭族戚将父存膳养之业先分之业及后创之业另自品搭另自立关四股均分并无轩轾仍对祖宗拈阄为定一阄永定兄弟子姪永无反悔异言所有林屋等项概作四股品分恐口无凭立分关四纸取兄友弟恭四字编立合仝各执一纸为据

第贰股友字关汉均拈管业

计开

地名大坑里堂屋⍰□边旧屋一头不计间数杂屋板⍰余基余地在内地坪出路已分贰股仝屋下手菜园土贰块屋后下方边猪楼屋灰屋柴厂屋在内老屋陂中筒茶蔸坡土一块贰股之一上边一股屋后龙竹山齐香火直上挖沟为界下边一块上齐黎人山横过下抵屋基荆竹陂土在内山内祖坟数冢合一股山共存横直穿心十丈丈尺内下边竹子仍归关管大松树存保坟茔其屋下手大柞树椆树蜡树存保屋场屋门口挨出路开边田一丘七升五合大路背黎人门口正陇田连四丘洗衣埠下挨河边田一丘靛塘在内共三斗窑陂口田一丘一斗贰升五合窑陂里底下第贰丘田一丘贰升五合老屋陂油茶山西岸麻园里茶蔸土一长块上抵一股油茶山土窖石为界下抵赖坟山白坟坪茶蔸土一块又接连横路上一块又挨连直路背一块其下头基兄打生基一个周围砌壕界碑为界兑就归生基管又挨连壕背长土里茶蔸土及油茶山一岸上至崎仑左抵黎山右抵赖山为界牛栏陂右边阳山排山一大岸上至崎仑下抵正陂水坑陂口抵蔡人山陂尾抵传美山为界界内巳（已）分山概行入关其关内共田五斗贰升五合应派乘糟米八升贰合五勺此批

关内之田除存屋门口挨出路开边田一丘七升五合在外其余概售与黎四美管业

光绪二十年十二月十八日汉皋笔批

关内长土里茶蔸土及油茶山一岸下齐尖角茶蔸土止牛栏陂阳山排山内禁山排上边油茶山一块下边油茶山及茶蔸陂山一岸又禁山排脚下茶蔸土一仝出售与黎先义兄弟管理

宣统元年十二月十一日黎惕甫笔批

〼

凭在场人刘传秋【押】刘志高【押】刘星台【押】刘传⍰【押】刘汉勇【押】刘汉基【押】刘汉才【押】黎惕甫【押】

〈宣统元年〉十二月十五日黎惕甫代笔立

# 光绪二十六年十月二十四日刘瑞华等当田契

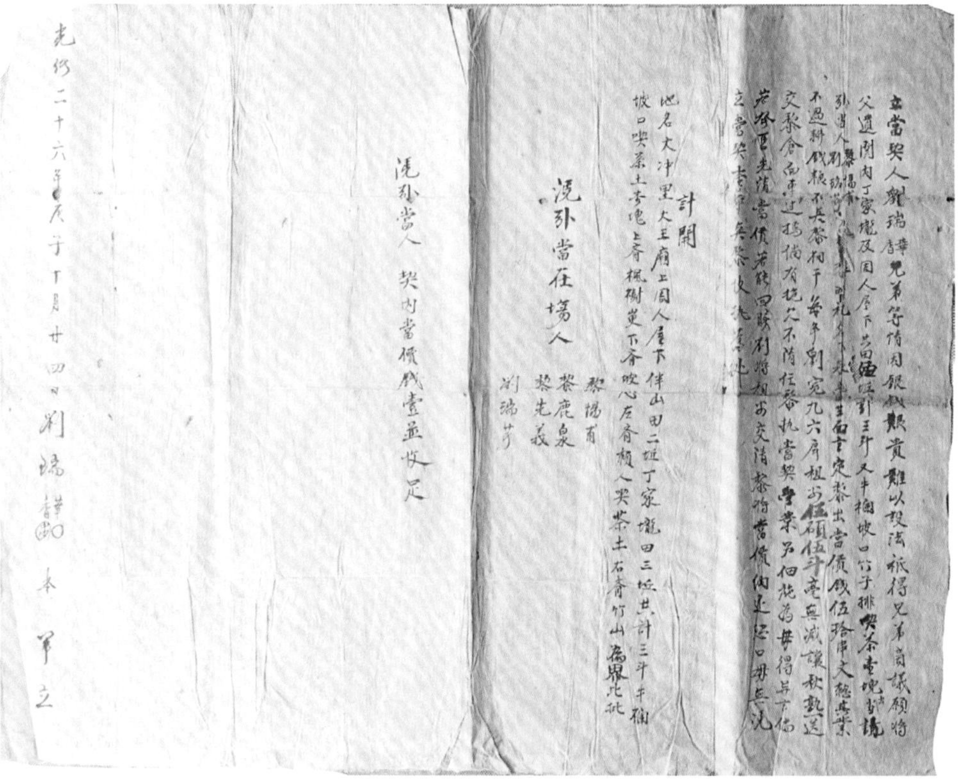

立当契人刘瑞华兄弟等，情因银钱紧贵，难以设法，祗得兄弟商议，愿将
父遗关内丁家垅及园人屋下[illegible]坵，计王斗；又牛栏坡口竹子排契茶壹块，计[illegible]
外当人黎福有[illegible]主面言定，黎出当价钱伍拾串文，总其业
不过耕，钱粮不与黎相干，每年刘完九六庠租谷伍硕伍斗，毫无减让，秋熟送
交黎仓，[illegible]过揭，倘有旱天不测，任黎执当契管业，另佃他为，毋得异言。倘
若黎要先清当价，若能回赎，刘将相当交清，黎将当价[illegible]退回，毋[illegible]
立当契一纸，与黎收执存照。

计开

地名大冲里大王庙上园人屋下伴山田二坵，丁家垅田三坵，共计三斗半；又牛栏
坡口唉茶土壹块，上齐枫树蔸，下齐吹心，左齐赖人契茶土，右齐竹山为界，此批

凭外当在场人 黎瑞有 黎鹿泉 黎先義 刘瑞芳

凭外当人 契内当价钱壹并收足

光绪二十六年庚子十月廿四日 刘瑞华 亲笔立

立当契人刘瑞华刘瑞香兄弟等情因银钱艰贵难以设法只得兄弟商议愿将父遗关内丁家垅及周人屋下共田伍丘计
三斗又牛栏坡口竹子排吃茶壹块出当请引当人黎惕甫刘瑞芹召到黎⃞礼名下承当三面言定黎出当价钱伍拾串文
整其业不过耕钱粮不与黎相干每年刘完九六扉租谷伍硕伍斗毫无减让秋熟送交黎仓面车过撝倘有拖欠不清任黎
执当契管业另佃施为毋得异言倘若发售先清当价若能回赎刘将租谷交清黎将当价纳还恐口毋凭立当契壹纸与
黎收执为据

计开

地名大冲里大王庙上周人屋下伴山田二丘丁家垅田三丘共计三斗牛栏坡口吃茶土壹块上齐枫树岬下齐坡心左齐
赖人吃茶土右齐竹山为界此批

凭引当在场人黎惕甫黎鹿泉黎先义刘瑞芹

凭引当人契内当价钱壹并收足

光绪二十六年庚子十月廿四日刘瑞华【押】刘瑞香【押】本笔立

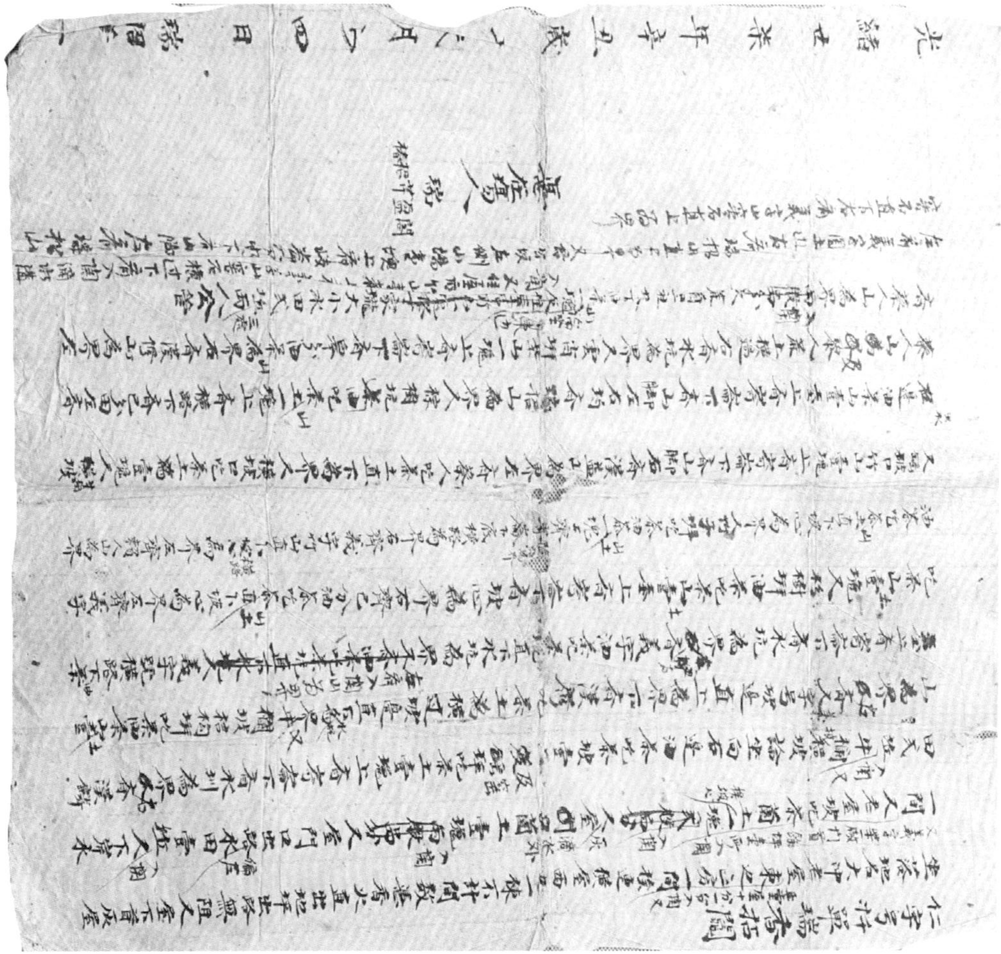

光绪二十七年十二月初四日瑞香分关地契

仁字号扦单瑞香拈阄

坐落地名大冲老屋正堂屋十分一分入关又东边正房一间挨连横屋西边一栋不计间数凭香火直出地坪出路无阻又屋
下首灰屋一间又义字柴厂门首余坪壹所入关又老屋坡吃茶园土挨坡心一块入关又灰屋滴水外园土壹块入关又屋门
口出路偏左水田壹丘入关又下岸水田贰丘入关又牛栏坡横坡论坐向右边油茶吃茶坡壹及窑坪吃茶土壹块上齐崎仑
下齐水圳为界右齐汉麟山为界右齐义字号坡边直上为界下齐汉修吃茶土为横过坡边直下水坑为界又牛栏坡桔构塀
吃茶油茶山土壹口仝上齐崎仑下齐水坑为界左边齐义字油茶吃茶□直下水坑为界右齐入关山为界又义字号横路下
油茶吃茶山土壹块又杉树塀油茶吃茶山土壹垄〔基〕上齐崎仑下齐坡心为界右齐己分油茶吃茶山土直下坡心为界
左齐义字油茶吃茶山土直下坡心为界又竹子塀吃茶油茶山土一块上齐随路为界下底横路为界右齐义字竹山直下横
路为界左齐赖人山为界又繇坡口竹山壹块上齐崎仑下齐山脚右齐汉益山为界左齐蔡人吃茶土直下为界又横坡口吃
茶土为壹块又牛栏坡出水右边油茶山壹垄〔基〕上齐崎仑下齐山脚左右均齐瑞招山为界又棕树坑油茶吃茶山土一
块上齐横路下齐己分田左齐蔡人山及黎人麻土横过右齐水坑为界又云肖塀柴山一块上齐崎仑下齐皋分油茶山为界
右齐汉修山为界左齐蔡人山为界入关分又麻园口二祖坟下油茶山与坐东边一块入关又住屋后竹山壹□□□□□山
窖石横过下齐入关滴水沟家垅大小水田贰丘三处两人公管左前义字园土山右齐瑞招山直上为界又培公坟左侧山场
壹块上齐岐（崎）仑分水下右山脚左齐瑞招山窖石直下右齐义字山窖石直上为界

凭在场人瑞阁瑞盈瑞芹瑞招瑞椿

光绪廿柒年辛丑岁〈十贰〉月〈初四〉日瑞招笔立

## 宣统三年七月十二日刘瑞香卖油茶柴薪等项契

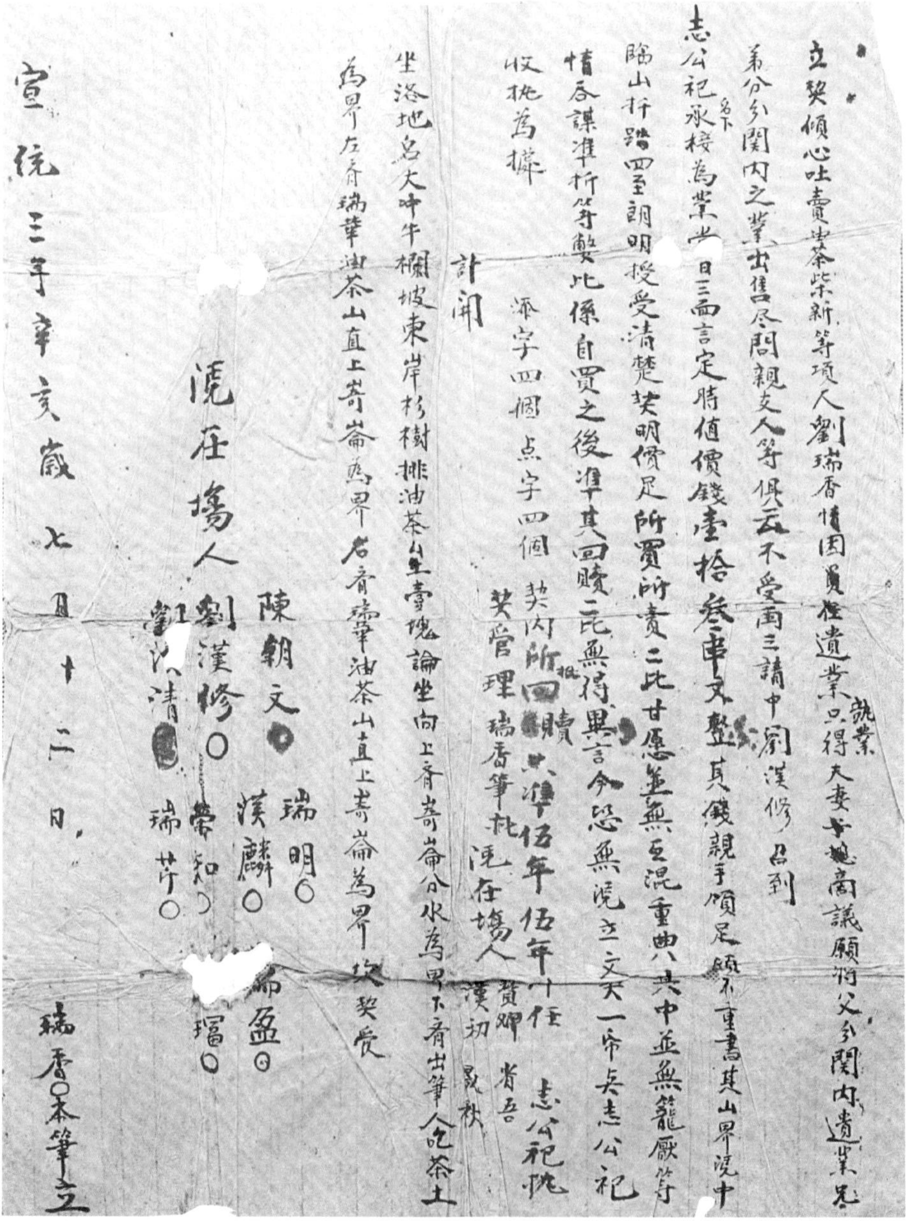
立契傾心吐賣油茶柴薪等項人劉瑞香，情因負債說業，只得夫妻商議，願將父分關內遺業兄
弟分關內之業出售，盡問親支人等，俱云不受，自己請中劉漢修引到
志公祀名下承接為業。當日三面言定時值價錢壹拾叁串文整，其錢親手領足，不重書。其山界從中
臨山折路，四至朗明，授受清楚，契明價足，所買所賣，二比甘愿，並無互混重典，其中並無籠厥等
情，吞謀准折等弊。此係自買之後，准其回贖，二比無得異言。今恐無凭，立文契一帋，與志公祀
收執為據。

計開　添字四個　点字四個
契內所批回贖，只準伍年，伍年外任志公祀執契管理。瑞香筆批。凴在場人漢修、贊卿、肖吾、漢切、晟秋
坐落地名大坪牛欄坡東岸杉樹排油茶山壹塊，論坐向上齊嵜崙分水為界，下齊出筆人包茶土
為界，左齊瑞華油茶山直上嵜崙為界，右齊瑞華油茶山直上嵜崙為界。契管

凴在場人　劉漢修〇　陳朝文　瑞明〇　漢麟〇　瑞盈〇　劉汝清　帶知　瑞芹〇　瑞搢〇

宣統三年辛亥歲七月十二日　瑞香〇本筆立

立契倾心吐（杜）卖油茶柴新（薪）等项人刘瑞香情因遗业就业只得夫妻商议愿将父分关内遗业兄弟分分关内之业出售尽问亲支人等俱云不受再三请中刘汉修召到志公祀名下承接为业当日三面言定时值价钱壹拾叁串文整其钱亲手领足领不重书其山界凭中临山扦踏四至朗明授受清楚契明价足所买所卖二比甘愿并无互混重典其中并无笼厌等情吞谋准折等弊比系自买之后准其回赎二比无得异言今恐无凭立文契一纸与志公祀收执为据

添字四个点字四个

契内所批回赎只准伍年伍年□任志公祀执契管理瑞香笔批

凭在场人赞卿汉初省吾晟秋

计开

坐洛（落）地名大冲牛栏坡东岸杉树排油茶山土壹块论坐向上齐崎仑分水为界下齐出笔人吃茶土为界左齐瑞华油茶山直上崎仑为界右齐瑞华油茶山直上崎仑为界坎契管

凭在场人陈朝文【押】刘汉修【押】刘汉清【押】刘瑞明【押】刘汉麟【押】刘荣知【押】刘瑞芹【押】刘瑞盈【押】刘□瑄【押】

宣统三年辛亥岁七月十二日瑞香【押】本笔立

民国元年十一月二十九日刘汉修卖屋宇基地契

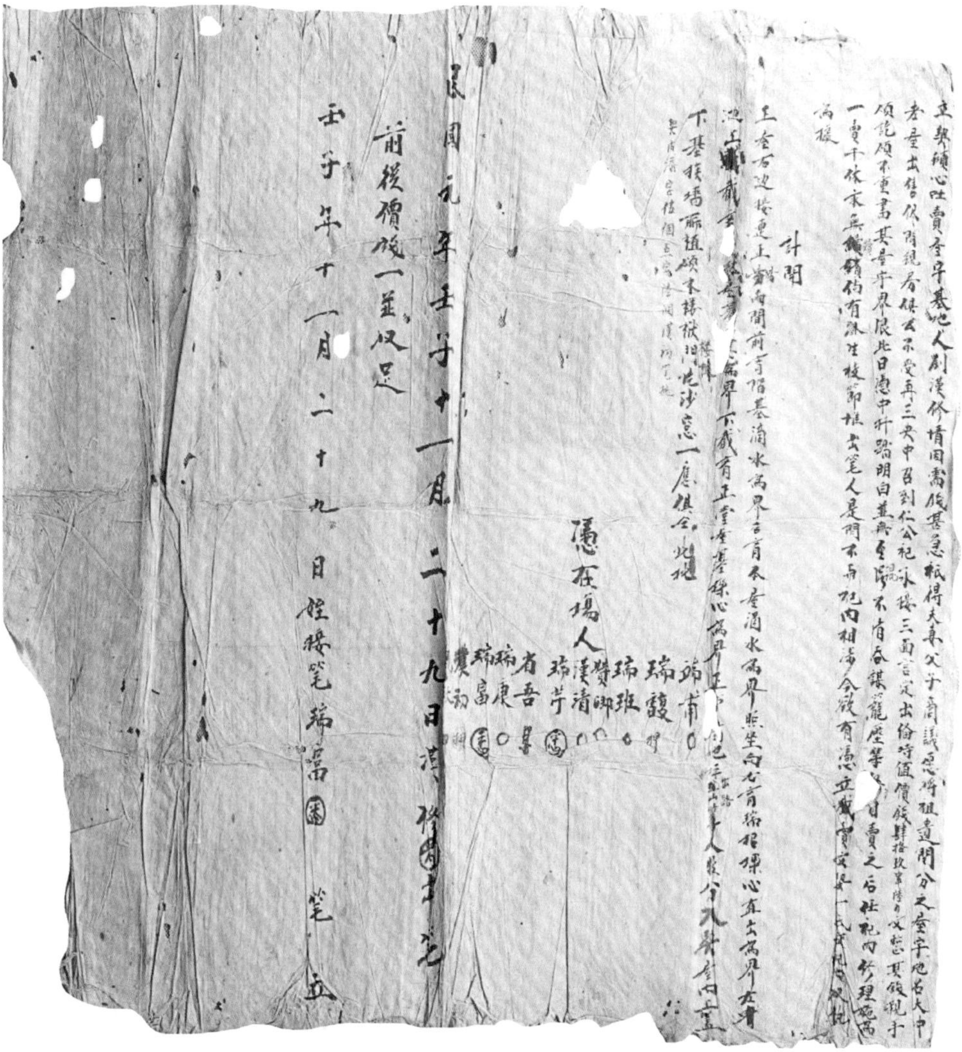

立契倾心吐（杜）卖屋宇基地人刘汉修情因需钱甚急只得夫妻父子商议愿将祖遗关分之屋宇地名大冲老屋出售尽问亲房俱云不受再三央中召到仁公祀承接三面言定出备时值价钱肆拾玖串陆百文整其钱亲手领讫领不重书其屋宇界限比日凭中扦踏明白并无互混不清吞谋笼压等〈情〉自卖之后任祀内修理施为一卖千休永无赎续倘有外生枝节惟出笔人是问不与祀内相涉今欲有凭立卖文契一纸交祀内收执为据

计开

正屋右边接连正房两间前齐阶基滴水为界后齐本屋滴水为界照坐向右齐瑞招垛心直出为界左边上截齐□□屋基□□为界下截齐正堂屋基垛心为界正□□地坪出路出等人股分入契屋内上盖下基挨墙所植硕木楼栿楼栋门片沙窗一应俱仝此批

契内添字伍个点字陆个汉初笔批

凭在场人端甫【押】瑞馥【押】瑞班【押】赞卿【押】汉清【押】瑞芹【押】省吾【押】瑞康【押】瑞富【押】

汉初【押】晟秋【押】

民国元年壬子十一月二十九日汉修【押】立笔

前后价钱一并收足

壬子年十一月二十九日侄接笔瑞富【押】笔立

民国三年冬十月十一日瑞珪瑞璋扦单合约

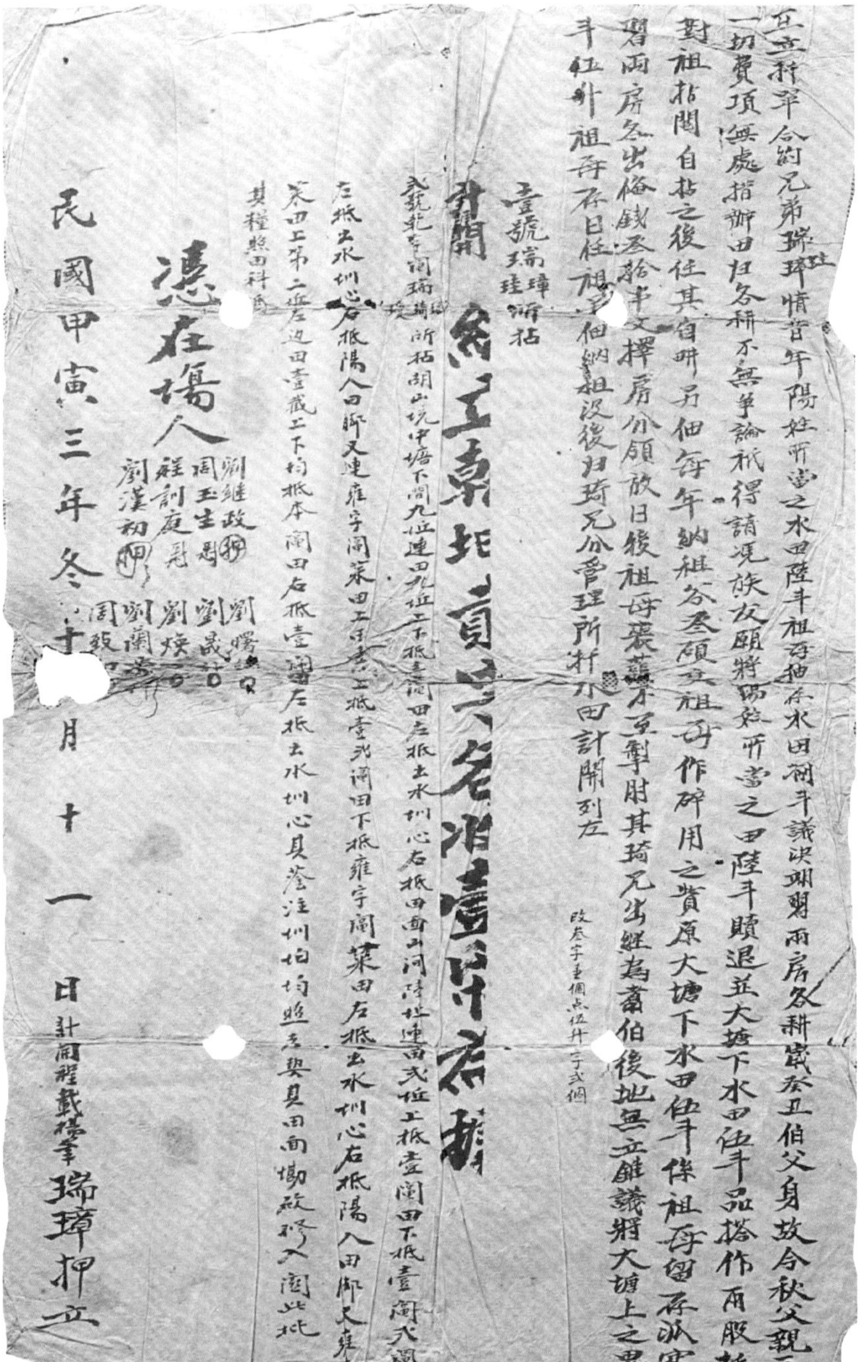
立出扦單合約兄弟瑞珪瑞璋情因先年陽姓所當之水田陸斗祖母抽出水田捌斗議決瑞璋兩房各耕歲癸丑伯父身故合秋父親亡故
一切費項無處措辦田歸各耕不無爭論祇得請憑族友願將陽姓所當之田陸斗贖退並大塘下水田伍斗品搭作兩股扦俵
對祖拈鬮自拈之後任其自耕另佃每年納租谷叁碩與祖母作碎用之資原大塘下水田伍斗係祖母留存派定瑞
璋兩房各出備錢叁拾串文擇房分領放日後祖母喪葬[illegible]其琦兄出繼爲畜伯後並無立繼議將大塘上之叁
斗伍升祖母存日任祖母佃納租沒後歸琦兄分管理所扦水田計開列左
改叁字壹個 点伍升字貳個
壹號瑞珪所拈
計開 [illegible]
貳號瑞璋所拈胡山坑中塘下閘九坵連田九坵上下抵壹閘田左抵土水圳心右抵田角山洞塘坵連閘貳坵上抵壹閘田下抵壹閘又閘田
左抵土水圳心右抵陽人田腳又連庄字閘菜田上下[illegible]上抵壹兆閘田下抵庄字閘菜田左抵土水圳心右抵陽人田腳又庄字[illegible]
菜田上第二坵左邊田壹截上下均抵本閘田右抵壹閘左抵土水圳心貝叁注圳伯均照老契貝田面[illegible]入閘此批
其程照田科派
憑在場人 劉繼政 周玉生 程訓庭 劉漢初 劉曙 劉晟 劉煥 劉蘭 周致
民國甲寅三年冬十月十一日 計開程載[illegible]筆 瑞璋押立

互立抔单合约兄弟瑞珪瑞璋情昔年阳姓所当之水田陆斗祖母抽存水田捌斗议决翊习两房各耕岁癸丑伯父身故今秋父亲云亡一切费项无处措办田归各耕不无争论只得请凭族友愿将阳姓所当之田陆斗赎退并大塘下水田伍斗品搭作两股抔分对祖拈阄自拈之后任其自耕另佃每年纳租谷叁硕交祖母作碎用之资原大塘下水田伍斗系祖母留存派定翊习两房各出备钱叁拾串文择房分领放日后祖母丧薪不至掣肘其琦兄出继为翥伯后地无立锥议将大塘上之田叁斗伍升祖母存日任祖另佃纳租没后归琦兄分管理所抔水田计开列左

改叁字壹个点伍升字贰个

壹号瑞璋瑞珪所拈

计开

〈编立乾坤贰字各收壹纸为据〉

贰号乾字阄瑞珷瑞琦瑞琼所拈胡山坑〔坑〕中塘下间九丘连田九丘上下抵壹阄田左抵出水圳心右抵田面山间陆丘连田贰丘上抵壹阄田下抵壹阄贰阄田左抵出水圳心右抵阳人田脚又连雍字阄菜田上田壹上抵壹贰阄田下抵雍字阄菜田左抵出水圳心右抵阳人田脚又雍字阄菜田上第二丘左边田壹截上下均抵本阄田右抵壹阄田左抵出水圳心其荫注圳珀均照老契其田面勘砍修入关此批其粮照田科派

凭在场人刘继政【押】周玉生【押】程训庭【押】刘汉初【押】刘曙乡【押】刘晟秋【押】刘焕〈文〉【押】刘兰芳【押】周致〈和〉【押】

民国甲寅三年冬十月十一日计开程载杨笔瑞璋押立

民国三年冬十一月十一日瑞斌瑞琦瑞琼等扦单合约

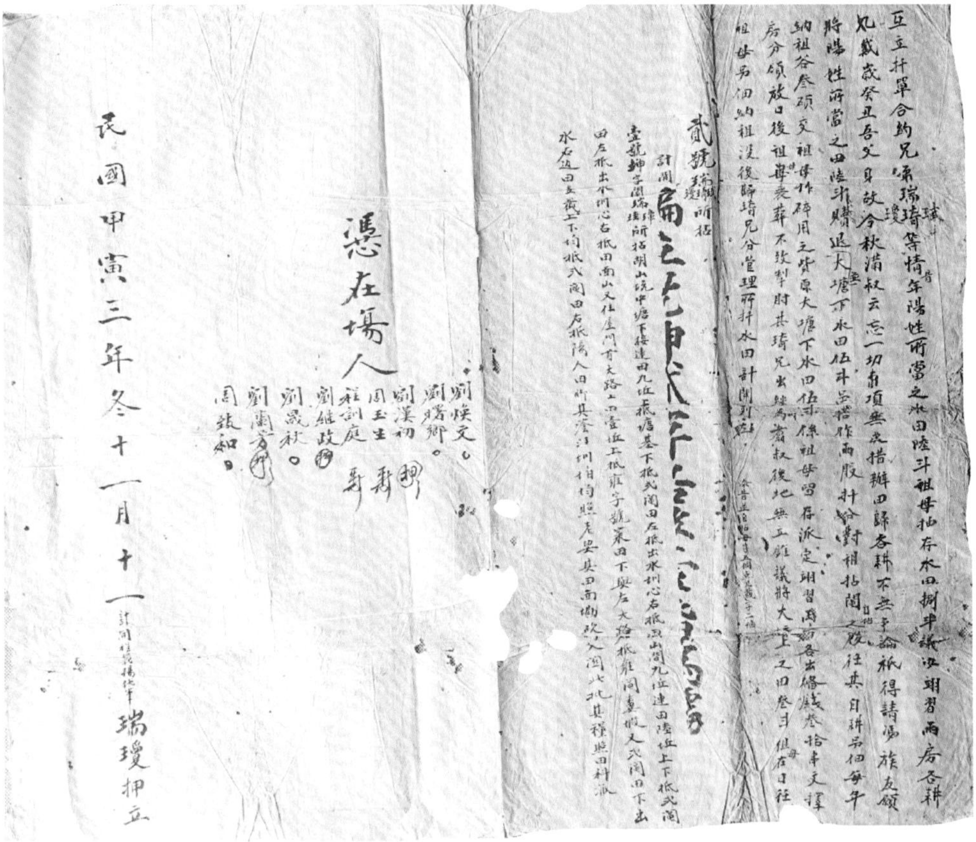
互立扦單合約兄弟瑞斌琦瓊等情昔年陽姓所當之水田陸斗祖母抽存水田捌斗議汝明習兩房各耕
允載歲癸丑吾父身故今秋蒲叔云忘一切俱項無處措辦田歸各耕不無爭論祇得請憑族友領
將陽姓所當之田陸斗贖退大塘下水田伍斗以作兩股扦分對祖抬閣之後任其自耕另佃每年
納租谷叁碩交祖母作碎用之費原大塘下水田伍斗係祖母留存派定明習兩房各出錢叁拾串文擇
房分領放日後祖母喪葬不致掣肘其琦兄出錢為翁叔後地無立錐議將大塘上之田叁斗俱在日往
祖母另佃納租沒後歸琦兄分管理所扦水田計開列於
貳號瑞斌瓊所拈
計開
壹號坤字閣瑞琦瓊所拈胡山坑中塘下接連田九坵張塘基下抵弍閣田右抵出水圳心右抵[illegible]山閣九坵連田陸坵上下抵弍閣
田左抵出水圳心右抵田面山又仕屋門前大路上田壹坵上抵[illegible]字號菜田下與左大路抵雍閣壹坵又弍閣田下出
水石边田壹截上下均抵弍閣田右抵[illegible]人田所其[illegible]圳[illegible]照[illegible]其田面[illegible]又閣此地其種照田科派
憑在場人 劉悏文 劉踏鄉 劉漢初 周玉生 羅訓庭 劉維政 劉嚴秋 劉蘭芳 周致和
民國甲寅三年冬十一月十一 瑞瓊押立

互立扦单合约兄弟瑞珷瑞琦瑞琼等情昔年阳姓所当之水田陆斗祖母抽存水田捌斗议决翊习两房各耕岁癸丑吾父身故今秋满叔云忘一切卖项无处措办田归各耕不无争论只得请凭族友愿将阳姓所当之田陆斗赎退并大塘下水田伍斗品搭作两股扦分对祖拈阄自拈之后任其自耕另佃每年纳租谷叁硕交祖母作碎用之资原大塘下水田伍斗系祖母留存派定翊习两方各出备钱叁拾串文择房分领放日后祖母丧葬不致掣肘其琦兄出继为翥叔后地无立锥议将大〈塘〉上之田叁斗祖母在日任祖母另佃纳租没后归琦兄分管理所扦水田计开列左

添昔并自拈母字五个点九载字二个

贰号瑞珷瑞琦瑞琼所拈

计开

〈编立乾坤贰字各收一纸为据〉

壹号坤字阄瑞璋瑞珪所拈胡山坑中塘下接连田九丘上抵塘基下抵贰阄田左抵出水圳心右抵田山间九丘连田陆丘上下抵贰阄田左抵出水圳心右抵田面山又住屋门首大路上田壹丘上抵雍字号菜田下与左大路右抵雍阄粪堀又贰阄田下出水右边田壹截上下均抵贰阄田右抵阳人田脚其荫注圳垍均照老契其田面塅砍修入关此批其粮照田科派

凭在场人刘焕文【押】刘曙乡【押】刘汉初【押】周玉生【押】程训庭【押】刘继政【押】刘晟秋【押】刘兰芳【押】周致和【押】

民国甲寅三年冬十一月十一〈日〉计开程载杨代笔瑞琼押立

## 民国十一年七月十二日刘仁伸卖熟土吃茶契

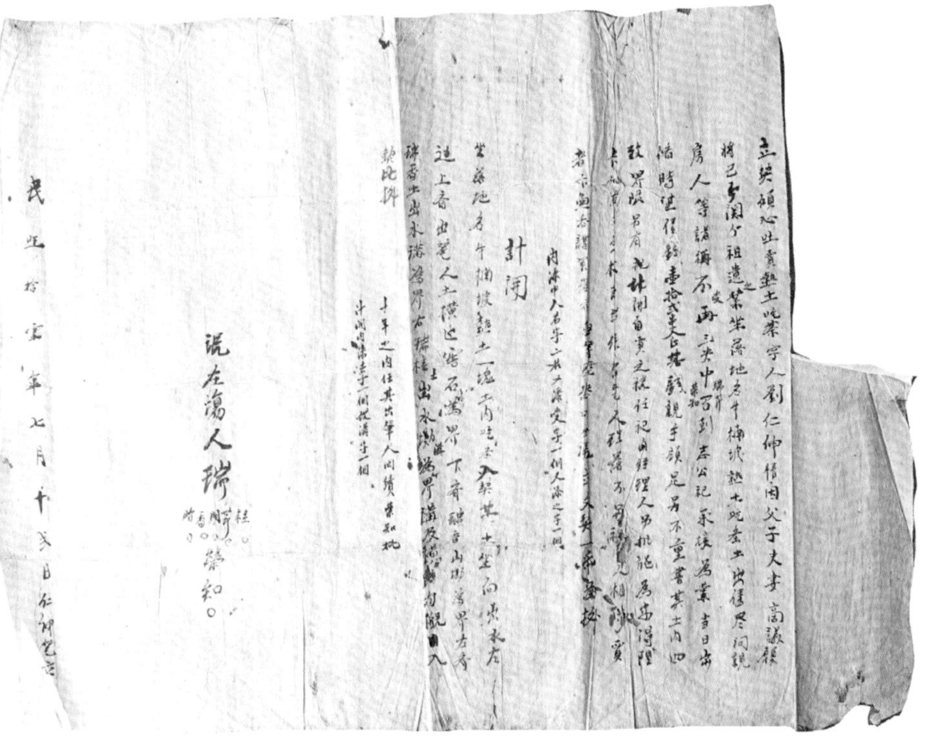

立契倾心吐（杜）卖熟土吃茶字人刘仁伸情因父子夫妻商议愿将己分关分祖遗之业坐落地名牛楠（栏）坡熟土吃条（茶）土出售尽问亲房人等诸称不受再三央中瑞芹荣知召到志公祀承接为业当日出备时值价钱壹拾贰串文正其钱亲手领足另不重书其土内四致（至）界限另有计开自卖之后任祀自经理人另批施为?得阻??□□术???人理落不与祀内人相涉卖者并无吞谋买者亦无等压恐口无凭立文契一纸为据

内添中人名字二名又添受字一个又添之字一个

计开

坐落地名牛栏坡熟土一块土内吃条（茶）入契其土坐向出水左边上齐出笔人土横过窖石为界下齐瑞香山塝为界左齐瑞香土出水沟为界右瑞桂土出水沟为界沟及横断均概入契比（此）据

十年之内任其出笔人回续荣知批

计开内添土字一个改沟字一个

凭在场人瑞桂【押】瑞芹【押】瑞明【押】瑞香【押】瑞昭【押】荣知【押】

民国拾壹年七月十贰日仁伸笔立

## 民国十四年十二月二十一日刘荣伸卖水田契

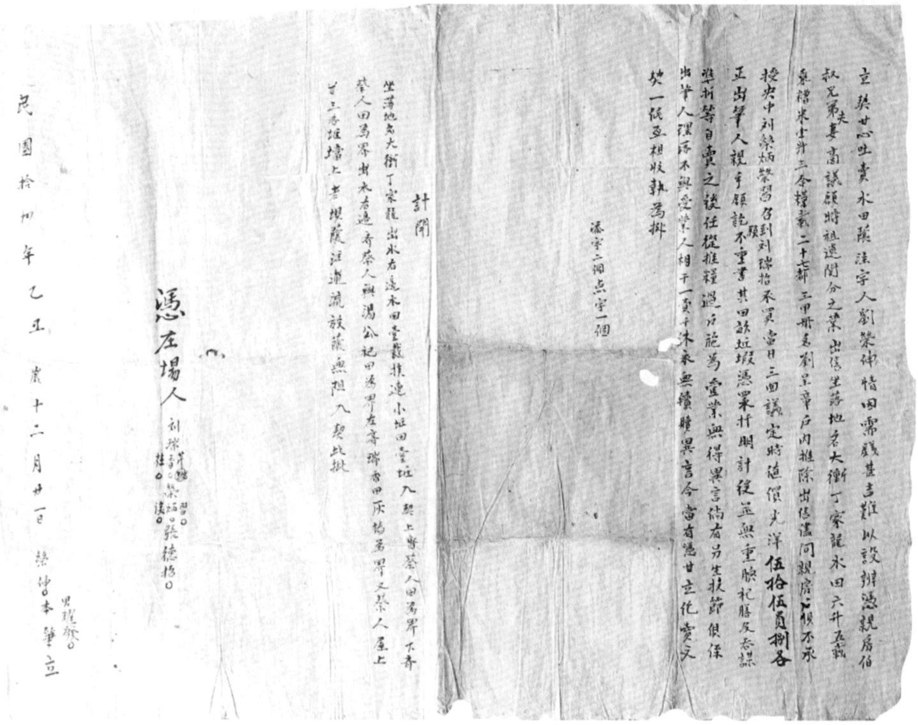

立契甘心吐（杜）卖水田荫注字人刘荣伸情因需钱甚吉（急）难以设辨（办）凭亲房伯叔兄弟夫妻商议愿将祖遗关分之业出售坐落地名大冲丁家龙水田六升五载乘糟米壹升三合粮载二十七都三甲册名刘呈章户内推除出售尽问亲房俱不承授（受）央中刘荣炳荣习召到刘瑞招承买当日三面议定时值价光洋伍拾伍员（元）捌各正出笔人亲手领讫领不重书其田亩丘塅凭众扦明计后并无重腆（典）祀膳及吞谋准折等自卖之后任从推粮过户施为管业无得异言倘有另生枝节俱系出笔人理落不与受业人相干一卖千休永无续赎异言今当有凭甘立讫卖文契一纸互相收执为据

添字二个点字一个

计开

坐落地名大冲丁家龙出水右边水田壹裁挨连小丘田壹丘入契上齐蔡人田为界下齐蔡人田为界出水右边齐蔡人与汤公祀田为界左齐瑞香田灰椿为界又蔡人屋上首三各丘垱上老坝荫注通流放荫无阻入契此批

凭在场人刘瑞芹【押】刘瑞香【押】刘瑞桂【押】刘荣习【押】刘荣炳【押】刘荣俊【押】张德招【押】

民国拾肆年乙丑岁十二月廿一日荣伸【押】男耀发【押】本笔立

## 民国十七年十一月初三日刘瑞香等卖水田契

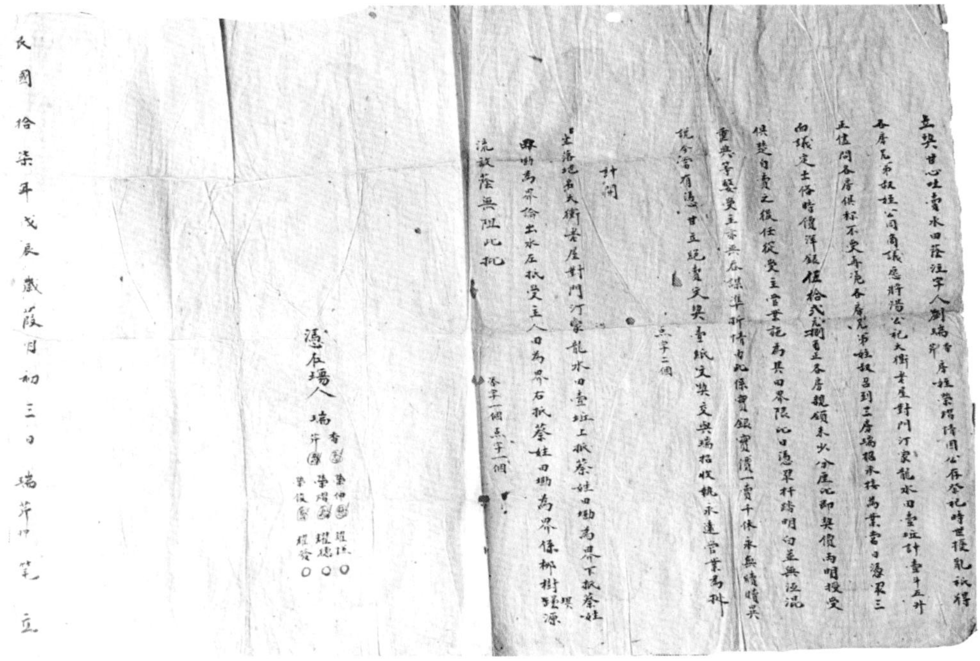

立契甘心吐（杜）卖水田荫注字人刘瑞香刘瑞芹房侄荣熠情因公存祭祀时世扰乱只得各房兄弟叔侄公同商议愿将阳公祀大冲老屋对门汀家龙水田壹丘计壹斗五升正尽问各房俱称不受再凭各房兄弟侄叔召到三房瑞招承接为业当日凭众三面议定出备时价洋银伍拾贰元捌角正各房亲领未少分厘比即契价两明授受俱楚自卖之后任从受主管业施为其田界限比日凭众扦踏明白并无沍（互）混重典等弊受主亦无吞谋准折情由此系实银实价一卖千休永无续赎异说今当有凭甘立绝卖文契壹纸文契交与瑞招收执永远管业为据

点字二个

计开

坐落地名大冲老屋对门汀家龙水田壹丘上抵蔡姓田塝为界下抵蔡姓田塝为界论出水左抵受主人田为界右抵蔡姓田塝为界系柳树琪〔埧〕昙源流放荫无阻此批

添字一个点字一个

凭在场人瑞香【押】瑞芹【押】荣伸【押】荣熠【押】荣俊【押】耀慊【押】耀德【押】耀发【押】

民国拾柒年戊辰岁葭月初三日瑞芹【押】笔立

## 民国二十四年十一月初九日蔡立长卖水田契

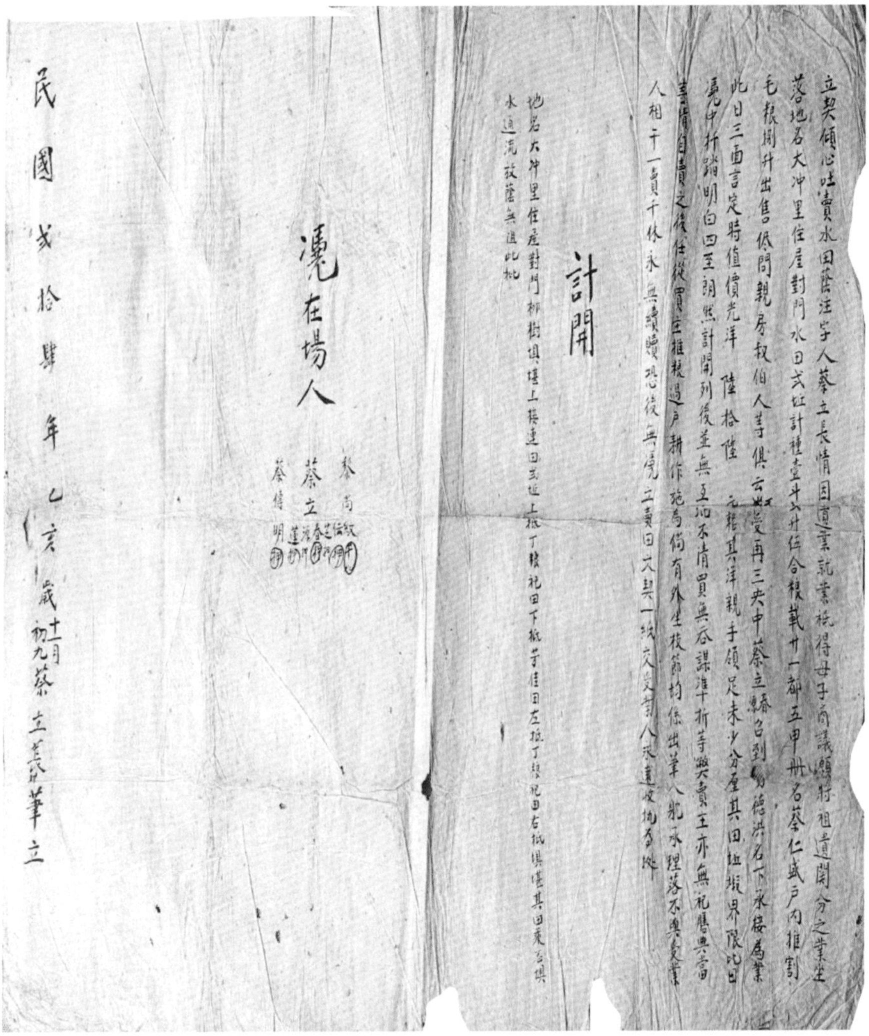

立契倾心吐（杜）卖水田荫注字人蔡立长情因遗业就业只得母子商议愿将祖遗关分之业坐落地名大冲里住屋对门水田贰丘计种壹斗贰升伍合粮载廿一都五甲册名蔡仁盛户内推割毛粮捌升出售尽问亲房叔伯人等俱云不受再三央中蔡立春蔡立源召到□德洪名下承接为业此日三面言定时值价光洋陆拾陆元整其洋亲手领足未少分厘其田丘塅界限比日凭中扦踏明白四至朗然计开列后并无互混不清买无吞谋准折等弊卖主亦无祀膳典当等情自卖之后任从买主推粮过户耕作施为倘有外生枝节均系出笔人躭（担）承理落不与受业人相干一卖千休永无续赎恐后无凭立卖田文契一纸交受业人永远收执为据

计开

地名大冲里住屋对门柳树坝（埧）堪上接连田贰丘上抵丁粮祀田下抵芳佳田左抵丁粮祀田右抵坝（埧）堪其田乘石坝（埧）水通流放荫无阻此批

凭在场人黎尚纹【押】黎尚伝【押】黎尚芝【押】蔡立春【押】蔡立源【押】蔡立莲【押】蔡传明【押】

民国贰拾肆年乙亥岁十一月初九蔡立苌（长）【押】笔立

民国二十五年十二月初四日刘荣知卖熟土契

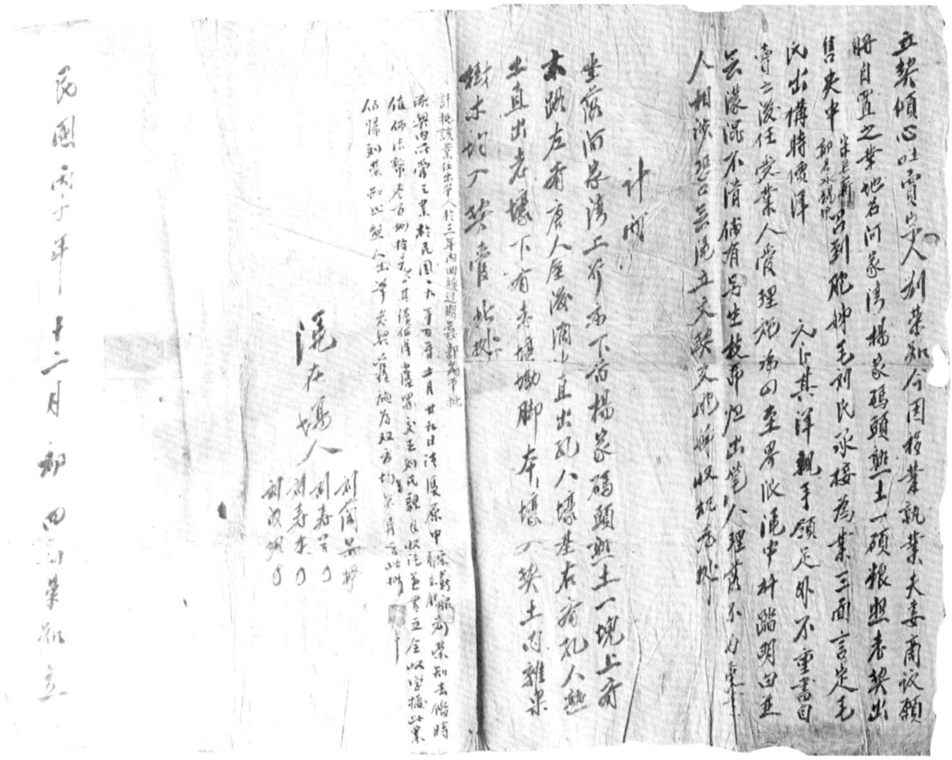

立契倾心吐（杜）卖字人刘荣知今因移业就业夫妻商议愿将自置之业地名河家湾杨家码头熟土一硕粮照老契出售
央中宋君薪【印】郭君永锡【押】召到胞姊毛刘氏承接为业三面言定毛氏出备时价洋　　元正其洋亲手领足外
不重书自卖之后任受业人管理施为四至界限凭中扦踏明白并无濛混不清倘有另生枝节归出笔人理落不与受业人相
涉恐口无凭立文契交胞姊收执为据
计开
坐落河家湾上界庙下首杨家码头熟土一块上齐大路左齐唐人屋后滴水直出孔人壕基右齐孔人熟土直出老壕下有老
壕墈脚本壕入契土内杂果树木均入契管此据
计批该业任出笔人于三年内回续过期无叛郭?笔批
该契内所管之业于民国一九年古历十一月廿九日请凭原中宋薪泉【印】郭永锡刘荣知去备时值价法币叁百肆拾
元正其续价洋当众交毛刘氏亲手收讫并书立全收字据此业仍归刘荣知??人出笔老契管理施为双方均无异言此批
【印】笔
凭在场人刘兰芳【押】刘寿美【押】刘寿东【押】刘成明【押】
民国丙子年十二月初四刘荣知立

民国二十五年古历十二月初六日培源祀卖文契

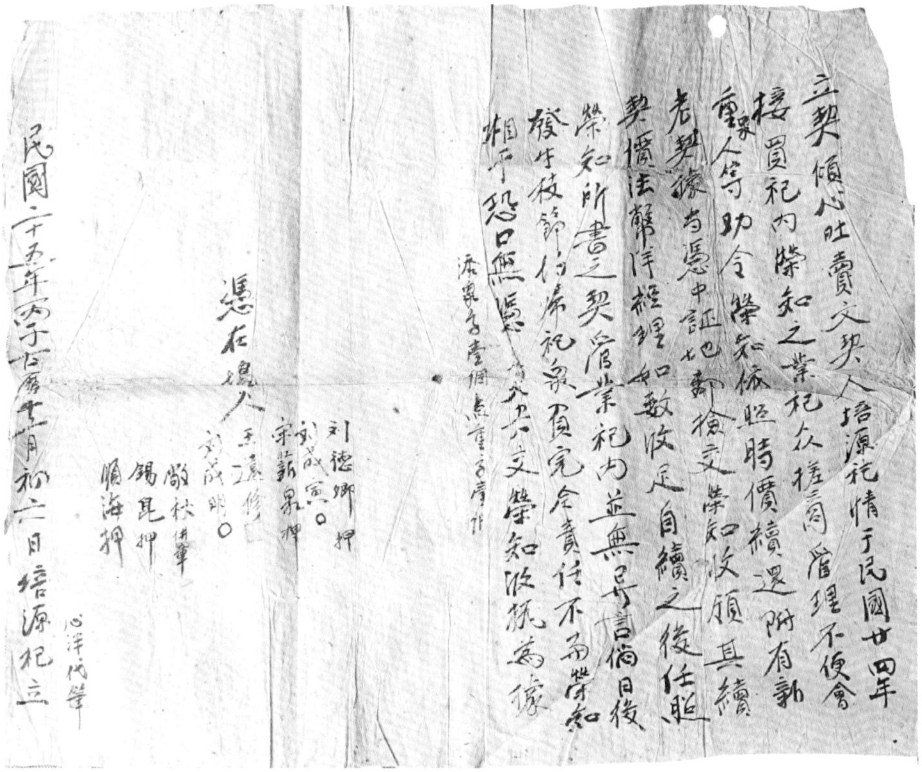

立契倾心吐（杜）卖文契人培源祀情于民国廿四年接买祀内荣知之业祀众搓（磋）商管理不便会重众人等劝令荣知依照时价续还附有新老契据当凭中证地邻捡交荣知收领其续契价法币洋经理如数收足自续之后任照荣知所书之契管业祀内并无异言倘日后发生枝节均归祀众负完全责任不与荣知相干恐口无凭□?
?交荣知收执为据

添众字壹个点重字壹个

凭在场人刘德卿【押】刘成寅【押】宋薪泉【押】王远修【印】刘成明【押】刘敞秋并章【印】刘锡昆【押】刘顺海【押】

民国二十五年丙子古历十二月初六日培源祀立心洋代笔【印】

## 民国二十六年十月初六日刘成兴卖熟土契

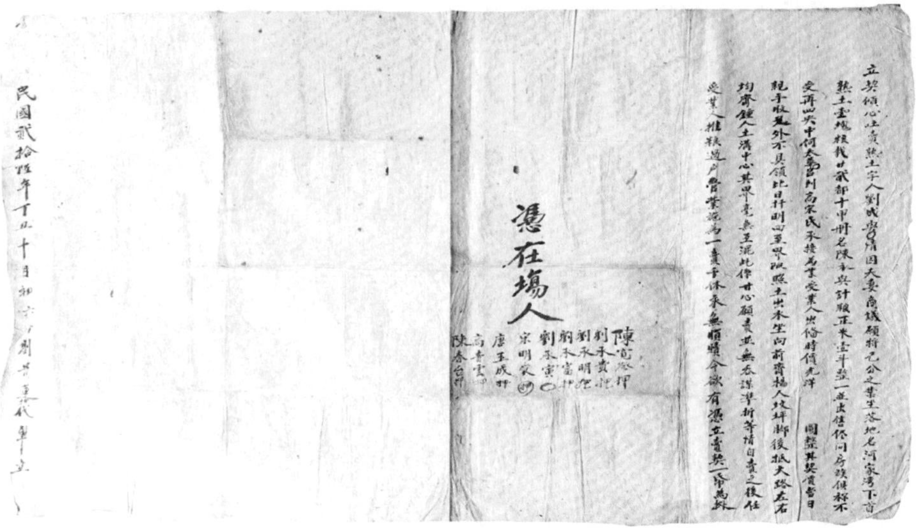

立契倾心吐（杜）卖熟土字人刘成兴【押】情因夫妻商议愿将己分之业坐落地名河家湾下首熟土壹块粮载廿贰都十甲册名陈永兴计粮正米壹斗整一并出售尽问房族俱称不受再四央中何太华【押】召到高宋氏承接为业受业人出备时价光洋　　圆整其契价当日亲手收足外不具领比日扦明四至界限照土出水坐向前齐杨人坟坪脚后抵大路左右均齐钟人土沟中心其界毫无互混此系甘心愿卖并无吞谋准折等情自卖之后任受业人推粮过户管业施为一卖千休永无买赎今欲有凭立卖契一纸为据

凭在场人陈宽发【押】刘承贵【押】刘承明【押】刘承富【押】刘承寅【押】宋明爱〔发〕【押】唐玉成【押】高青云【押】陈春台【押】

民国贰拾陆年丁丑十月初六日刘贵莲【押】代笔立

## 民国年间十一月二十五日黎尚耀等卖水田契

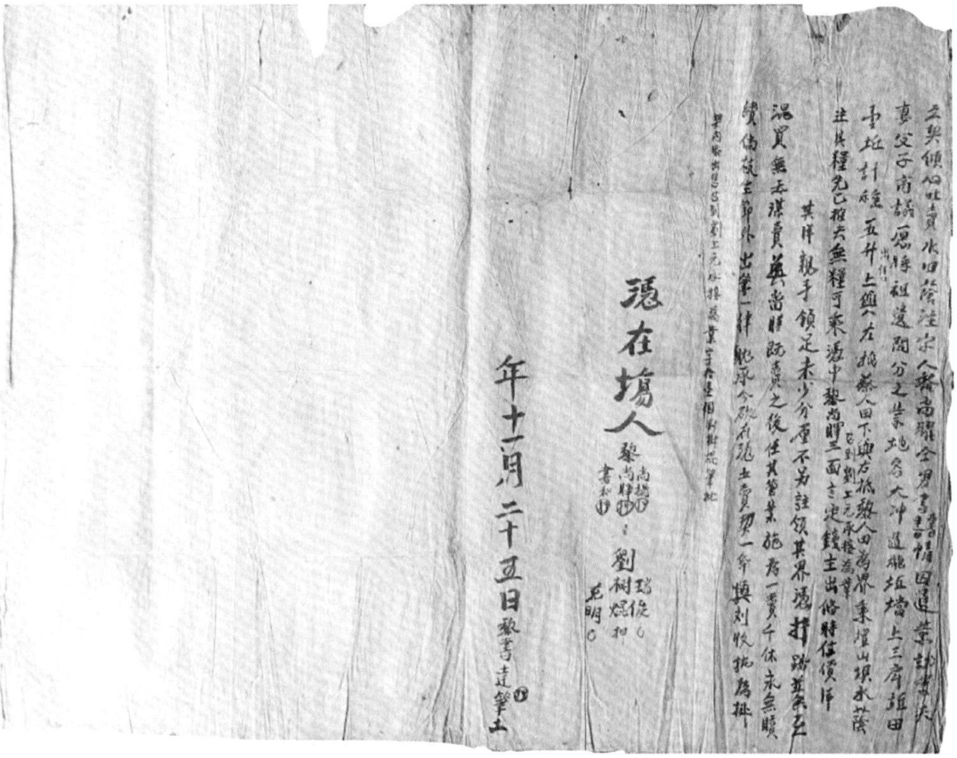

立契倾心吐（杜）卖水田荫注字人黎尚耀仝男书⍰⍰达情因遗业就业夫妻父子商议愿将祖遗关分之业地名大冲过垅坵垱上三戽坵田壹丘计种五升出售上与左抵蔡人田下与右抵黎人田为界乘坛山坝〔堪〕水荫注其粮先已推去无粮可乘凭中黎尚晖召到刘上元承接为业三面言定钱主出备时值价洋　其洋亲手领足未少分厘不另注领其界凭扦踏并无互混买无吞谋卖无当膳既卖之后任其管业施为一卖千休永无赎续倘枝生节外出笔一律躭（担）承今欲有凭立卖契一纸与刘收执为据

契内添出售召到刘上元承接为业字拾壹个刘树焜笔批

凭在场人黎尚杨【押】黎尚晖【押】黎书和【押】刘瑞俊【押】刘树焜【押】刘克明【押】

年十一月二十五日黎书达【押】笔立

## 民国年间十一月易得明卖水田契

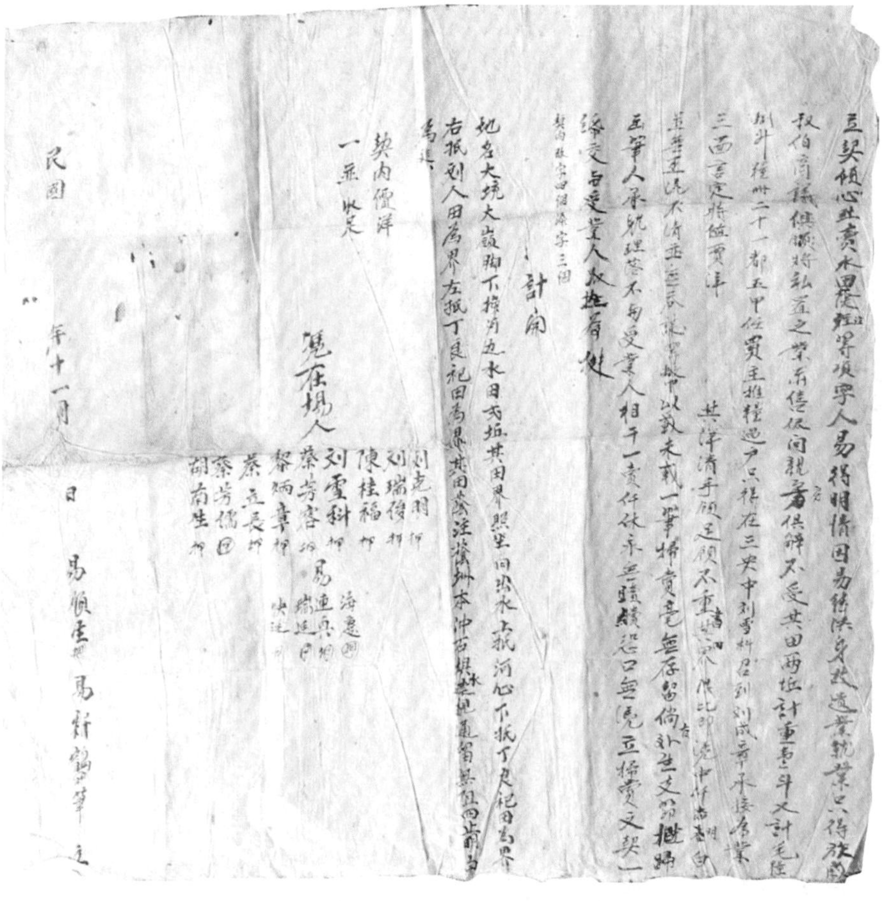

立契倾心吐（杜）卖水田蔸注等项字人易得明情因易德洪身故遗业就业只得族戚叔伯商议俱欲将私置之业出售尽问亲房俱辞不受其田两丘计重壹斗又计毛粮捌升粮册二十一都五甲任买主推粮过户只得在（再）三央中刘雪科召到刘成章承接为业三面言定时值贾（价）洋其洋清（亲）手领足领不重书其田界限比即凭中扦踏明白并无互混不清并无吞谋等弊以载未载一笔扫卖毫无存留倘有外生支节概归出笔人承耽理落不与受业人相干一卖仟（千）休永无赎续恐口无凭立扫卖文契一纸交与受业人收执为据

契内改字四个添字三个

计开

地名大坑大岭脚下换河边水田贰坵其田界照坐向出水上抵河心下抵丁良祀田为界右抵刘人田为界左抵丁良祀田为界其田蔸注蔸圳本冲石坝〔埧〕水达枧通留无阻四止（至）明白为据

契内价洋一并收足

凭在场人刘克明【押】刘瑞俊【押】陈桂福【押】刘雪科【押】蔡芳容【押】黎炳章【押】蔡立长【押】蔡芳儒【押】胡南生【押】易海庆【押】易连兴【押】易瑞廷【押】易快廷【押】

民国年十一月日易顺生【押】易新鹤【押】笔立

## 童陈氏卖田契

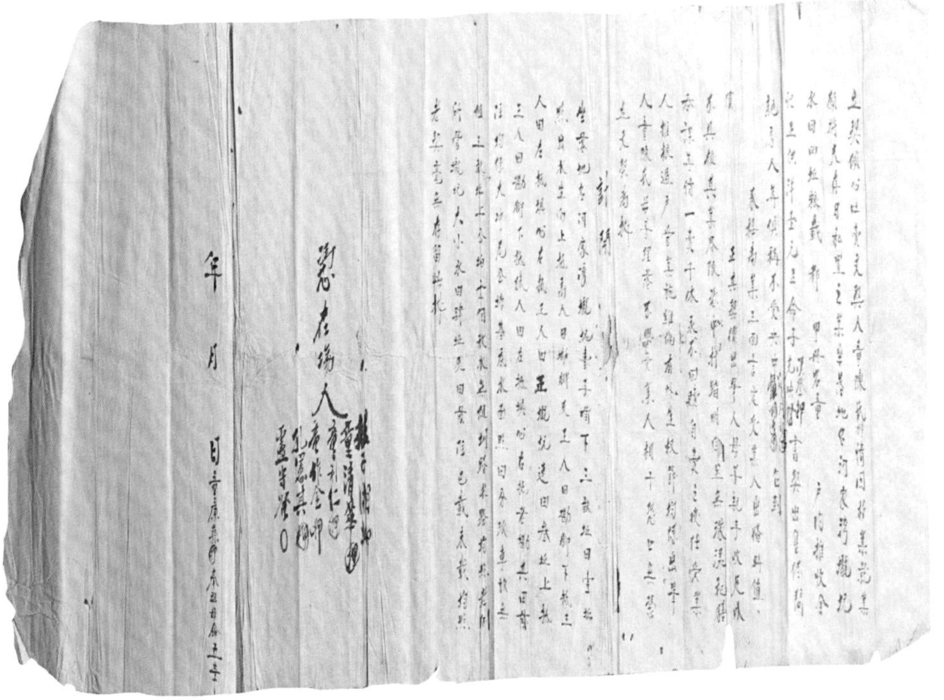

立契倾心吐（杜）卖文契人童陈氏情因移业就业愿将夫存日私置之业坐落地名河家湾垅坑水田四丘粮载都甲册名童户内推收全忙正供洋壹元正命子汉登【押】克映【押】书契出售尽问亲房人等俱称不受央中郑月秋【押】熊?达【押】召到　　承接为业三面言定受业人出备时值价　　正其契价出笔人母子亲手收足外不具领其业界限凭中扦踏明白并无濛混袒膳吞谋等情一卖千休永不回赎自卖之后任受业人推粮过户管业施维（为）倘有外生枝节均系出笔人童陈氏母子理落不与受业人相干恐口无凭立文契为据

计开

坐落地名河家湾垅坑壹子嘴下三亩丘田壹丘照出水坐向上抵高人田塝脚及王人田塝脚下抵王人田左抵坝〔埧〕心右抵王人田正垅坑连田叁丘上抵王人田塝脚下抵陈人田左抵坝〔埧〕心右抵老塝其田荫注均系大冲尾公塘基底水面照田分派车放无阻三亩丘上公垍〈壹个〉放水无阻圳路水路均照老例所管垅坑大小水田肆丘及田荫注已载未载均照老契毫无存留此据

凭在场人张子湘【押】童清华【押】童利仁【押】童作金【押】

孔宪其【押】卢守发

年月日童廉荪【押】奉祖母命立笔

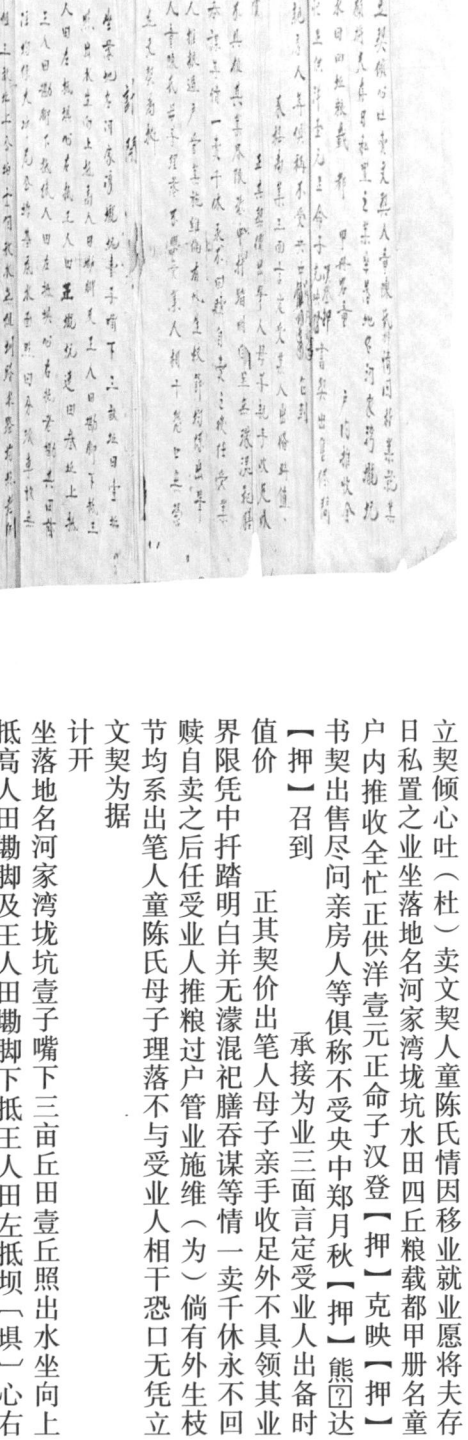

# 第四部分　广西玉林

## 玉林（一）

### 同治九年三月初十日黄寿斋卖田契

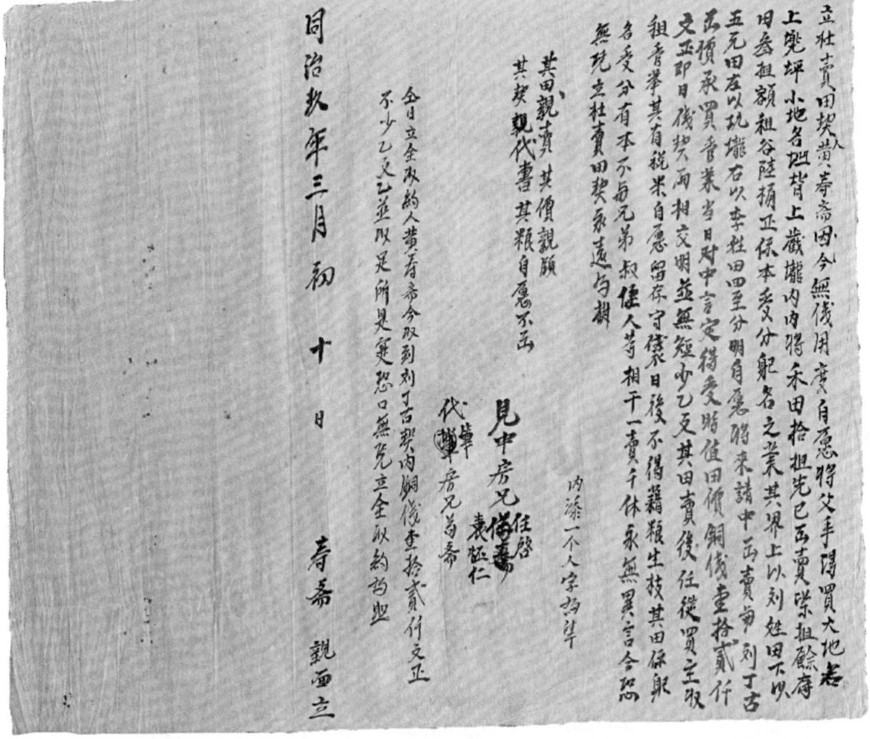

立杜卖田契人黄寿斋因今无钱用度自愿将父手得买大地名上兆坪小地名岴背上截垅内［内］将禾田拾担先已出卖柒担余存田叁担额租谷陆桶正系本受分已名之业其界上以刘姓田下以五元田左以坑垅右以李姓田四至分明自愿将来请中出卖与刘丁古出价承买管业当日对中言定得受时值田价铜钱壹拾贰仟文正即日钱契两相交明并无短少一文其田卖后任从买主收租管业其有税米自愿留存守袋日后不得藉粮生枝其田系已名受分有本不与兄弟叔侄人等相干一卖千休永无异言今恐无凭立杜卖田契永远为据

内添一个人字为准

其田亲卖

其价亲领

其契代书

其粮自愿不出

见中房兄任启任?袁怌仁

代笔房兄荀斋

仝日立全收约人黄寿斋今收到刘丁石契内铜钱壹拾贰仟文正不少一文一并收足所是实恐口无凭立全收约为照

同治玖年三月初十日寿斋亲面立

同治九年十一月二十日邬乾通父子退地基等项契

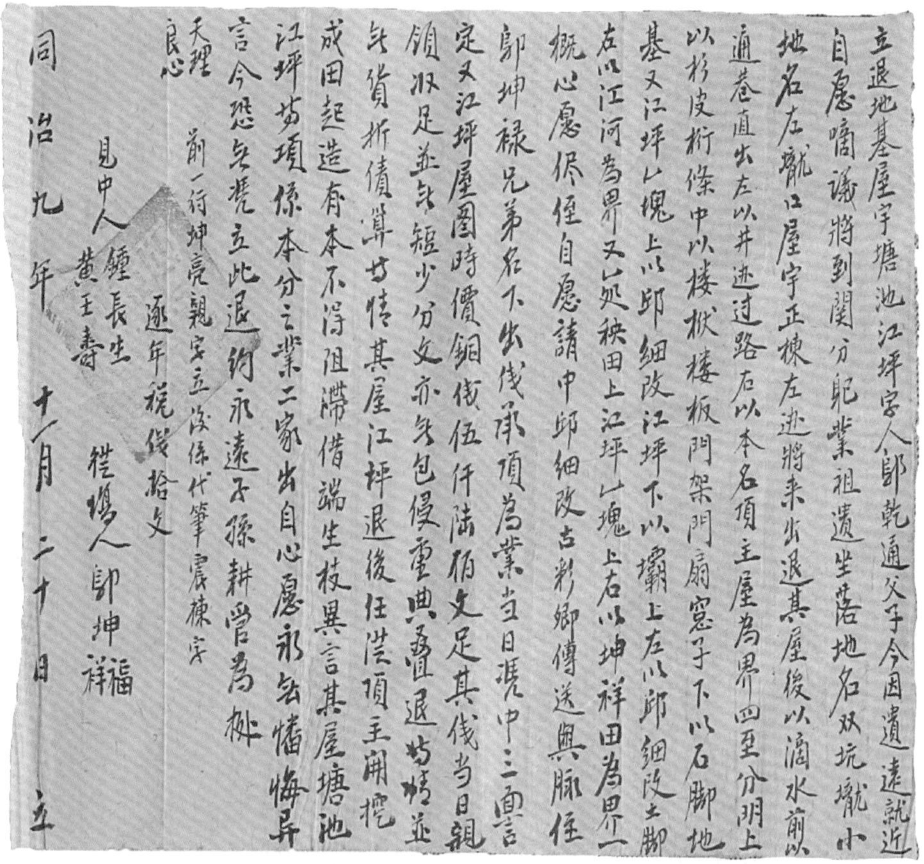

立退地基屋宇塘池江坪字人邬乾通父子今因遗远就近
自愿嘀议将到阄分躬业祖遗坐落地名双坑墩小
地名左墩口屋宇正栋左边将来出退其屋后以滴水前以
通巷直出左以井边过路右以本名项主屋为界四至分明上
以杉皮桁条中以楼栿楼板门架门扇窗子下以石脚地
基又江坪山塊上以邬细改江坪下以壩上左以邬细改土脚
左以江河为界又山处秧田上江坪山塊上右以坤祥田为界一
概心愿侭侄自愿请中邬细改古彩乡传送与胞侄
邬坤禄兄弟名下出钱承项为业当日凭中三面言
定又江坪屋园时價铜钱伍仟陆佰文足其钱当日亲
领收足并无短少分文亦无包侵重典叠退等情并
无货折债算等情其屋江坪退后任从项主开挖
成田起造有本不得阻滞借端生枝异言其屋塘池
江坪等项系本分之业二家出自心愿永无憣悔异
言今恐无凭立此退约永远子孙耕管为据
天理
良心
前一行坤亮亲字立 后系代笔震栋字
遂年税钱拾文
见中人 钟长生 黄王寿
经场人 邬坤福 祥
同治九年十一月二十日 立

立退地基屋宇塘池江坪字人邬乾通父子今因遗远就近自愿嘀（商）议将到关分已业祖遗坐落地名双坑垅小地名左垅口屋宇正栋左边将来出退其屋后以滴水前以通巷直出左以井边过路右以本名顶主屋为界四至分明上以杉皮桁条中以楼栿楼板门架门扇窗子下以石脚地基又江坪一块上以邱细改江坪下以墹上左以邱细改土脚右以江河为界又一处秧田上江坪一块上右以坤祥田为界一概心愿尽侄（至）自愿请中邱细改古彩卿传送与脉侄邬坤禄兄弟名下出钱承顶为业当日凭中三面言定又江坪屋图时价铜钱伍仟陆佰文足其钱当日亲领收足并无短少分文亦无包侵重典叠退等情并无货折债算等情其屋江坪退后任从顶主开挖成田起造有本不得阻滞借端生枝异言其屋塘池江坪等项系本分之业二家出自心愿永无憣悔异言今恐无凭立此退约永远子孙耕管为据

天理良心

前一行坤亮亲字立后系代笔震栋字

逐年税钱十文

见中人钟长生黄壬寿

从场人邬坤福邬坤祥

同治九年十一月二十日立

## 光绪三年六月二十九日刘元啟卖茶山杉树地土契

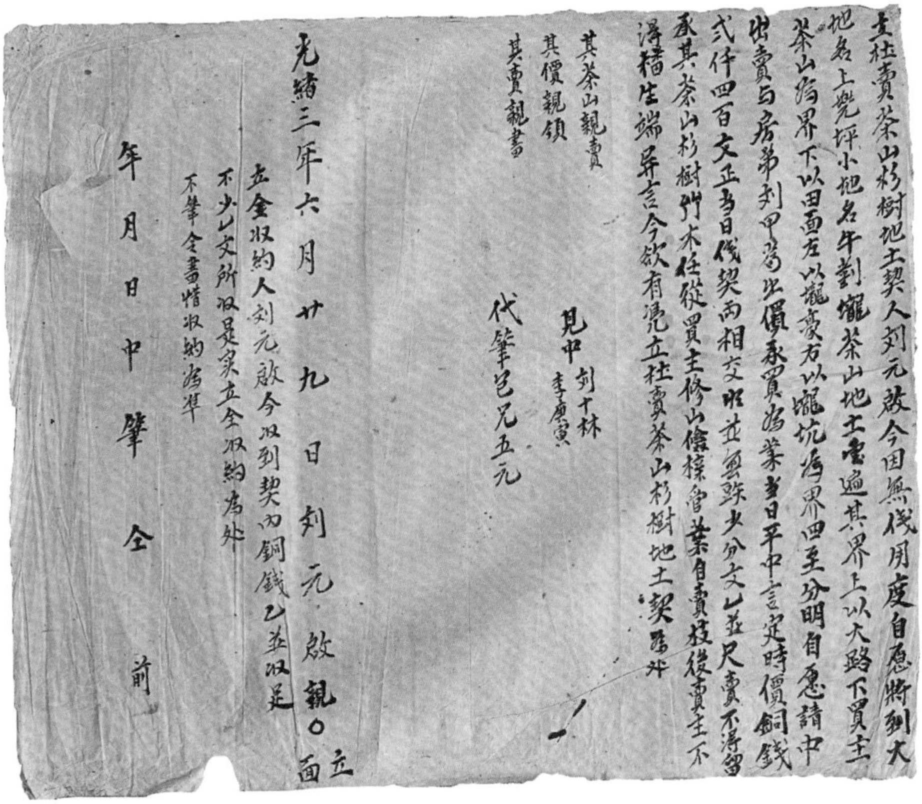

立杜卖茶山杉树地土契人刘元啟今因无钱用度自愿将到大地名上兆坪小地名牛对垅茶山地土壹遍其界上以大路下买主茶山为界下以田面左以垅豪右以垅坑为界四至分明自愿请中出卖与房弟刘甲苟出价承买为业当日平（凭）中言定时价铜钱贰仟四百文正当日钱契两相交明并无短少分文一并尺卖不得留承其茶山杉树竹木任从买主修山俭（殓）𢓰管业自卖枝（之）后卖主不得翻（幡）生端异言今欲有凭立杜卖茶山杉树地土契为处（据）

其茶山亲卖

其价亲领

其卖亲书

见中刘十林李庚寅代笔包（胞）兄五元

光绪三年六月廿九日刘元啟亲【押】面立

立全收约人刘元啟今收到契内铜钱一并收足不少一文所收是实立全收约为处（据）

不笔令书惜收约为准

年月日中笔仝前

光绪三年十一月初八日刘五元退耕田约

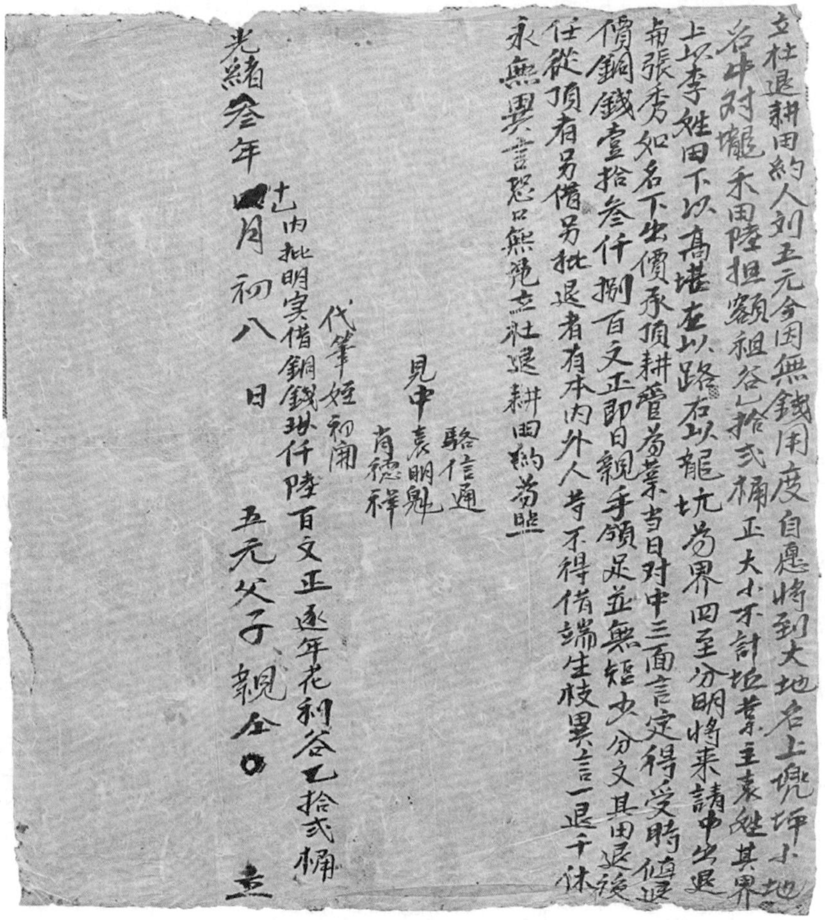

立杜退耕田约人刘五元今因无钱用度自愿将到大地名上兆坪小地名牛对垅禾田陆担额租谷一十贰桶正大小不计丘业主袁姓其界上以李姓田下高堪左以路右以龙坑为界四至分明将来请中出退与张秀如名下出价承顶耕管为业当日对中三面言定得受时值退价铜钱壹拾叁仟捌百文正即日亲手领足并无短少分文其田退后任从顶者另借另批退者有本内外人等不得借端生枝异言一退千休永无异言恐口无凭立杜退耕田约为照

见中骆信通袁明魁肖德祥

代笔侄初开

内批明实借铜钱玖仟陆百文正逐年花利谷一拾贰桶

光绪叁年十一月初八日五元父子亲仝【押】立

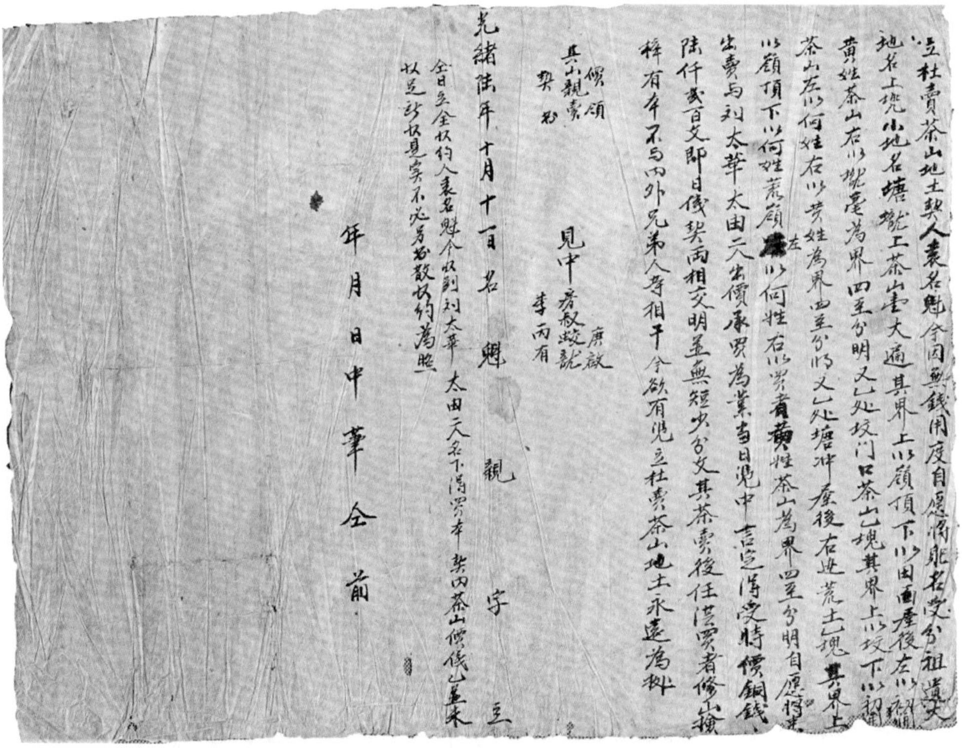
立杜賣茶山地土契人袁名魁，今因無錢用度，自愿将父名受分祖遺大地名上坝小地名塘垅工茶山壹大遍，其界上以嶺頂，下以田面，屋後左以[illegible]黄姓茶山，右以垅尾為界，四至分明。又山处坟门口茶山壹塊，其界上以坟，下以[illegible]茶山，左以何姓，右以黄姓為界，四至分明。又山处塘冲屋後右边荒土壹塊，其界上以嶺頂，下以何姓荒嶺，左以何姓，右以買者黄姓茶山為界，四至分明，自愿将来出賣与刘太華、太田二人出價承買為業。當日憑中言定，得受時價銅錢陆仟貳百文，即日錢契兩相交明，並無短少分文。其茶賣後任從買者修山[illegible]梓，有本不与内外兄弟人等相干。今欲有憑，立杜賣茶山地土永遠為據。

價領

其山親賣

契[illegible]

見中 [illegible] 唐[illegible] 李兩有

光緒陆年十月十一日 名魁 親 字 立

全日立全收約人袁名魁，今收到刘太華、太田二人名下得買本契内茶山價錢[illegible]收足，分收是實，不必另發收約為照。

年 月 日中華全前

光绪六年十月十一日袁名魁卖茶山地土契

立杜卖茶山地土契人袁名魁今因无钱用度自愿将己名受分祖遗大地名上兆小地名塘垅上茶山壹大遍其界上以岭顶下以田面屋后左以初开黄姓茶山右以垅毫为界四至分明又一处坟门口茶山一块其界上以坟下以初开茶山左以何姓右以黄姓为界四至分明又一处塘冲屋后右边荒土一块其界上以岭顶下以何姓荒岭左以何姓右以买者黄姓茶山为界四至分明自愿将来出卖与刘太华太田二人出价承买为业当日凭中言定得受时价铜钱陆仟贰百文即日钱契两相交明并无短少分文其茶卖后任从买者修山捡梓有本不与内外兄弟人等相干今欲有凭立杜卖茶山地土永远为据

其价亲领

其山亲卖

其契亲书

见中庚啟房叔蛟龙李丙有

光绪陆年十月十一日名魁亲字立

仝日立全收约人袁名魁今收到刘太华太由二人名下得买本契内茶山价钱一并未收足所收是实不必另书散收约为照

年月日中笔仝前

## 光绪十三年四月十六日李庚寅退耕禾田契

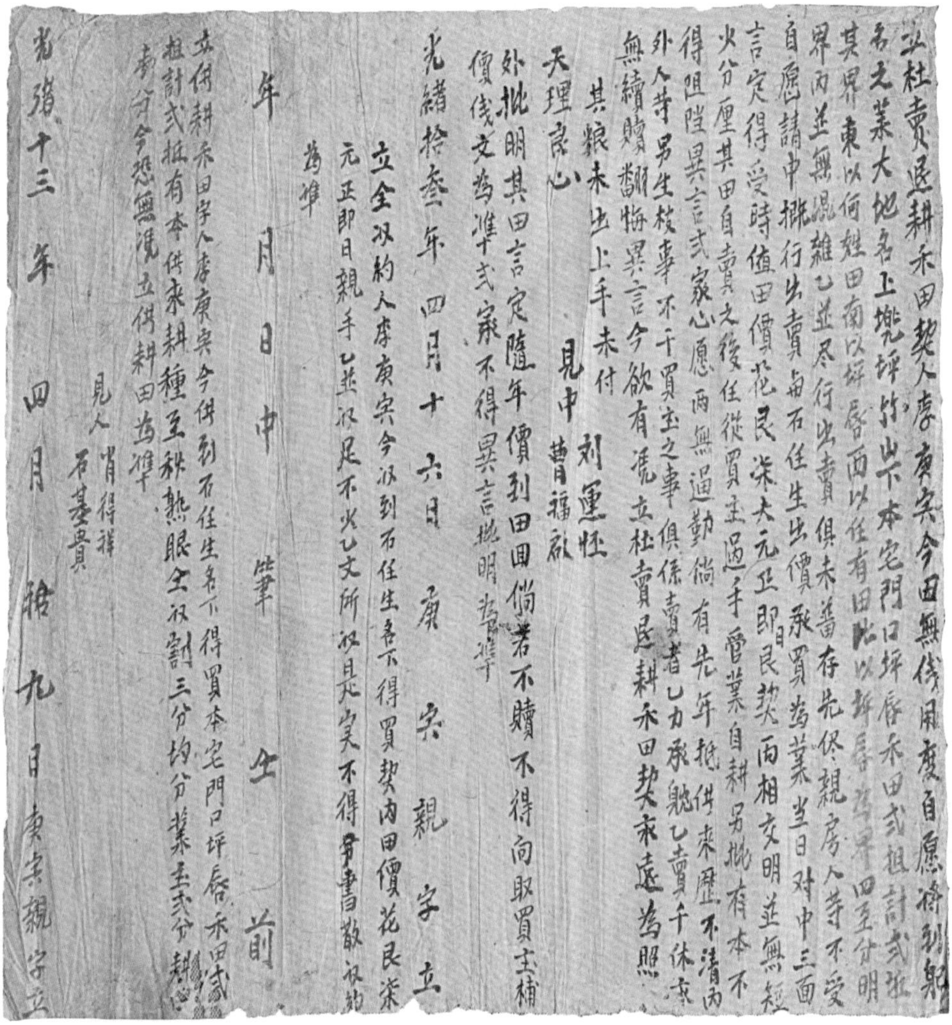

立杜賣退耕禾田契人李庚寅今因無錢用度自愿將到契
名之業大地名上墈坪竹山下本宅門口坪唇禾田弍坵計弍坵
其界東以何姓田南以坪唇西以任有田北以坪唇為界四至分明
界內並無混雜已並盡行出賣俱未當存先侭親房人等不受
自愿請中托行出賣與石任生出價承買為業當日對中三面
言定得受時值田價花艮柒大元正即日艮契兩相交明並無短
少分厘其田自賣之後任從買主過手管業自耕另批存本不
得阻陛異言弍家心愿兩無逼勒倘有先年抵借來歷不清內
外人等另生枝事不干買主之事俱係賣者乙力承躭乙賣千休永
無續贖翻悔異言今欲有凭立杜賣退耕禾田契永遠為照
其粮未出上手未付
天理良心　見中　刘運怔　曹福献
外批明其田言定隨年價到田回倘若不贖不得向取買主補
價錢文為凖弍家不得異言批明為凖
光緒拾叁年四月十六日庚寅親字立
立全收約人李庚寅今收到石任生名下得買契內田價花艮柒
元正即日親手乙並收足不少乙文所收是實不得另書散收約
為凖
年　月　日　中　筆　全　前
立佃耕禾田字人李庚寅今佃到石任生名下得買本宅門口坪唇禾田弍
坵計弍坵有本佃來耕種至秋熟眼全收割三分均分業主弍分耕
壹分今恐無凭立佃耕田為凖
見人　肖得祥　石基貴
光緒十三年四月拾九日庚寅親字立

立杜卖退耕禾田契人李庚寅今因无钱用度自愿将到己名之业大地名上垘坪竹山下本宅门口坪唇禾田贰担计贰丘其界东以何姓田南以坪唇西以任有田北以坪唇为界四至分明界内并无混杂一并尽行出卖俱未留存先尽亲房人等不受自愿请中概行出卖与石任生出价承买为业当日对中三面言定得受时值田价花银柒大元正即日银契两相交明并无短少分厘其田自卖之后任从买主过手管业自耕另批有本不得阻挡（挡）异言贰家心愿两无逼勤（勒）倘有先年抵借来历不清内外人等另生枝事不干买主之事俱系卖者一力承躭（担）一卖千休永无续赎翻悔异言今欲有凭立杜卖耕禾田契永远为照

其粮未出上手未付

天理良心

见中刘连恠曹福启

外批明其田言定随年价到田面倘若不赎不得向取买主補（补）价钱文为准贰家不得异言批明为准

光绪拾叁年四月十六日庚寅亲字立

立全收约人李庚寅今收到石任生名下得买契内田价花银柒元正即日亲手一并收足不少一文所收是实不得另书散收约为准

年月日中笔仝前

立借耕禾田字人李庚寅今借到石任生名下得买本宅门口坪唇禾田贰担计贰丘有本供来耕种至秋熟眼仝收割三分均分业主贰分耕壹分今恐无凭立供耕田为准

见人肖得祥石基贵

光绪十三年四月拾九日庚寅亲字立

## 光绪十三年十二月十六日刘泰华父子退耕禾田契

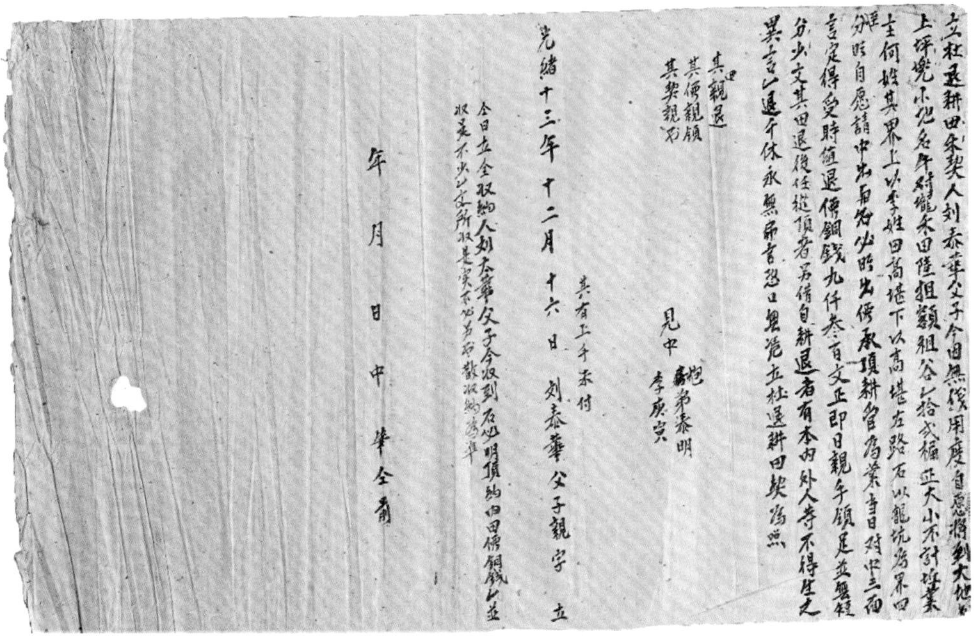

立杜退耕禾田契人刘泰华父子今因无钱用度自愿将到大地名上坪兆小地名牛对垅禾田六担额租谷一拾贰桶正大小不计丘业主何姓其界上以李姓田高堪下以高堪左路右以龙坑为界四至分明自愿请中出与名必明出价承顶耕管为业当日对中三面言定得受时值退价铜钱九仟叁百文正即日亲手领足并无短分少文其田退后任从顶者另借自耕退者有本内外人等不得生之（枝）异言一退千休永无异言恐口无凭立杜退耕田契为照

其田亲退

其价亲领

其契亲书

见中胞弟溙明李庚寅

其有上手未付

光绪十三年十二月十六日刘泰华父子亲字立

仝日立全收约人刘太（泰）华父子今收到石必明顶约内田价铜钱一并收足不少一文所收是实不必另书散收约为准

年月日中笔仝前

光绪十四年三月初六日刘明兆退耕田约

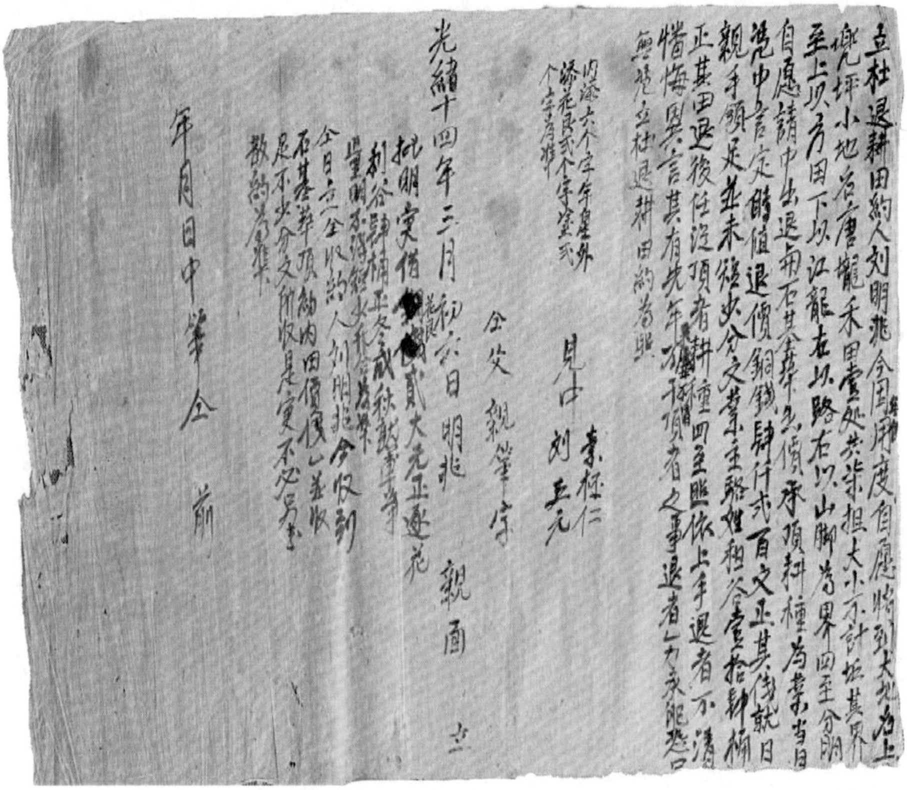

立杜退耕田约人刘明兆今因无钱用度自愿将到大地名上兆坪小地名唐垅禾田壹处共柒担大小不计丘其界至上以方田下以江龙左以路右以山脚为界四至分明自愿请中出退与石基华出价承顶耕种为业当日凭中言定时值退价铜钱肆仟贰百文正其钱就日亲手领足并未短少分文业主骆姓租谷壹拾肆桶正其田退后任从顶者耕种四至照依上手退者不清憣悔异言其有先年来历不清不干顶者之事退者一力承靶（担）恐口无凭立杜退耕田约为照

内添六个字年星外

添花银贰个字涂贰个字为准

见中索柸仁刘五元

仝父亲笔字

光绪十四年三月初六日明兆亲面立

批明实借花银贰大元正逐花利谷肆桶正冬成秋熟车净量明不得短少升合为准仝日立全收约人刘明兆今收到石基华顶约内田价钱一并收足不少分文所收是实不必另书散约为准

年月日中笔仝前

# 光绪十四年九月二十八日刘普成兄弟退耕田约

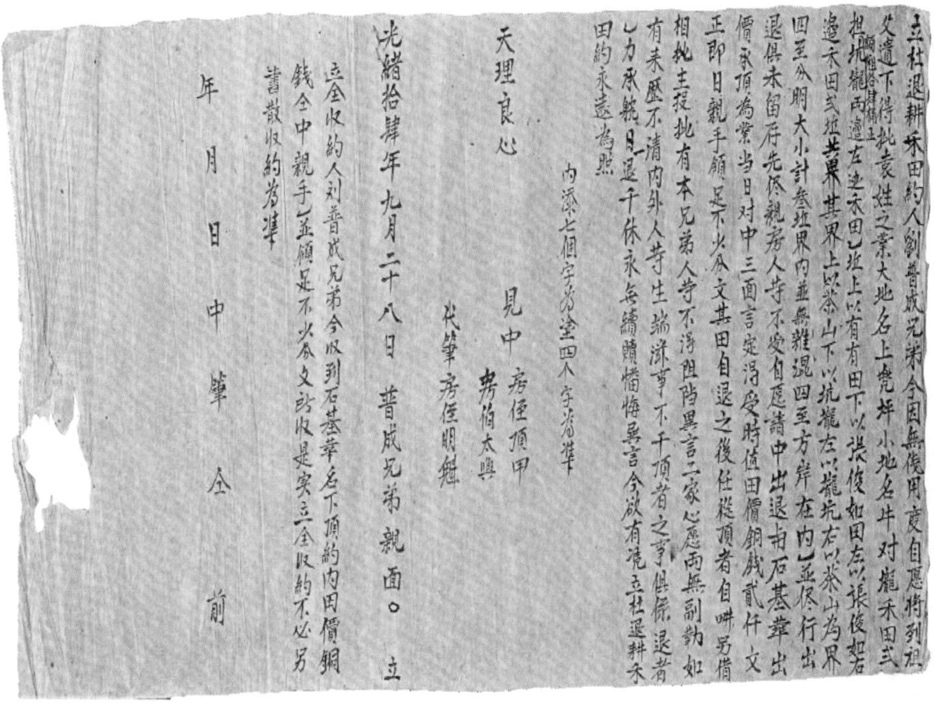

立杜退耕禾田約人劉普成兄弟今因無錢用度自愿將到祖
父遺下得批袁姓之業大地名上堯坪小地名井对龍禾田弍
坵龍丙邊左边禾田乙坵上以有田下以張俊如田左以張俊如右
邊禾田弍坵共界其界上以茶山下以坑龍左以龍坑右以茶山為界
四至分明大小計叁坵界内並無雜混四至方岸在内乙並係行出
退俱未留存先儘親房人等不受自愿請中出退与石基華出
價承頂為業当日对中三面言定得受時值田價銅錢貳仟文
正即日親手領足不少分文其田自退之後任從頂者自耕另借
相執主授批有本兄弟人等不得阻陷異言二家心愿兩無副勒如
有未歷不清内外人等生端滋事不干頂者之事俱係退者
乙力承當日退千休永無續贖憎悔異言今欲有憑立杜退耕禾
田約永遠為照

內添七個字為塗四个字為準

天理良心　　見中　房侄頂甲
　　　　　　　　　房伯太興
　　　　　　代筆　房侄明魁

光緒拾肆年九月二十八日　普成兄弟親面　立

立全收約人刘普成兄弟今收到石基華名下頂約内田價銅
錢仝中親手乙並領足不少分文詃收是實立全收約不必另
書散收約為準

年　月　日　中　筆　仝　前

立杜退耕禾田约人刘普成兄弟今因无钱用度日自愿将到祖父遗下得批袁姓之业大地名上兆坪小地名牛对垅禾田贰担额租谷肆桶正坑垅两边左边禾田一丘上以有［有］田下以张俊如田左以张俊如右边禾田贰丘上以茶山下以坑垅左以垅坑右以茶山为界四至分明大小计叁丘界内并无混杂四至方岸在内一并尽行出退俱未留存先尽亲房人等不受自愿请中出退与石基华出价承顶为业当日对中三面言定得受时值田价铜钱贰仟文正即日亲手领足不少分文其田自退之后任从顶者自耕另借相主投批有本兄弟人等不得阻挡（挡）异言二家心愿两无副勒如有来历不清内外人等生端滋事不干顶者之事俱系退者一力承耽（担）一退千休永无续赎憣悔异言今欲有凭立杜退耕禾田约永远为照

内添七个字为涂四个字为准

天理良心

见中房侄顶甲房伯太兴

代笔房侄明魁

光绪拾肆年九月二十八日普成兄弟亲面【押】立

立全收约人刘普成兄弟今收到石基华名下顶约内田价铜钱仝中亲手一并领足不少分文所收是实立全收约不必另书散收约为准

年月日中笔仝前

光绪十五年正月二十七日刘铁保卖地契

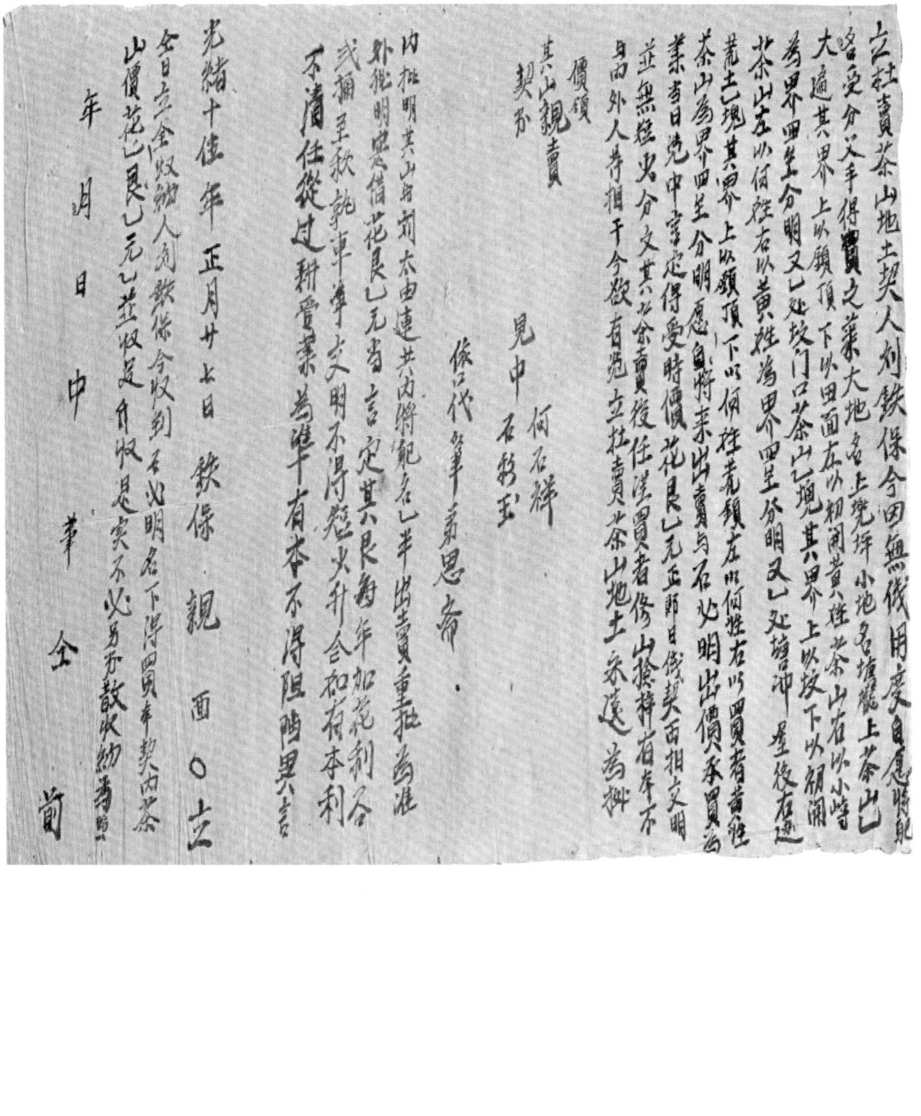
立杜賣茶山地土契人刘鉄保今因無錢用度自愿將祖
各受分父手得買之業大地名上塘坪小地名塘巃上茶山乙
大塊其界上以嶺頂下以田面左以胡謝黃姓茶山右以小崎
為界四至分明又乙處坡门口茶山乙塊其界上以坡下以胡謝
茶山左以何姓右以黃姓為界四至分明又乙處塘冲屋後左邊
荒土乙塊其界上以嶺頂下以何姓荒嶺左以何姓右以買者黃姓
茶山為界四至分明自愿將来出賣与石兆明出價承買為
業當日凭中言定得受時價花艮乙元正即日錢契兩相交明
並無短少分文其茶山賣後任從買者修山[illegible]管不
與外人等相干今欲有凭立杜賣茶山地土永遠為據
價領
其山親賣
契分
見中 何石祥
石彩玉
依口代筆 弟恩[illegible]
内批明其山與刘太由连共内[illegible]名乙半出賣重批為准
外批明是借花艮乙元當言定其艮每年加花利谷
弍桶至秋熟車淨交明不得短少升合如有本利
不清任從过耕管業為準有本不得阻擋異言
光緒十伍年正月廿七日 鉄保 親 面 立
今日立全收領人刘鉄保今收到石兆明名下得買本契內茶
山價花艮乙元乙並收足分收足實不必另立散收領為照
年 月 日 中 筆 仝 前

立杜卖茶山地土契人刘铁保今因无钱用度自愿将己名受分父手得买之业大地名上垗坪小地名塘垅上茶山一大遍其界上以领顶下以田面左以初开黄姓茶山右以小崎为界四至分明又一处坟门口茶山一块其界上以坟下以初开茶山左以何姓右以黄姓为界四至分明又一处塘冲屋后右边荒土一块其界上以领顶下以何姓荒领左以何姓右以买者黄姓茶山为界四至分明愿自将来出卖与石必明出价承买为业当日凭中言定得受时价花银一元正即日钱契两相交明并无短少分文其茶卖后任从买者修山捡梓有本不与内外人等相干今欲有凭立杜卖茶山地土永远为据

其价亲领

其山亲卖

其契亲书

见中何石祥石彩玉

依口代笔弟思斋

内批明其山与刘太由连共内将己名一半出卖重批为准

外批明实借花银一元当言定其银每年加花利谷贰桶至秋孰（熟）车净交明不得短少升合如有本利不清任从过耕管业为准有本不得阻凼（挡）异言

光绪十伍年正月廿七日铁保亲面【押】立

仝日立仝收约人刘铁保今收到石必明名下得买本契内茶山价花一银一元一并收足所收是实不必另书散收约为照

年月日中笔仝前

## 光绪十五年十二月初六日刘癸斋退耕田约

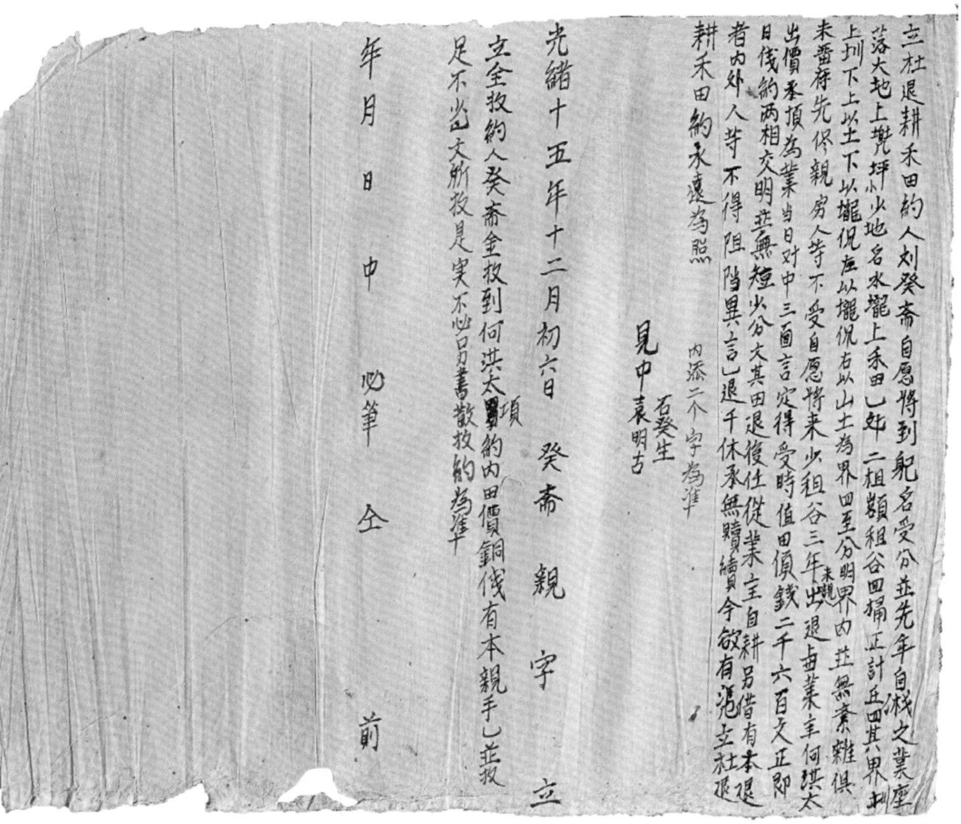

立杜退耕禾田约人刘癸斋自愿将到己名受分并先年自栈之业座落大地上兆坪小少地名水垅上禾田一处二担额租谷四桶正计四丘其界圳上圳下上以土下以垅侃（墈）左以垅侃（墈）右以山土为界四至分明界内并无紊杂俱未留存先尽亲房人等不受自愿将来少租谷三年未亲出退与业主何洪太出价承顶为业当日对中三面言定得受时值田价钱二千六百文正即日钱约两相交明并无短少分文其田退后任从业主自耕另借有本退者内外人等不得阻挡（挡）异言一退千休承（永）无赎续今欲有凭立杜退耕禾田约永远为照

内添二个字为准

见中石癸生袁明古

光绪十五年十二月初六日癸斋亲字立

立全收约人癸斋金收到何洪太项约内田价铜钱有本亲手一并收足不少一文所收是实不必另书散收约为准

年月日中必笔仝前

## 光绪十七年十二月二十六日刘贱连退耕禾田约

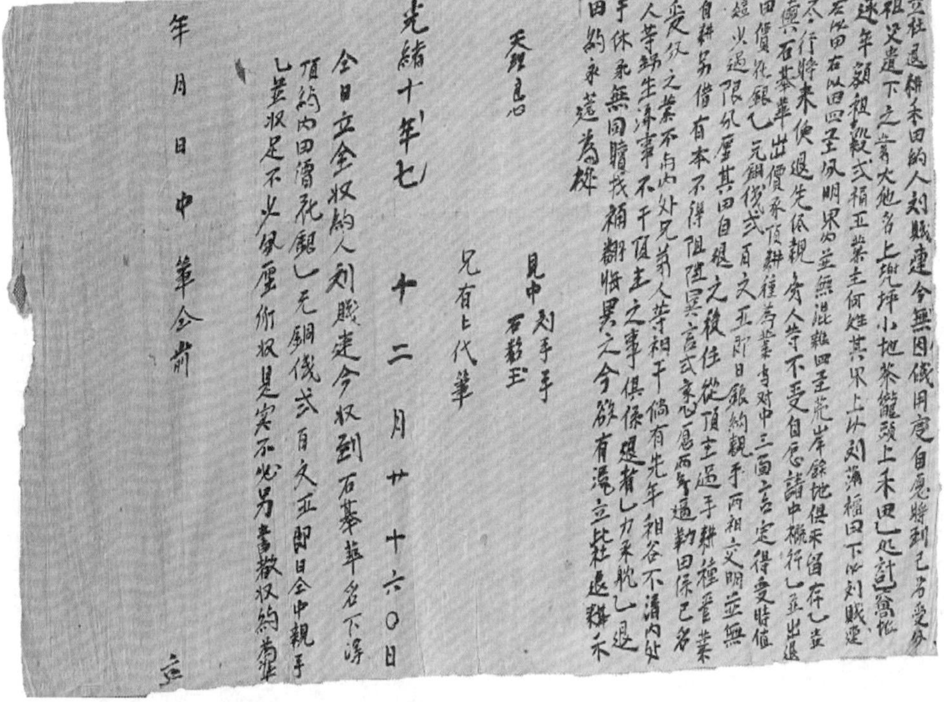

立杜退耕禾田约人刘贱连今无因钱用度自愿将到己名受分祖父遗下之业大地名上兆坪小地茶垅头上禾田一处计一窝丘逐年额租谷贰桶正业主何姓其界上以刘蒲福田下以刘贱连左以田右以田四至分明界内并无混杂四至荒岸余地俱未留存一并尽行将来便退先尽亲房人等不受自愿请中概行一并出退田价花银一元铜钱贰百文正即日银约亲手两相交明并无短少过限分厘其田自退之后任从顶主过手耕种管业自耕另借有本不得凹（挡）异言贰家心愿两无逼勒田系己名受父之业不与内外兄弟人等相干倘有先年租谷不清内外人等蜗（另）生添事不干顶主之事俱系退者一力承躭（担）一退千休永无回赎找补翻悔异之今欲有凭立此杜退耕禾田约永远为据

天理良心

见中刘手手石彩玉

兄有上代笔

光绪十七年十二月廿十六【押】日

仝日立全收约人刘贱连今收到石基华名下得顶约内田价花银一元铜钱贰百文正即日仝中亲手一并收足不少分厘所收是实不必另书散收约为准

年月日中笔仝前立

光绪十七年十二月二十八日陈姓众等发批山契

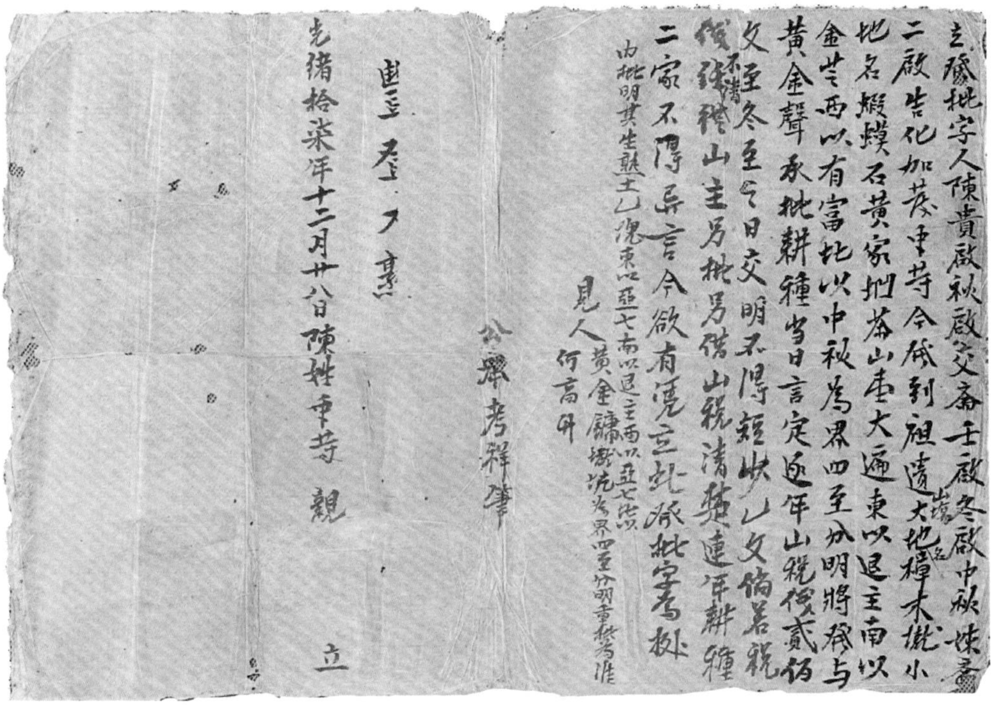
立發批字人陳貴啟、秋啟、交斋、壬啟、冬啟、中秋、棟斋
二啟、告化、加蔭、等等，今承到祖遺山塘名大地名樟木塅小
地名蝦蟆石黄家坳茶山壹大遍，東以退主，南以
金芒，西以有富坵，以中秋為界，四至分明，將發与
黄金聲承批耕種，當日言定逐年山税銭貳佰
文，至冬至令日交明，不得短少。山文倘若税
銭不清，任從山主另批另佃，山税清楚，逐年耕種，
二家不得异言。今欲有凴，立此發批字為據。
内批明其生熟土山塊，東以退七，南以退主，西以退七，北以
撒坑為界，四至分明，重批為准。
見人　黄金鏞　何高升
公舉　考祥　筆
中立　老丿熹
光緒拾柒年十二月廿八日陳姓眾等　親　立

立发批字人陈贵啟秋啟交斋壬啟冬啟中秋妹斋二啟告化加发众等今发到祖遗山场大地名樟木垅小地名蝦蟆石黄家垇茶山壹大遍东以退主南以金芝西以有富北以中秋为界四至分明将发与黄金声承批耕种当日言定逐年山税钱贰佰文至冬至之日交明不得短少一文倘若税钱不清任从山主另批另借山税清楚连年耕种二家不得异言今欲有凭立此发批字为据

内批明其生熟土一块东以亚七南以退主西以亚七北以垅坑为界四至分明重批为准

见人黄金镛何高升

公举考祥笔

〈丰登大熟〉

光绪拾柒年十二月廿八日陈姓众等亲立

## 光绪二十二年八月初九日骆广求典田契

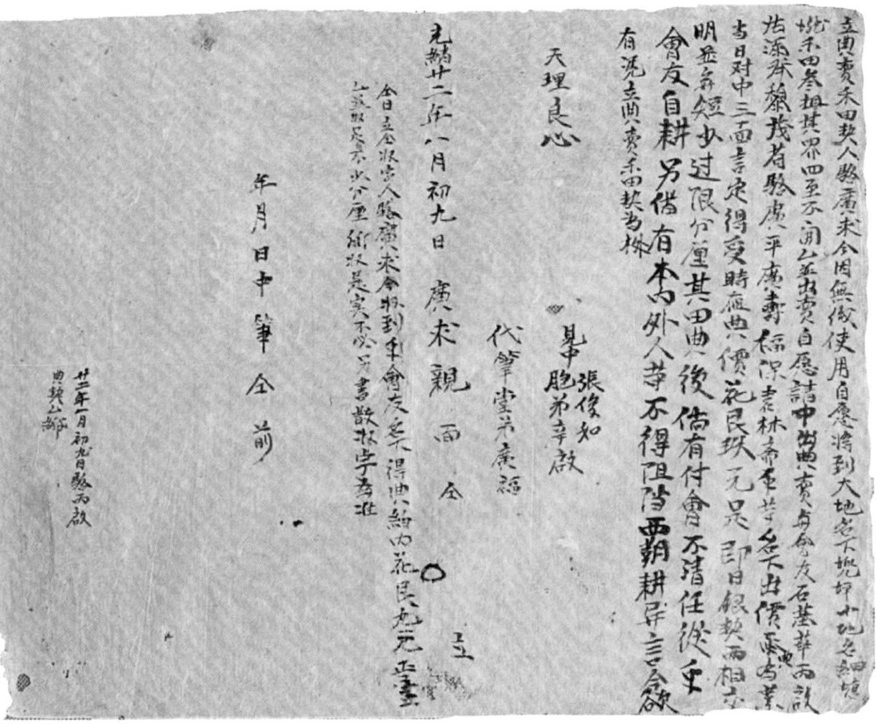

立典卖禾田契人骆广求今因无钱使用自愿将到大地名下兆坪小地名细塘垅禾田叁担其界四至不开一并出卖自愿请中出典卖与会友石基华丙啟兆添发黎茂荀骆广平广寿福保袁林斋众等名下出价典为业当日对中三面言定得受时值典价花银玖元足即日银契两相交明并无短少过限分厘其田典后倘有付会不清任从众会友自耕另借有本内外人等不得阻挡（挡）霸耕异言今欲有凭立典卖禾田契为据

天理良心

见中张俊如胞弟辛啟

代笔堂弟广福

光绪廿二年八月初九日广求亲面仝【押】立

仝日立仝收字人骆广求今收到众会友名下得典约内花银九元正壹一并收足不少分厘所收是实不必另书散收字为准

年月日中笔仝前

廿二年一月初九日骆丙啟典契一纸

# 光绪二十二年十二月二十日何富吉兄弟卖菜园土契

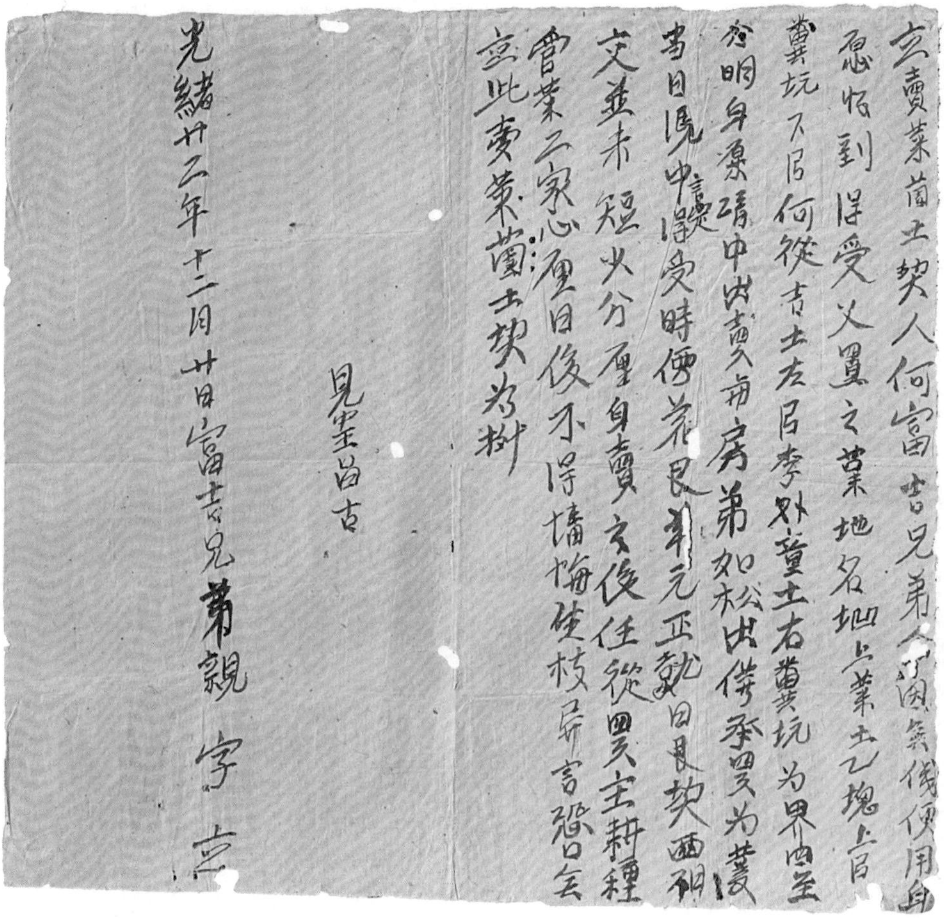

立卖菜园土契人何富吉兄弟今因无钱便（使）用自愿⃞到得受父置之业地名垇上菜土一块上以粪坑下以何从吉土左以李外童土右（以）粪坑为界四至分明自愿请中出卖与房弟如松出价承买为业当日凭中言定得受时价花银⃞元正就日银契两相交并未短少分厘自卖之后任从买主耕种管业二家心厘日后不得憣悔生枝异言恐口无立此卖菜园土契为据

见中王昌古

光绪廿二年十二月廿日富吉兄弟亲字立

## 光绪二十五年二月初六日刘满福父子承耕田约

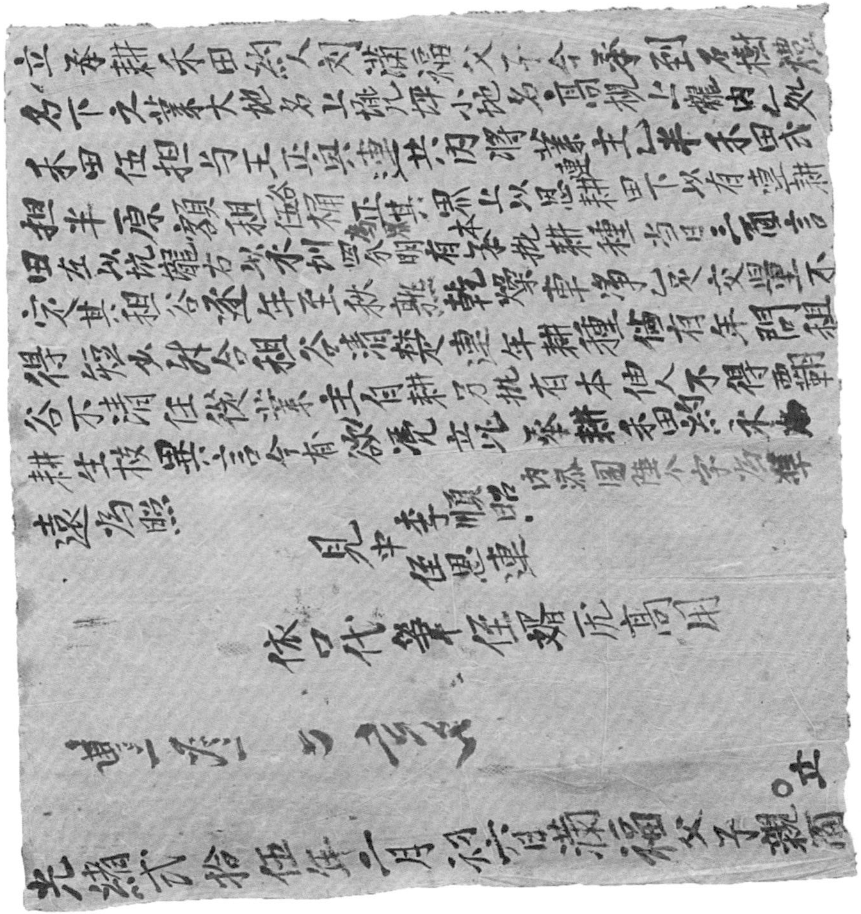

立承耕禾田约人刘满福父子今承到石树礼名下之业大
地名上兆坪小地名高枧上垅内一处禾田伍担与王正兴
连共内将业主一半禾田贰担半原额租谷伍桶正其界上
以恩连耕田下以有连耕田左以坑垅右以禾圳四为界分
明有本承批耕种当日三面言定其租谷逐年至秋熟干燥
车净一足交量不得短少外合租谷清楚连年耕种倘有年
间租谷不清任从业主自耕另批有本佃（佃）人不得霸
耕生枝异言今有欲凭立此承耕禾田约永远为照
内添图陆个字为准
见中李顺昭任思连
依口代笔任婿[?]高用
〈丰登大熟〉
光绪贰拾五年二月初六日满福父子亲面【押】立

# 光绪二十六年十二月初十日刘茄思退耕田约

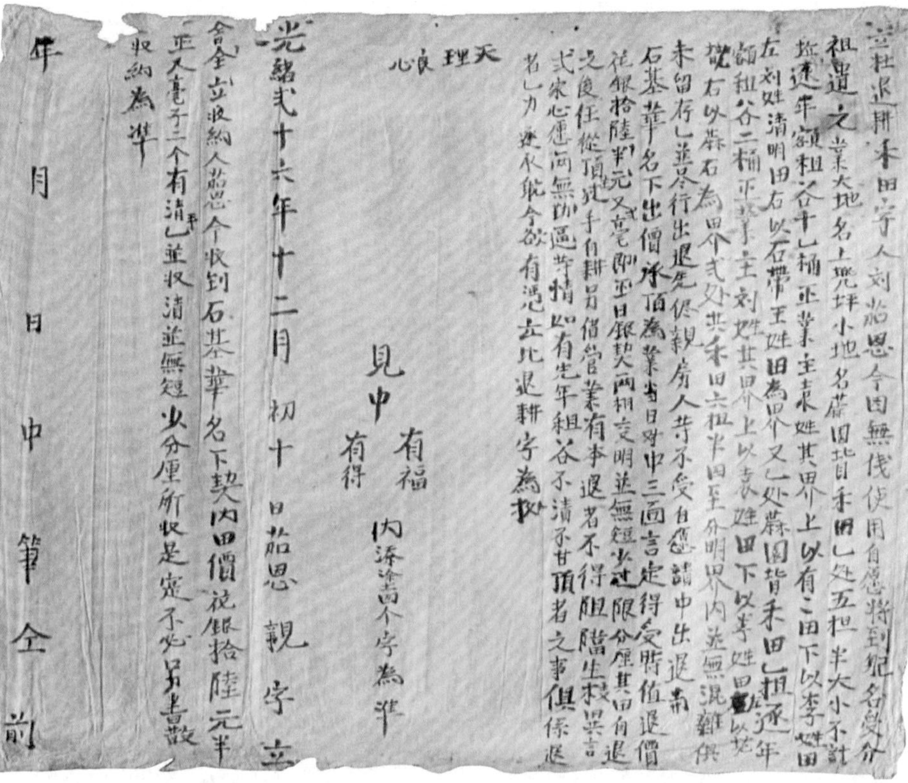

立杜退耕禾田字人刘茄思今因无钱使用自愿将到己名受分祖遗之业大地名上兆坪小地名蔴园背禾田一处五担半大小不计丘逐年额租谷十一桶正业主袁姓其界上以有二田下以李姓田左（以）刘姓清明田右以石带王姓田为界又一处蔴园背禾田一担逐年额租谷二桶正业主刘姓其界上以袁姓田下以李姓田左以垅垅右以蔴石为界贰处共禾田六担半四至分明界内并无混杂俱未留存一并尽行出退先尽亲房人等不受自愿请中出退与石基华名下出价承顶为业当日对中三面言定得受时值退价花银拾陆元半又贰毫正即日银契两相交明并无短少过限分厘其田自退之后任从顶主过手自耕另借管业有本退者不得阻陷（挡）生枝异言贰家心愿两无逼勤（勒）等情如有先年租谷不清不甘顶者之事俱系退者一力逐承就（担）今欲有凭立此退耕字为据

天理良心

见中有福有得

内添涂四个字为准

光绪贰十六年十二月初十日茄思亲字立

仝日全立收约人茄思今收到石基华名下契内田价花银拾陆元半正又毫子二个有清手一并收清并无短少分厘所收是实不必另书散收约为准

年月日中笔仝前

光绪二十七年二月十七日黄由荣卖茶山杉棕竹诸树地土契

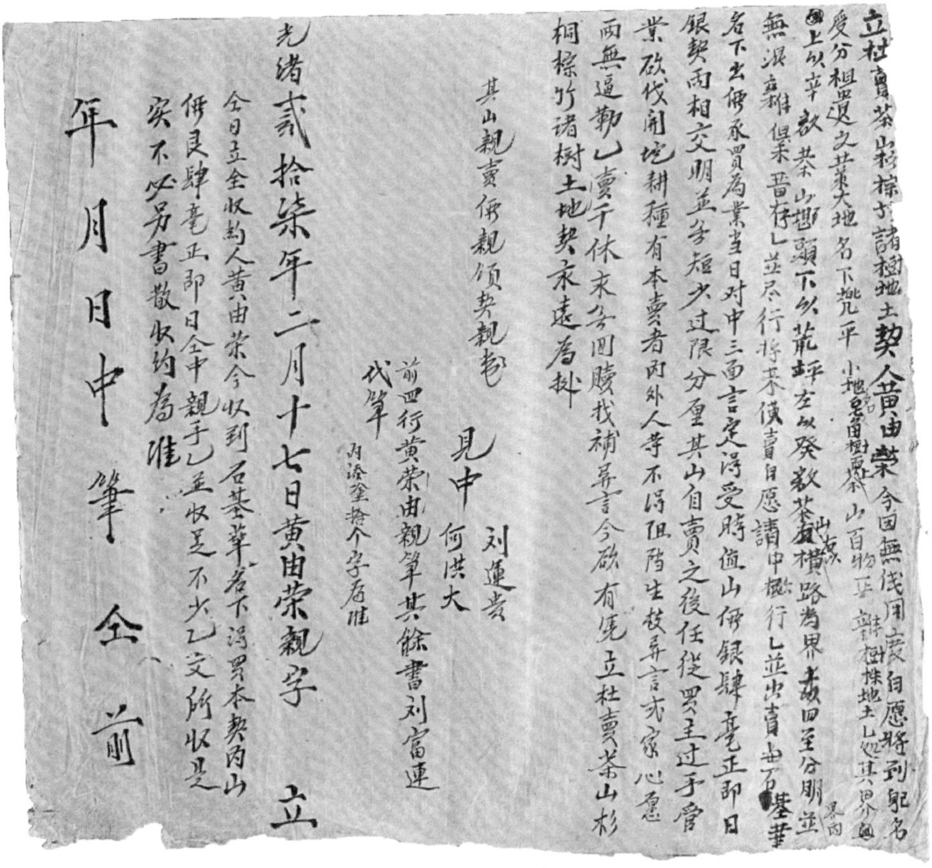

立杜卖茶山杉棕竹诸树地土契人黄由荣今因无钱用度自愿将到己名受分祖遗之业大地名下兆平（坪）小地名皂角树而上茶山百物正杂树株地土一处其界上以辛敢茶山堪头下以荒坪左以癸敢茶山右以横路为界四至分明界内并无混杂俱未留存一并尽行将来便卖自愿请中概行一并出卖与石基华名下出价承买为业当日对中三面言定得受时值山价银肆毫正即日银契两相交明并无短少过限分厘其山自卖之后任从买主过手管业砍伐开挖耕种有本卖者内外人等不得阻[阝当]（挡）生枝异言贰家心愿两无逼勒一卖千休永无回赎找补异言今欲有凭立杜卖茶山杉桐棕竹诸树土地契永远为据

其山亲卖价亲领契亲书

见中刘运贵何洪大

前四行黄荣由亲笔其余书刘富连代笔

内添涂拾个字为准

光绪贰拾柒年二月十七日黄由荣亲字立

仝日立仝收约人黄由荣今收到石基华名下得买本契内山价银肆毫正即日仝中亲手一并收足不少一文所收是实不必另书散收约为准

年月日中笔仝前

## 光绪二十九年十一月十五日李新发退耕田契

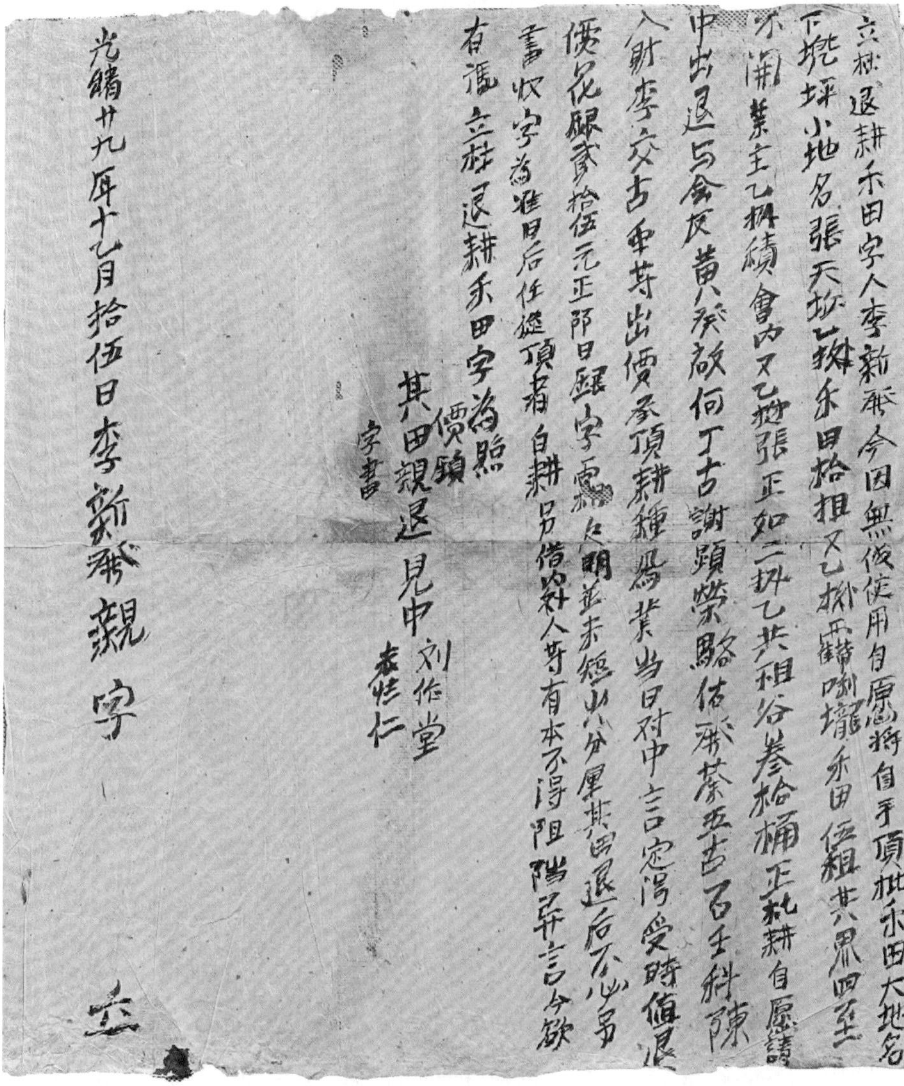

立杜退耕禾田字人李新发今因无钱使用自愿将自手顶批禾田大地名下挠坪小地名张天坵一处禾田拾担又一处𪗾唎垅禾田伍租其界四至不开业主一处积会内又一处张正如二处一共租谷叁拾桶正杙耕自愿请中出退与会友黄癸启何丁古谢显荣骆佑发荼五古石壬科陈入财李交古众等出价承顶耕种为业当日对中言定得受时值退价花银贰拾伍元正即日银字两相交明并未短少分厘其田退后不必另书收字为准日后任从顶者白（自）耕另借内外人等有本不得阻陷（挡）异言今欲有凭立杜退耕禾田字为照

其价亲领

其田亲退

其字亲书

见中刘作堂袁怌仁

光绪廿九年十一月拾伍日李新发亲字立

## 光绪二十九年十二月十二日骆任荀典田契

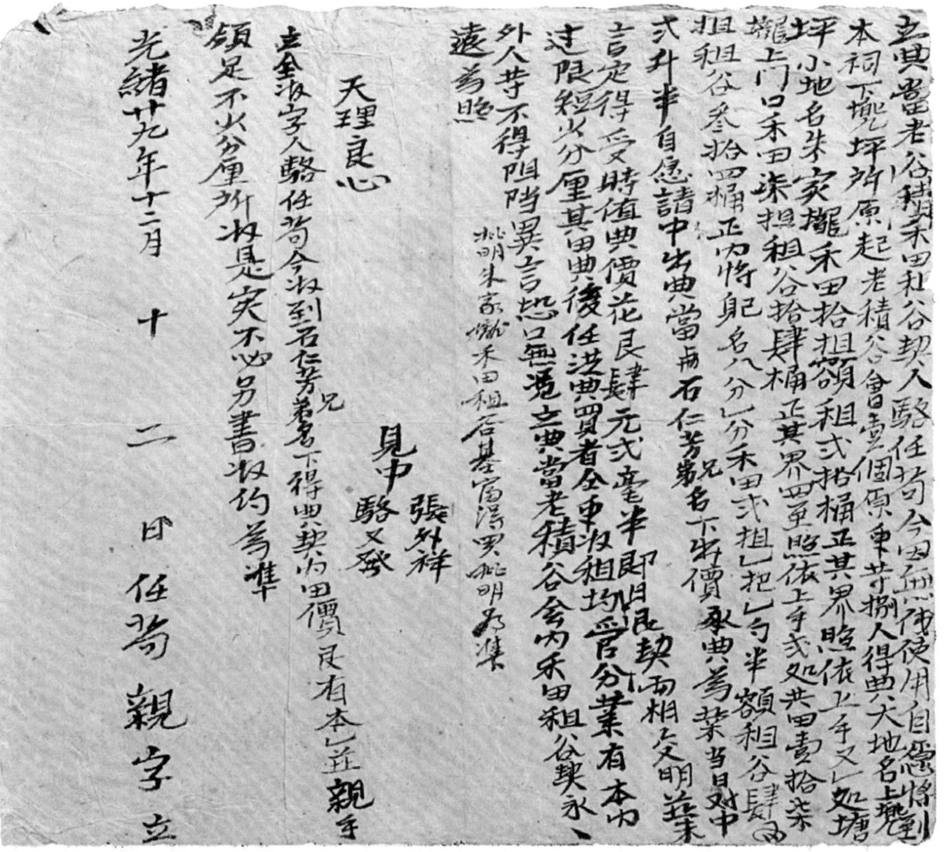

立典当老谷积禾田租谷契人骆任荀今因无钱使用自愿将到本祠下兆坪原所起老积谷会壹个原众等捌人得典大地名上兆坪小地名朱家垅禾田拾担额租贰拾桶正其界照依上手又一处塘垅上门口禾田柒担租谷拾肆桶正其界四至照依上手贰处共田壹拾柒担租谷叁拾四桶正内将己名八分一分禾田贰担一把一勺半额租谷肆两二升半自愿请中出典当与石仁芳兄弟名下出价承典为业当日对中言定得受时值典价花银肆元贰毫半即日银契两相交明并未过限短少分厘其田典后任从典买者仝众收租均管分业有本内外人等不得阻陷（挡）异言恐口无凭立典当老积谷会内禾田租谷契永远为照

批明朱家垅禾田租谷基富得买批明为准

天理良心

见中张外祥骆又发

立全收字八骆任荀今收到石仁芳兄弟名下得典契内田价银有本一并亲手领足不少分厘所收是实不必另书收约为准

光绪廿九年十二月十二日任荀亲字立

## 光绪二十九年十二月二十八日骆又发兄弟典田契

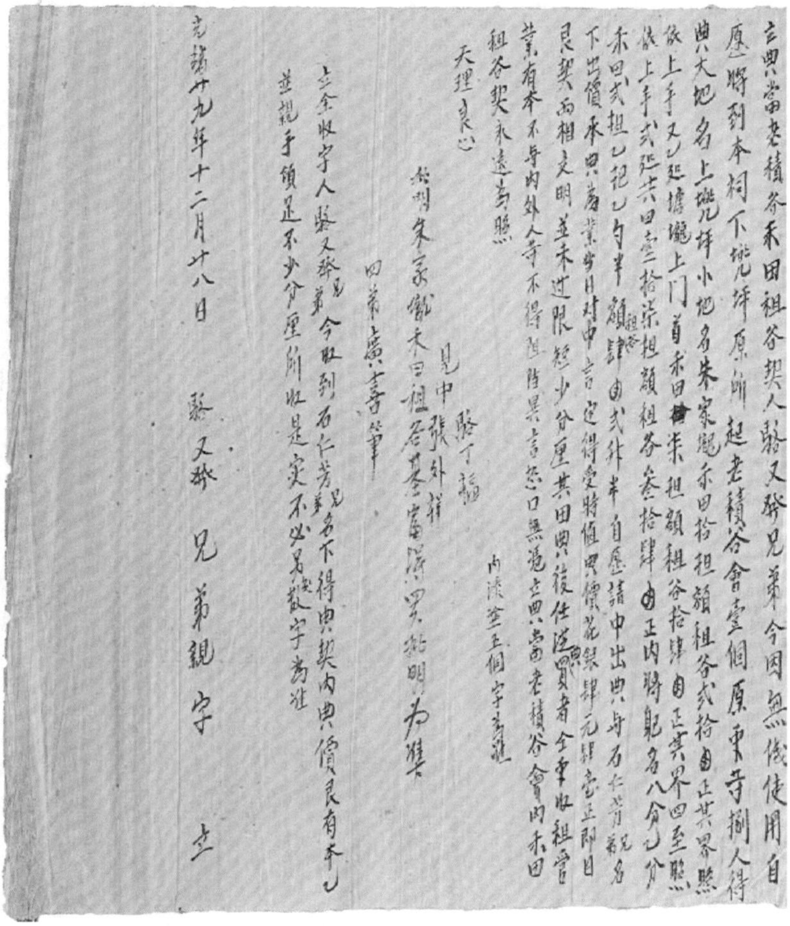

立典当老积谷禾田租谷契人骆又发兄弟今因无钱使用自愿将到本祠下挑坪原所起老积谷会壹个原众等捌人得典大地名上挑坪小地名朱家垅禾田拾担额租谷贰拾两正其界照依上手又一处塘垅上门首禾田柒担额租谷拾肆两正其界四至照依上手贰处共田壹拾七担额租谷叁拾肆两正内将己名八分一分禾田贰担一把一勺半额租谷肆两贰升半自愿请中出典与石仁芳兄弟名下出价承典为业当日对中言定得受时值典价花银肆元肆毫正即日银契两相交明并未过限短少分厘其田典后任从典买者全众收租管业有本不与内外人等不得阻凿（挡）异言恐口无凭立典当老积谷会内禾田租谷契永远为照

内添涂五个字为准

天理良心

见中骆丁福张外祥

批明朱家垅禾田租谷基富得买批明为准

四弟广喜笔

立全收字人骆又发兄弟今收到石仁芳兄弟名下得典契内典价银有本一并亲手领足不少分厘所收是实不必另书散字为准

光绪廿九年十二月廿八日骆又发兄弟亲字立

## 光绪三十二年六月二十二日张远达兄弟借据

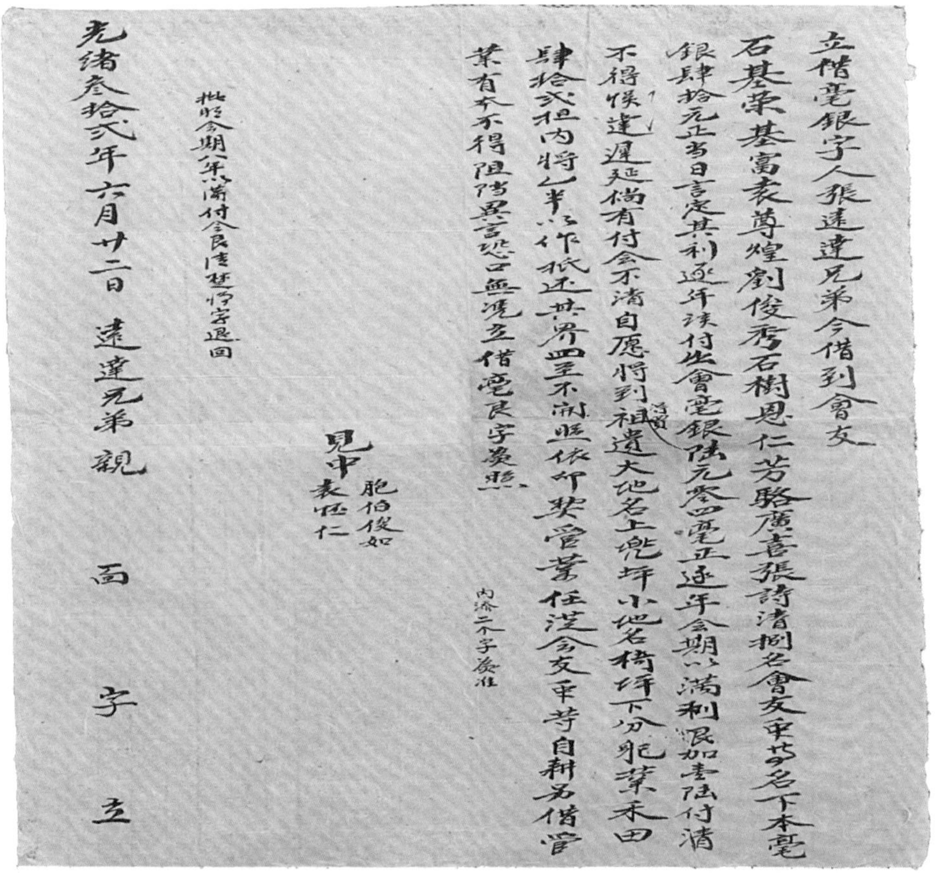

立借毫银字人张远达兄弟今借到会友石基荣基富
袁尊煌刘俊秀石树恩仁芳骆广喜张诗清捌名会友
众等名下本毫银肆拾元正当日言定其利逐年该付
出会毫银陆元零四毫正逐年会期以满利银加壹陆
付清不得违误迟延倘有付会不清自愿将到得买祖
遗大地名上兆坪小地名椅坪下分己业禾田肆拾贰
担内将一半以作抵还其界四至不开照依印契管业
任从会友众等自耕另借管业有本不得阻闼（挡）
异言恐口无凭立借毫银字为照
内添二个字为准
见中胞伯俊如袁怌仁
批明今期八年以满付会银清楚收字退回
光绪叁拾贰年六月廿二日远达兄弟亲面字立

光绪三十四年十二月二十三日王诗礼批耕禾田契

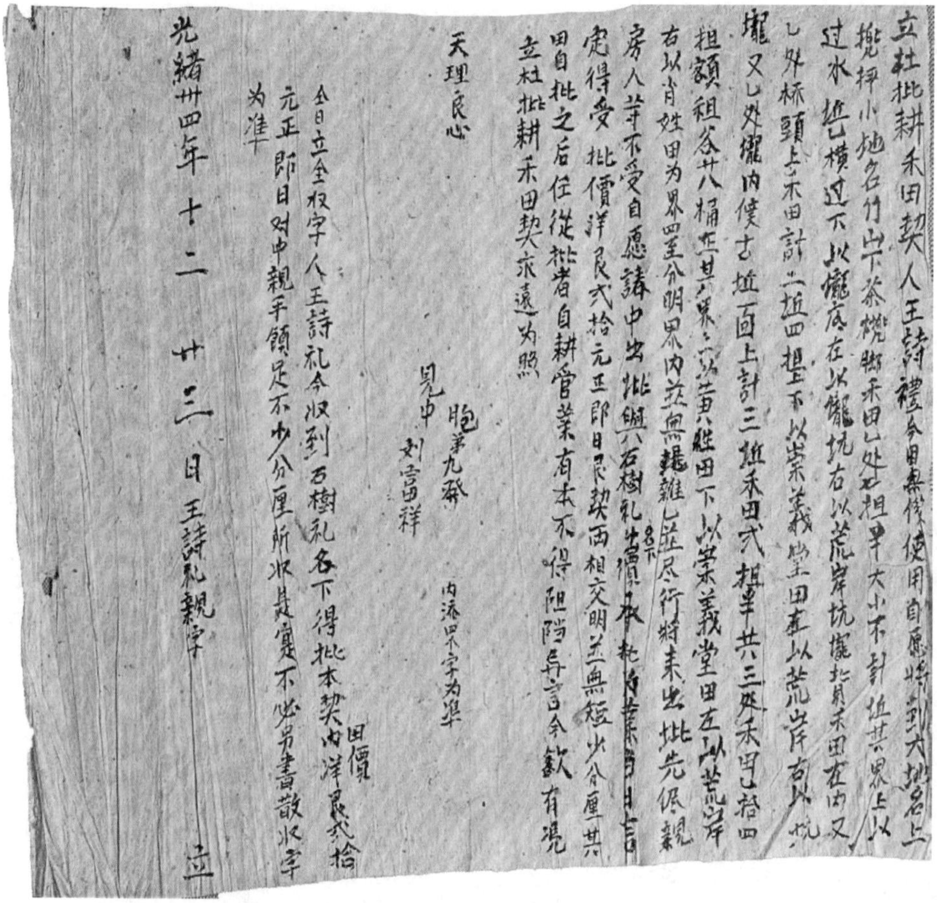

立杜批耕禾田契人王诗礼今因无钱使用自愿将到大地名上兜坪小地名竹山下茶桄脚禾田一处七担半大小不计丘其界上以过水丘一横过下以垅底左以垅坑右以荒岸坑垅背禾田在内又一处桥头上禾田计二丘四担上下以崇义堂田左以荒岸右以坑垅又一处垅内▢古丘面上计三丘禾田贰担半共三处禾田一拾四担额租谷廿八桶正其界上以黄姓田下以崇义堂田左以荒岸右以肖姓田为界四至分明界内并无混杂一并尽行将来出批先尽亲房人等不受自愿请中出批与石树礼名下出价承批为业当日言定得受批价洋银贰拾元正即日银契两相交明并无短少分厘其田自批之后任从批者自耕管业有本不得阻陷（挡）异言今欲有凭立杜批耕禾田契永远为照

天理良心

内添四个字为准

见中胞弟九发刘富祥

仝日立全收字人王诗礼今收到石树礼名下得批本契内田价洋银贰拾元正即日对中亲手领足不少分厘所收是实不必另书散收字为准

光绪卅四年十二（月）廿三日王诗礼亲字立

## 光绪三十四年十二月二十六日袁连科叔侄退耕禾田契

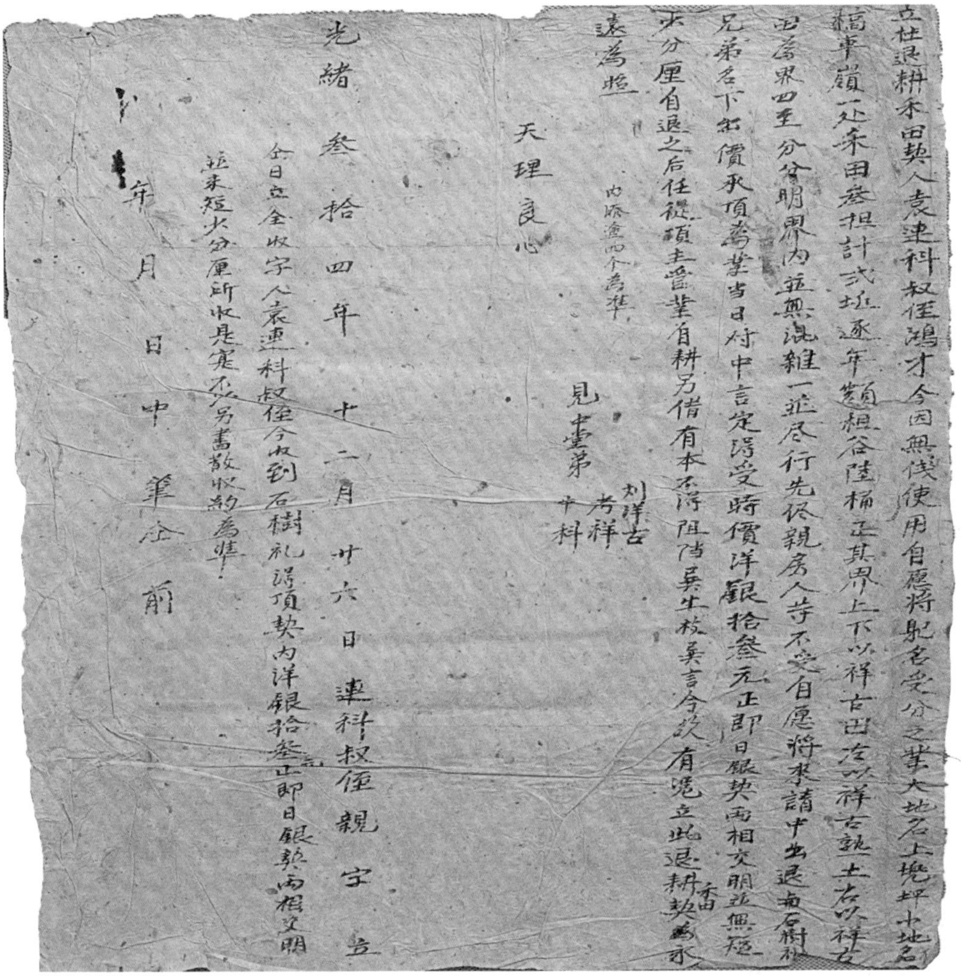

立杜退耕禾田契人袁连科叔侄鸿才今因无钱使用自愿将己名受分之业大地名上兆坪小地名槁车岭一处禾田叁担计贰丘逐年额租谷陸桶正其界上下以祥古田左以祥古熟土右以祥古田为界四至分明界内并无混杂一并尽行先尽亲房人等不受自愿将来请中出退与石树礼兄弟名下出价承顶为业当日对中言定得受时价洋银拾叁元正即日银契两相交明并无短少分厘自退之后任从顶主管业自耕另借有本不得阻陷（挡）异生枝异言今欲有凭立此退耕禾田契永远为照

天理良心

内添涂四个为准

见中堂弟刘洋古刘考祥刘辛科

光绪叁拾四年十二月廿六日连科叔侄亲字立

仝日立全收字人袁连科叔侄今收到石树礼得顶契内洋银拾叁元正即日银契两相交明并未短少分厘所收是实不必另书散收约为准

年月日中笔仝前

## 宣统元年四月二十八日刘俊秀卖田契

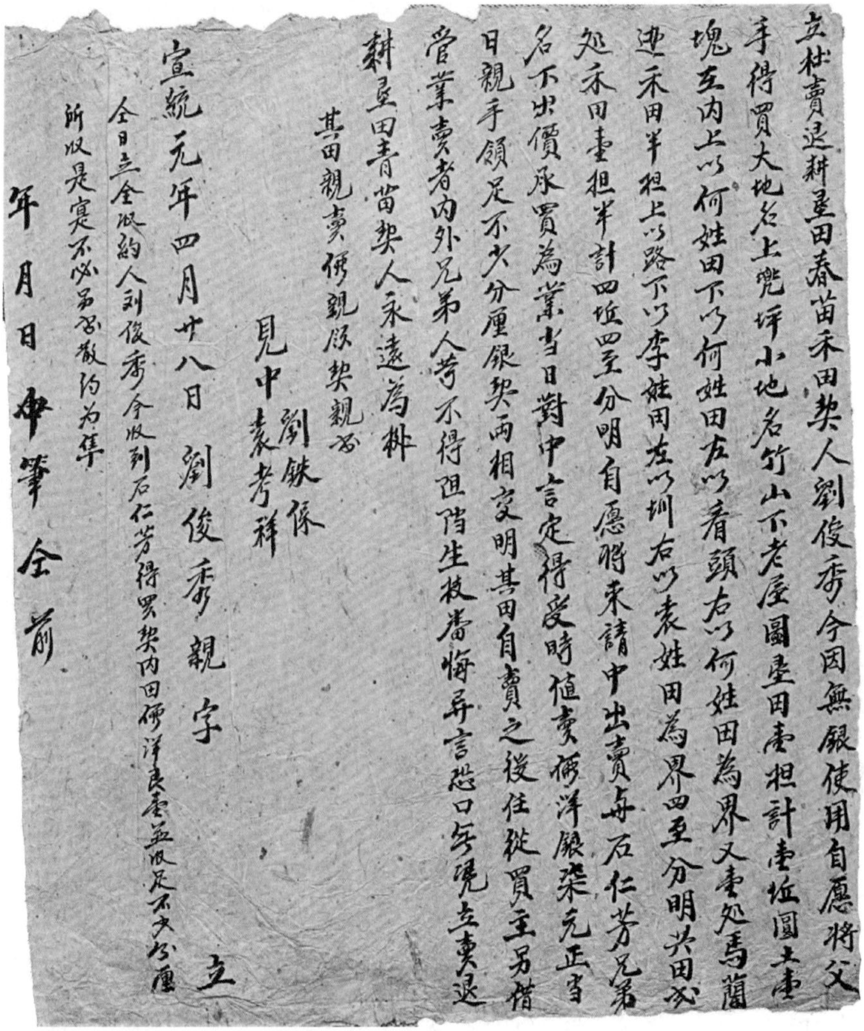

立杜卖退耕垦田春苗禾田契人刘俊秀今因无银使用自愿将父手得买大地名上挑坪小地名竹山下老屋图垦田壹担计壹丘圆土壹块在内上以何姓田下以何姓田左以看头右以何姓田为界又壹处马兰边禾田半担上以路下以李姓田左以圳右以袁姓田为界四至分明共田贰处禾田壹担半计四丘四至分明自愿将来请中出卖与石仁芳兄弟名下出价承买为业当日对中言定得受时值卖价洋银柒元正当日亲手领足不少分厘银契两相交明其田自卖之后任从买主另借管业卖者内外兄弟人等不得阻陷（挡）生枝番悔异言恐口无凭立卖退耕垦田青苗契人永远为据

其田亲卖价亲领契亲书

见中刘铁保袁考祥

宣统元年四月廿八日刘俊秀亲字立

仝日立仝收约人刘俊秀今收到石仁芳得买契内田价洋银壹并收足不少分厘所收是实不必另书散约为准

年月日中笔仝前

## 民国二年阴六月十五日张家祥收据附卖地契

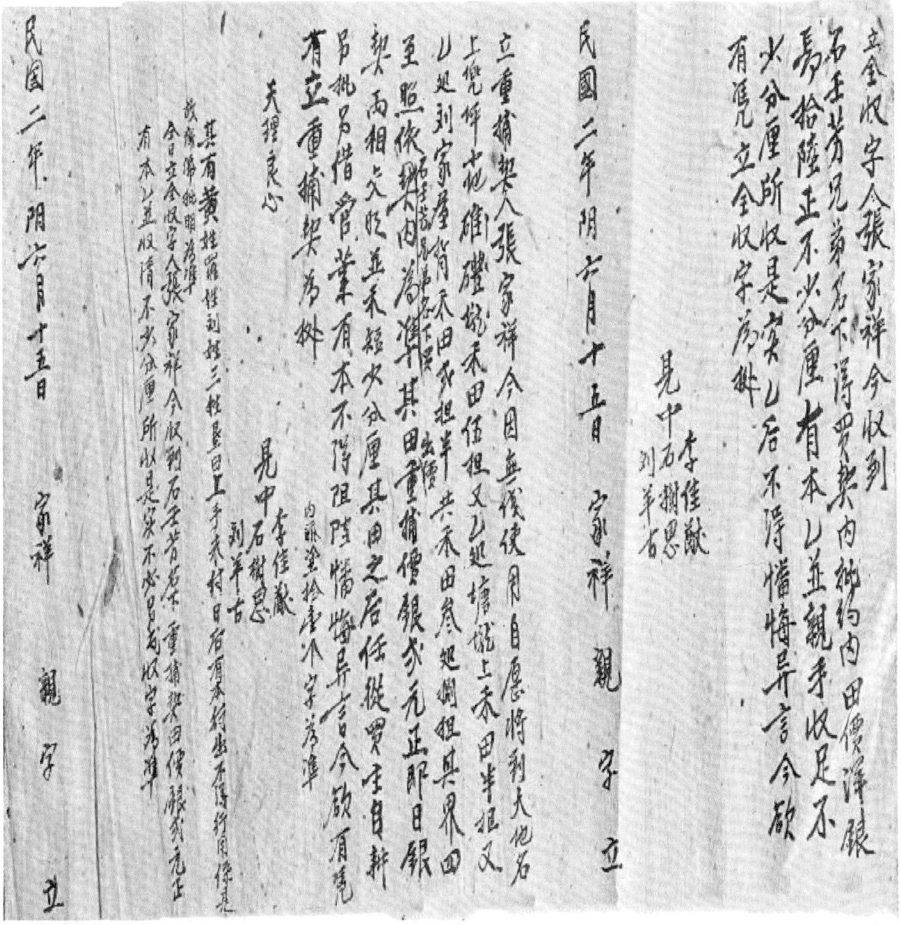

立全收字人张家祥今收到石壬芳兄弟名下得买契内批约内田价洋银肆拾陆〈元〉正不少分厘有本一并亲手收足不少分厘所收是实一（以）后不得憣悔异言今欲有凭立全收字为据

见中李佳猷石树思刘羊古

民国二年阴六月十五日家祥亲字立

立重捕（补）契人张家祥今因无钱使用自愿将到大地名上兆坪小地礌碓垅禾田伍担又一处塘垅上禾田半担又一处刘家屋背禾田贰担半共禾田叁处捌担其界四至照依石壬芳兄弟名下买契内为准其田出价重捕（补）价银贰元正即日银契两相交明并未短少分厘其田之后任从买主自耕另批另借管业有本不得阻陷（挡）憣悔异言今欲有凭有立重捕（补）契为据

内添涂拾壹个字为准

天理良心

见中李佳猷石树思刘羊古

其有黄姓罗姓刘姓三姓垦田上手未付日后有本行出不得行用系是故[?]纸批明为准

仝日立全收字人张家祥今收到石壬芳名下重捕（补）契田价银贰元正有本一并收清不少分厘所收是实不必另书收字为准

民国二年阴六月十五日家祥亲字立

民国三年十二月二十六日石福养借洋银字

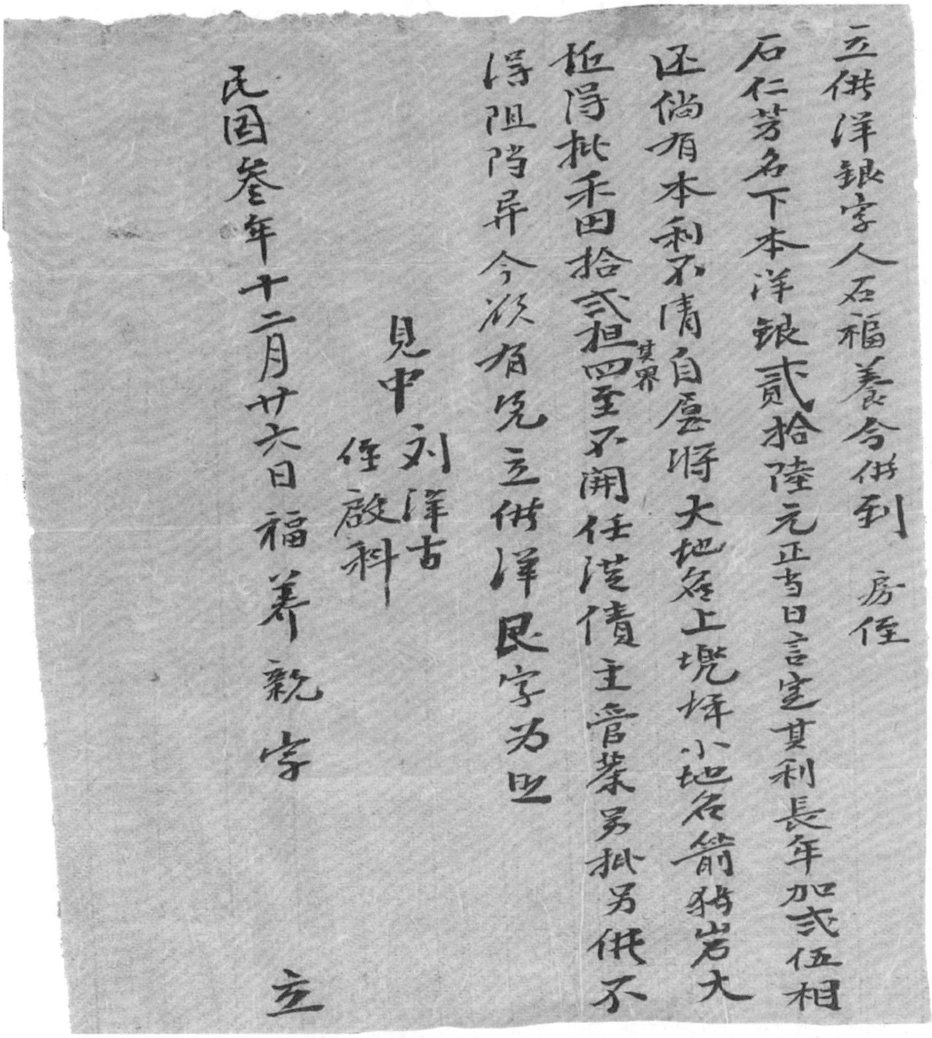

立借洋银字人石福养今借到房侄石仁芳名下本洋银贰拾陆元正当日言定其利长年加贰伍相还倘有本利不清自愿将大地名上兜坪小地名箭猪岩大丘得批禾田拾贰担其界四至不开任从债主管业另批另借不得阻陷（挡）异今欲有凭立借洋银字为照

见中刘洋古侄启科

民国叁年十二月廿六日福养亲字立

民国三十八年古二月二十四日钟付才侄龙全收据

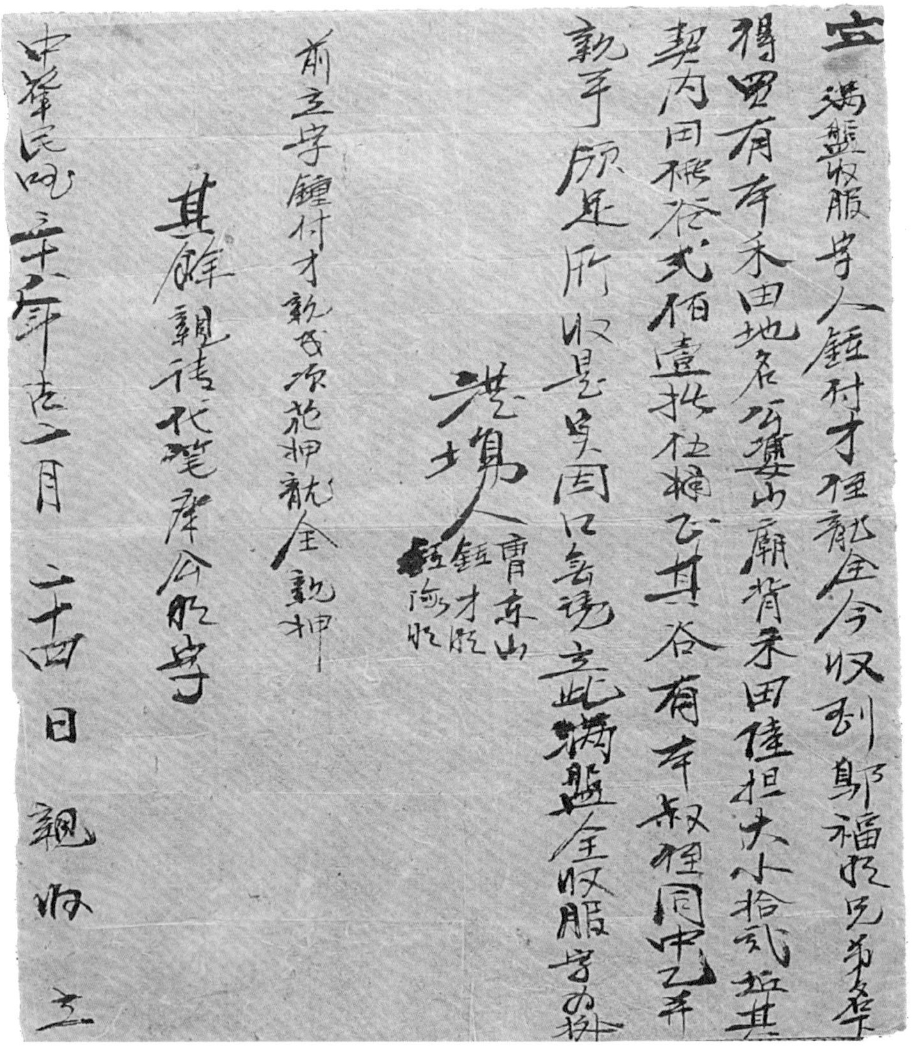

立满盘收服字人钟付才侄龙全今收到
邬福明兄弟名下得买有本禾田地名公
婆山庙背禾田陆担大小拾贰丘其契内
田价谷贰佰壹?伍桶正其谷有本叔侄同
中一并亲手领足所收是实因口无凭立
此满盘全收服字为据
从场人曹东山钟才明钟海明
前立字钟付才亲书次花押龙全亲押
其余亲请代笔庥公明字
中华民国三十八年古二月二十四日亲
收立

# 玉林（二）

## 光绪二十六年八月二十三日朱学仪卖仓牛栏契

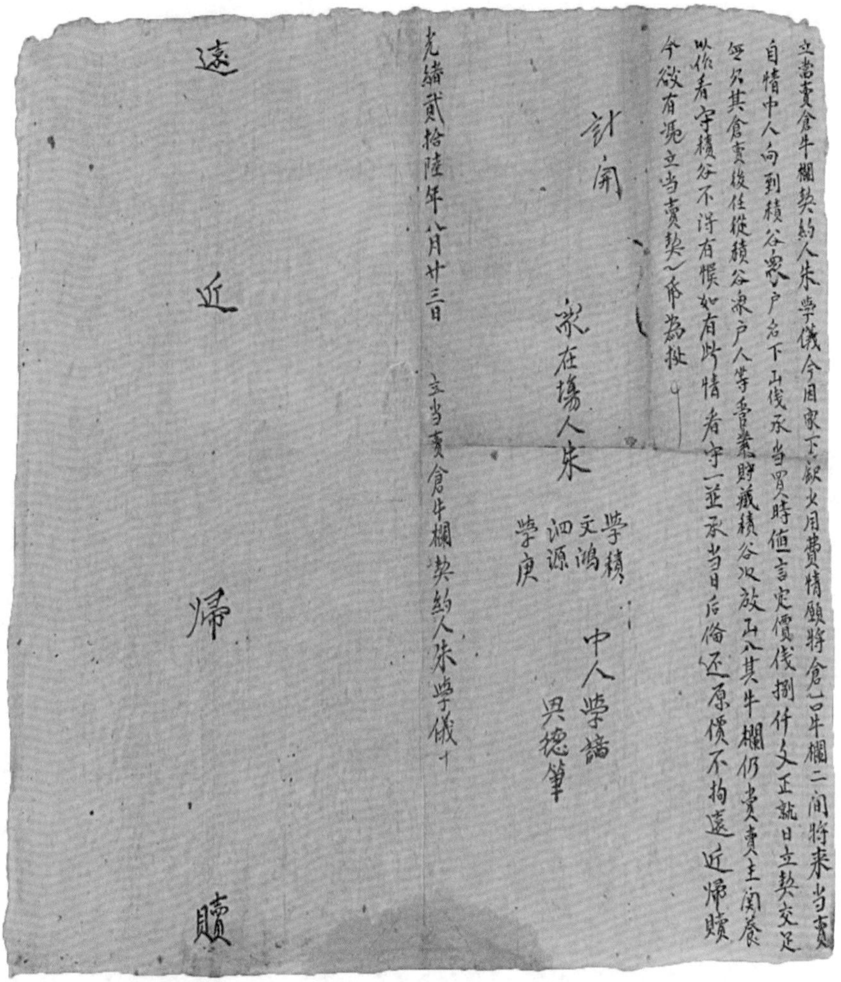

立当卖仓牛栏契约人朱学仪今因家下缺少用费情愿将仓一口牛栏二间将来当卖自情中人向到积谷众户名下山钱承当买时值言定价钱捌仟文正就日立契交足无欠其仓卖后任从积谷众户人等管业贮藏积谷收放山入其牛栏仍赏卖主关养以作看守积谷不得有误如有此情看守一并承当日后备还原价不拘远近归赎今欲有凭立当卖契一纸为据

计开

众在场人朱学积朱文鸿朱泗源朱学庚

中人学谙兴德笔

光绪贰拾陆年八月廿三日

立当卖仓牛栏契约人朱学仪【押】

远近归赎

## 光绪二十八年八月十一日蒋黄隆卖山地基契

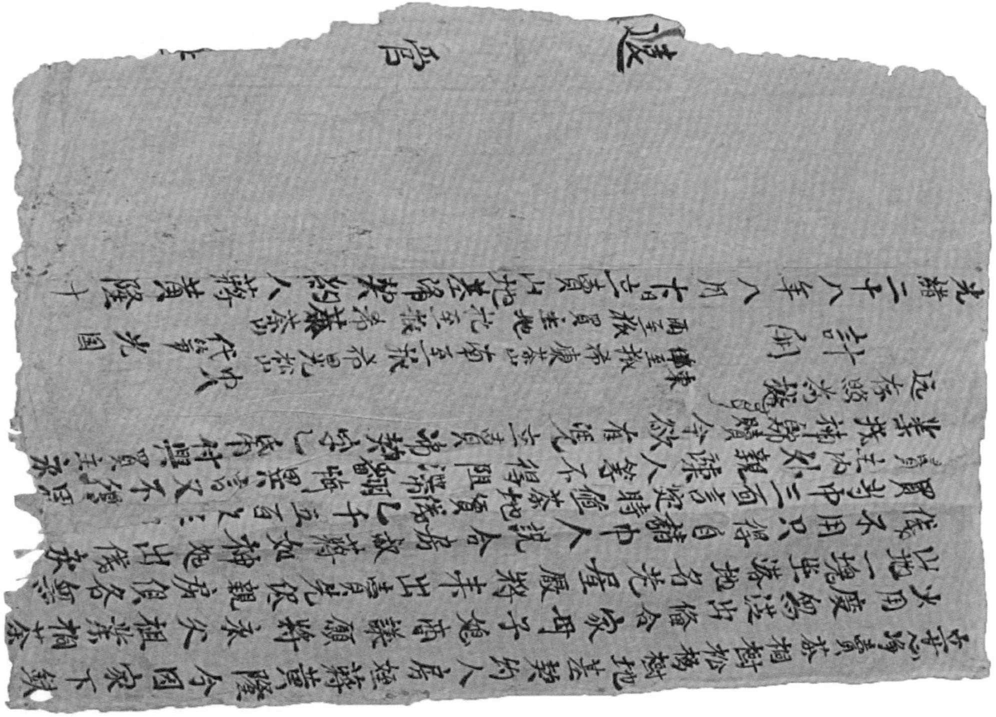

立甘心净卖茶桐松杉树地基契约人房侄蒋黄隆今因家下缺少用度无从出备合家母子媳商议愿将承父祖业桐茶山地一块坐落地名老屋厂将来出卖先尽房亲俱各无钱不用只得自请中人说合房叔蒋如神处出钱承买当中三面言定时值价钱一千五百文□□□卖主内外亲疏人等不得阻滞翻悔异言又不得思业找补归赎今欲有凭立卖（凭）契字一纸付与买主永远存照为据

计开

东至抵希⍰茶山南至抵希晃松山西至抵买主地北至抵希基〔恭〕茶山

中人代笔光国

光绪二十八年八月十一日

立卖山地基契约人蒋黄隆【押】

〈永〉〈远管〉〈业〉

# 宣统元年四月初三日朱文斗朱文组等批田契

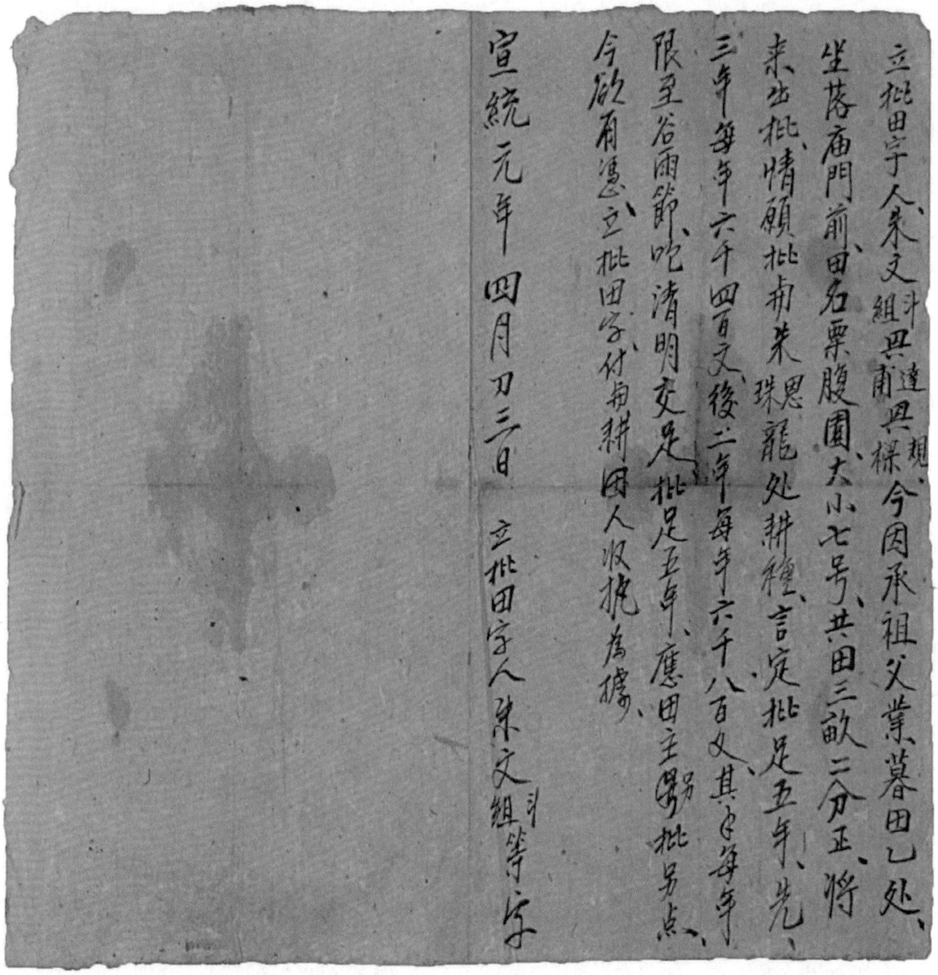

立批田字人朱文斗朱文组兴达兴甫兴规兴梁今因承祖父业暮田一处坐落庙门前田名票腹园大小七号共田三亩二分正将来出批情愿批与朱恩龙朱珠龙处耕种言定批足五年先三年每年六千四百文后二年每年六千八百文其钱每年限至谷雨节吃清明交足批足五年应田主另批另点（典）今欲有凭立批田字付与耕田人收执为据

宣统元年四月刀（初）三日

立批田字人朱文斗朱文组等字

## 宣统元年八月初七日朱氏求妹卖屋契

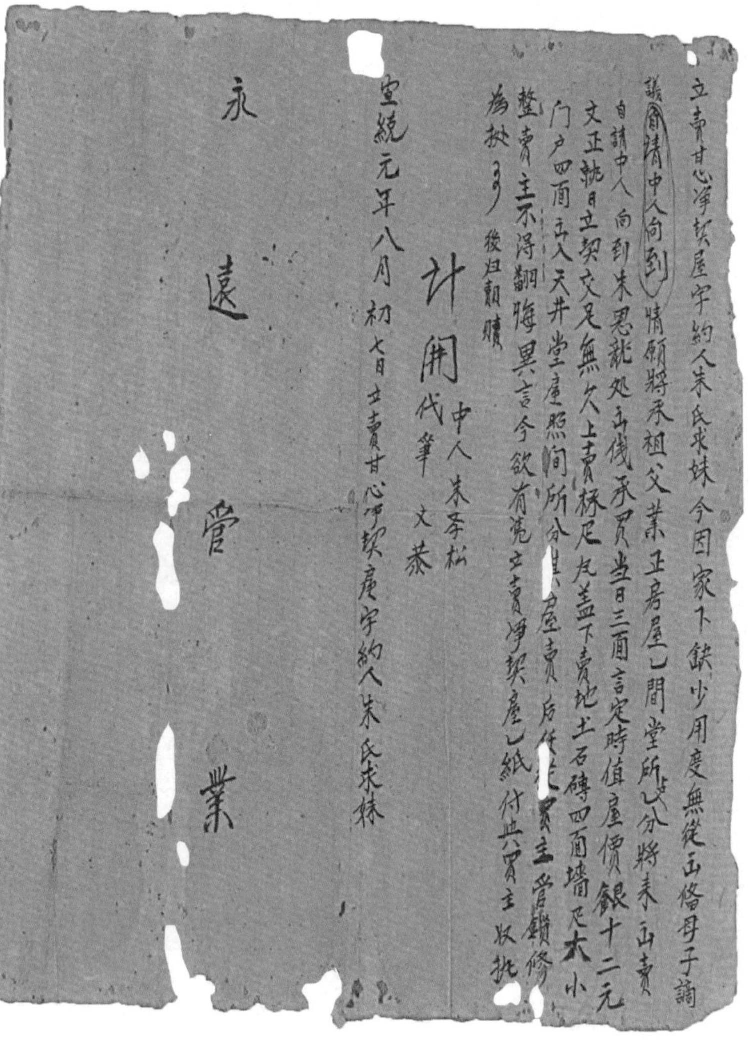

立卖甘心净契屋宇约人朱氏求妹今因家下缺少用度无从出备母子謪（商）议情愿将承祖父业正房屋一间堂所占一分将来出卖自请中人向到朱恩龙处出钱承买当日三面言定时值屋价银十二元文正就日立契交足无欠上卖桷匹瓦盖下卖地土石砖四面墙匹大小门户四面出入天井堂屋照间所分其屋卖后任从买主管锁修整卖主不得翻悔异言今欲有凭立卖净契屋一纸付与买主收执为据

后归赎〔赎〕赎

计开

中人朱学松

代笔文恭

宣统元年八月初七日立卖甘心净契屋宇约人朱氏求妹

永远管业

## 民国三年阴历十一月二十三日朱珠龙兑拨对地契

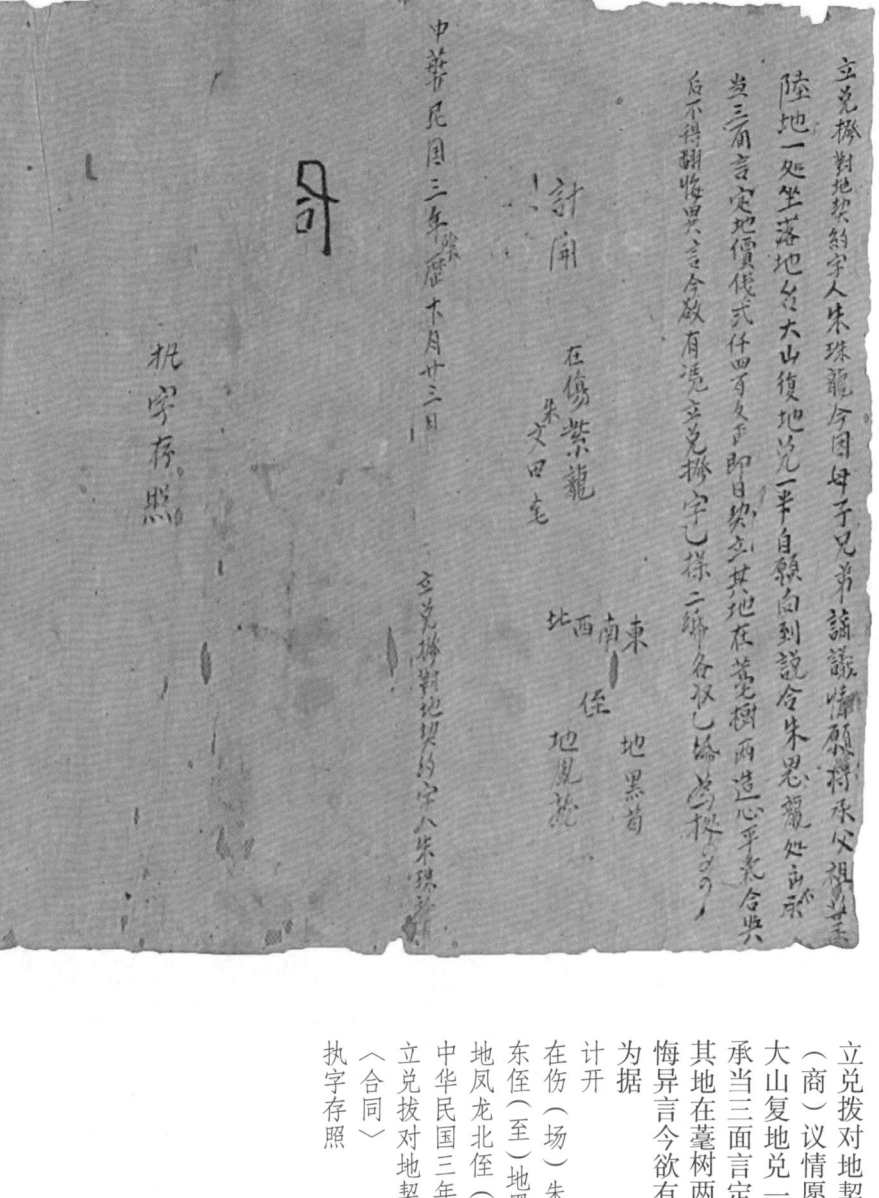

立兑拨对地契约字人朱珠龙今因母子兄弟謪（商）议情愿将承父祖业陆地一处坐落地名大山复地兑一半自愿向到说合朱恩龙处出钱承当三面言定地价钱贰仟四百文正即日立契其地在薹树两造心平气合（和）与后不得翻悔异言今欲有凭立兑拨字一样二纸各收一纸为据

计开

在伤（场）朱紫龙朱文田笔

东侄（至）地黑苟南侄（至）地黑苟西侄（至）地凤龙北侄（至）地凤龙

中华民国三年阴历十一月廿三日

立兑拨对地契约字人朱珠龙【押】

〈合同〉

执字存照

## 民国四年八月初八日朱芝龙卖田契

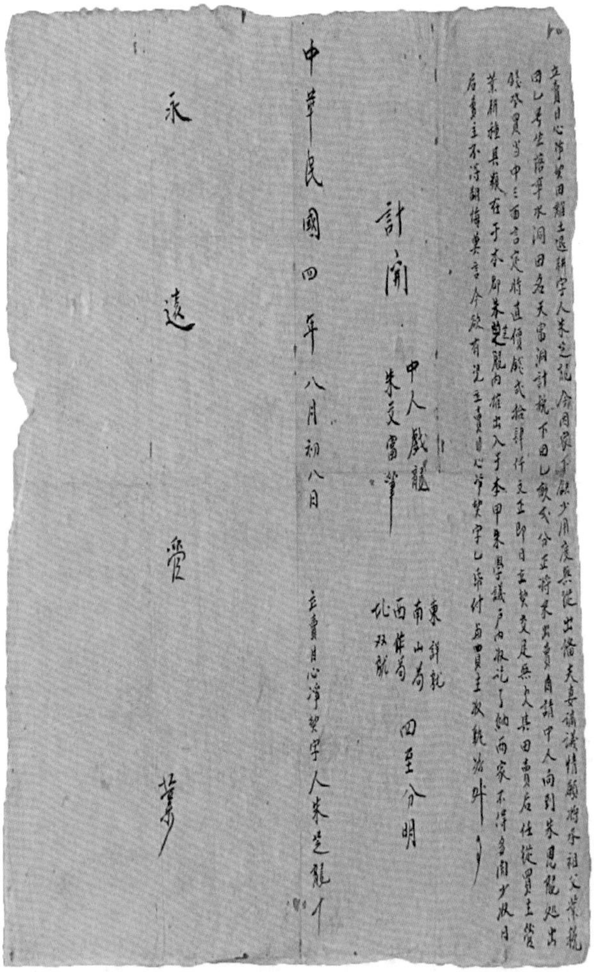

立卖甘心净契田离土退耕字人朱芝龙今因家下缺少用度无从出备夫妻谪（商）议情愿将承祖父业税田一号坐落卒水洞田名天富洞计税下田一亩贰分正将来出卖自请中人向到朱恩龙处出钱发买当中三面言定时直价钱贰拾肆仟文正即日立契交足无欠其田卖后任从买主管业耕种其粮在于本都朱芝龙内摧（推）出入于本甲朱学议户内收讫了纳两家不得多开少收日后卖主不得翻悔异言今欲有凭立卖甘心净契字一纸付与买主收执为据

计开

中人戏龙朱文富笔

东详就南山苟西作苟北双就四至分明

中华民国四年八月初八日

立卖甘心净契字人朱芝龙【押】

永远管业

民国四年十月十八日朱芝龙卖田契

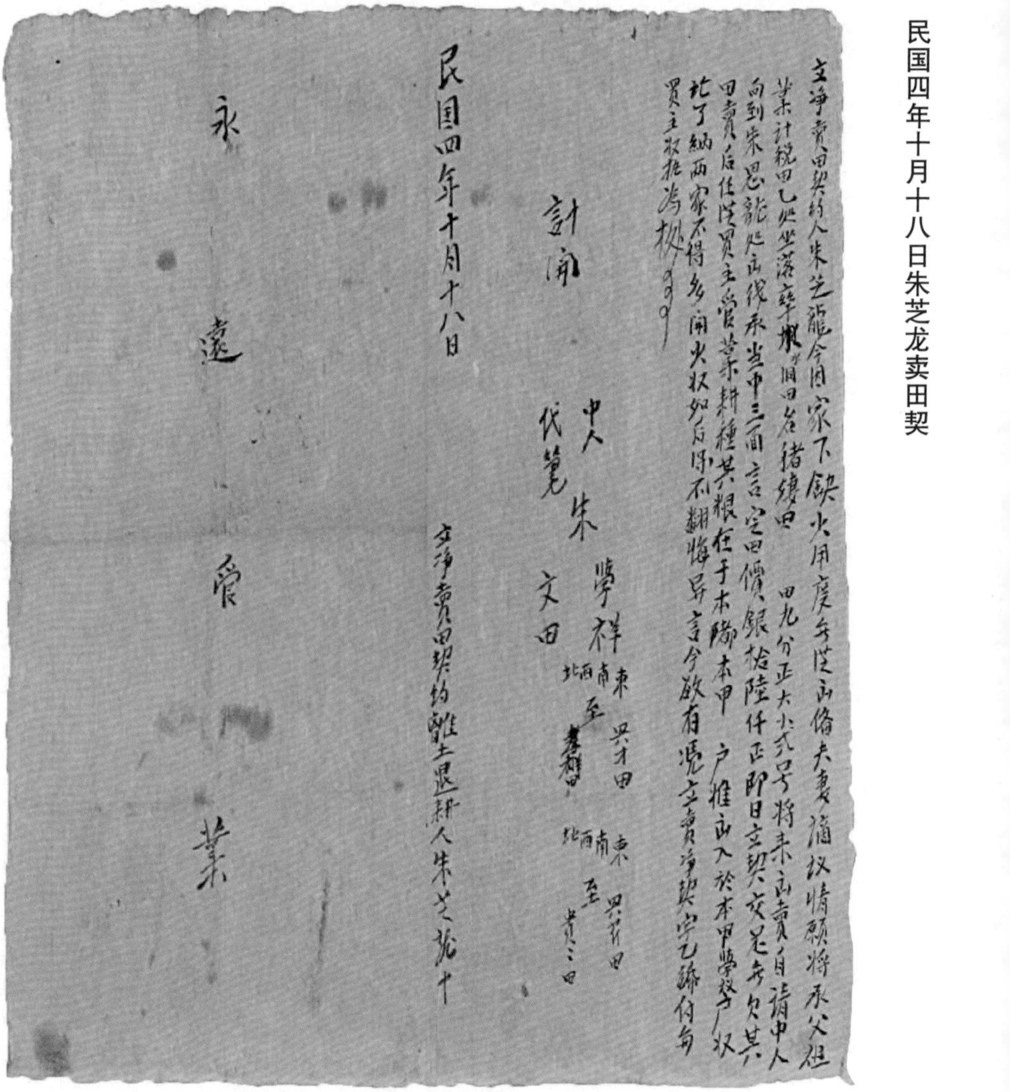

立净卖田契约人朱芝龙今因家下缺少用度无从出备夫妻谪（商）议情愿将承父祖业计税田一处坐落率墩水洞田名猪婕田　田九分正大小贰号将来出卖自请中人向到朱恩龙处出钱承当中三面言定田价银柗（拾）陆仟正即日立契交足无欠其田卖后任从买主管业耕种其粮在于本都本甲　户推出入于本甲学议户收讫了纳两家不得多开少收如后得不翻悔异言今欲有凭立卖净契字一纸付与买主收执为据

计开

中人朱学祥

代笔朱文田

东至兴才田南至兴才田西至孝祥田北至孝祥田东至兴芹田南至兴芹田西至贵贵田北至贵贵田

民国四年十月十八日

立净卖田契约离土退耕人朱芝龙【押】

永远管业

民国五年正月二十三日朱芝龙卖地契

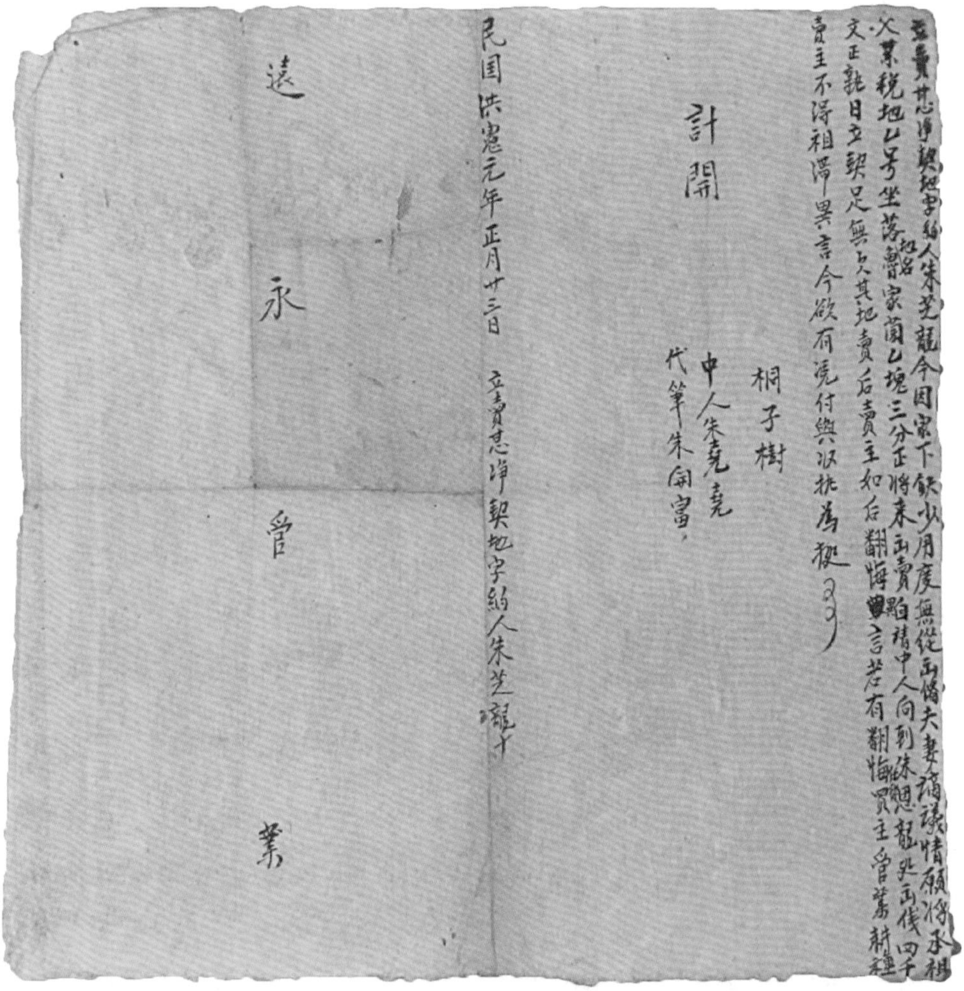

立卖甘心净契地字约人朱芝龙今因家下
缺少用度无从出备夫妻谪（商）议情愿
将承祖父业税地一号坐落地名鲁家园一
块三分正将来出卖自请中人向到朱恩龙
处出钱四千文正孰（就）日立契足无欠
其地卖后卖主如后翻悔异言若有翻悔任
从买主管业耕种卖主不得祖（阻）滞异
言今欲有凭付与收执为据
桐子树
计开
中人朱尧尧
代笔朱开富
民国洪宪元年正月廿三日
立卖甘心净契地字约人朱芝龙【押】
远（永）永（远）管业

# 民国五年二月初六日朱芝龙卖地契

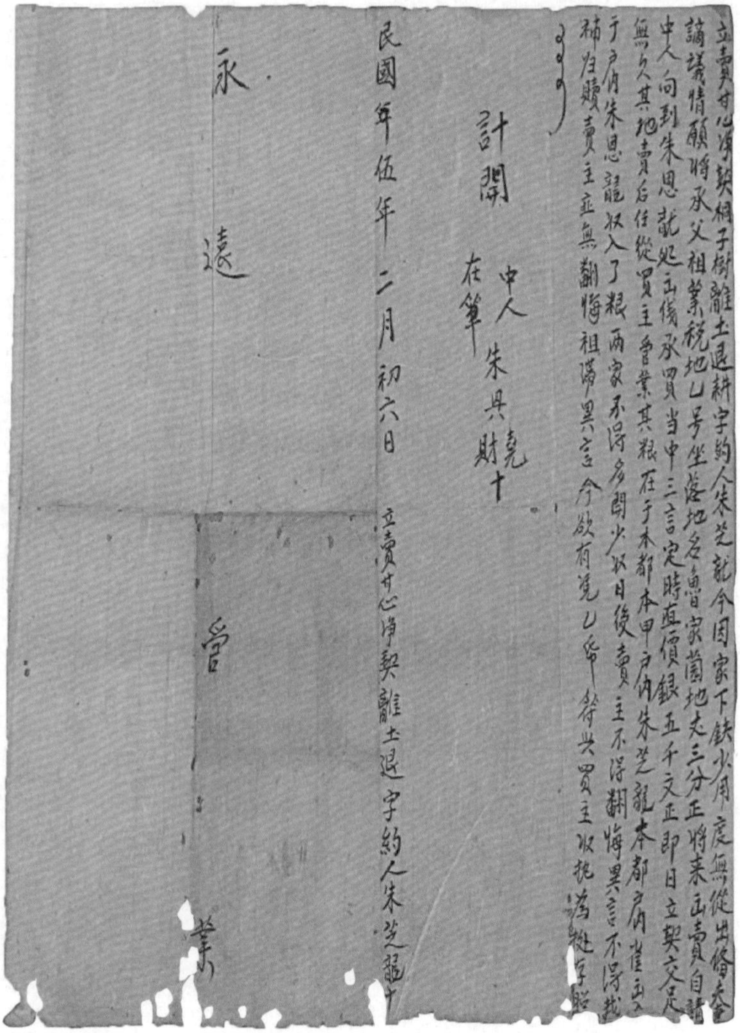

立卖甘心净契桐子树离土退耕字约人朱芝龙今因家下缺少用度无从出备夫妻謪（商）议情愿将承父祖业税地一号坐落地名鲁家园地丈三分正将来出卖自请中人向到朱恩龙处出钱承买当中三言定时直（值）价银五千文正即日立契交足无欠其地卖后任从买主管业其粮在于本都本甲户内朱芝龙本都户内雀（推）出入于户内朱恩龙收入了粮两家不得多开少收日后卖主不得翻悔异言不得找补归赎卖主并无翻悔祖（阻）滞异言今欲有凭一纸符兴买主收执为据存照

计开

中人朱兴尧【押】

在笔朱兴财【押】

民国伍年二月初六日

立卖甘心净契离土退字约人朱芝龙【押】

永远管业

## 民国五年二月二十日朱秋龙卖屋契

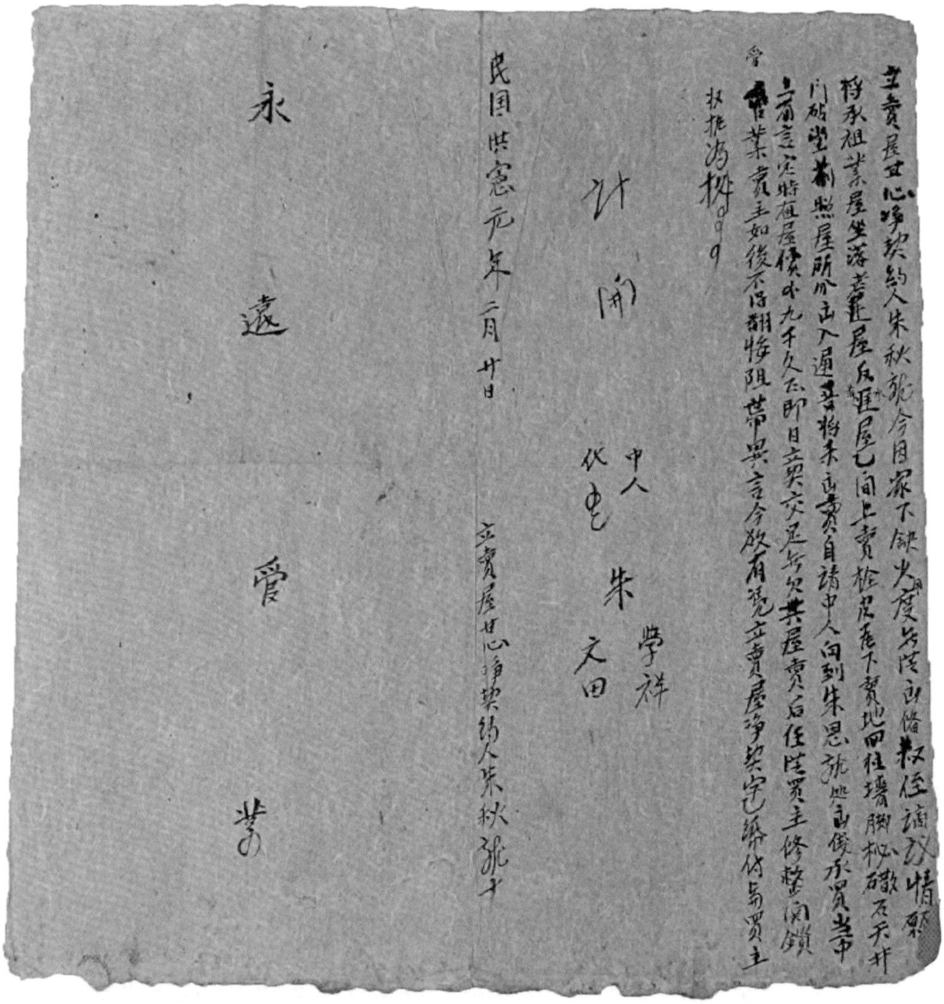

立卖屋甘心净契约人朱秋龙今因家下缺少用度无从出备叔侄谪（商）议情愿将承祖业屋坐落老?屋反水涯?屋一间上卖栓皮瓦下卖地四柱墙脚秘磩石天井门砧堂前照屋所分出入通?将来出卖自请中人向到朱恩龙处出钱承买当中三面言定时值屋价钱九千文正即日立契交足无欠其屋卖后任从买主修整关锁管业卖主如后不得翻悔阻带（滞）异言今欲有凭立卖屋净契字一纸付与买主收执为据

计开

中人朱学祥

代笔朱文田

民国洪宪元年二月廿日

立卖屋甘心净契约人朱秋龙【押】

永远管业

## 民国五年八月十一日唐永咸卖地契

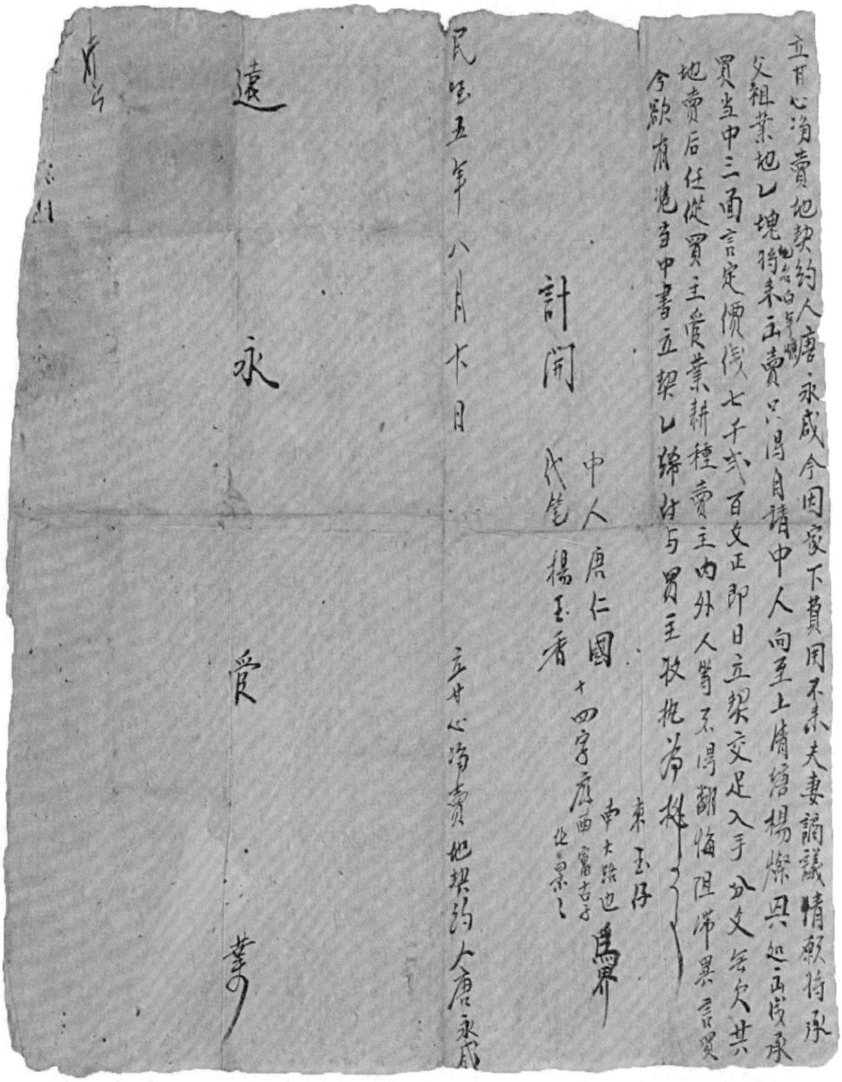

立甘心净卖地契约人唐永咸今因家下费用不来夫妻謪（商）议情愿将承父祖业地一块地名白年塘将来出卖只得自请中人向至上清塘杨灿兴处出钱承买当中三面言定价钱七千贰百文正即日立契交足入手分文无欠其地卖后任从买主管业耕种卖主内外人等不得翻悔阻滞异言买今欲有凭当中书立契一纸付与买主收执为据

计开

中人唐仁国【押】

代笔杨玉香【押】

四字底东玉仔南大路边西富古子北景之为界

民国五年八月十一日

立甘心净卖地契约人唐永咸

远（永）永（远）管业

## 民国五年十一月□日朱芝龙卖会字

立卖会字约人朱芝龙今因家下缺少用度无从出备叔伯谪（商）议情愿将承会一分将来出卖自请中人向到朱恩龙处出钱买当中三面言定时值价钱七千九百文正即日立契交足无欠其会卖后任从买主管收不得翻悔异言今欲有凭立卖会纸一张付与买主收执为据

中人朱戏龙

代笔朱开银

中华民国五年十一〈月〉□日

立卖会字约〈人朱〉芝龙

执字为凭

## 民国六年又二月二十日朱相龙卖地契

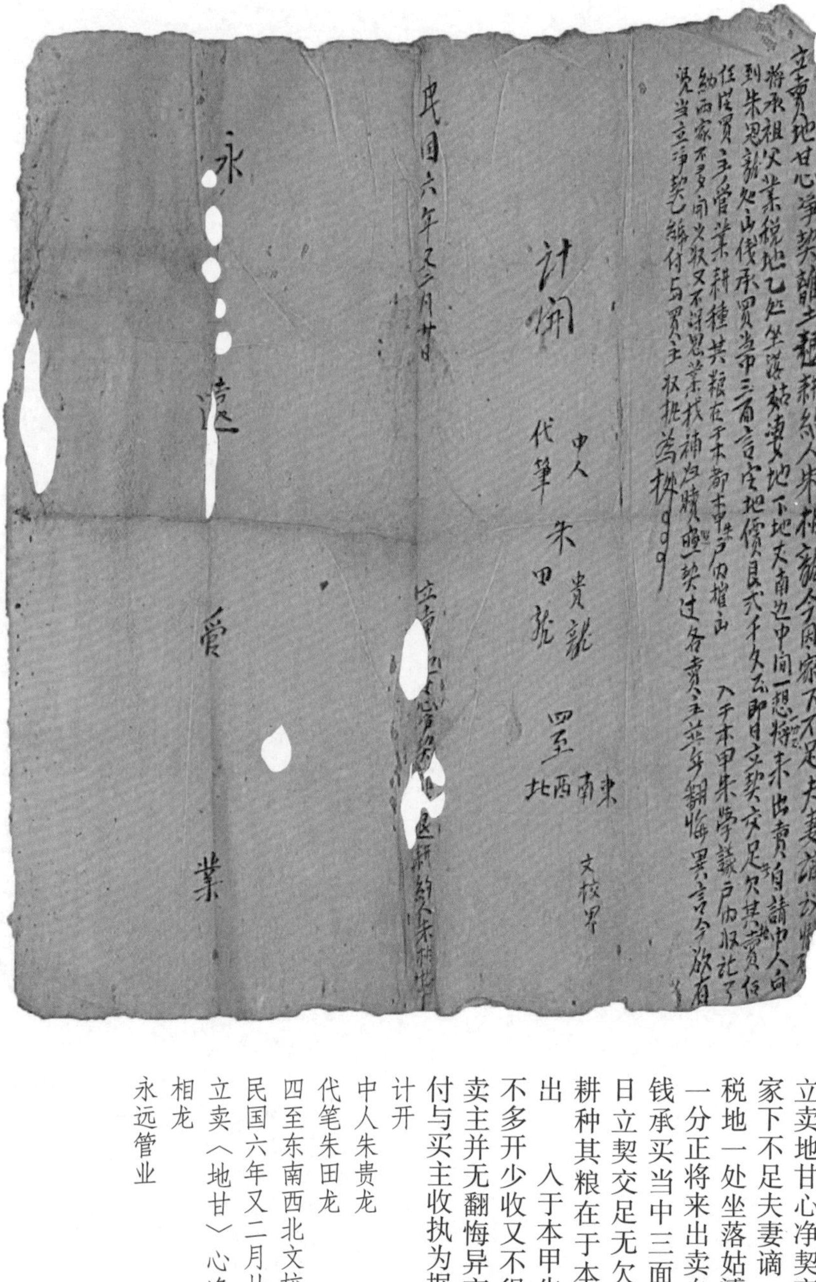

立卖地甘心净契离土退耕约人朱相龙今因家下不足夫妻谪（商）议情愿将承祖父业税地一处坐落姑溇地下地丈南边中间一想一分正将来出卖自请中人向到朱恩龙处出钱承买当中三面言定地价银贰千文正即日立契交足无欠其地卖后任从买主管业耕种其粮在于本都本甲朱户内摧（推）出　入于本甲朱学议户内收讫了纳两家不多开少收又不得思业找补归赎照契过各卖主并无翻悔异言今欲有凭当立净契一纸付与买主收执为据

计开

中人朱贵龙

代笔朱田龙

四至东南西北文校界

民国六年又二月廿日

立卖〈地甘〉心净契离〈土〉退耕约人朱相龙

永远管业

## 民国六年二月二十三日王绍瑧卖屋契

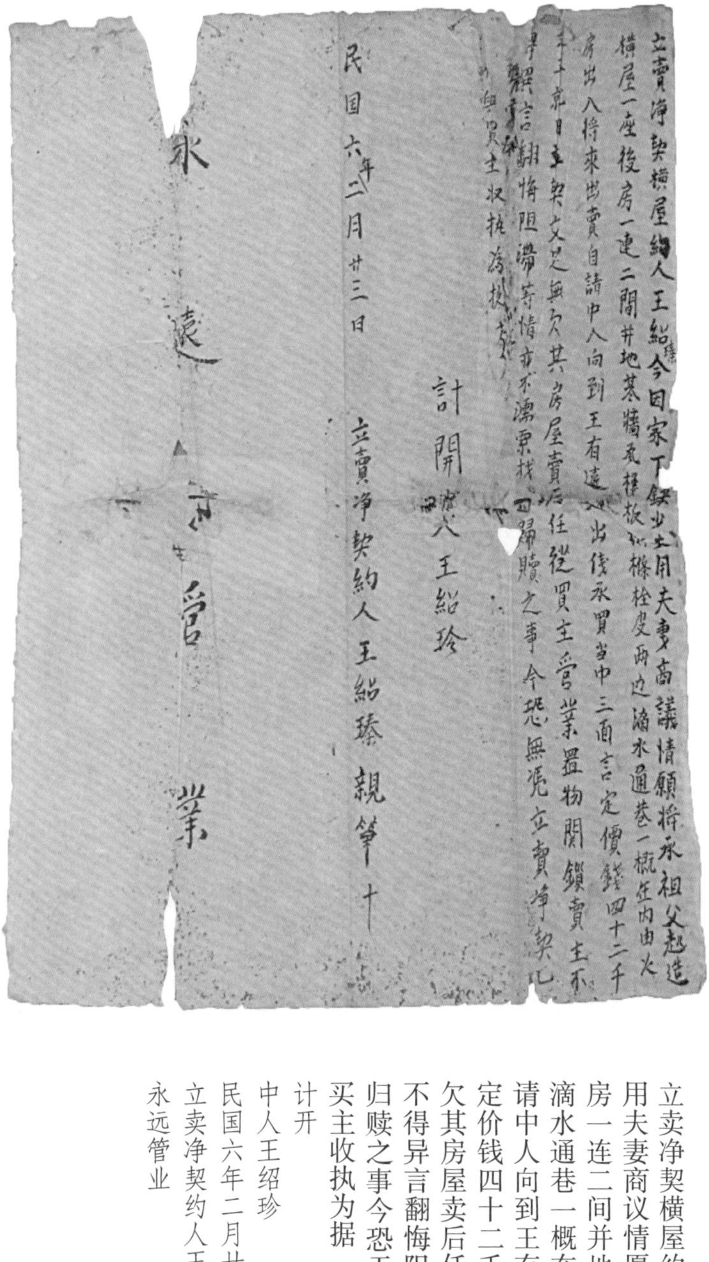

立卖净契横屋约人王绍瑧今因家下缺少土用夫妻商议情愿将承祖父起造横屋一座后房一连二间并地基墙瓦楼板□条栓皮两边滴水通巷一概在内由火房出入将来出卖自请中人向到王有远□出钱承买当中三面言定价钱四十二千文□〈就〉日立契交足无欠其房屋卖后任从买主管业置物关锁卖主不得异言翻悔阻滞等情亦不濡索找〈补〉归赎之事今恐无凭立卖净契一纸凭?发与买主收执为据

计开

中人王绍珍

民国六年二月廿三日

立卖净契约人王绍瑧亲笔【押】

永远管业

## 民国九年三月二十六日王绍生卖地契

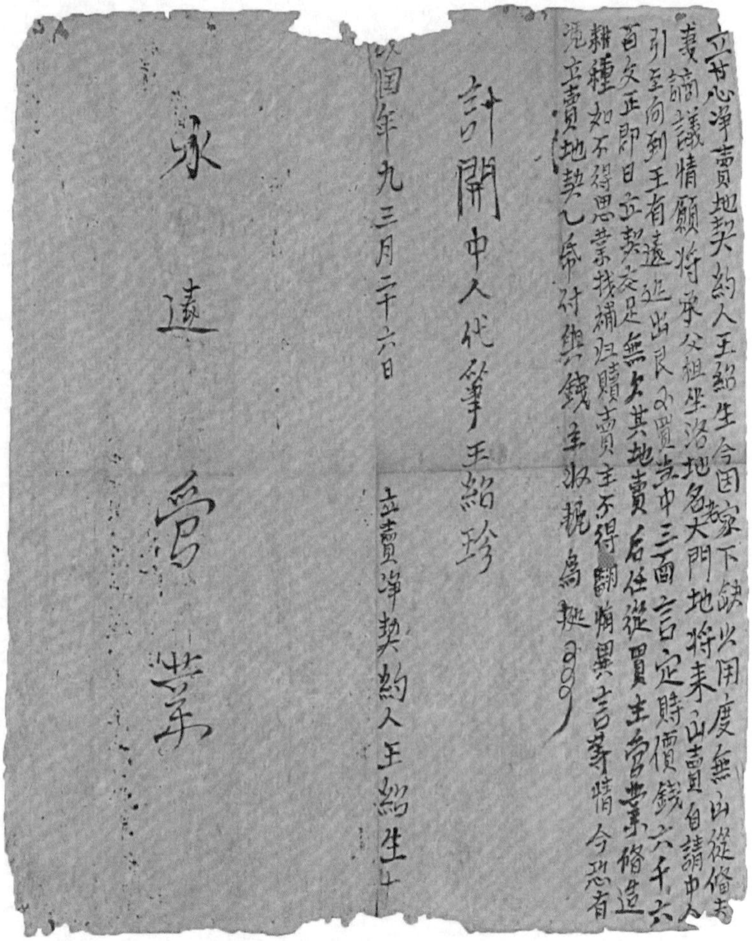

立甘心净卖地契约人王绍生今因家下缺少用度无出从备夫妻谪（商）议情愿将承父祖〈业〉坐洛（落）地名老大门地将来出卖自请中人引至向到王有远处出银承买当中三面言定时价钱六千六百文正即日立契交足无欠其地卖后任从买主管业修造耕种如不得思业找补归赎卖主不得翻悔异言等情今恐有凭立卖地契一纸付与钱主收执为据

计开

中人代笔王绍珍

民国年（九）九（年）三月二十六日

立卖净契约人王绍生【押】

永远管业

## 民国十一年古三月初七日唐美相卖田契

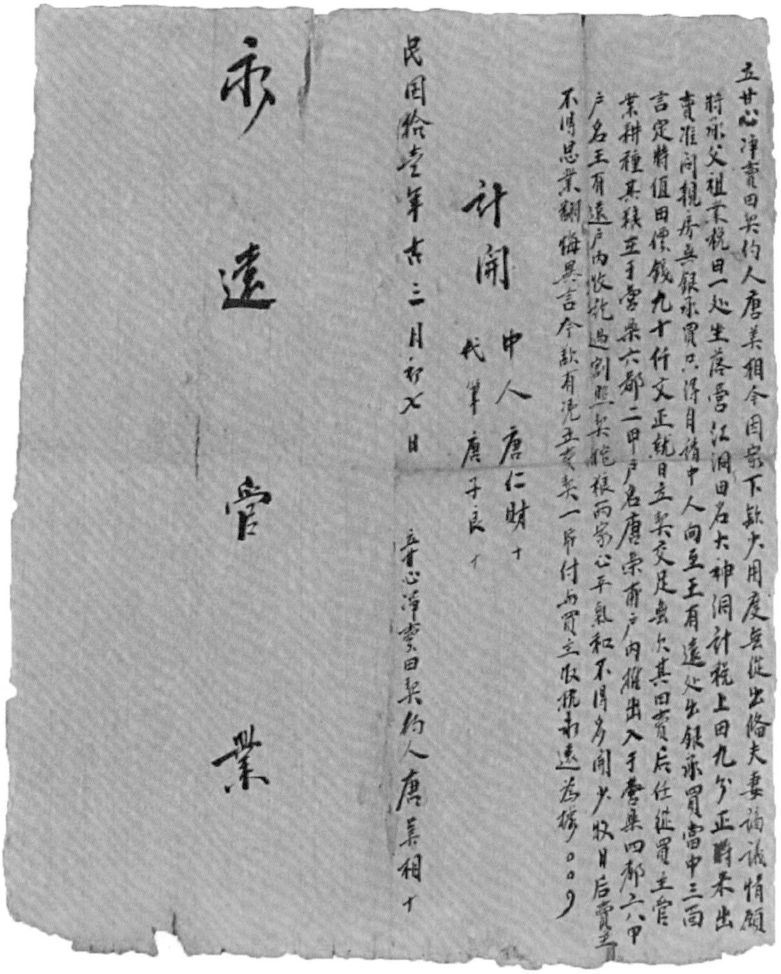

立甘心净卖田契约人唐美相今因家下缺少用度无从出备夫妻谪（商）议情愿将承父祖业税田一处坐落营江洞田名大神洞计税上田九分正将来出卖准问亲房无银承买只得自请中人向至王有远处出银承买当中三面言定时值田价钱九十仟文正就日立契交足无欠其田卖后任从买主管业耕种其粮在于营乐六都二甲户名唐荣甫户内推出入于营乐四都六甲户名王有远户内收讫过割照契▢粮两家心平气和不得多开少收日后卖主不得思业翻悔异言今欲有凭立卖契一纸付与买主收执永远为据

计开

中人唐仁财【押】

代笔唐子良【押】

民国拾壹年古三月初七日

立甘心净卖田契约人唐美相【押】

永远管业

民国十三年二月初七日朱学祥卖田契

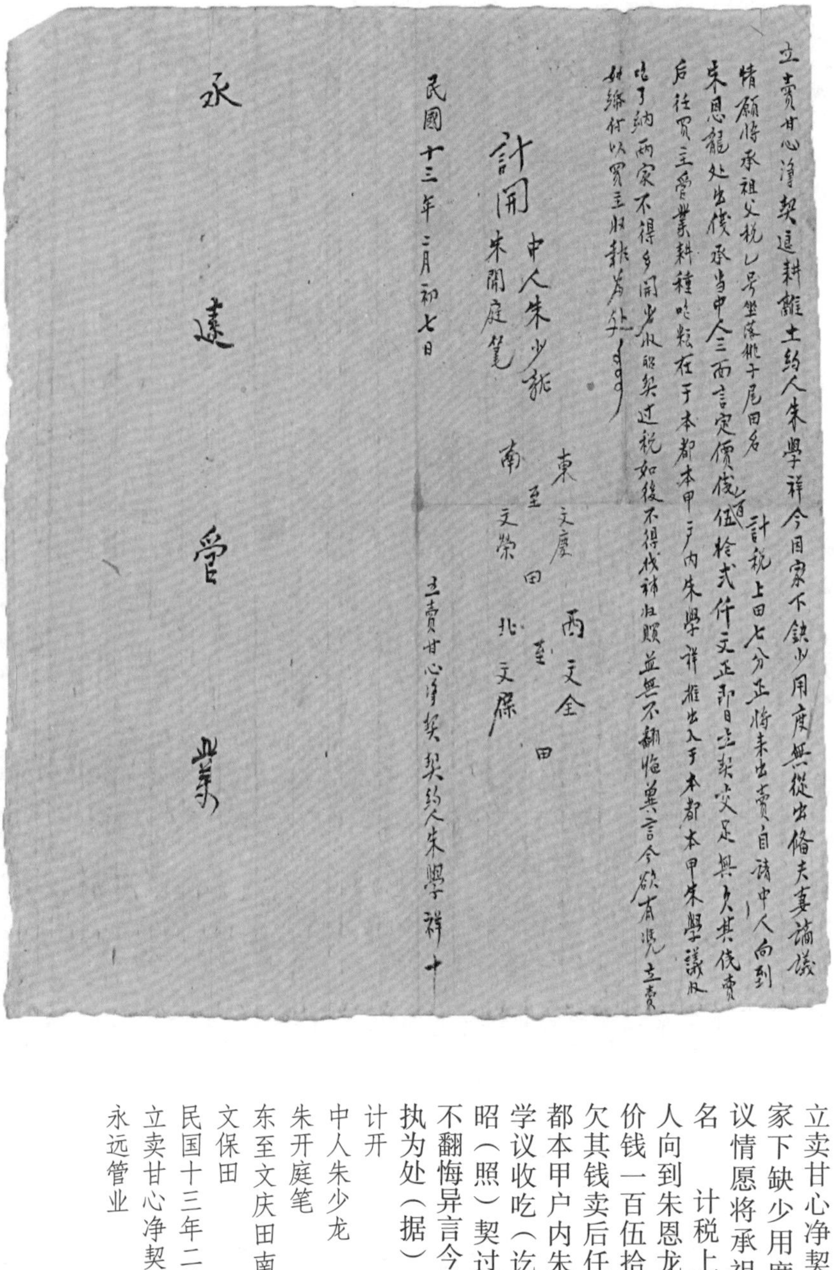

立卖甘心净契退耕离土约人朱学祥今因家下缺少用度无从出备夫妻谪（商）议情愿将承祖父税一号坐落桃子尾田名　计税上田七分正将来出卖自请中人向到朱恩龙处出钱承当中人三面言定价钱一百伍拾贰仟文正即日立契交足无欠其钱卖后任买主管业耕种吃粮在于本都本甲户内朱学祥推出入于本都本甲朱学议收吃（讫）了纳两家不得多开少收昭（照）契过税如后不得找补归赎并无不翻悔异言今欲有凭立卖?纸付以买主收执为处（据）

计开

中人朱少龙

朱开庭笔

东至文庆田南至文荣田西至文全田北至文保田

民国十三年二月初七日

立卖甘心净契契约人朱学祥【押】

永远管业

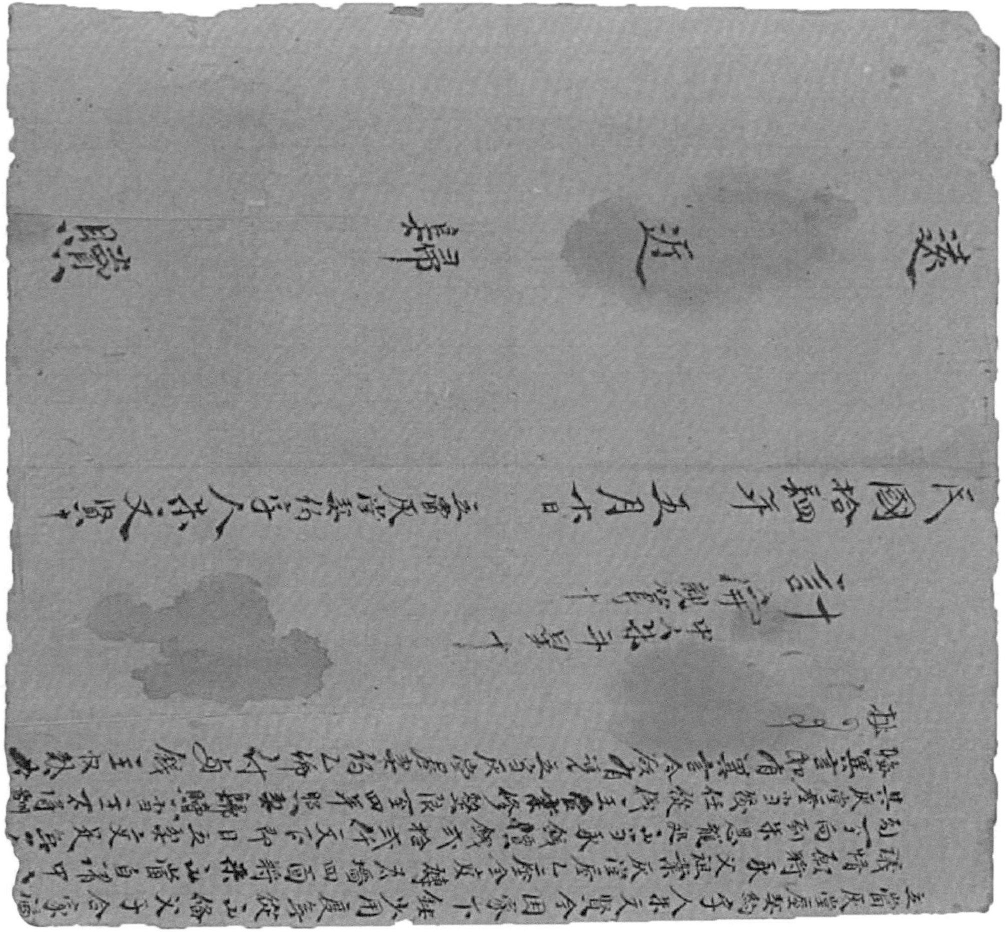

**民国十四年五月十一日朱文贤当灰堂屋契**

立当灰堂屋契约字人朱文贤今因家下缺
少用度无从出备父子合家商（商）议情
愿将承父祖业灰堂屋一座全庭砖瓦墙四
面将来出当自请中人引至向到朱恩龙处
出当承当价钱贰拾贰仟文正即日立契交
足无欠其灰钱当后任从钱主管业修整
限至四年照契归赎当主不得翻悔异言如
有异言今欲有凭立当灰堂屋契约一纸付
与钱主收执为据

计开

中人朱斗星【押】　亲笔【押】

民国拾肆年五月十一日

立当灰堂契约字人朱文贤【押】

远近归赎

# 民国十四年十二月二十六日朱文贤卖屋契

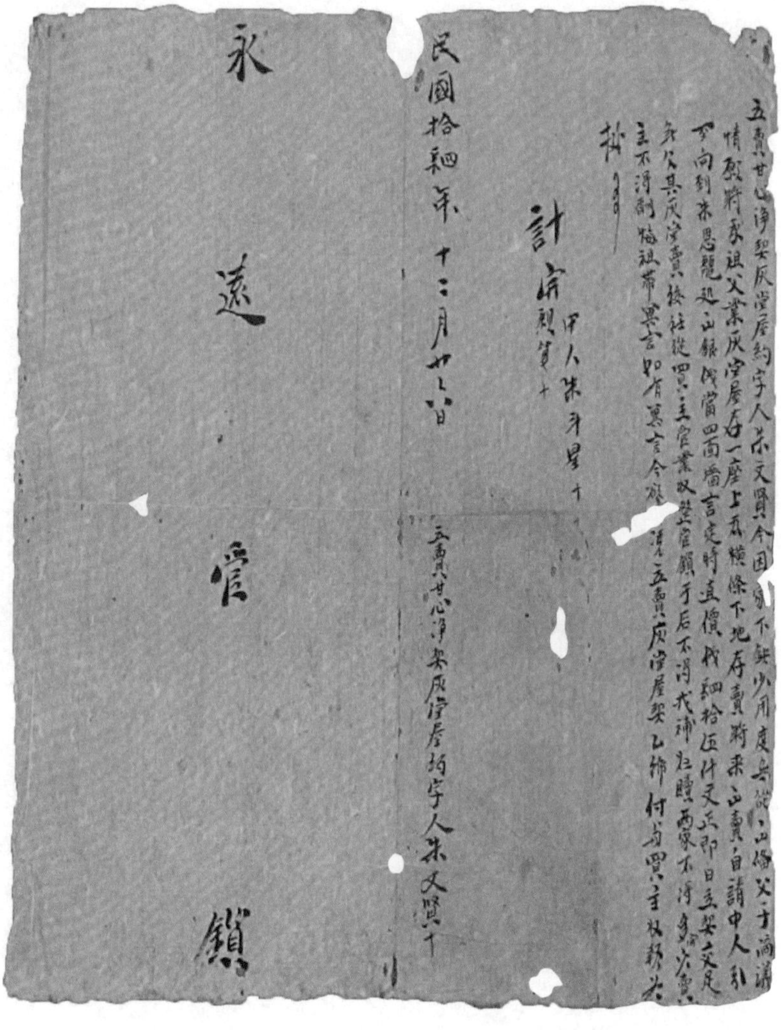

立卖甘心净契灰堂屋约字人朱文贤今因家下缺少用度无从出备父子谪（商）议情愿将承祖父业灰堂屋存一座上瓦横条下地存卖将来出卖自请中人引至向到朱恩龙处出银钱当四面墙言定时直价钱肆拾伍仟文正即日立契交足无欠其灰堂卖后任从买主管业收整管锁于后不得找补归赎两家不得多开少〈收〉卖主不得翻悔祖（阻）带（滞）异言如有异言今欲〈有〉凭立卖灰堂屋契一纸付与买主收执为据

计开

中人朱斗星【押】亲笔【押】

民国拾肆年十二月廿六日

立卖甘心净契灰堂屋约字人朱文贤【押】

永远管锁

## 民国十五年二月初二日朱开富卖田契

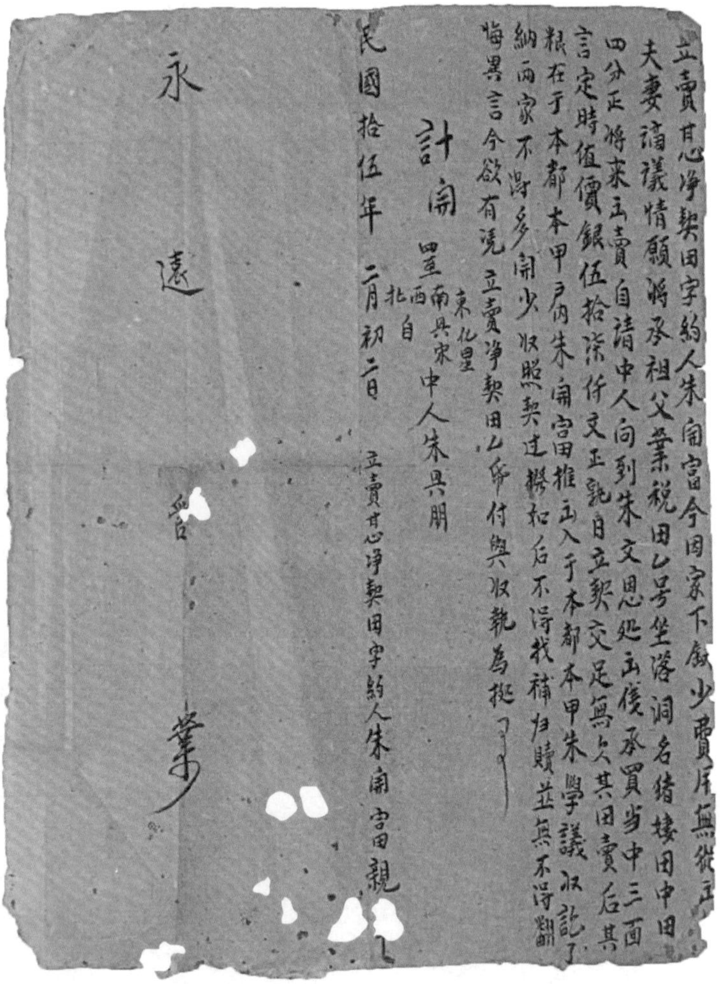

立卖甘心净契田字约人朱开富今因家下缺少费用无从出（备）夫妻谪（商）议情愿将承祖父业税田一号坐落洞名猪娄田中田四分正将来出卖自请中人向到朱文恩处出钱承买当中三面言定时值价银伍拾柒仟文正孰日立契交足无欠其田卖后其粮在于本都本甲户内朱开富推出入于本都本甲朱学议收讫了纳两家不得多开少收照契过拨如后不得找补归赎并无不得翻悔异言今欲有凭立卖净契田一纸付与收执为据

计开

四至东化星南兴宋西自北自

中人朱兴朋

民国拾伍年二月初二日

立卖甘心净契田字约人朱开富亲笔

永远管业

## 民国十五年二月十八日蒋必祥当茶山契

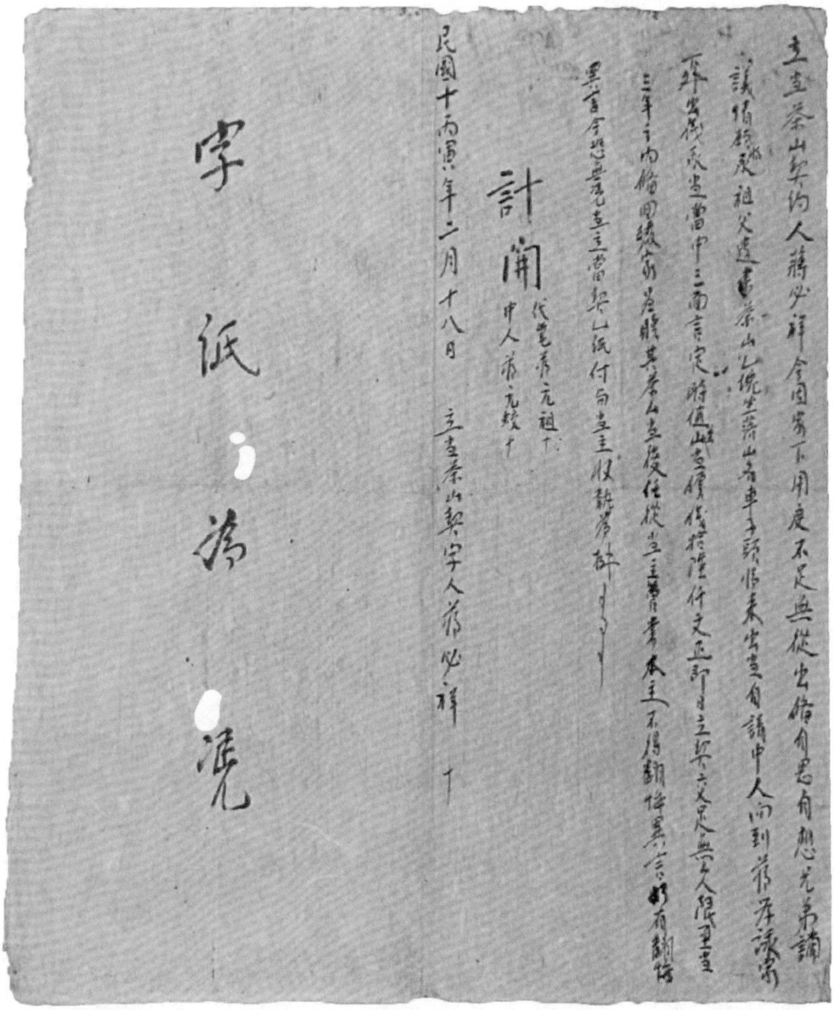

立当茶山契约人蒋必祥今因家下用度不足无从出备自思自想兄弟谪（商）议情愿将承祖父遗业茶山一块坐落山名车子头情来出当自请中人向到蒋为泳家下处出钱家承当中三面言定时值茶山当价钱拾陆仟文正即日立契交足无欠限至当三年之内备回缴家为赎其茶山当后任从当主管业本主不得翻悔异言如有翻悔异言今恐无凭当立当契一纸付与当主收执为据

计开

代笔蒋元祖【押】

中人蒋元蛟【押】

民国十〈五〉丙寅年二月十八日

立当茶山契字人蒋必祥【押】

字纸为凭

## 民国十五年二月二十五日魏兴星借钱契

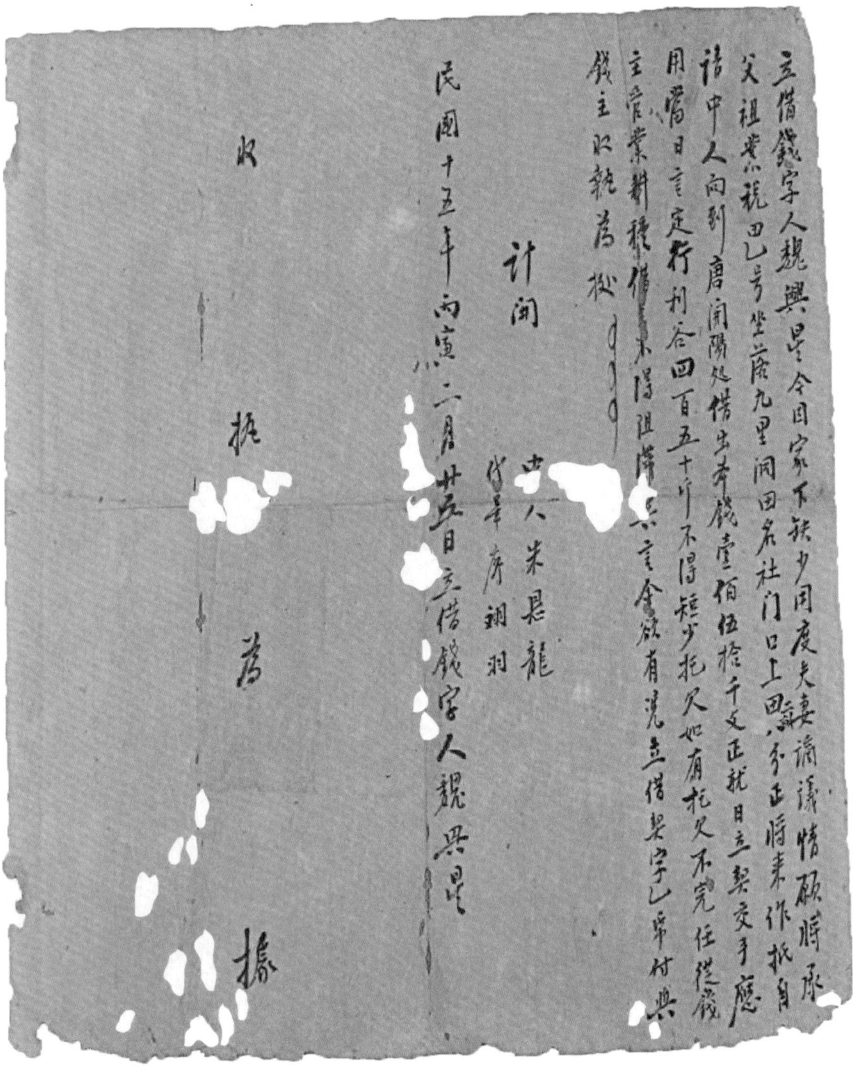

立借钱字人魏兴星今因家下缺少用度夫妻谪（商）议情愿将承父祖业税田一号坐落九里洞田名社门口上田二亩八分正将来作抵自请中人向到唐开阳处借出本钱壹佰伍拾千文正就日立契交手应用当日言定行利谷四百五十斤不得短少托（拖）欠如有托（拖）欠不完任从钱主管业耕种借⍰不得阻滞〈异〉言今欲有凭立借契字一纸付与钱主收执为据

计开

中人朱恩龙

代笔廖翊羽

民国十五年丙寅二月廿五日立借钱字人魏兴星

收执为据

# 民国十七年二月十八日王有新卖屋地契

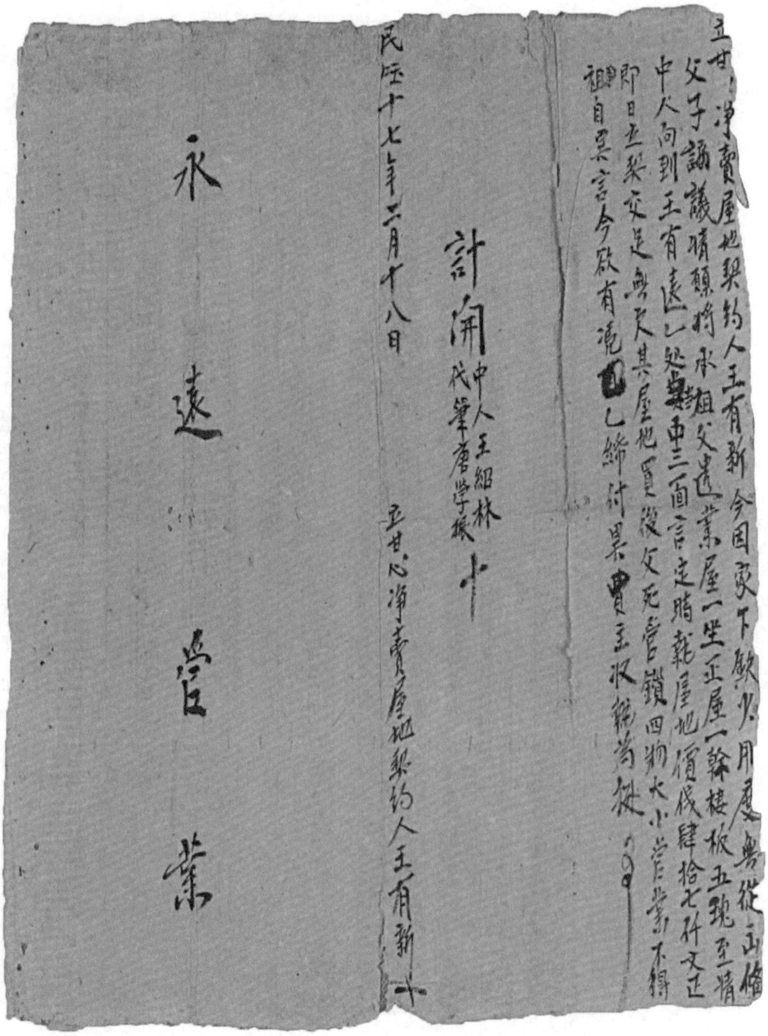

立甘〈心〉净卖屋地契约人王有新今因家下缺少用度无从出备父子谪（商）议情愿将承祖父遗业屋一坐（座）正屋一干楼板五块至请中人向到王有远一处当中三面言定时执屋地价钱肆拾七仟文正即日立契交足无欠其屋地买后父死管锁四物大小管业不得祖（阻）自（滞）异言今欲有凭一纸付异［与］买主收执为据

计开

中人王绍林【押】

代笔唐学振【押】

民国十七年二月十八日

立甘心净卖屋地契约人王有新【押】

永远管业

## 民国十七年二月二十七日朱相龙卖灰堂地契

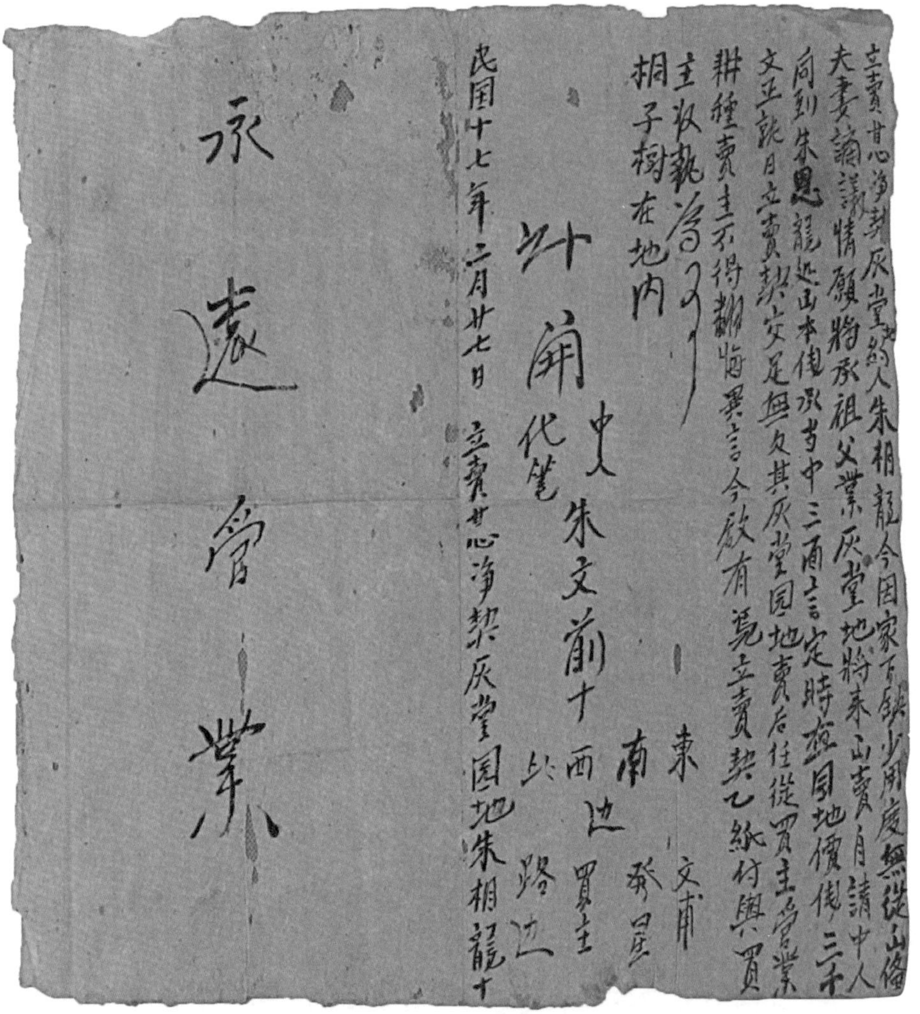

立卖甘心净契灰堂地约人朱相龙今因家下缺少用度无从出备夫妻謪（商）议情愿将承祖父业灰堂地将来出卖自请中人向到朱恩龙处出本钱承〈买〉当中三面言定时值园地价钱三千文正就日立卖契交足无欠其灰堂园地卖后任从买主管业耕种卖主不得翻悔异言今欲有凭立卖契一纸付与买主收执为〈据〉

桐子树在地内

计开

中人代笔朱文前【押】

东边文甫南边发星西边买主北边路边

民国十七年二月廿七日

立卖甘心净契灰堂园地朱相龙【押】

永远管业

## 民国二十年正月初二日朱文后当田字契

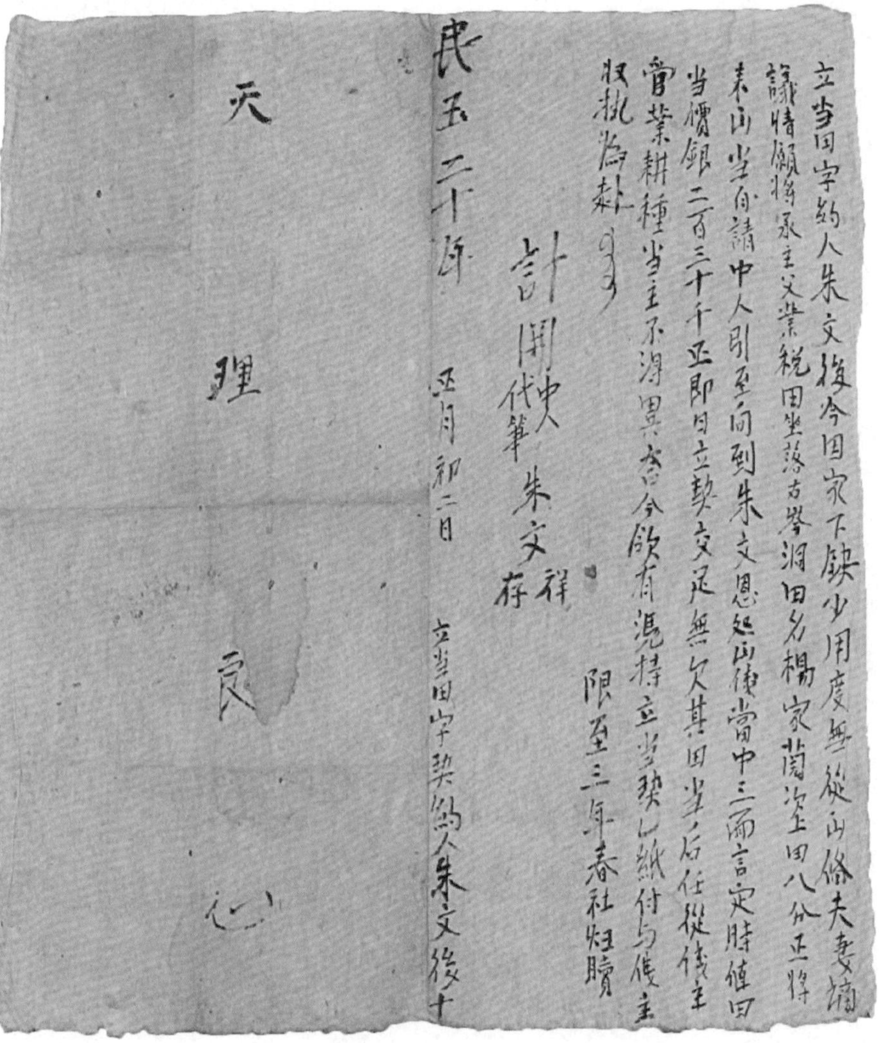

立当田字约人朱文后今因家下缺少用度无从出备夫妻谪（商）议情愿将承主父业税田坐落古岭洞田名杨家园次上田八分正将来出当自请中人引至向到朱文恩处出钱当中三面言定时值田当价银二百三十千正即日立契交足无欠其田当后任从钱主管业耕种当主不得异言今欲有凭持立当契一纸付与钱主收执为赴（据）限至三年春社归赎

计开

中人朱文祥

代笔朱文存

民国二十年正月初二日

立当田字契约人朱文后【押】

天理良心

## 民国二十年七月初九日朱兴云借钱契

立借钱契字约人朱兴云今因家下缺少用度无从备自愿谪（商）议将承祖业税田一字坐落磨头岭田名次上四分正将来作低（抵）自请中人向到朱恩龙处出钱承借当中三面〈言〉定时值钱借出本钱伍拾仟文正就日立契交足无欠其钱借后每年行利加二零五不得短少托（拖）欠如有托（拖）欠不完任从钱主管业耕种借主日后不得翻悔异言今欲有凭当立借钱契一纸付与钱主收执为据

计开

中人朱兴会

民国二十年七月初九日

立借钱契字约人朱兴云笔【押】

天理良心

# 民国二十一年七月十一日朱财星当屋地契

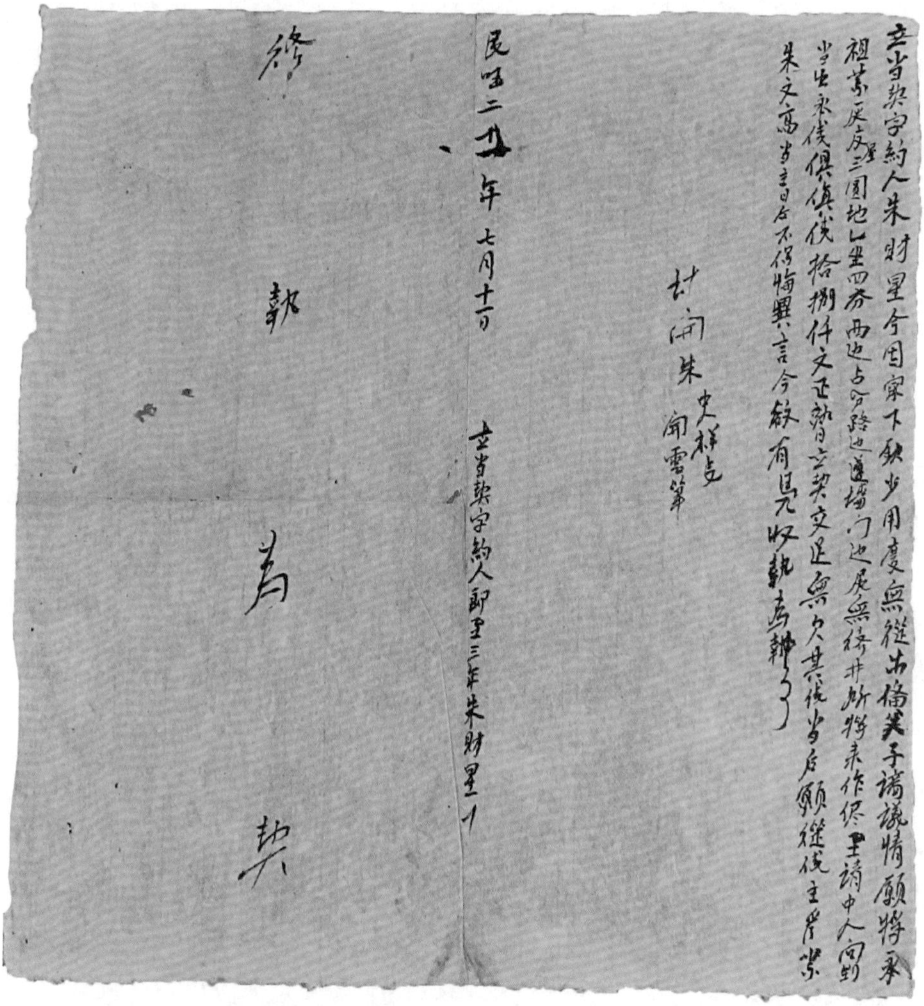

立当契字约人朱财星今因家下缺少用度无从出备父子谪（商）议情愿将承祖业灰皮屋三圆地一坐四分西边占分路边遭（砖）墙门边居无徐井所将来作尽至请中人向到当出承钱俱慎（值）钱拾捌仟文正就日立契交足无欠其钱当后愿从钱主管业朱文高当主日后不得悔异言今欲有凭收执为据

计开

朱史祥【押】朱开雷笔

民国二十一年七月十一日

立当契字约人即至三年朱财星【押】

修执为契

## 民国二十二年正月十五日朱加爽后裔卖田契

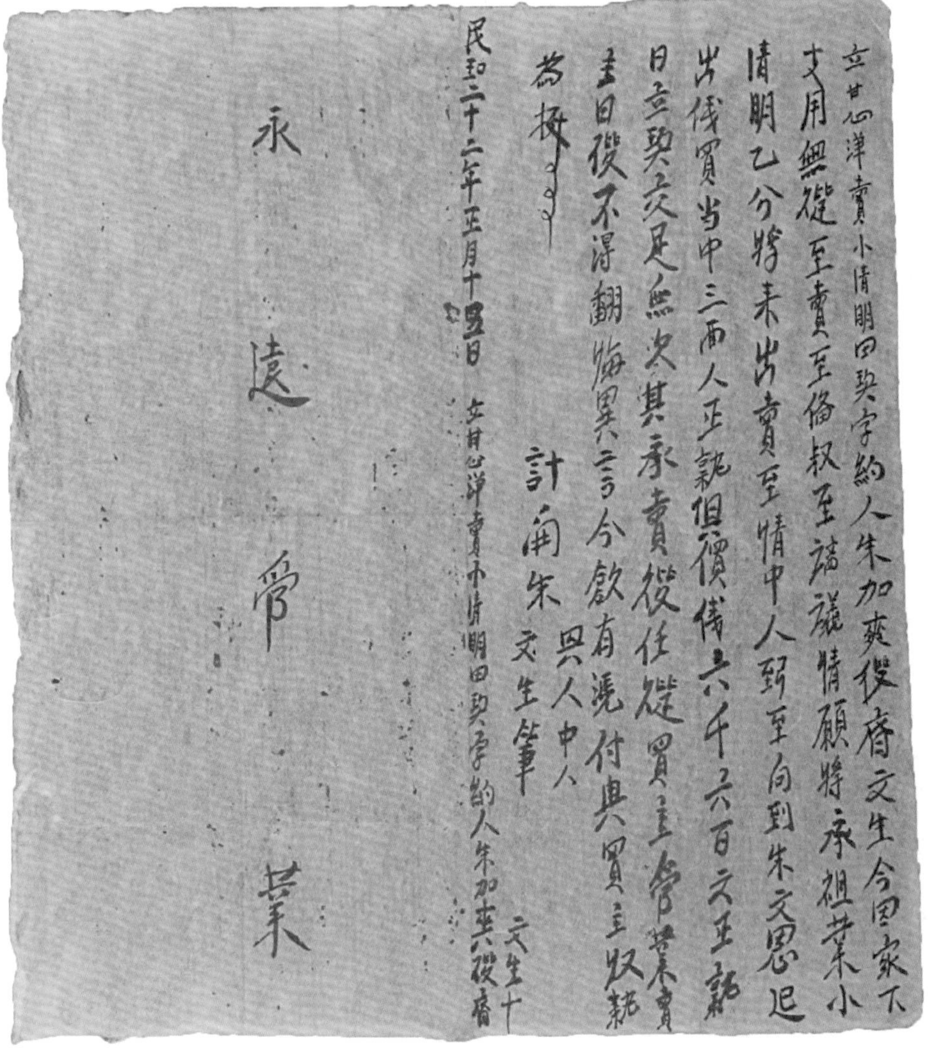

立甘心净卖小清明田契字约人朱加爽后裔文生今因家下支用无从至卖至备叔至（侄）谪（商）议情愿将承祖业小清明一分将来出卖至情（请）中人引至向到朱文恩处出钱买当中三面人正执俱（值）价钱六千六百六正执日立契交足无欠其承卖后任从买主管业卖主日后不得翻悔异言今欲有凭付与买主收执为据

计开

朱兴人中人朱文生笔

民国二十二年正月十五日

立甘心净卖小清明田契字约人朱加爽后裔文生【押】

永远管业

# 民国二十二年又五月初四日朱文灏卖山场树木契

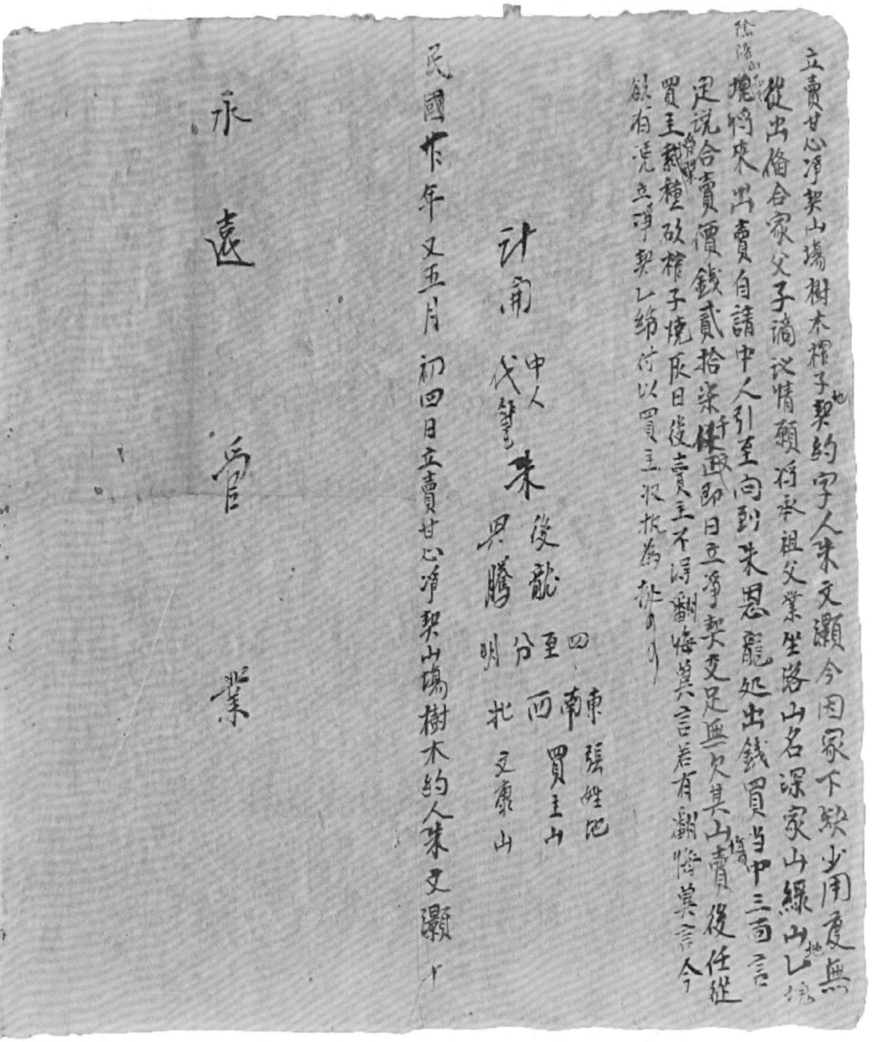

立卖甘心净契山场树木榨子地契约字人朱文灏今因家下缺少用度无从出备合家父子谪（商）议情愿将承祖父业坐落山名深家山绿山地一块阴阳?卖块将来出卖自请中人引至向到朱恩龙处出钱买当中三面言定说合卖价钱贰拾柒千文正即日立净契交足无欠其山场卖后任从买主管业栽种砍榨子烧灰日后卖主不得翻悔异言若有翻悔异言今欲有凭立净契一纸付以买主收执为据

计开

中人朱后龙

代笔朱兴腾

四至分明东张姓地南买主山西买主山北文康山

民国廿二年又五月初四日

立卖甘心净契山场树木约人朱文灏【押】

永远管业

## 民国二十三年九月十七日朱才星卖灰堂契

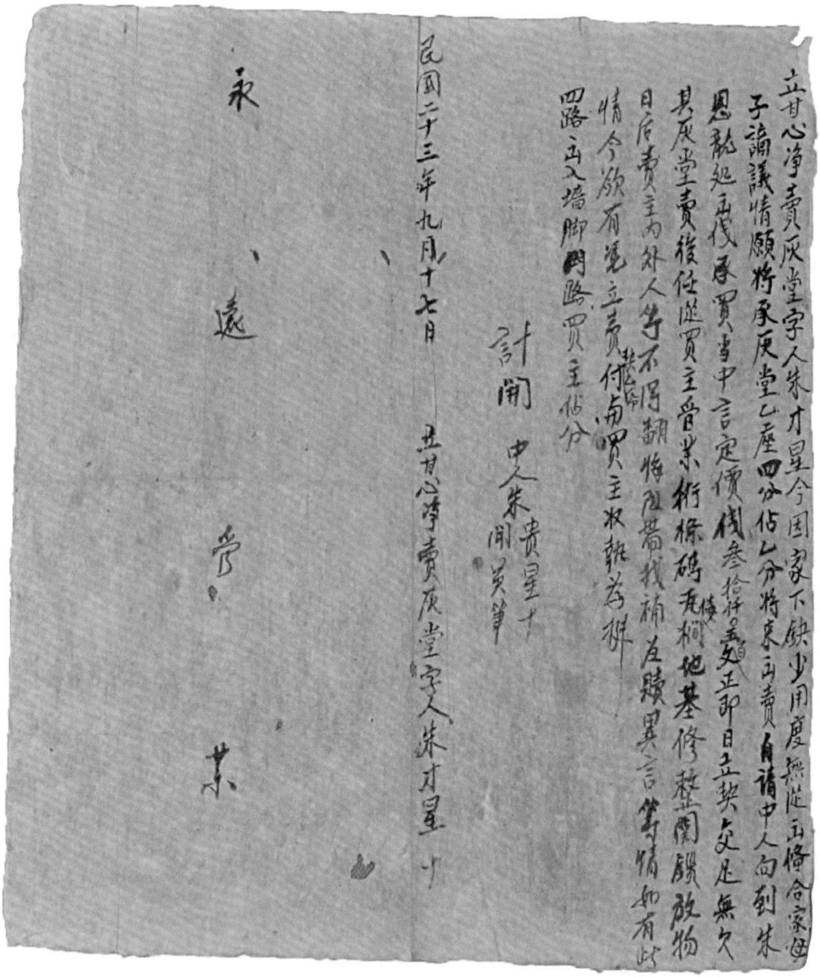

立甘心净卖灰堂字人朱才星今因家下缺少用度无从出备合家母子謪（商）议情愿将承灰堂一座四分占一分将来出卖自请中人向到朱恩龙处出钱承买当中言定价钱叁拾仟五百文正即日立契交足无欠其灰堂卖后任从买主管业桁条砖瓦楼桐地基修整关锁放物日后卖主内外人等不得翻悔阻滞找补归赎异言等情如有此情今欲有凭立卖契一纸付与卖主收执为据

四路出入墙脚门路买主占分

计开

中人朱贵星【押】朱开英笔

民国二十三年九月十七日

立甘心净卖灰堂字人朱才星【押】

永远管业

# 民国二十九年古三月十二日唐宗祥卖陆塘契

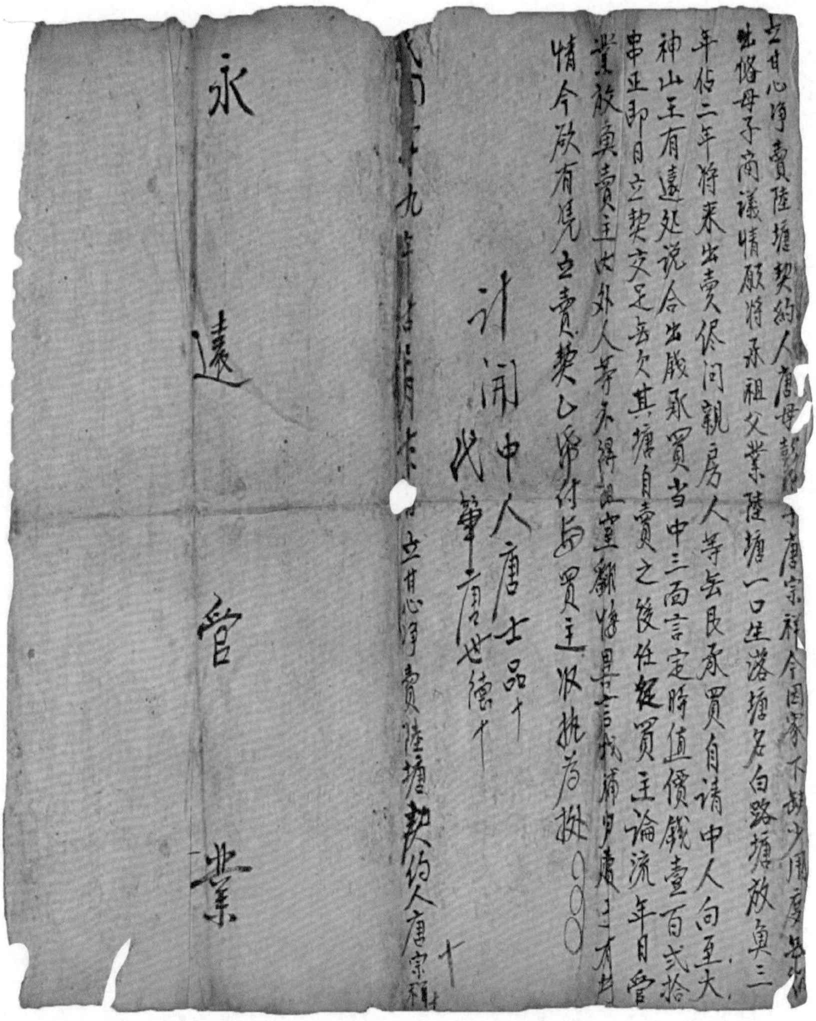

立甘心净卖陆塘契约人唐母彭□〈子〉唐宗祥今因家下缺少用度无从出备母子商议情愿将承祖父业陆塘一口坐落塘名白路塘放鱼三年占二年将来出卖尽问亲房人等无银承买自请中人向至大神山王有远处说合出钱承买当中三面言定时值价钱壹百贰拾串正即日立契交足无欠其塘自卖之后任从买主论（轮）流年日管业放鱼卖主内外人等不得阻窒（滞）翻悔异言找补归赎⍰有〈此〉情今欲有凭立卖契一纸付与买主收执为据

计开

中人唐士品【押】

代笔唐世德【押】

民国二十九年古三月十二日

立甘心净卖陆塘契约人唐宗祥【押】

永远管业

民国三十年正月二十七日朱学祥退耕离土契

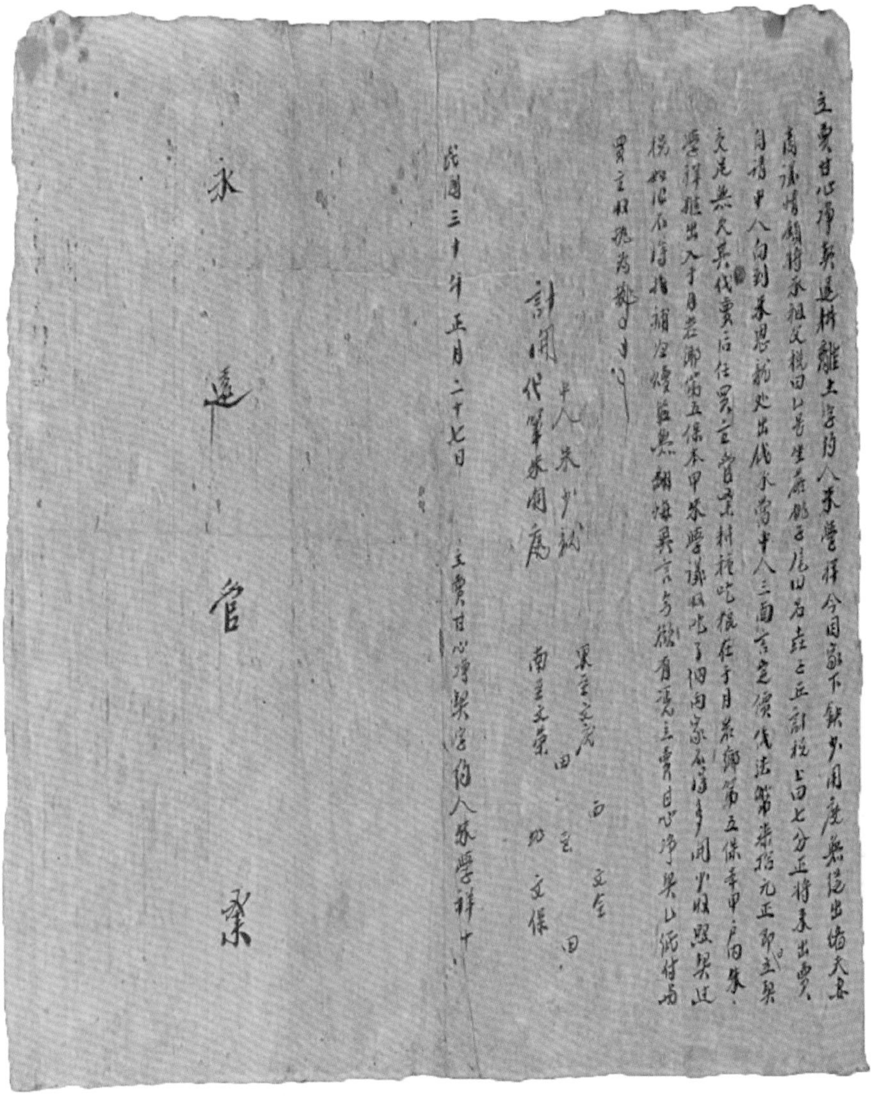

立卖甘心净契退耕离土字约人朱学祥今因家下缺少用度无从出备夫妻商议情愿将承祖父税田一号坐落桃子尾田名垚子丘计税上田七分正将来出卖自请中人向到朱恩龙处出钱承当中人三面言定价钱法币柒拾元正即日立契交足无欠其钱卖后任买主管业耕种吃粮在于月岩乡第五保本甲户内朱学祥推出入于月岩乡第五保本甲朱学议收吃了纳两家不得多开少收照契过税如没不得找补归赎并无翻悔异言今欲有凭立卖甘心净契一纸付与买主收执为据

计开

中人朱少龙代笔朱开庭

东至文庆田南至文荣田西至文全田

北至文保田

民国三十年正月二十七日

立卖甘心净契字约人朱学祥【押】

永远管业

## 民国三十年二月十九日朱开富卖田契

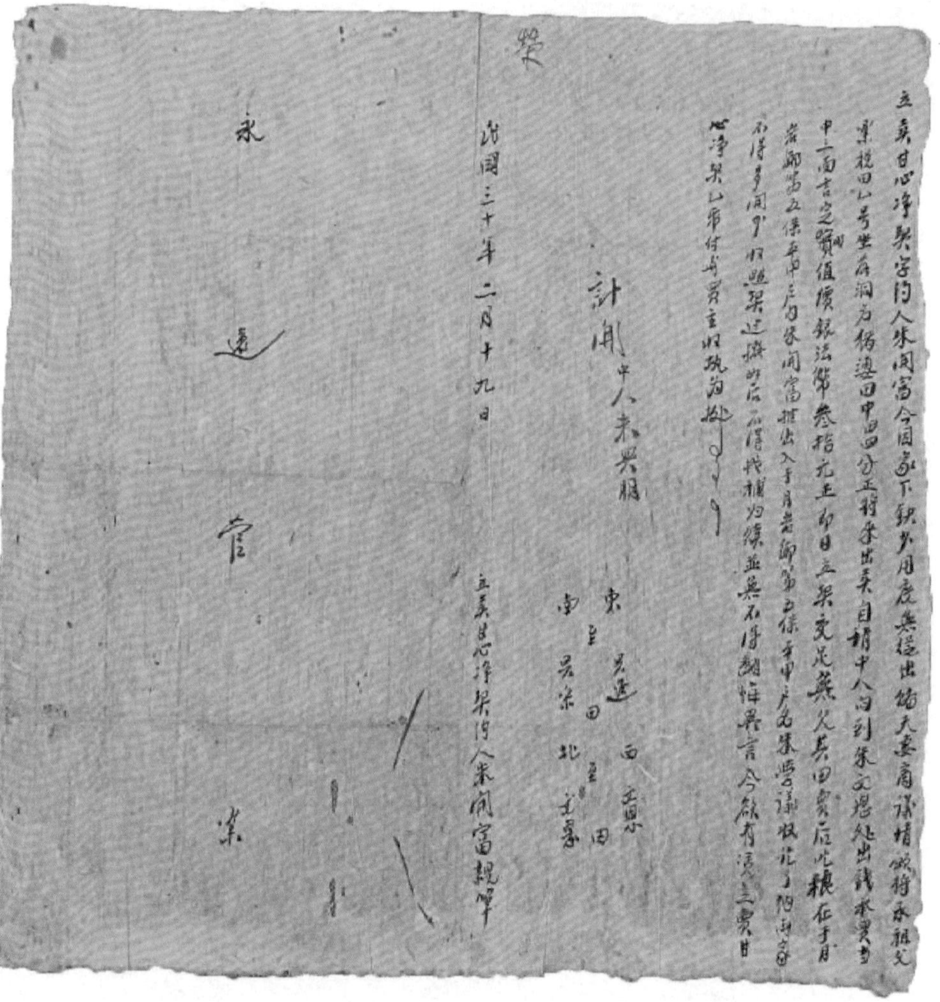

立卖甘心净契字约人朱开富今因家下缺少用度无从出备夫妻商议情愿将承祖父业税田一号坐落洞名猪漤田中田四分正将来出卖自请中人向到朱文恩处出钱承买当中三面言定时值价银法币叁拾元正即日立契交足无欠其田卖后吃粮在于月岩乡第五保本甲户内朱开富推出入于月岩乡第五保本甲户名朱学议收讫了纳两家不得多开少收照契过拨如后不得找补归赎并无不得翻悔异言今欲有凭立卖甘心净契一纸付与买主收执为据

计开

中人朱兴朋

东至兴道田南至兴宋田西至文恩田北至文景田

民国三十年二月十九日

立卖甘心净契约人朱开富亲笔

永远管业

## 民国三十五年十一月二十二日朱兴邦卖田契

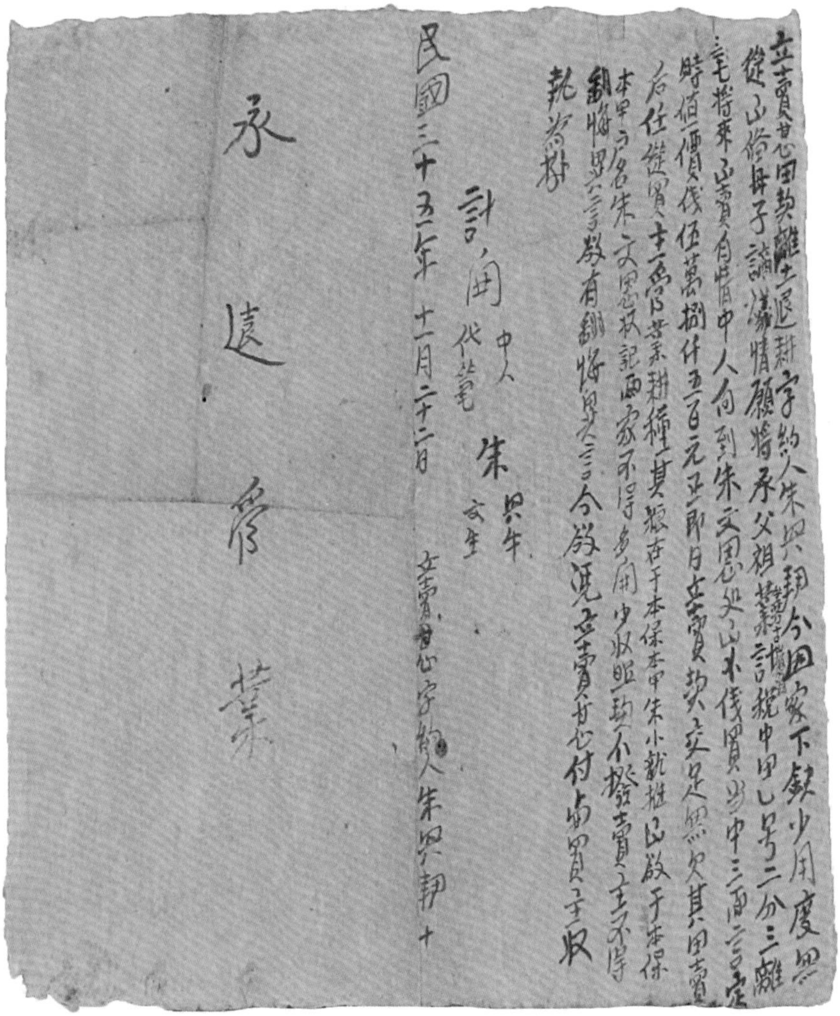

立卖甘心田契离土退耕字约人朱兴邦今因家下缺少用度无从出备母子谪（商）议情愿将承父祖业坐落古岭洞计税中田一号二分三离（厘）三毛（毫）将来出卖自情（请）中人向到朱文恩处出钱买当中三面言定时值价钱伍万捌仟五百元正即日立卖契交足无欠其田卖后任从买主管业耕种其粮在于本保本甲朱小龙推出欲于本保本甲户名朱文恩收记两家不得多开少收照契个拨卖主不得翻悔异言欲有翻悔异言今欲凭立卖甘心付与买主收执为据

计开

中人朱兴牛

代笔朱文生

民国三十五年十一月二十二日

立卖甘心字约人朱兴邦【掉】

永远管业

## 民国三十六年古二月初七日朱兴邦卖田契

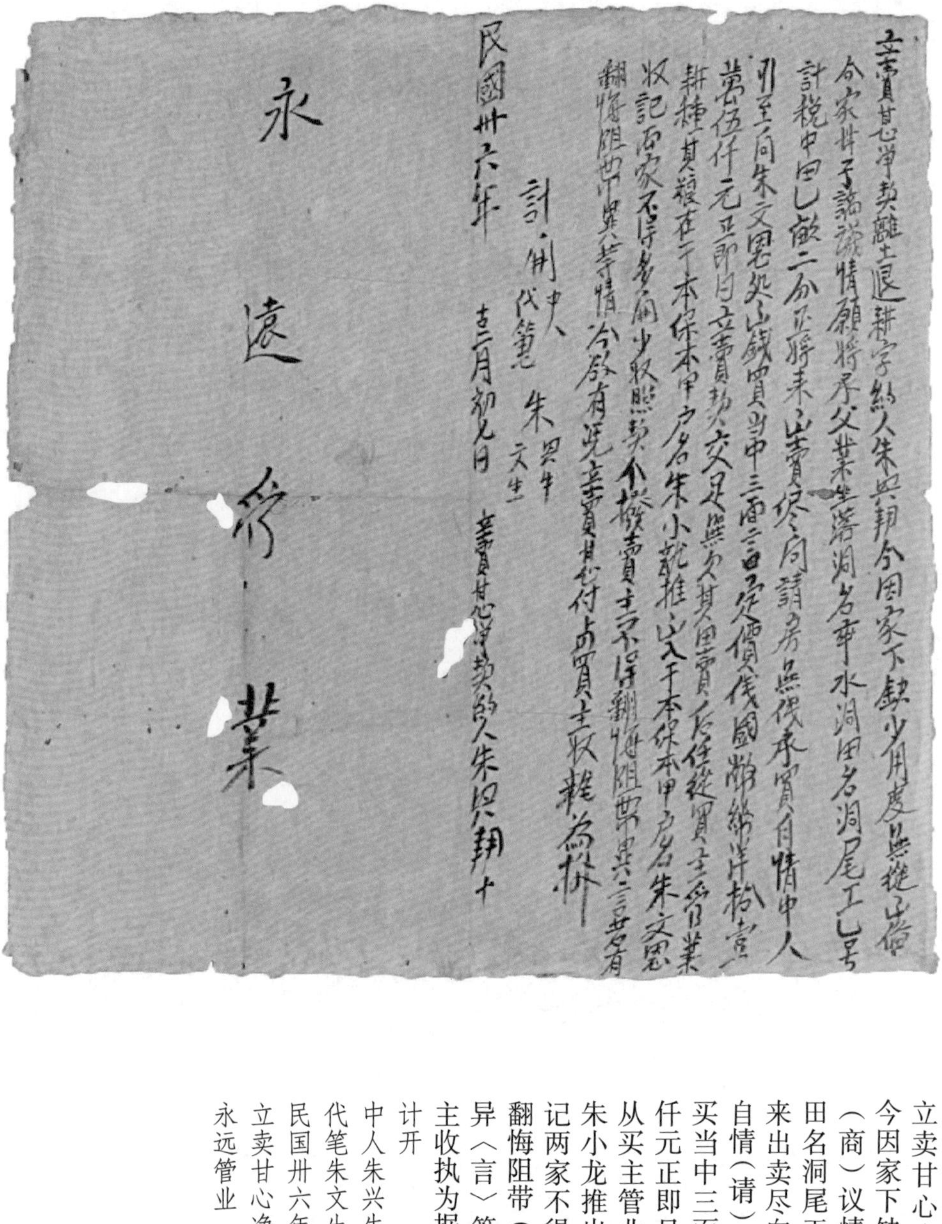

立卖甘心净契离土退耕字约人朱兴邦今因家下缺少用度无从出备合家母子謪（商）议情愿将承父业坐落洞名卒水洞田名洞尾工一号计税中田一亩二分正将来出卖尽向（问）请（亲）房无钱承买自情（请）中人引至向朱文恩处出钱〈承〉买当中三面言定价钱国币纸洋拾壹万伍仟元正即日立卖契交足无欠其田卖后任从买主管业耕种其粮在于本保本甲户名朱小龙推出入于本保本甲户名朱文恩收记两家不得多开少收照契个拨卖主不得翻悔阻带（滞）异言若有翻悔阻带（滞）异〈言〉等情今欲有凭立卖甘心付与买主收执为据

计开

中人朱兴牛

代笔朱文生

民国卅六年古二月初七日

立卖甘心净契约人朱兴邦【押】

永远管业

## 玉林（三）

同治三年六月赵光发税契

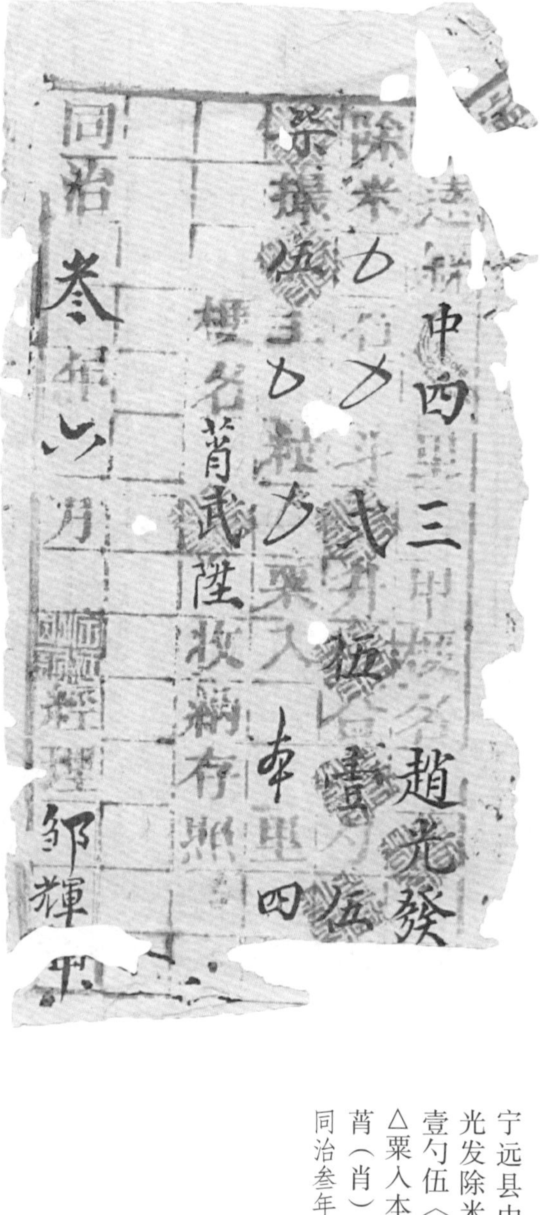

宁远县中四里三甲梗名赵光发除米△石△斗贰升伍合壹勺伍〈抄〉柒撮伍圭△粒　梗名△粟入本里四□　莆（肖）武陛收纳存照
同治叁年六月经理邹辉[?]

同治四年四月蒋熙□税赋契

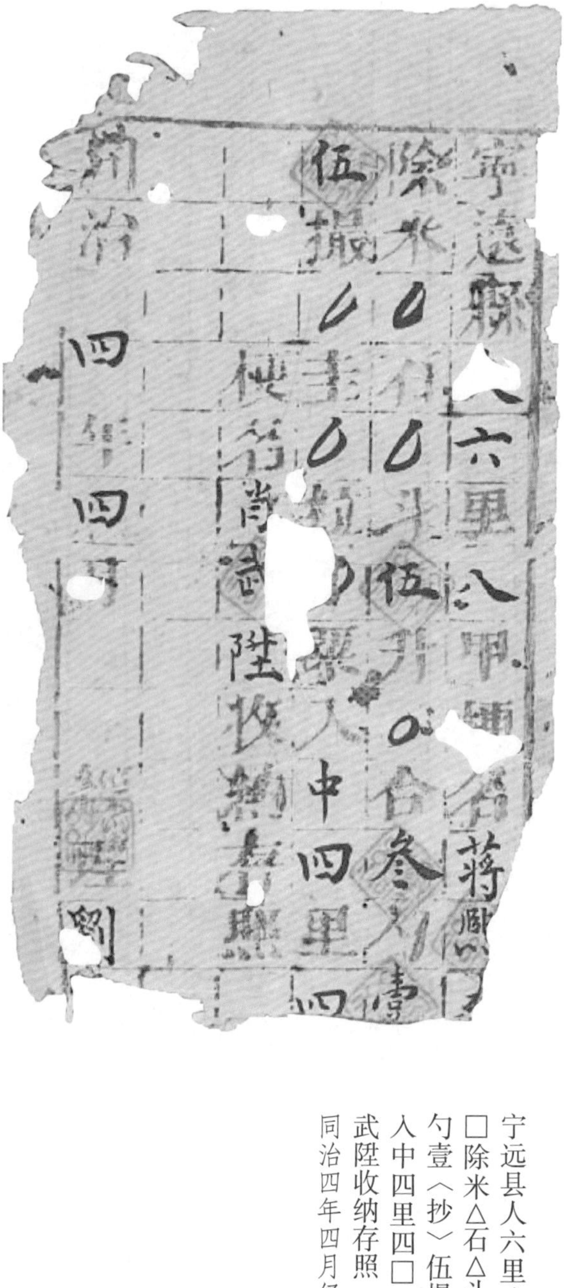

宁远县人六里八甲梗名蒋熙
□除米△石△斗伍升○合叁
勺壹〈抄〉伍撮△圭△粒△粟
入中四里四□　　　梗名肖
武陞收纳存照
同治四年四月经理刘▨

## 同治五年三月秦大烈税契

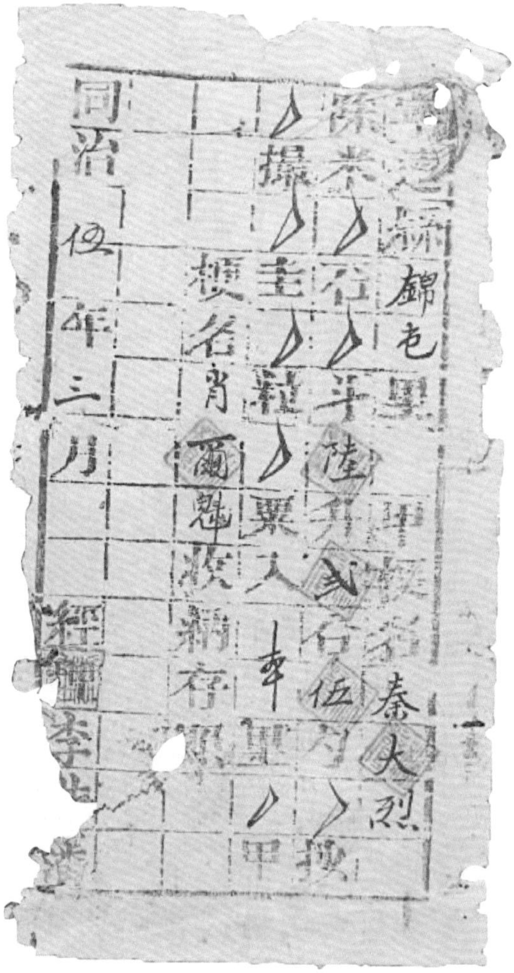

宁远县锦屯里　甲梗名秦大烈除米
△石△斗陆升贰合伍勺△抄△撮△圭
△粒△粟入本里△甲　　　梗名肖尔
魁收纳存照
同治伍年三月经理李□潘

## 同治七年十一月二十四日包声杨卖屋契

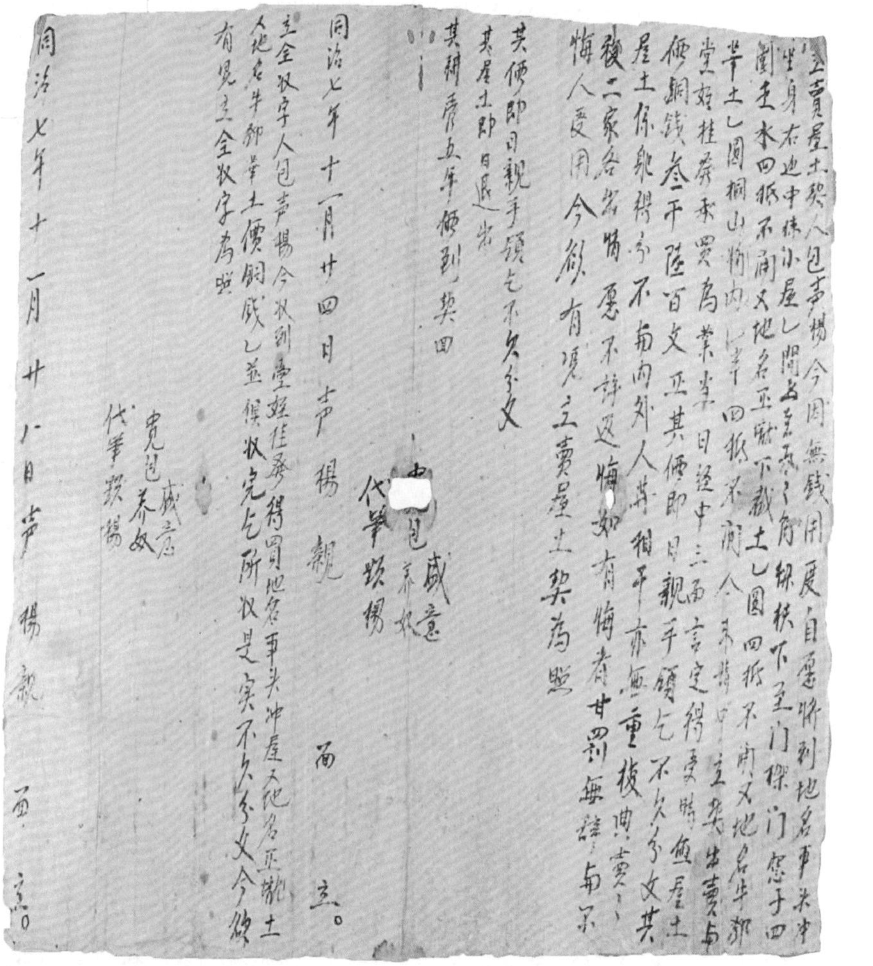

立卖屋土契人包声杨今因无钱用度自愿将到地名车头冲坐身右边中栋小屋一间上至瓦□角梁□下至门架门窗于四围圭水四抵不开又地名正垅下截土一圆四抵不开又地名牛邓华土一圆桐山将内一半四抵不开今来请中立契出卖与堂侄桂发承买为业当日经中三面言定得受时值屋土价铜钱叁千陆百文正其价即日亲手领乞（讫）不欠分文其屋土系已得分不与内外人等相干亦无重复典卖卖后二家各出情愿不许返（反）悔如有悔者甘罚无辞与不悔人受用今欲有凭立卖屋土契为照

其价即日亲手领乞（讫）不欠分文

其屋土即日退出

其耕管五年价到契回

中见包盛意包养奴

代笔显杨

同治七年十一月廿四日声杨亲面立【押】

立全收字人包声杨今收到堂侄桂发得买地名车头冲屋又地名正垅土又地名牛邓华土价铜钱一并俱收完乞（讫）所收是实不欠分文今欲有凭立全收字为照

中见包盛意包养奴

代笔显杨

同治七年十一月廿八日声杨亲面立【押】

## 光绪二年五月二十八日钟东保卖地契

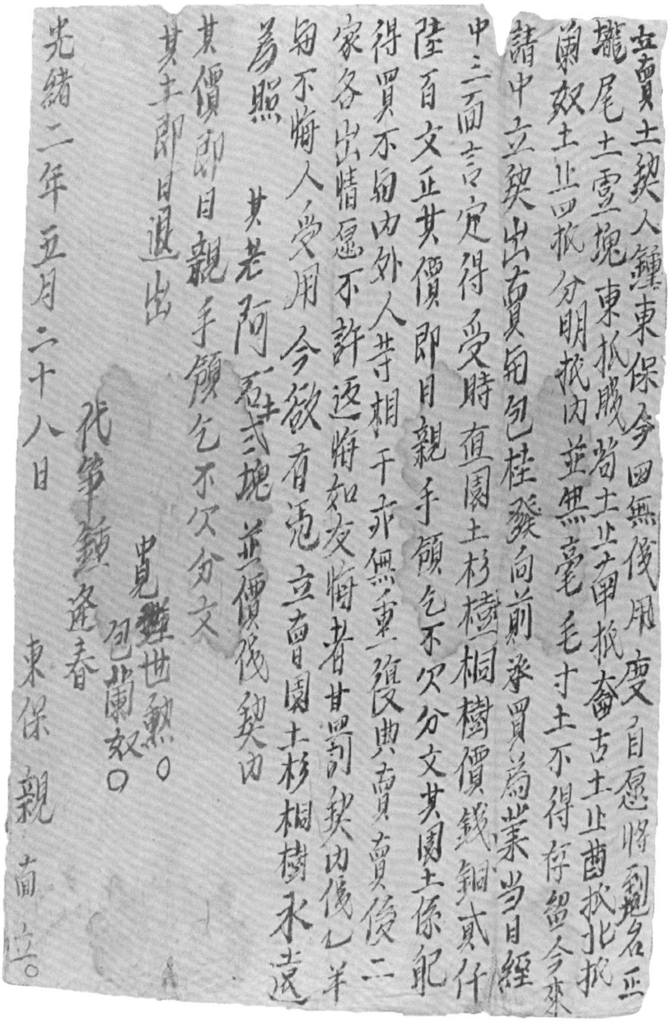

立卖土契人钟东保今因无钱用度自愿将到地名正垅尾土壹块东抵[?]苛土止南抵畲古土止西抵北抵阑奴土止四抵分明抵内并无毫毛寸土不得存留今来请中立契出卖与包桂发向前承买为业当日经中三面言定得受时直园土杉树桐树价钱铜贰仟陆百文正其价即日亲手领乞（讫）不欠分文其园土系已得买不与内外人等相干亦无重复典卖卖后二家各出情愿不许返（反）悔如友（有）悔者甘罚契内钱一半与不悔人受用今欲有凭立卖园土杉桐树永远为照

其老阿石土贰块并价钱契内

其价即日亲手领乞（讫）不欠分文

其土即日退出

中见钟世勋【押】包兰奴【押】

代笔钟逢春

光绪二年五月二十八日东保亲面立【押】

光绪四年七月二十四日包盛太卖寮土契

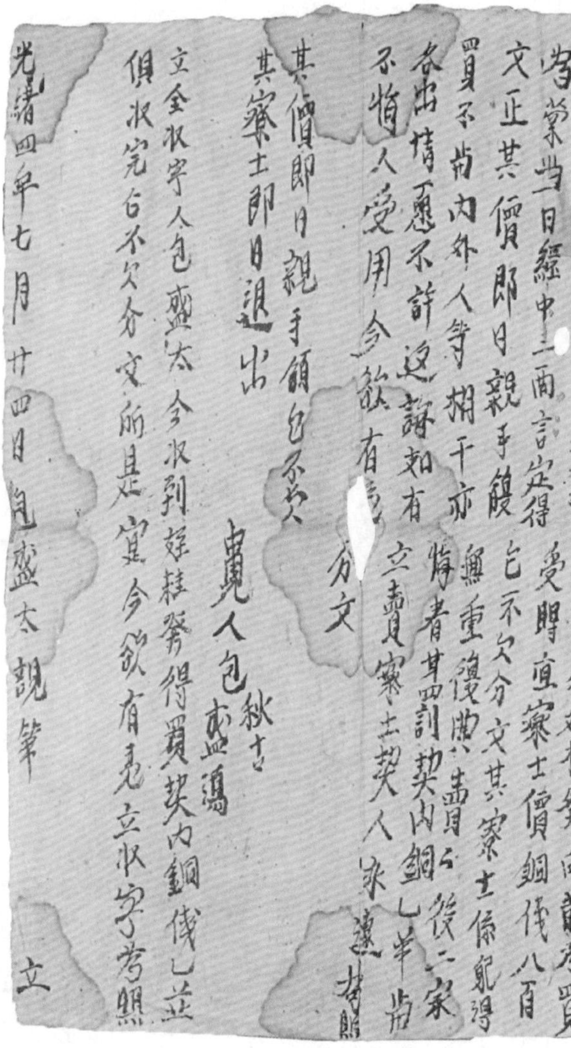

立卖寮土契人包盛太今因无钱用度自愿将到地名正垅口路延寮土壹棡东抵⍰保簡奴寮止南抵西抵啟宗寮土止北抵路止四抵分明抵内并无毫毛寸土不得存留今来请中立契送卖与房姪桂发向前承买为业当日经中三面言定得受时值寮土价铜钱八百文正其价即日亲手⍰乞（讫）不欠分文其寮土系已得买不与内外人等相干亦无重复典卖后二家各出情愿不许返（反）悔如有悔者甘罚契内铜一半与不悔人受用今欲有凭立卖寮土契人永远为照

其价即日亲手领乞（讫）不欠分文

其寮土即日退出

中见人包秋古包盛鸿

立全收字人包盛太今收到姪桂发得买契内铜钱一并俱收完合不欠分文所是实今欲有凭立收字为照

光绪四年七月廿四日包盛太亲笔立

## 光绪二十六年十月二十六日胡荣贵卖阴地契

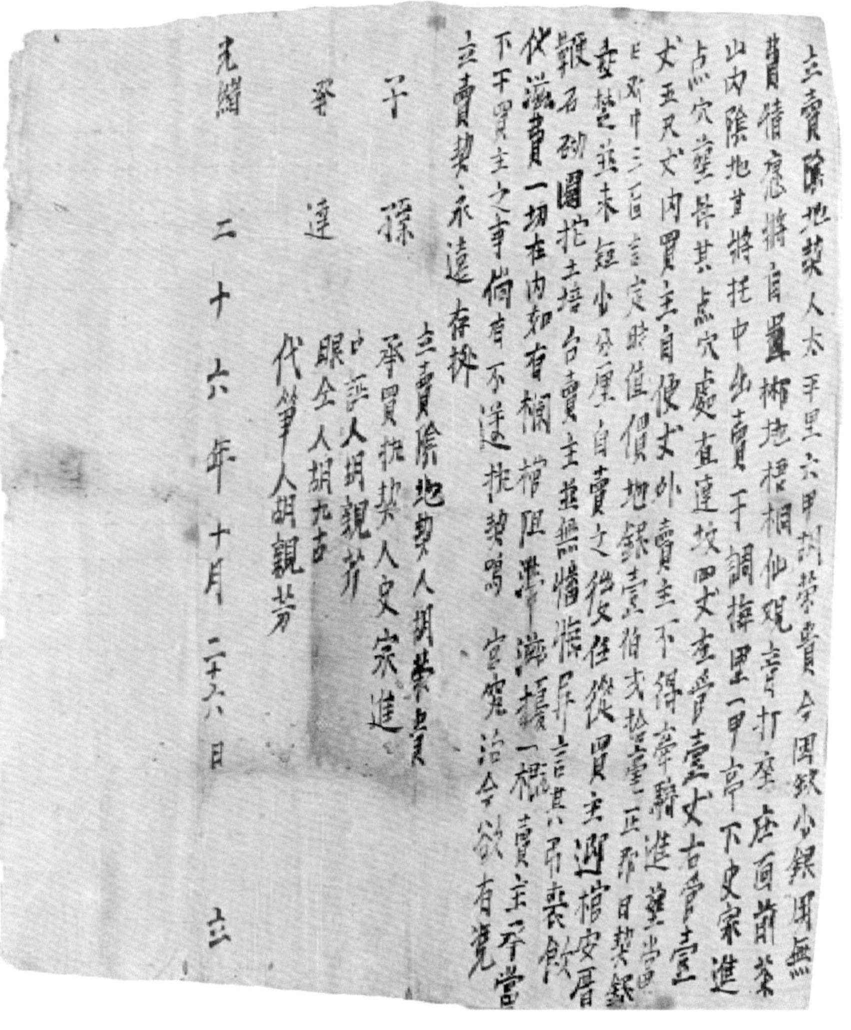

立卖阴地契人太平里六甲胡荣贵今因缺少银用无费情愿将自置郴地梧桐仙观音打座庄面前茶山内阴地甘将托中出卖于调梅里一甲亭下史家进点穴葬母其点穴处直连坟四丈左管壹丈右管壹丈五尺丈内买主自便丈外卖主不得牵骑进葬当日对中三面言定时值价地银壹伯（佰）贰拾毫正即日契银交楚并未短少分厘自卖之后任从买主迎棺安厝鞭石砌圈拖土培台卖主并无憣悔异言其吊丧饮仪滋费一切在内如有栏（拦）棺阻滞滋扰一概卖主承当不干买主之事倘有不送执契鸣官究治今欲有凭立卖契永远存据

子孙发达

立卖阴地契人胡荣贵

承买执契人史家进

中证人胡亲芹

眼仝人胡九古

代笔人胡亲芬

光绪二十六年十月二十六日立

光绪三十三年正月二十日家迪母子卖地契

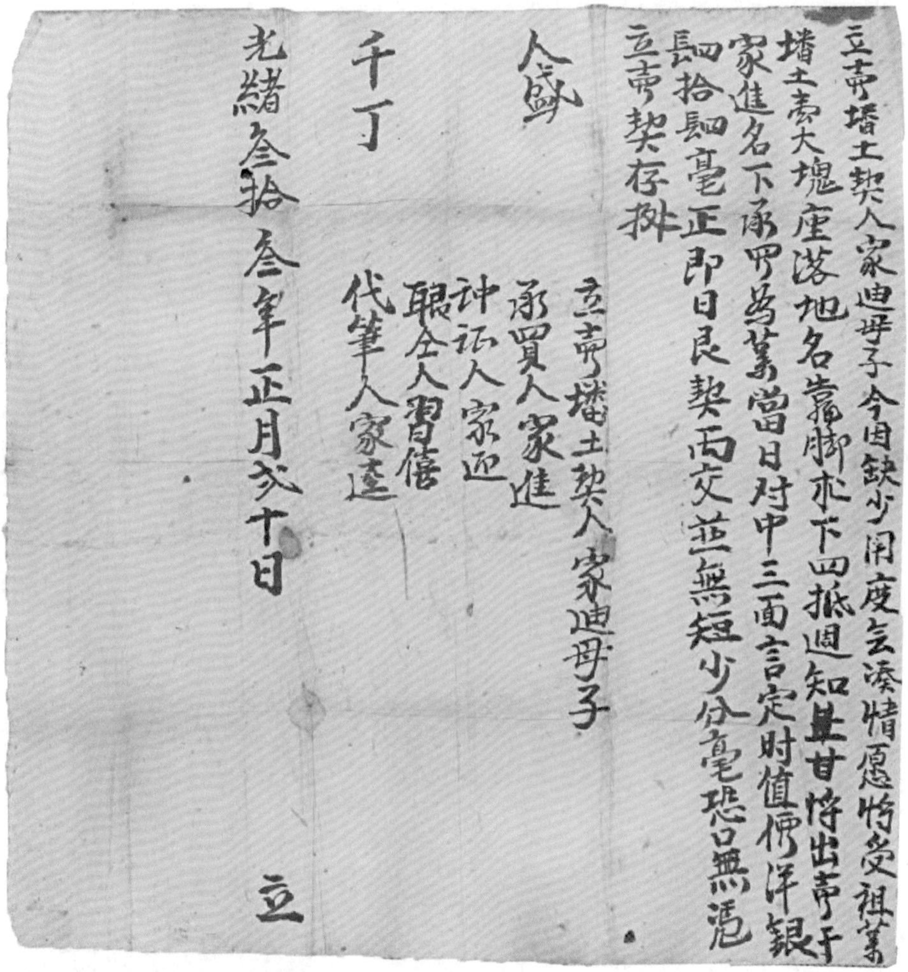

立卖墦土契人家迪母子今因缺少用度无凑情愿将受祖业墦土壹大块座落地名靠脚术下四抵周知甘将出卖于家进名下承买为业当日对中三面言定时值价洋银肆拾肆毫正即日银契两交并无短少分毫恐口无凭立卖契存据

人盛千丁

立卖墦土契人家迪母子

承买人家进

中证人家迎

眼仝人习僖

代笔人家逵

光绪叁拾叁年正月贰十日立

民国三年十二月初十日萧文庆典当禾田契

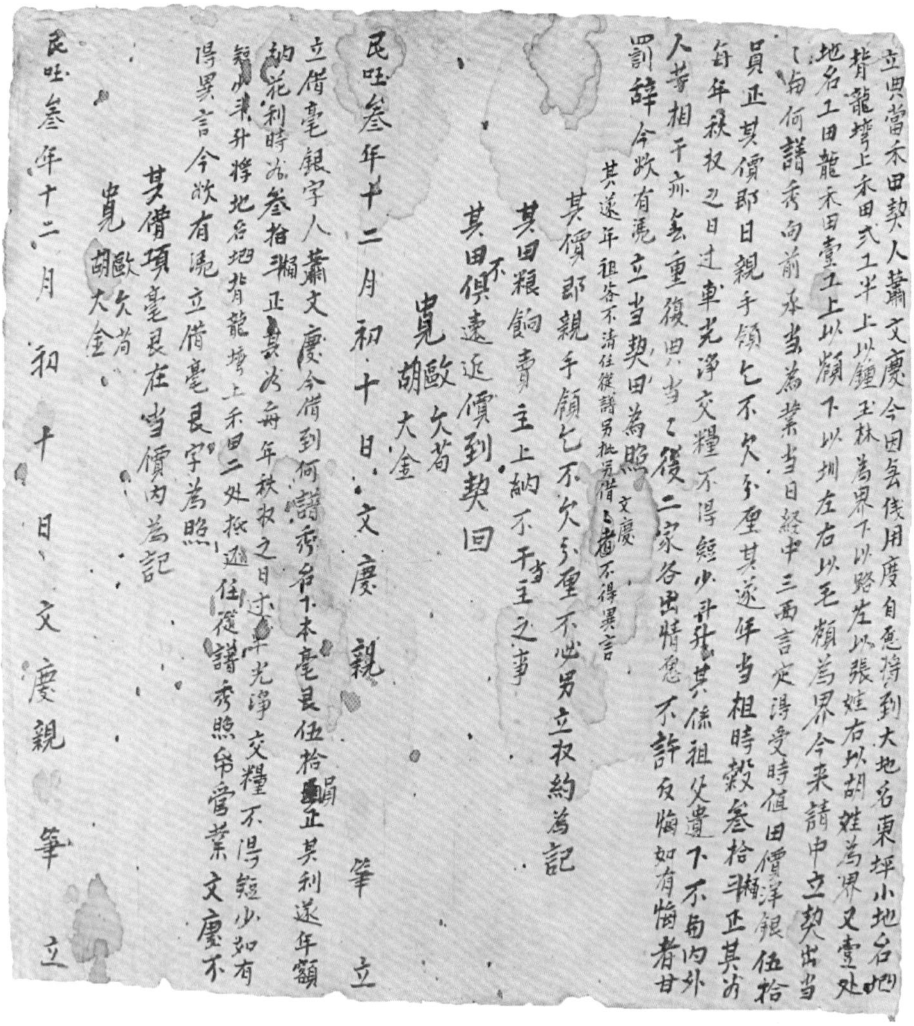

立典当禾田契人萧文庆今因无钱用度自愿将到大地名东坪小地名坍背龙塆上禾田贰丘半上以钟玉林为界下以路左以张姓右以胡姓为界又壹处地名丘田龙禾田壹丘上以岭下以圳左右以毛岭为界今来请中立契出当☒与何谱秀向前承当为业当日经中三面言定得受时值田价洋银伍拾员（元）正其价即日亲手领乞（讫）不欠分厘其遂年当租（租）时谷叁拾桶斗正其为每年秋收之日过车光净交粮不得短少斗升其系祖父遗下不与内外人等相干亦无重复典当当后二家各出情愿不许反悔如有悔者甘罚辞今欲有凭立当契田为照

其遂年祖（租）谷不清任从谱（秀）另批另借文庆不得异言

其价即亲手领乞（讫）不欠分厘不必另立收约为记

其田粮饷卖主上纳不干当主之事

其田不俱远近价到契回

中见欧文苟胡大金

民国叁年十二月初十日文庆亲笔立

立借毫银字人萧文庆今借到何谱秀名下本毫银伍拾员（元）正其利遂年额纳花利时为叁拾桶斗正其为每年秋收之日过车光净交粮不得短少如有短少斗升将地名坍背龙塆上禾田二处抵还任从谱秀照纸管业文庆不得异言今欲有凭立借毫银字为照

其价项毫银在当价内为记

中见欧文苟胡大金

民国叁年十二月初十日文庆亲笔立

## 民国十五年二月十七日黄世俊典卖田契

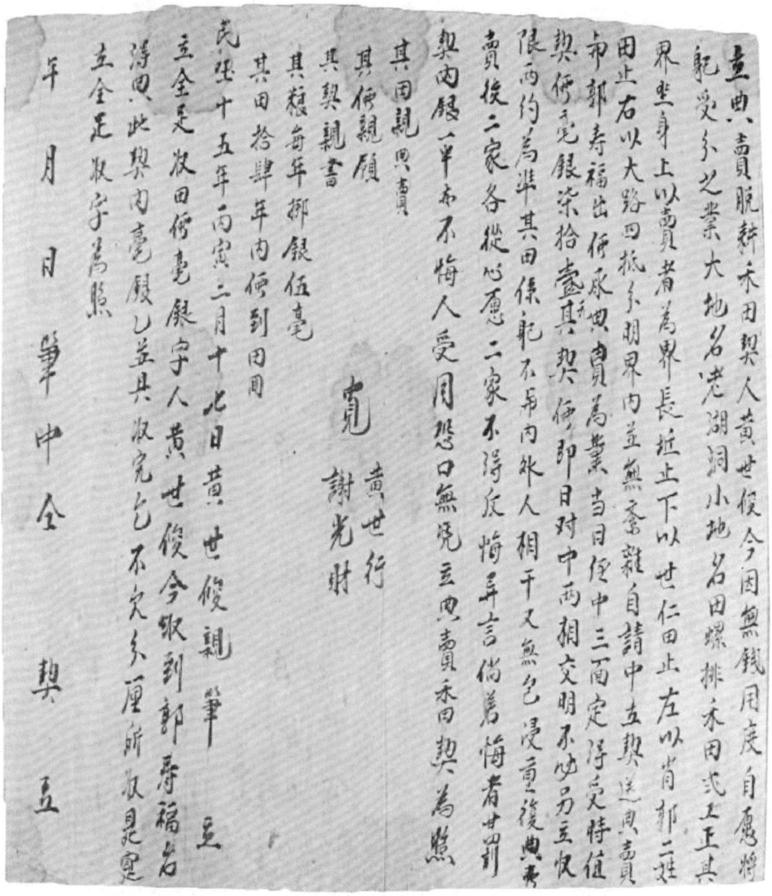

立典卖脱耕禾田契人黄世俊今因无钱用度自愿将己受分之业大地名老湖洞小地名田螺排禾田贰丘正其界坐身上以卖者为界长丘止下以世仁田止左以肖郭二姓田止右以大路四抵分明界内并无紊杂自请中立契送典卖与郭寿福出价承典卖为业当日经中三面定得受时值契价毫银柒拾壹元其契价即日对中两相交明不必另立收限两约为准其田系已不与内外人相干又无包浸重复典卖卖后二家各从心愿二家不得反悔异言倘若悔者甘罚契内银一半与不悔人受用恐口无凭立典卖禾田契为照

其田亲典卖

其价亲领

其契亲书

其粮每年掷银伍毫

其田拾肆年内价到田回

中见黄世行谢光财

民国十五年丙寅二月十七日黄世俊亲笔立

立全足收田价毫银字人黄世俊今收到郭寿福名〈下〉得典此契内毫银一并具收完乞（讫）不欠分厘所收是实

立全足收字为照

年月日笔中仝契立

## 民国二十一年十二月十一日何泰路当田契

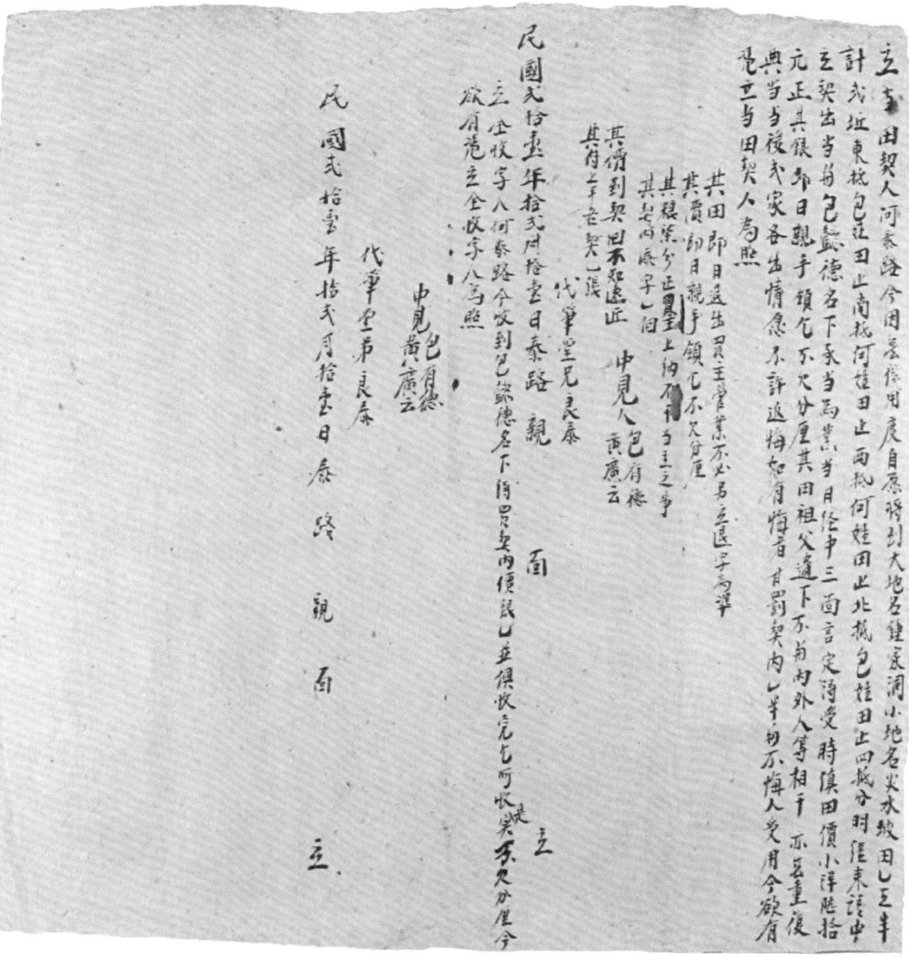

立当田契人何泰路今因无钱用度自愿将到大地名钟家洞小地名尖水坡田一丘半计贰丘东抵包姓田止南抵何姓田止西抵何姓田止北抵包姓田止四抵分明经来请中立契出当与包懿德名下承当为业当日经中三面言定得受时值（值）田价小洋陆拾元正其银即日亲手领乞（讫）不欠分厘其田祖父遗下不与内外人等相干亦无重复典当当后贰家各出情愿不许返（反）悔如有悔者甘罚契内一半与不悔人受用今欲有凭立当田契人为照

其田即日退出买主管业不必另立退字为准

其价即日亲手领乞（讫）不欠分厘

其粮柒分正买主上纳不干当主之事

其契内添字一个

其价到契回不知远近

其付上手老契一张

中见人包有德黄广云

代笔堂兄良泰

民国贰拾壹年拾贰月拾壹日泰路亲面立

立全收字人何泰路今收到包懿德名下得买契内价银一并俱收完乞（讫）所收是实不欠分厘今

欲有凭立全收字人为照

中见包有德黄广云

代笔堂弟良泰

民国贰拾壹年拾贰月拾壹日泰路亲面立

## 民国二十二年九月二十八日何泰路卖田契

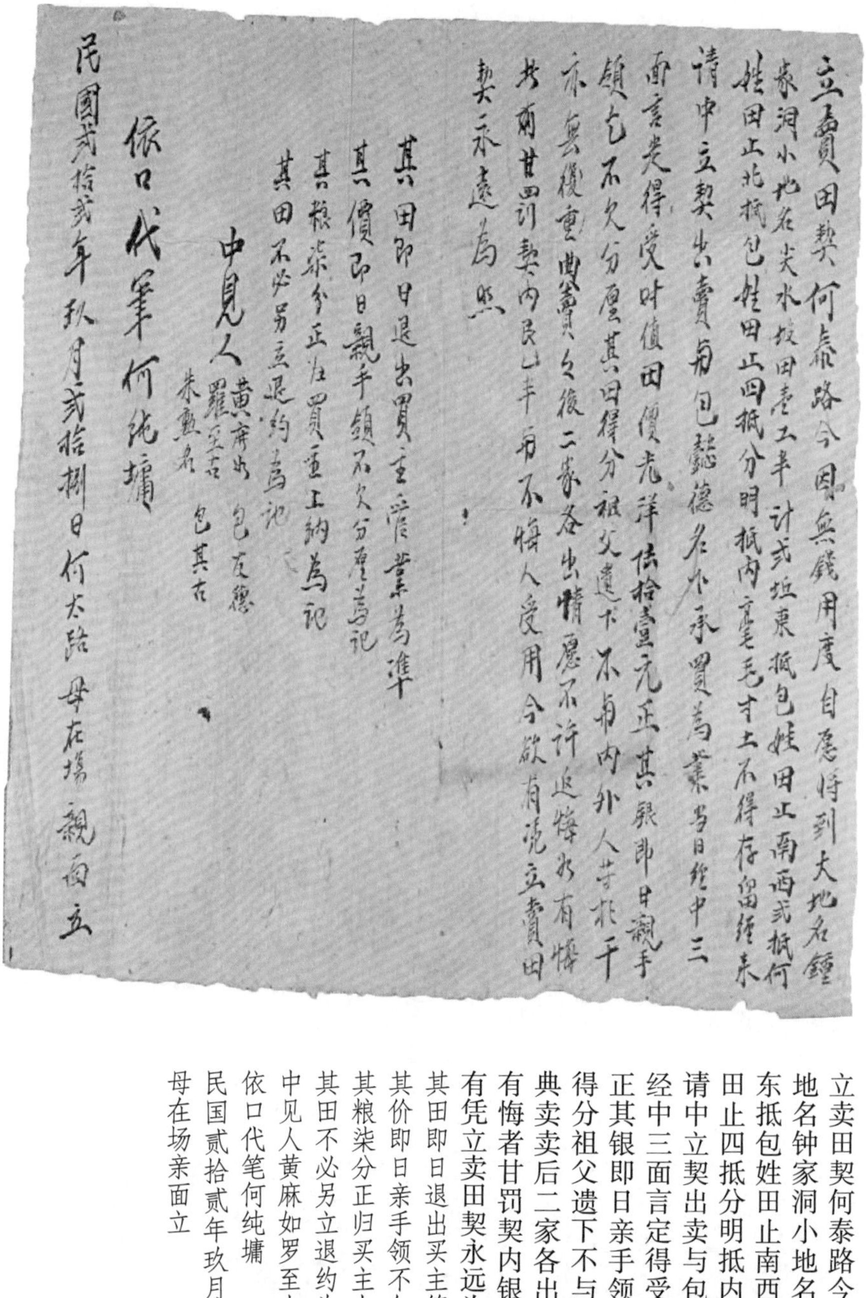

立卖田契何泰路今因无钱用度自愿将到大地名钟家洞小地名尖水坡田壹丘半计贰丘东抵包姓田止南西贰抵何姓田止北抵包姓田止四抵分明抵内毫毛寸土不得存留经来请中立契出卖与包懿德名下承买为业当日经中三面言定得受时值田价光洋陆拾壹元正其银即日亲手领乞（讫）不欠分厘其田得分祖父遗下不与内外人等相干亦无复重典卖卖后二家各出情愿不许返（反）悔如有悔者甘罚契内银一半与不悔人受用今欲有凭立卖田契永远为照

其田即日退出买主管业为准

其价即日亲手领不欠分厘为记

其粮柒分正归买主上纳为记

其田不必另立退约为记

中见人黄麻如罗至古朱勋名包友德包其右

依口代笔何纯墉

民国贰拾贰年玖月贰拾捌日何太（泰）路

母在场亲面立

## 民国二十五年闰三月初二日何⍰兴兄弟卖田契

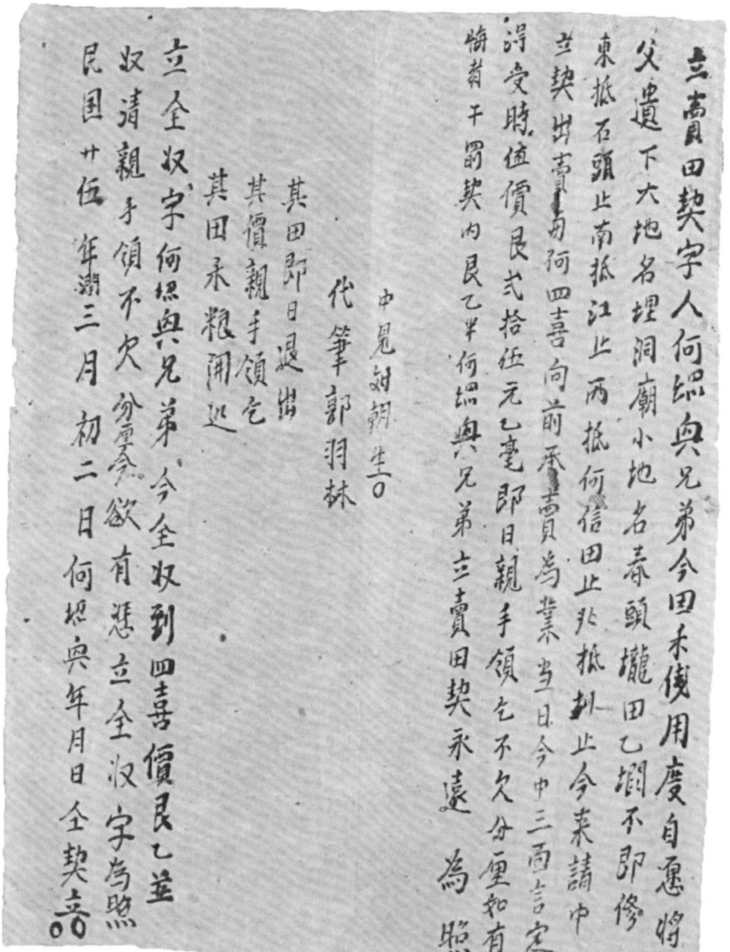

立卖田契字人何⍰兴兄弟今因禾钱用度自愿将父遗下大地名埋洞庙小地名春头垅田一塅不即修东抵石头止南抵江止西抵何信田止北抵圳止今来请中立契出卖与何四喜向前承卖为业当日今（经）中三面言定得受时值价银贰拾伍元一毫即日亲手领乞（讫）不欠分厘如有悔者干（甘）罚契内银一半何⍰兴兄弟立卖田契永远为照

中见刘朝生【押】

代笔郭羽林

其田即日退出

其价亲手领乞（讫）

其田禾粮开巡

立全收字何⍰兴兄弟今全收到四喜价银一并收清亲手领不欠分厘今欲有凭立全收字为照

民国廿伍年润（闰）三月初二日何⍰兴年月日仝契立【押】

# 民国二十五年四月初十日肖贤才叔侄卖田契

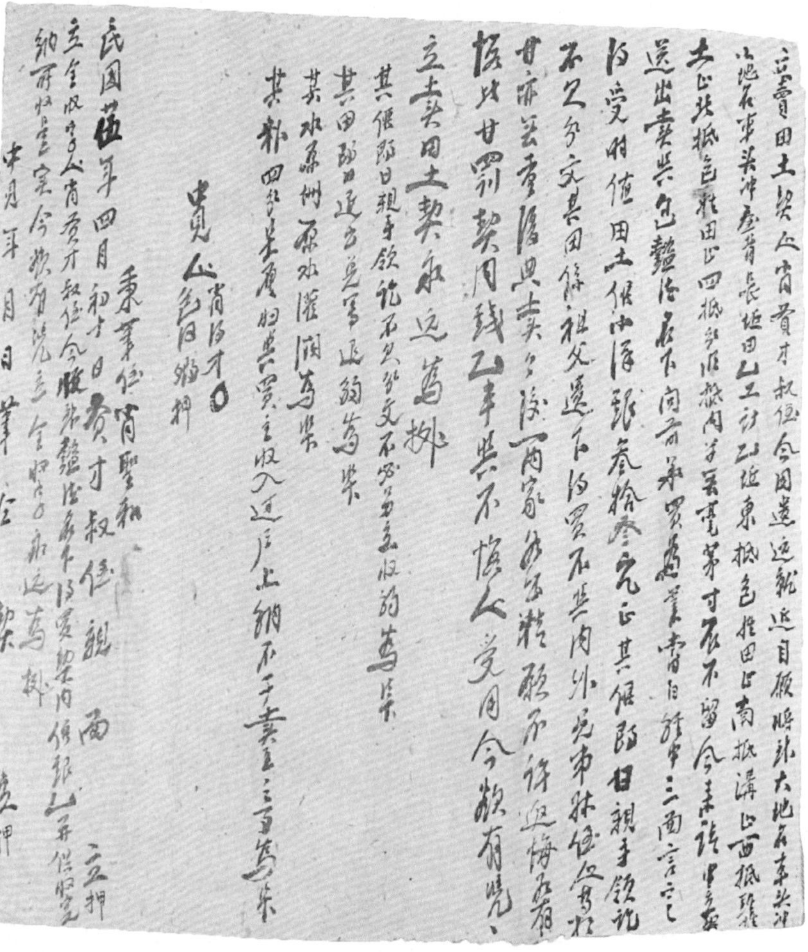

立卖田土契人肖贤才叔侄今因遗远就近自愿将到大地名车头冲小地名车头冲屋背长坵田一丘计一丘东抵包姓田止南抵沟止西抵段姓土止北抵包姓田止四抵分明抵内并无毫茅寸石不留今来请中立契送出卖与包懿德名下向前承买为业当日经中三面言定得受时值田土价小洋银叁拾叁元正其价即日亲手领讫不欠分文其田系祖父遗下得买不与内外兄弟孙侄人等相甘（干）亦无重复典卖卖后两家各出情愿不许返（反）悔如有悔者甘罚契内钱一半与不悔人受用今欲有凭立卖田土契永远为据

其价即日亲手领讫不欠分文不必另立收约为准

其田即日退出兑写退约为准

其水原圳原水灌润为准

其粮四分柒厘归典买主收入过户上纳不干卖主之事为准

中见人肖得才【押】包日卿【押】

秉笔侄肖圣和

民国廿伍年四月初十日贤才叔侄亲面立【押】

立全收字人肖贤才叔侄今收到懿德名下得买契内价银一并俱收完纳所收是实今欲有凭立全收字永远为据

中见年月日笔仝契立【押】

民国二十九年二月初一日包连元包行元兄弟叔侄等卖田契

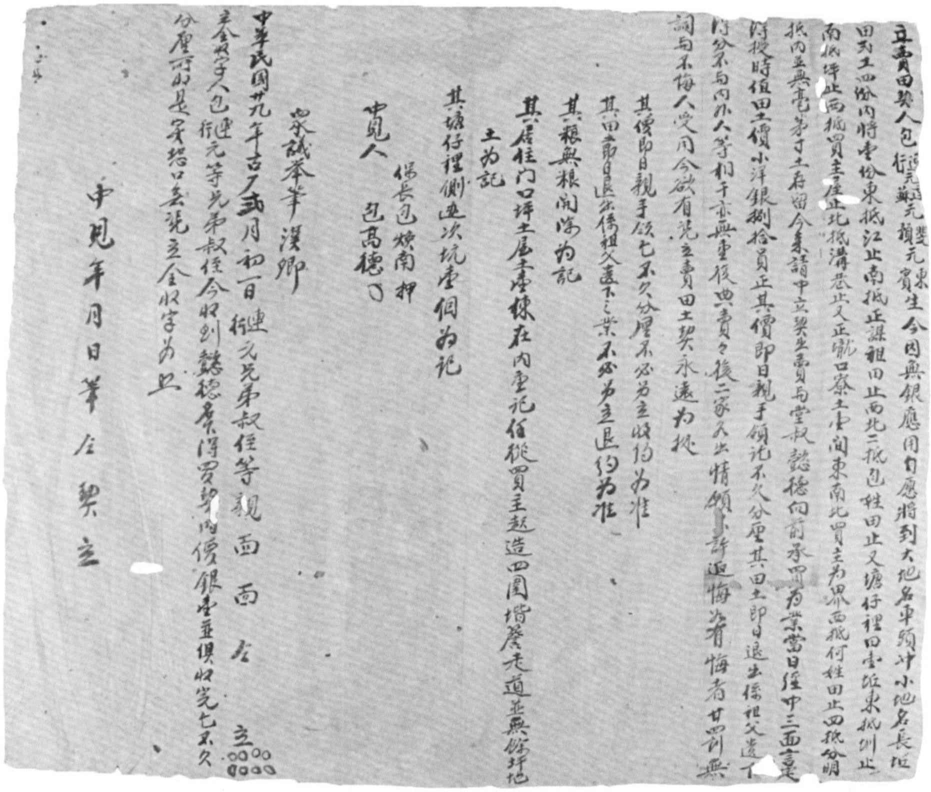

立卖田契人包连元包行元包达元包苏元包斐元包预元包东生包宾生今因无银应用自愿将到大地名车头冲小地名长坵田贰丘四份内将壹份东抵江止南抵正谋祖田止西北二抵包姓田止又塘仔里田壹丘东抵圳止南抵坪止西抵买主屋止北抵沟巷止又正垅口寮土壹间东南北买主为界西抵何姓田止四抵分明抵内并无毫茅寸土存留今来请中立契出卖与堂叔懿德向前承买为业当日经中三面言定得授时值田土价小洋银捌拾员正其价即日亲手领讫不欠分厘其田土即日退出系祖父遗下得分不与内外人等相干亦无重复典卖卖后二家各出情愿不许返（反）悔如有悔者甘罚无词与不悔人受用今欲有凭立卖田土契永远为据

其价即日亲手领乞（讫）不欠分厘不必另立收约为准

其田土即日退出系祖父遗下之业不必另立退约为准

其粮无粮开除为记

其居住门口坪土屋土壹栋在内重记任从买主起造四围阶檐走道并无余坪地土为记

其塘仔里侧边次坑壹个为记

中见人保长包焕南【押】

包高德【押】

众议举笔汉卿

中华民国廿九年古厂（历）贰月初一日连元行元兄弟叔侄等亲面［面］仝立【押】

立全收字人包连元包行元等兄弟叔侄今收到懿德名下得买契内价银壹并俱收完乞（讫）不欠分厘所收是实恐口无凭立全收字为照

中见年月日笔仝契立

民国三十三年闰四月初四日包预元卖土墪契

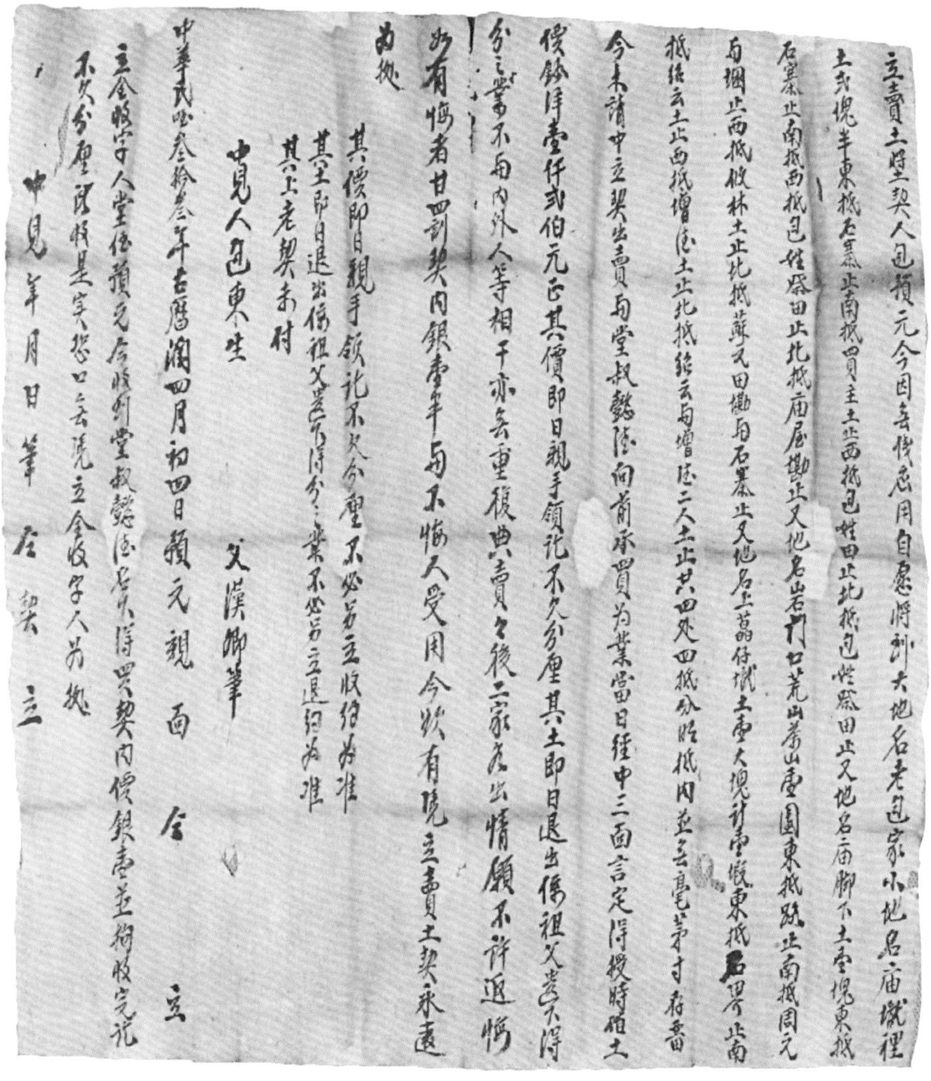
立賣土壆契人包預元今因無錢應用自愿將到大地名老包家小地名庙墈裡
土式塊半東抵石寨止南抵買主土止西抵包姓田止北抵包姓塝田止又地名庙脚下土壹塊東抵
石寨止南抵西抵包姓塝田止北抵庙屋脚止又地名山君門口荒山茶山壹園東抵路止南抵周元
丙埂止西抵彼林土止北抵蔣文田脚丙石寨止又地名上葛仔墈土壹大塊計壹塅東抵路界止南
抵張云土止西抵增億土止北抵張云丙增億二人土止其四处四抵分明抵内並無毫茅寸存留
今來請中立契出賣與堂叔懿德向前承買為業當日經中三面言定得授時值土
價銀洋壹仟式伯元正其價即日親手領訖不欠分厘其土即日退出係祖父遺下得
分之業不與內外人等相干亦無重復典賣今後二家各出情願不許返悔
如有悔者甘罰契內銀壹半與不悔人受用今欲有憑立賣土契永遠
為据
其價即日親手領訖不欠分厘不必另立收條為准
其土即日退出係祖父遺下得分之業不必另立退約為准
其上老契未付
中見人包東生　　父漢卿筆
中華民國叁拾叁年古曆閏四月初四日預元親面　合　立
立全收字人堂侄預元今收到堂叔懿德名下得買契內價銀壹並俱收完訖
不欠分厘所收是實恐口無憑立全收字人為据
中見　年　月　日　筆　仝　契　立

立卖土壄契人包预元今因无钱应用自愿将到大地名老包家小地名庙垅里土贰块半东抵石寨止南抵买主土止西抵包姓田止北抵包姓祭田止又地名庙脚下土壹块东抵石寨止南抵西抵包姓祭田止北抵庙屋墈止又地名岩门口荒山茶山壹围东抵路止南抵周元与堋止西抵攸林土止北抵苏元田墈与石寨止又地名上蔃仔垅土壹大块计壹塅东抵石界止南抵绍云土止西抵增德土止北抵绍云与增德二人土止共四处四抵分明抵内并无毫茅寸存留今来请中立契出卖与堂叔懿德向前承买为业当日经中三面言定得授时值土价钞洋壹仟贰伯（佰）元正其价即日亲手领讫不欠分厘其土即日退出系祖父遗下得分之业不与内外人等相干亦无重复典卖卖后二家各出情愿不许返（反）悔如有悔者甘罚契内银壹半与不悔人受用今欲有凭立卖土契永远为据

其价即日亲手领讫不欠分厘不必另立收约为准

其土即日退出系祖父遗下得分之业不必另立退约为准

其上老契未付

中见人包东生父汉卿笔

中华民国叁拾叁年古历润（闰）四月初四日预元亲面仝立

立全收字人堂侄预元今收到堂叔懿德名下得买契内价银壹并拘收完讫不欠分厘所收是实恐口无凭立全收字人为据

中见年月日笔仝契立

## 民国三十五年古三月三日李子富票据

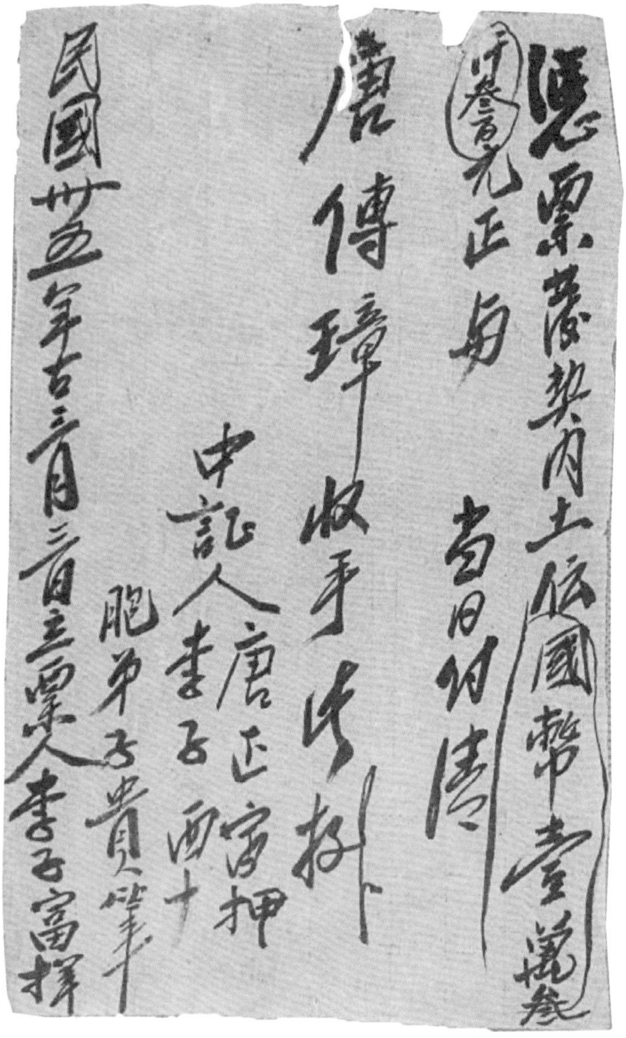

凭票发契内土伝（价）国币壹万叁仟叁百元正与当日付清唐传璋收手此据
中证人唐正⍰【押】李子西【押】
胞弟子贵笔
民国卅五年古三月三日立票人李子富【押】

民国三十六年十一月初四日廖葆初卖田契

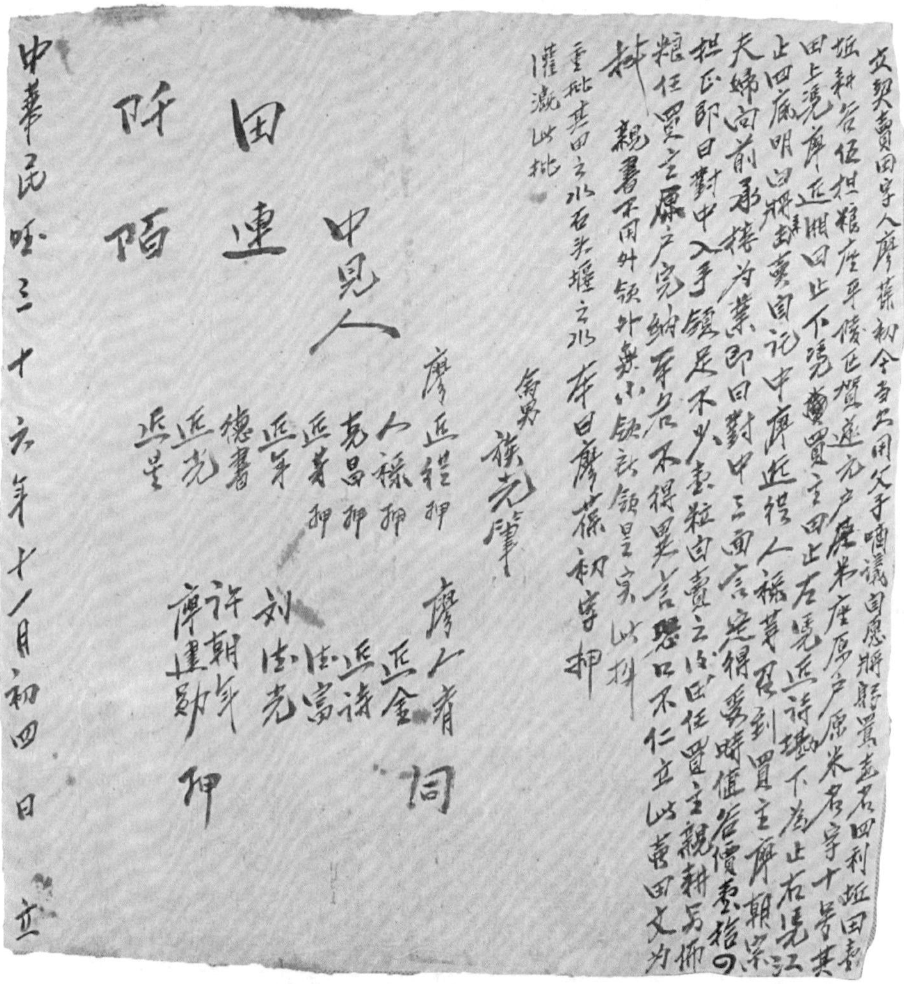

立契卖田字人廖葆初今当欠用父子嘀（商）议自愿将躬（己）置地名四利圻田壹丘耕谷伍担粮座平陵区贺遂元户其米座原户原米名字十号其田上凭廖近湘田止下凭买主田止左凭近诗塅下为止右凭江止四底明白将来出卖自讬（托）中廖近从人禄等召到买主廖朝宗夫妇向前承接为业即日对中三面言定得受时值谷价壹拾四担正即日对中入手领足不少壹粒自卖之后田任买主亲耕另布粮任买主原户完纳本名不得异言恐口不仁立此卖田文为据

亲书不用外领外无小领所领是实此据

重批其田云水石头堰之水灌溉此批本日廖葆初字【押】

命男族光笔

田连阡陌

中见人廖近从【押】廖人禄【押】廖克昌【押】廖近茅【押】廖近年廖德书廖近光廖近星廖人⿰廖近金廖近诗廖德富刘德光许朝年廖建勋同【押】

中华民国三十六年十一月初四日立

## 民国三十八年正月二十八日大珠石谭传阶卖田契

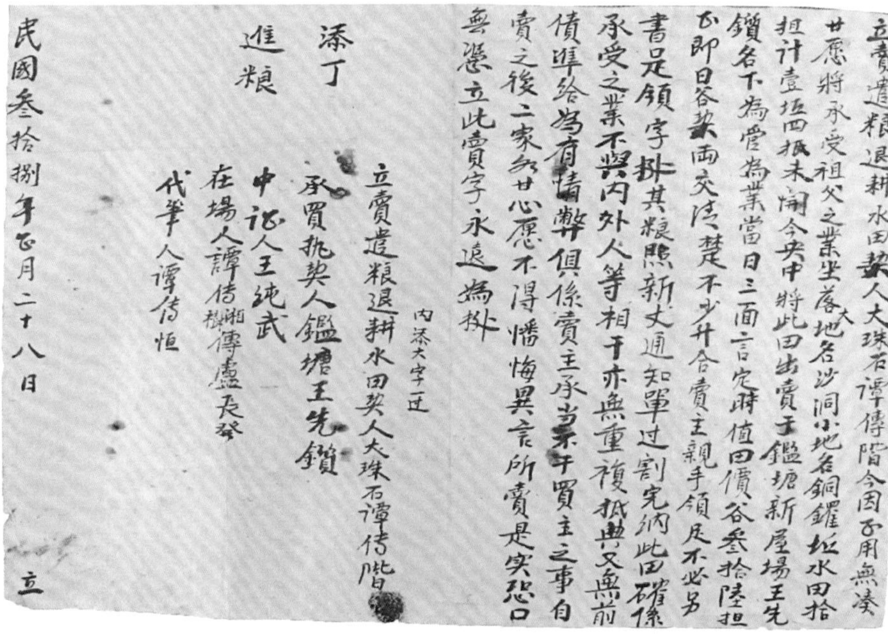

立卖遗粮退耕水田契人大珠石谭传阶今因正用无凑甘愿将承受祖父之业坐落大地名沙洞小地名铜锣坵水田拾担计壹丘四抵未开今央中将此田出卖于鉴塘新屋场王先锁名下为管为业当日三面言定时值田价谷叁拾陆担正即日谷契两交清楚不少升合卖主亲手领足不必另书足领字据其粮照新丈通知单过割完纳此田确系承受之业不与内外人等相干亦无重复抵典又无前债准给为有情弊俱系卖主承当不干买主之事自卖之后二家各甘心愿不得憣悔异言所卖是实恐口无凭立此卖字永远为据

内添大字一过

添丁进粮

立卖遗粮退耕水田契人大珠石谭传阶【押】

承买执契人鉴塘王先锁

中证人王纯武

在场人谭传湘谭传树传卢长发

代笔人谭传恒

民国叁拾捌年正月二十八日立

# 第五部分　江西赣州

## 信丰

### 乾隆二十五年十二月世谋卖地契

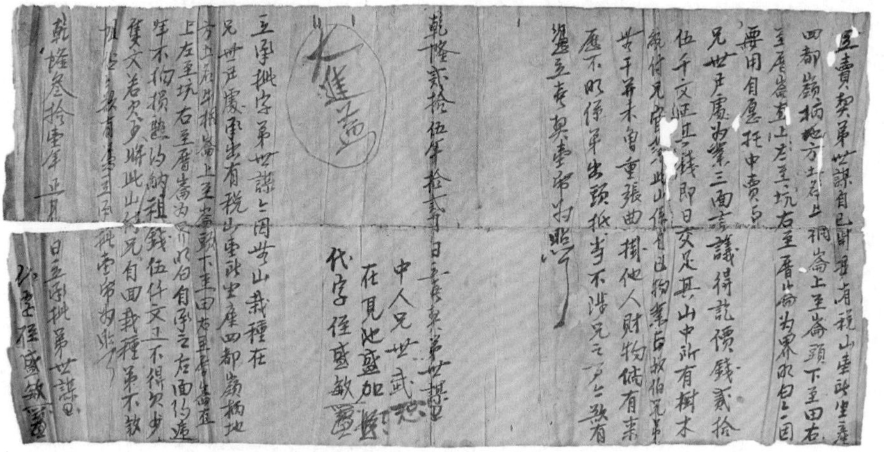

立卖契弟世谋自己开掘有税山壹所坐产四都岭异体柄地方土名上桐仑上至仑头下至田右至厝仑直上左至坑右至厝仑为界明白今因要用自愿托中卖与兄世尹处为业三面言议得讫价钱贰拾伍千文正其钱即日交足其山中所有树木统付兄官（管）业此山系自己物业与叔伯兄弟无干并未曾重张曲挂他人财物倘有来历不明系弟出头抵当不涉兄之事今欲有凭立卖契壹纸为照

乾隆贰拾伍年拾贰月日立卖契弟世谋【押】

中人兄世武【押】

在见池盛加【押】

代字侄盛敏【押】

大进益

立承批字弟世谋今因业山栽种在兄世尹处承出有税山壹所坐产四都岭柄地方土名牛桐仑上至仑头下至田右至厝仑直上左至坑右至厝仑为界明白自承之后面约递年不拘损熟约纳租钱伍仟文正不得欠少只文若欠少将此山付兄自回栽种弟不敢阻占今欲有凭立承批壹纸为照

乾隆叁拾壹年正月日立承批弟世谋【押】

代字侄盛敏【押】

## 乾隆四十一年九月二十日奕广卖田契

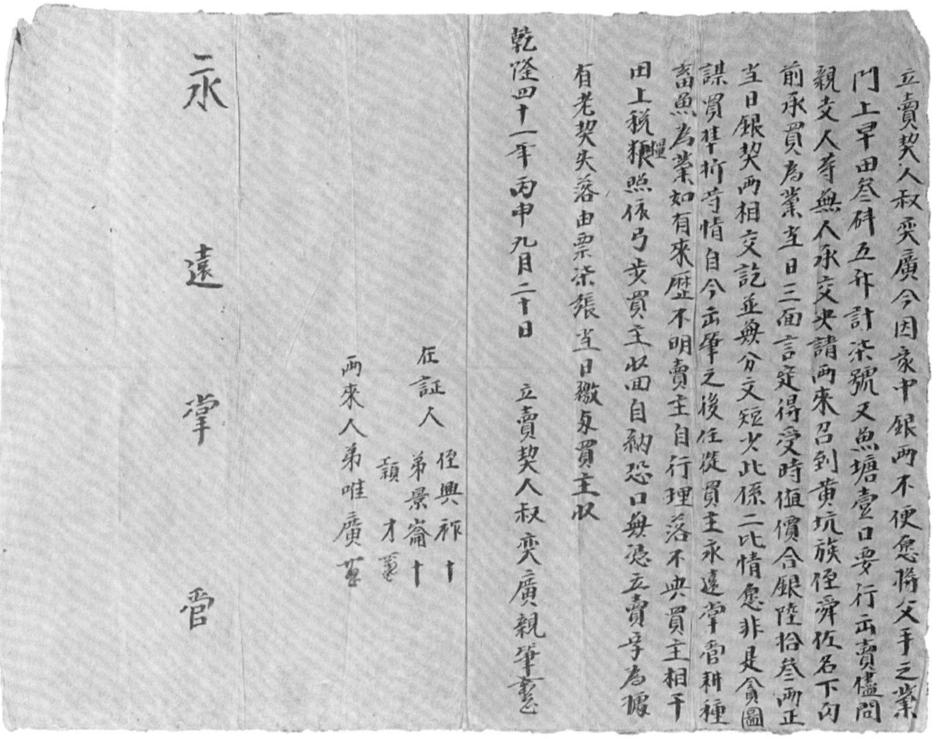

立卖契人叔奕广今因家中银两不便愿将父手之业门上早田叁斛（斗）五升计柒号又鱼塘壹口要行出卖尽问亲支人等无人承交央请两来召到黄坑族侄舜佐名下向前承买为业当日三面言定得受时值价合银陆拾叁两正当日银契两相交讫并无分文短少此系二比情愿非是贪图谋买准折等情自今出笔之后任从买主永远掌管耕种畜鱼为业如有来历不明卖主自行理落不与买主相干田上税粮照依弓步买主收回自纳恐口无凭立卖字为据

有老契失落由票柒张当日缴与买主收

乾隆四十一年丙申九月二十日

立卖契人叔奕广亲笔【押】

在证人侄兴祚【押】弟景仑【押】颖才【押】

两来人弟唯广【押】

永远掌管

乾隆五十年四月吉日胡门匡氏卖田契

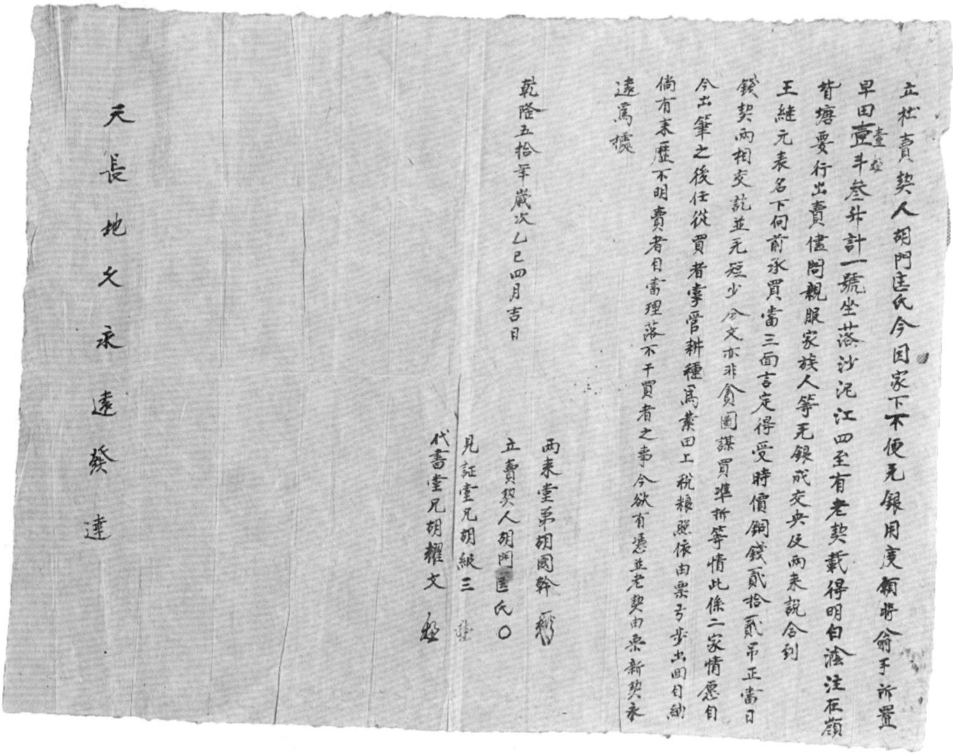

立杜卖契人胡门匡氏今因家下不便无银用度愿将翁
手所置早田壹斗叁升计一号坐落沙泥江四至有老契
载得明白泖注在岭背塘要行出卖尽问亲服家族人等
无银成交央及两来说合到王继元表名下向前承买当
三面言定得受时价铜钱贰拾贰吊正当日钱契两相交
讫并无短少分文亦非贪图谋买准折等情此系二家情
愿自今出笔之后任从买者掌管耕种为业田上税粮照
依由票弓步出回自纳倘有来历不明卖者自当理落不
干买者之事今欲有凭并老契由票新契永远为据
乾隆五拾年岁次乙巳四月吉日
两来堂弟胡国干【押】
立卖契人胡门匡氏【押】
见证堂兄胡级三【押】
代书堂兄胡耀文【押】
天长地久永远发达

## 乾隆五十四年三月绍玉尽契

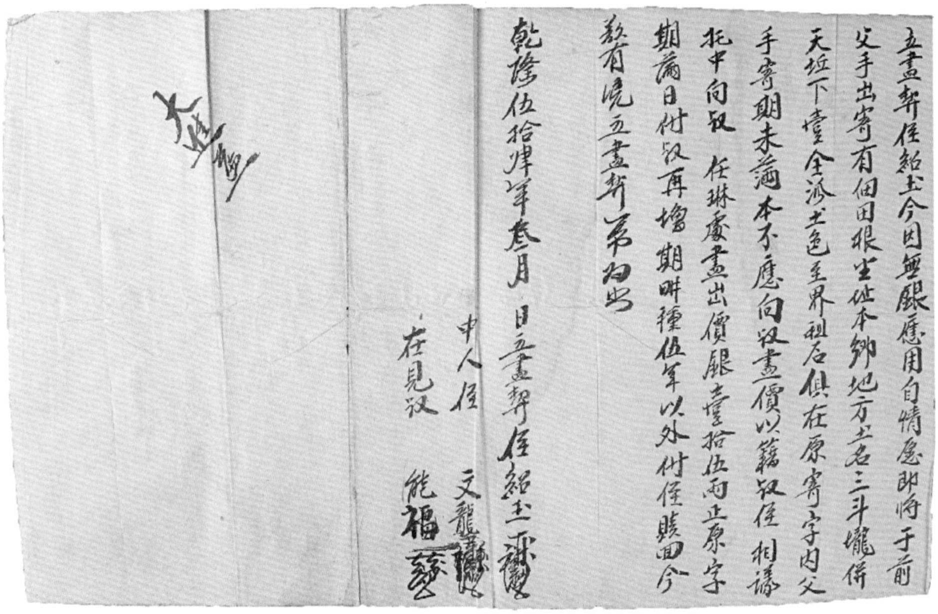

立尽契侄绍玉今因无银应用自情愿即将于前父手出寄有佃田根坐址本乡地方土名三斗垅并天坵下壹全派土色至界租名俱在原寄字内父手寄期未满本不应向叔尽价以籍叔侄相议托中向叔任琳处尽出价银壹拾伍两正原字期满日付叔再增期耕种伍年以外付侄赎回今欲有凭立尽契一纸为照

乾隆伍拾肆年叁月日立尽契侄绍玉【押】

中人侄文龙【押】

在见叔能福【押】

大进益

## 嘉庆九年十二月胡监曾绝卖乡主会田文契

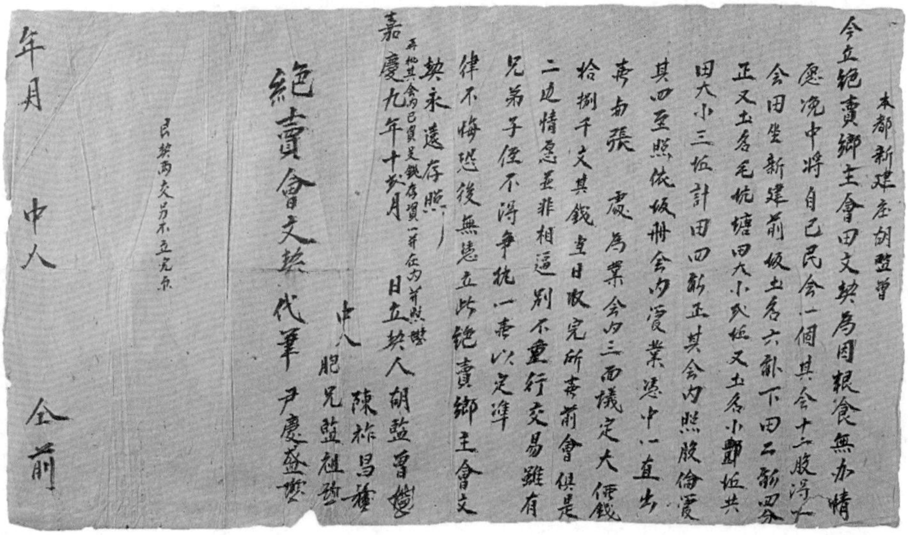

本都新建庄胡监曾今立绝卖乡主会田文契为因粮食无办情愿浼中将自己民会一个其会十二股得一会田坐新建前坂土名六亩下田二亩四分正又土名毛坑塘田大小贰丘又土名小鄧坵共田大小三丘计田四亩正其会内照股伦管其四至照依坂册会内管业凭中一直出卖与张处为业会内三面议定大价钱拾捌千文其钱当日收完所卖前会俱是二边情愿并非相逼别不重行交易虽有兄弟子侄不得争执一卖以定准律不悔恐后无凭立此绝卖乡主会文契永远存照

再批其会内已资殳（股）钱存资一并在内并照【押】

嘉庆九年十贰月日立契人胡监曾【押】

中人陈祚昌【押】胞兄监祖【押】

绝卖会文契代笔尹庆盛【押】

银契两交另不立完票

年月中人仝前

## 嘉庆二十三年七月吉日张爵佶卖田契

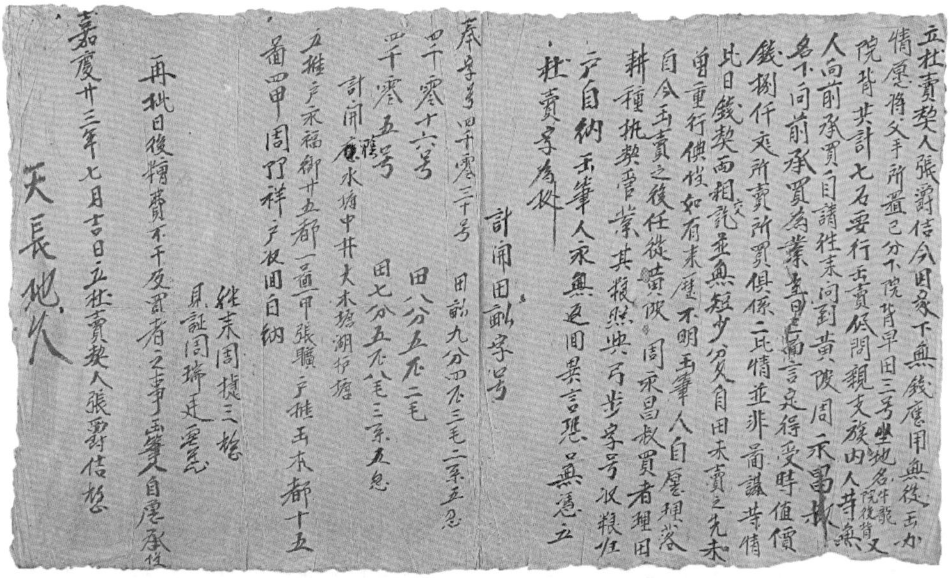

立杜卖契人张爵佶今因家下无钱应用无从出办情愿将父手所置己分下院背早田三号坐地名牛龙院后背又院背共计七石要行出卖尽问亲支族内人等无人向前承买自请往来问到黄陂周永昌叔名下向前承买为业当日三面言定得受时值价钱捌仟柒文所卖所买俱系二比情并非图谋等情比日钱契两相交讫并无短少分文自田未卖之先未曾重行典（典）呰（当）如有来历不明出笔人自愿理落自今出卖之后任从黄陂周永昌叔买者理田耕种执契管业其粮照与弓步字号收粮归户自纳出笔人永无返回异言恐口无凭立杜卖字为据

计开田亩字号

奉字号四千零三十号田亩九分四厘三毛（毫）二丝五忽

四千零十六号田八分五厘二毛（毫）

四千零五号田七分五厘八毛（毫）三丝五忽

计开溯水塘中井大木塘湖护塘

立推户永福乡廿五都一图一甲张矌户推出本都十五图四甲周舛祥户收回自纳

往来周捷三【押】

见证周瑞廷【押】

再批日后糟费不干及买者之事出笔人自愿承呰（当）

嘉庆廿三年七月吉日立杜卖契人张爵佶【押】

天长地久

## 道光五年十一月吉日胡门萧氏仝男盛琳卖田契

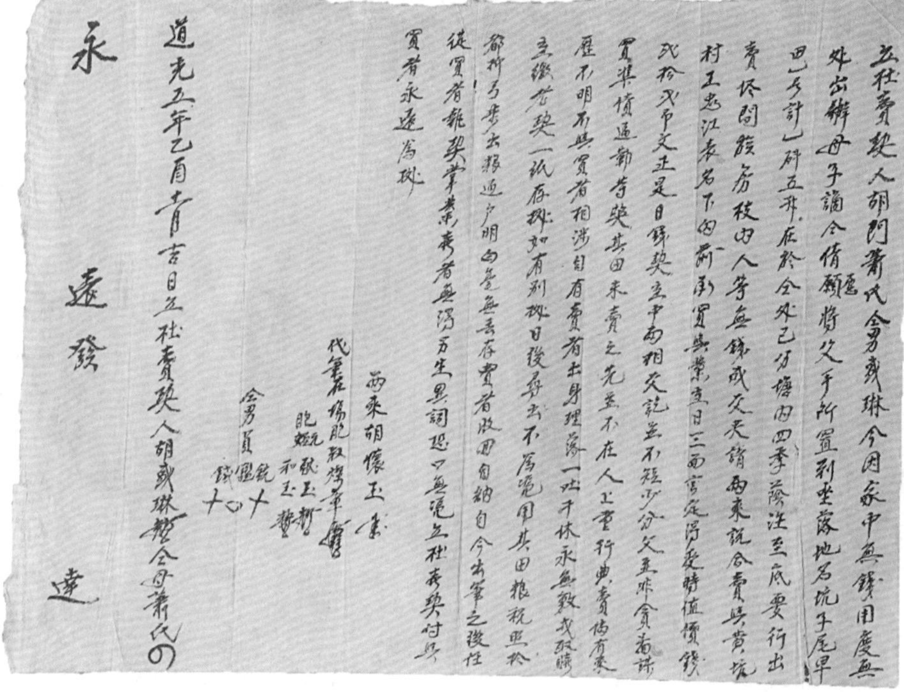

立杜卖契人胡门萧氏仝男盛琳今因家中无钱用度无处出办母子謪（商）仝倩（情）愿将父手所置到坐落地名坑子尾早田一号计一硈（斗）五升在于仝处已分塘内四季荫注至底要行出卖尽问族房枝内人等无钱成交央请两来说合卖与黄坑村王忠江表名下向前承买与业当日三面言定得受时值价钱贰拾贰吊文正是日钱契当中两相交讫并不短少分文并非贪图谋买准债逼勒等弊其田未卖之先并不在人上重行典卖倘有来历不明不与买者相涉自有卖者出身理落一吐千休永无敷找取赎当缴老契一纸存据如有别据日后寻出不为凭用其田粮税照于都抑弓步出粮过户明白毫无丢存买者收回自纳自今出笔之后任从买者执契掌业卖者无得另生异词恐口无凭立杜卖契付与买者永远为据

两来胡怀玉【押】

代笔在场胞叔灿章【押】胞兄献玉【押】胞姪和玉【押】

仝男员铣【押】员鉴【押】员铖【押】

道光五年乙酉十一月吉日立杜卖契人胡盛琳【押】仝母萧氏【押】

永远发达

## 道光五年十二月尹自英劝找园基地文契

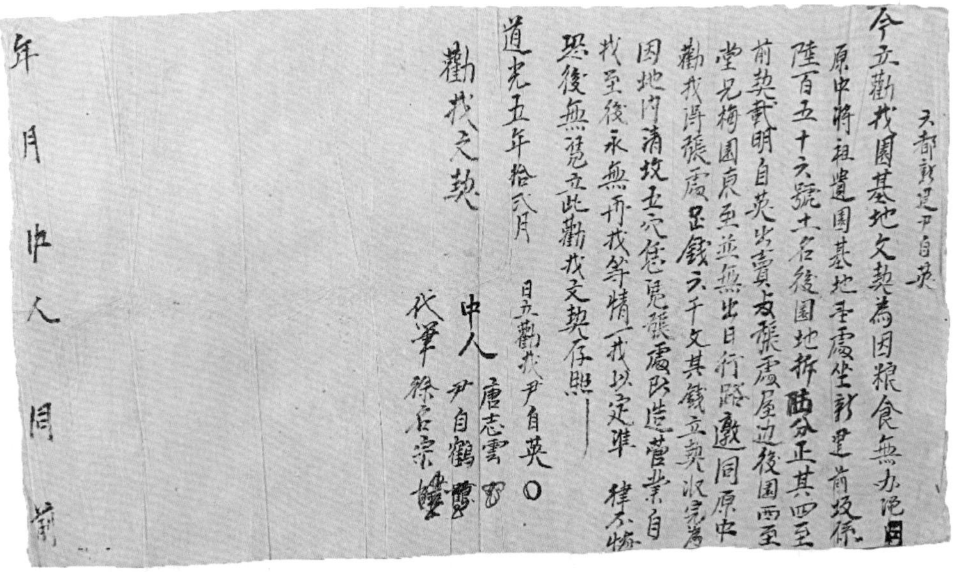

六都新建尹自英今立劝找园基地文契为因粮食无办浼问原中将祖遗园基地壹处坐新建前坂系陆百五十六号土名后园地拆陆分正其四至前契载明自英出卖与张处屋边后园西至堂兄梅园东至并无出日行路邀同原中劝找得张处足钱六千文其钱立契收完为因地内清坟五穴恁（任）凭张处改造管业自找至后永无再找等情一找以定准律不悔恐后无凭立此劝找文契存照

道光五年拾贰月日立劝找尹自英【押】

劝找文契

中人唐志云【押】尹自鹤【押】

代笔徐名宗【押】

年月中人同前

## 道光六年三月若泰卖佃根契

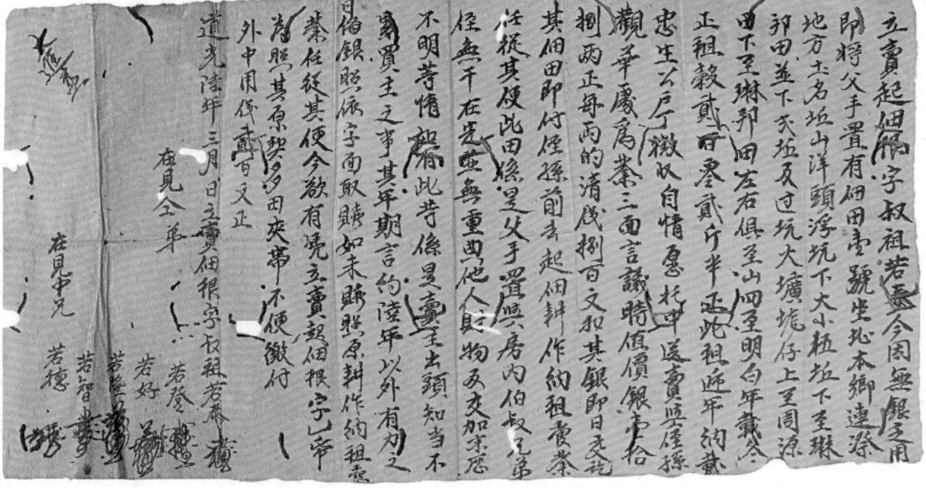

立卖起佃根字叔祖若泰今因无银乏用即将父手置有佃田壹号坐址本乡连滦地方土名坵山洋头浮坑下大小伍丘下至琳邦田并下贰丘及过坑火圹垅仔上至周源田下至琳邦田左右俱至山四至明白年载冬正租谷贰百零贰斤半正此租递年纳载忠生公户丁征收自情愿托中送卖与侄孙观华处为业三面言议时值价银壹拾捌两正每两的清钱捌百文扣其银即日交讫其佃田即付侄孙前去起佃耕作纳租管业任从其便此田系是父手置与房内伯叔兄弟侄无干在先并无重典他人财物及交加来历不明等情如有此等系是卖主出头知当不累买主之事其年期言约陆年以外有力之日备银照依字面取赎如未赎照原耕作纳租管业任从其便今欲有凭立卖起佃根字一纸为照其原契多田夹带不便缴付外中用钱贰百文正

道光陆年三月日立卖佃根字叔祖若泰【押】

在见仝弟若登【押】若好【押】若隆【押】若智【押】

在见中兄若德【押】

大进益

## 道光六年十二月吉日肖诗材卖田契

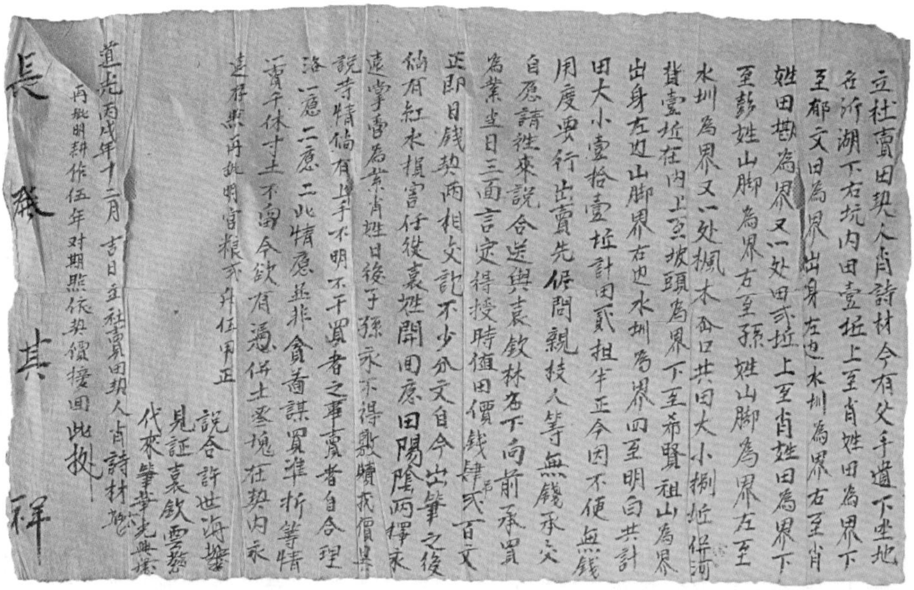

立杜卖田契人肖诗材今有父手遗下坐地名沂湖下右坑内田壹丘上至肖姓田为界下至郁文田为界出身左边水圳为界右至肖姓田塅为界又一处田贰丘上至肖姓田为界下至彭姓山脚为界右至孙姓山脚为界左至水圳为界又一处枫木岔口共田大小捌丘并河背壹丘在内上至坡头为界下至希贤祖山为界出身左边山脚界右边水圳为界四至明白共计田大小壹拾壹丘计田贰担半正今因不便无钱用度要行出卖先尽问亲枝人等无钱承交自愿请往来说合送与袁钦林名下向前承买为业当日三面言定得授时值田价钱肆吊贰百文正即日钱契两相交讫不少分文自今出笔之后倘有红水损害任从袁姓开回愿田阳阴两择永远掌管为业肖姓日后子孙永不得敷赎找价异说等情倘有上手不明不干买者之事卖者自合理洛（落）一愿二愿二此（比）情愿并非贪图谋买准折等情一卖千休寸土不留今欲有凭并土叁块在契内永远存照再批明官粮贰升伍甲正

说合许世海【押】

见证袁钦云【押】

代来笔华光兴【押】

道光丙戌年十二月吉日立社（杜）卖田契人肖诗材【押】

再批明耕作伍年对期照依契价接回此据

长发其祥

## 道光八年腊月耀南卖田契

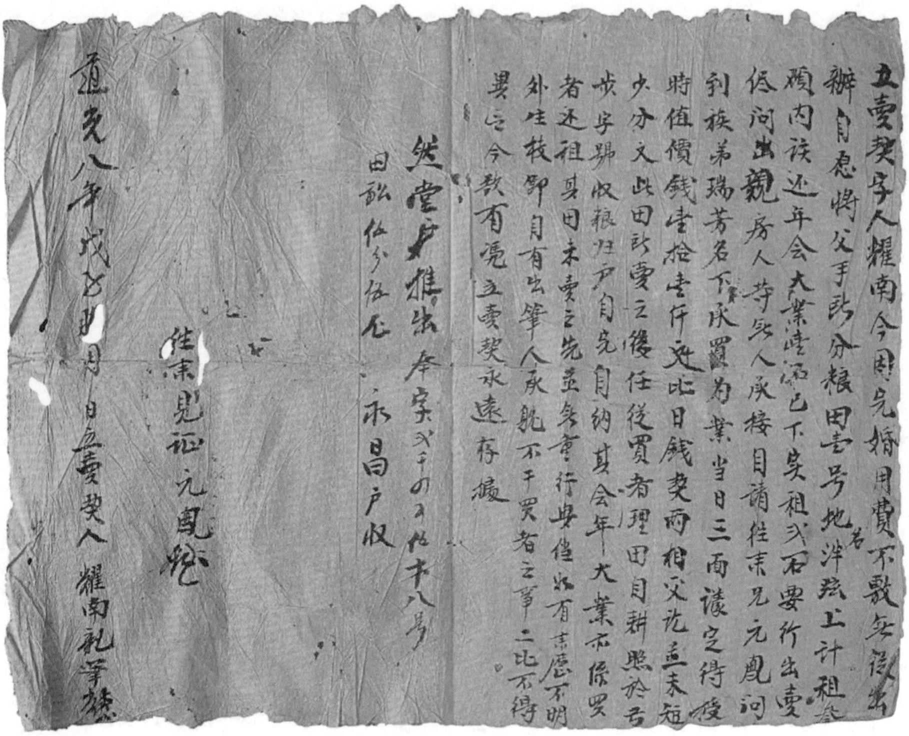

立卖契字人耀南今因完婚用费不敷无从出办自愿将父手所分粮田壹号地名泮弦上计租叁硕内该还年会大业壹石己下实租贰石要行出卖尽问出亲房人等无人承接自请往来兄元凤问到族弟瑞芳名下承买为业当日三面议定得受时值价钱壹拾壹仟拾文比日钱契两相交讫并未短少分文此田所卖之后任从买者理田自耕照于弓步字号收粮归户自完自纳其会年大业亦系买者还租其田未卖之先并无重行典挡（当）如有来历不明外生枝节自有出笔人承躭（担）不干买者之事二比不得异言今欲有凭立卖契永远存据

然堂户推出奉字贰千四百伍十八号田亩伍分伍厘永昌户收

往来见证元凤【押】

道光八年戊子腊月日立卖契人耀南亲笔【押】

# 道光十年十月胡孙氏卖田契

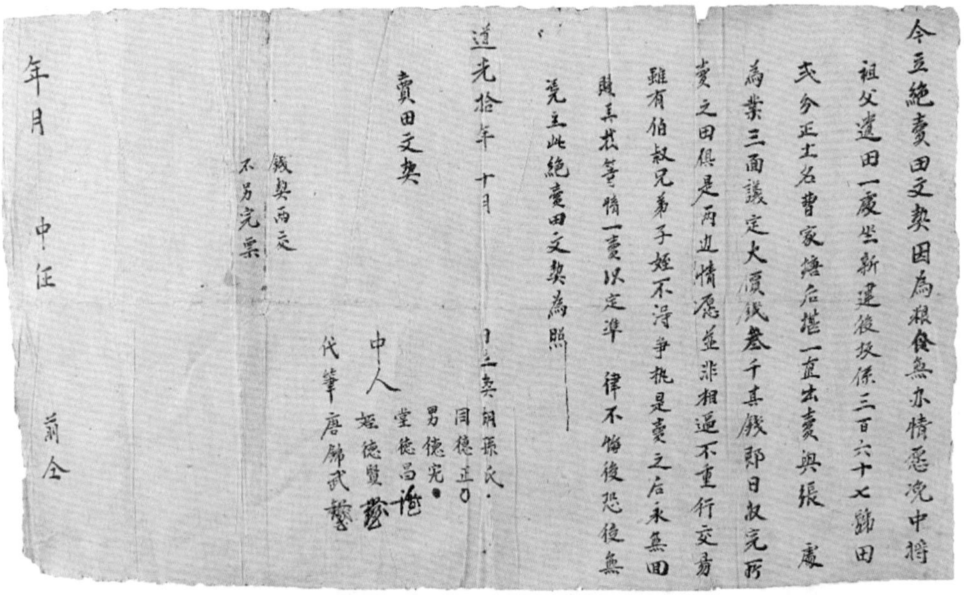

今立绝卖田文契因为粮食无办情愿浼中将祖父遗田一处坐新建后坂系三百六十七号田贰分正土名曹家塘后堪一直出卖与张处为业三面议定大价钱叁千其钱即日收完所卖之田俱是两边情愿并非相逼不重行交易虽有伯叔兄弟子侄不得争执是卖之后永无回赎再找等情一卖以定准律不悔后恐后无凭立此绝卖田文契为照

道光拾年十月日立契胡孙氏同男德正【押】德完【押】

卖田文契

中人堂侄德昌【押】德贤【押】

代笔唐锦武【押】

钱契两交

不另完票

年月中征（正）前仝

## 道光十四年三月御扳卖田契

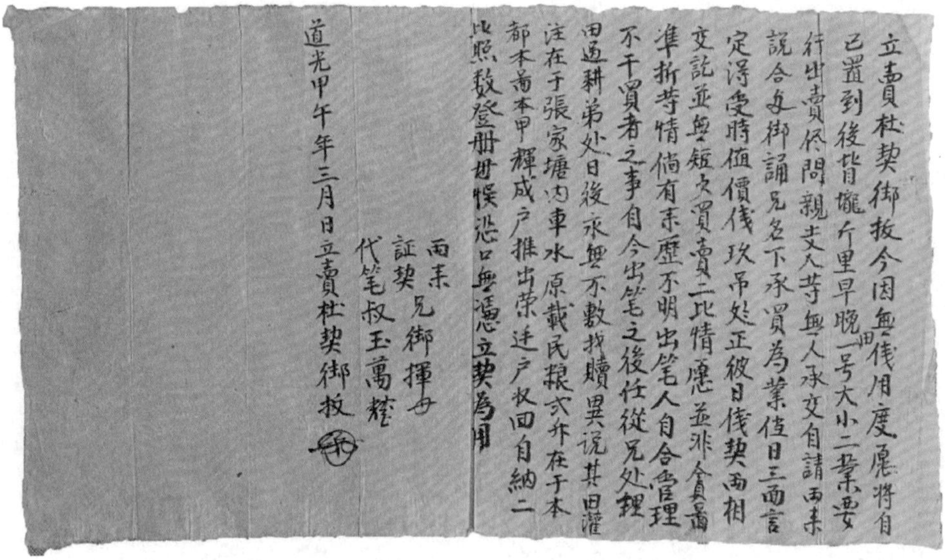

立卖杜契御扳今因无钱用度愿将自己置到后背垅斤里早晚田一号大小二业要行出卖尽问亲支人等无人承交自请两来说合与御诵兄名下承买为业凼（当）日三面言定得受时值价钱玖吊柒文正彼日钱契两相交讫并无短少买卖二比情愿并非贪图准折等情倘有来历不明出笔人自合管理不干买者之事自今出笔之后任从兄处理田过耕弟处日后永无不敷找赎异说其田灌注在于张家塘内车水原载民粮贰升在于本都本图本甲辉成户推出荣廷户收回自纳二比照数登册毋误恐口无凭立契为用

两来证契兄御挥【押】

代笔叔玉万【押】

道光甲午年三月日立卖杜契御扳【押】

## 道光二十年五月初七日贤位卖大业契

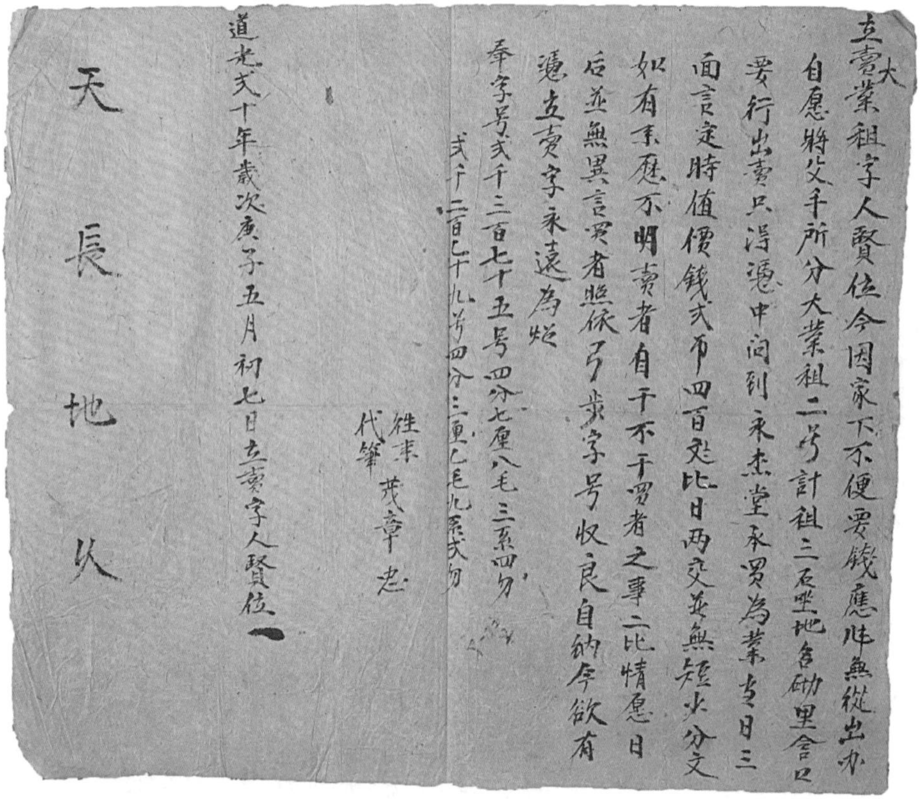

立卖大业租字人贤位今因家下不便要钱应用无从出办自愿将父手所分大业租二号计租三石坐地名砌里含口要行出卖只得凭中问到永杰堂承买为业当日三面言定时值价钱贰吊四百柒文比日两交并无短少分文如有来历不明卖者自干不干买者之事二比情愿日后并无异言买者照依弓步字号收良（粮）自纳今欲有凭立卖字永远为炤（照）

奉字号贰千三百七十五号四分七厘八毛（毫）三丝四勿（忽）

贰千二百乙十九号四分三厘一毛（毫）九丝贰勿（忽）

往来代笔茂章【押】

道光贰十年岁次庚子五月初七日立卖字人贤位【押】

天长地久

道光二十六年四月吉日忠泾卖塘契

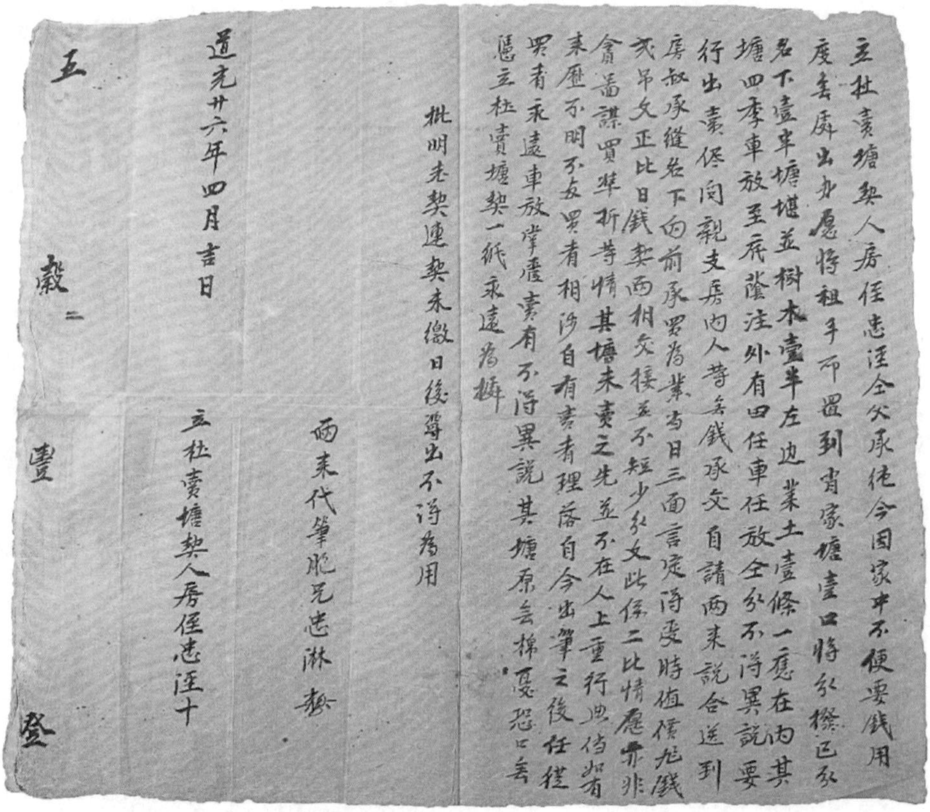

立杜卖塘契人房侄忠泾仝父承纯今因家中不便要钱用度无处出办愿将祖手所置到肖家塘壹口将分拨己分名下壹半塘堪并树木壹半左边业土壹条一应在内其塘四季车放至底荫注外有田任车任放仝分不得异说要行出卖尽问亲支房内人等无钱承交自请两来说合送到房叔承缝名下向前承买为业当日三面言定得受时值价七文钱贰吊文正比日钱契两相交接并不短少分文此系二比情愿亦非贪图谋买准折等情其塘未卖之先并不在人上重行典伿（当）如有来历不明不与买者相涉自有卖者理落自今出笔之后任从买者永远车放掌管卖有（者）不得异说其塘原无棉忧恐口无凭立杜卖塘契一纸永远为据

批明老契连契未缴日后寻出不得为用

两来代笔胞兄忠淋【押】

道光廿六年四月吉日

立杜卖塘契人房侄忠泾【押】

五谷丰登

## 道光二十九年正月吉日隆湘卖塘契

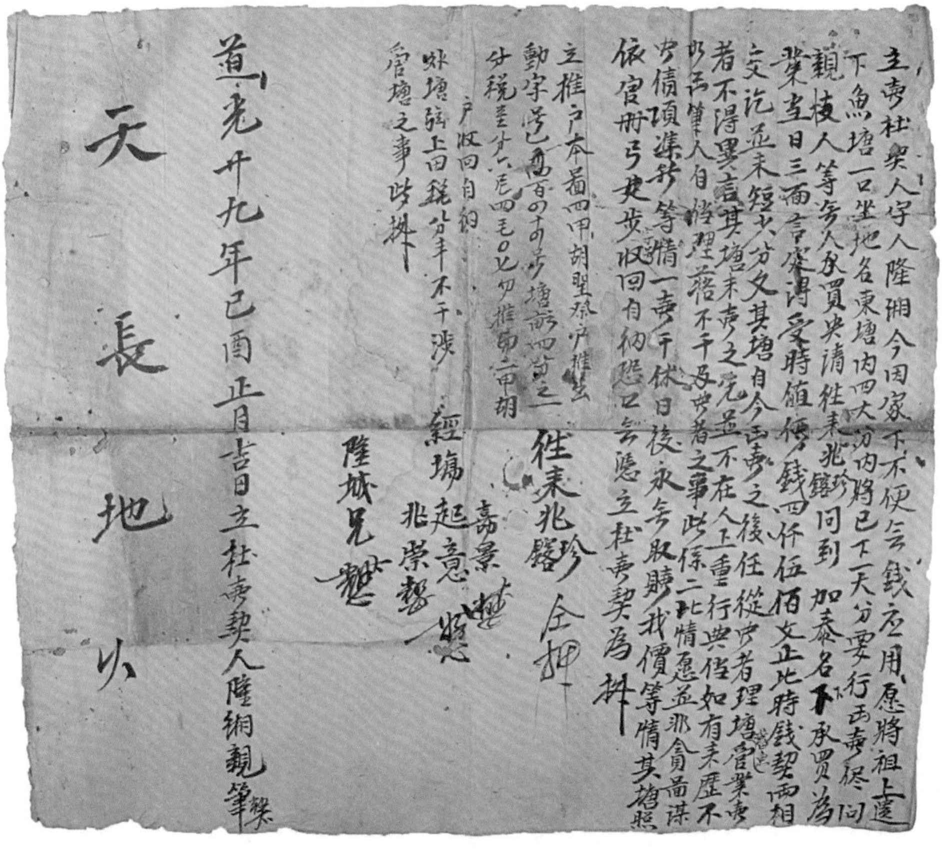

立卖杜契人字人隆湘今因家下不便无钱应用愿将祖上遗下鱼塘一口坐地名东塘内四大分内将己下一大分要行出卖尽问亲枝人等无人承买央请往来兆珍兆镕问到加泰名下承买为业当日三面言定得受时值价钱四仟伍佰文正比时钱契两相交讫并未短少分文其塘自今出卖之后任从买者理塘蓄鱼管业卖者不得异言其塘未卖之先并不在人上重行典㫗（当）如有来历不明出笔人自㫗（当）理落不干及买者之事此系二比情愿并非贪图谋买债项准折等情一卖千休日后永无取赎找价等情其塘照依官册弓步字号收回自纳恐口无凭立杜卖契为据

立推户本图四甲胡圣祭户推出动字号一百四十四号塘亩四分之一分税壹分六厘四毛（毫）〇七勿（忽）推与二甲胡户收回自纳外塘弦上田税分丰不干涉管塘之事此据

往来兆珍兆镕仝【押】

经场嘉景【押】起意【押】兆崇【押】隆城兄【押】

道光廿九年己酉正月吉日立杜卖契人隆湘亲笔契

天长地久

## 道光二十九年十二月吉日袁钦成卖田契

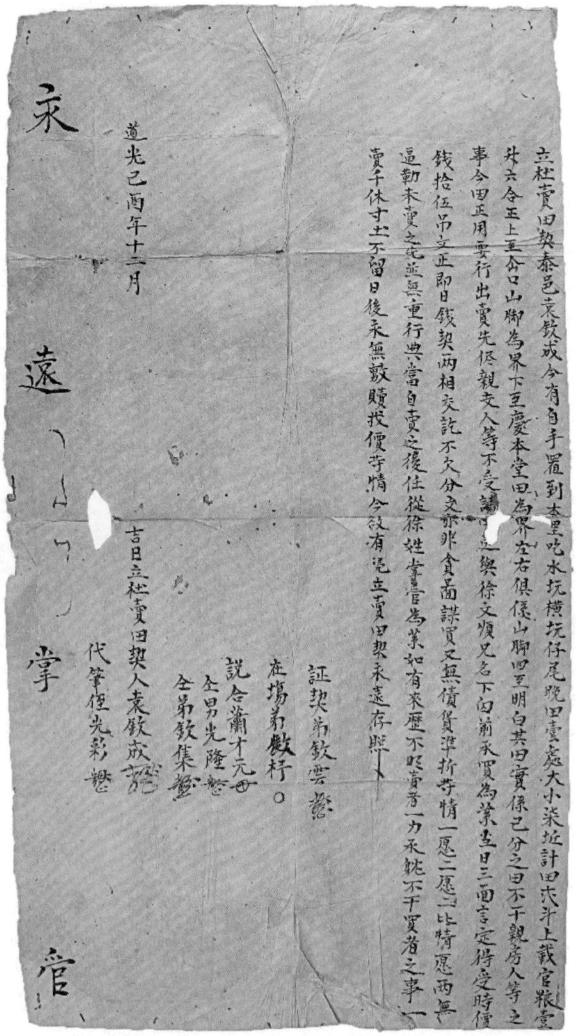

立杜卖田契泰邑袁钦成今有自手置到本里吃水坑横坑仔尾晚田壹处大小柒丘计田贰斗上载官粮壹升六合正上至仚口山脚为界下至庆本堂田为界左右俱系山脚四至明白其田实系己分之田不干亲房人等之事今因正用要行出卖先尽亲支人等不受请〈中〉送与徐文顺兄名下向前承买为业当日三面言定得受时价钱拾伍吊文正即日钱契两相交讫不欠分文亦非贪图谋买又无债货准折等情一愿二愿二比情愿两无逼勒未卖之先并无重行典当自卖之后任从徐姓掌管为业如有来历不明卖者一力承躭（担）不干买者之事一卖千休寸土不留日后永无敷赎找价等情今欲有凭立卖田契永远存照

证契弟钦云【押】
在场弟钦杍【押】
说合萧才元【押】
仝男光隆【押】
仝弟钦集【押】
道光己酉年十二月吉日立杜卖田契人袁钦成【押】
代笔侄光彩【押】
永远掌管

## 道光三十年八月佩声卖灰寮契

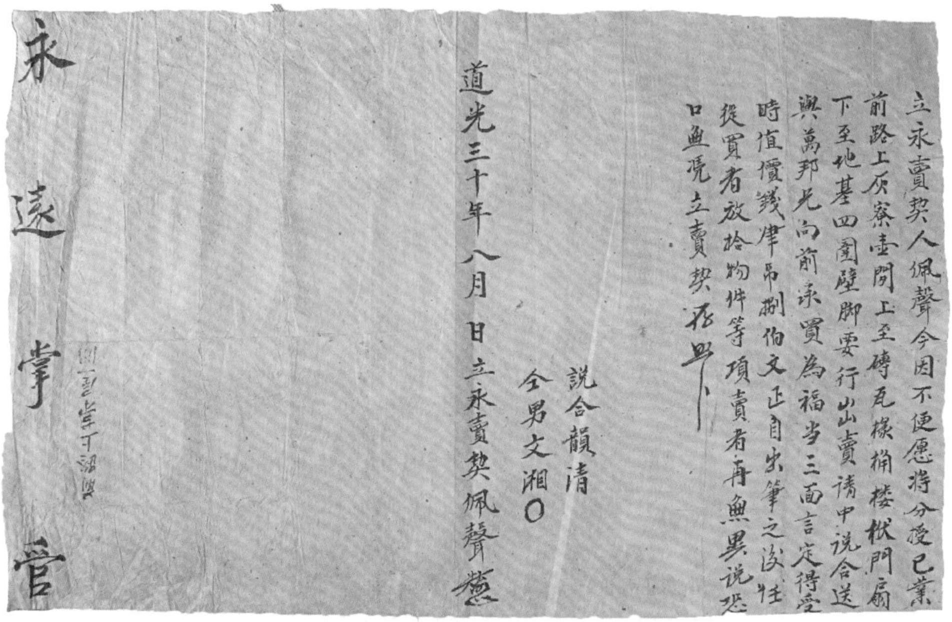

立永卖契人佩声今因不便愿将分授已业前路上灰寮壹间上至砖瓦椽桷楼栿门扇下至地基四围壁脚要行出卖请中说合送与万邦兄向前承买为福当三面言定得受时值价钱肆吊捌伯（佰）文正自出笔之后任从买者放拾物件等项卖者再无异说恐口无凭立卖契存照

说合韵清

仝男文湘【押】

道光三十年八月日立永卖契佩声【押】

前路上茅屋一间

永远掌管

## 咸丰三年十二月周和卖山底契

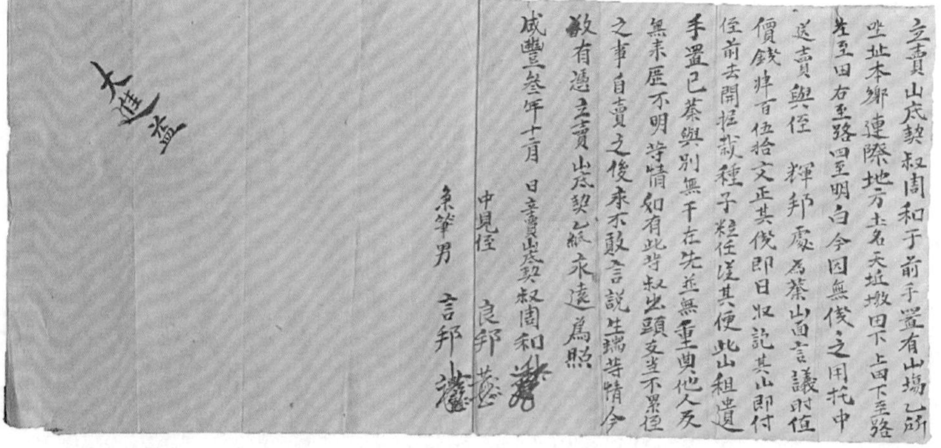
立賣山底契叔周和于前手置有山場乙所坐址本鄉連際地方土名天垃墩田下上田下至路左至田右至路四至明白今因無錢之用托中送賣與侄輝邦處為業山（三）面言議時值價錢肆百伍拾文正其錢即日收訖其山即付侄前去開掘栽種子粒任從其便此山租遺手置己業與別無干在先並無重典他人及無來歷不明等情如有此等叔出頭支當不累侄之事自賣之後永不敢言說生端等情今欲有憑立賣山底契乙紙永遠為照
咸豐叁年十二月日立賣山底契叔周和
中見侄良邦
秉筆男言邦
大進益

立卖山底契叔周和于前手置有山场一所坐址本乡连际地方土名天垃墩田下上田下至路左至田右至路四至明白今因无钱之用托中送卖与侄辉邦处为业山（三）面言议时值价钱肆百伍拾文正其钱即日收讫其山即付侄前去开掘栽种子粒任从其便此山租遗手置已业与别无干在先并无重典他人及无来历不明等情如有此等叔出头支当不累侄之事自卖之后永不敢言说生端等情今欲有凭立卖山底契一纸永远为照

咸丰叁年十二月日立卖山底契叔周和【押】

中见侄良邦【押】

秉笔男言邦【押】

大进益

## 咸丰四年正月严良勇卖茔山文契

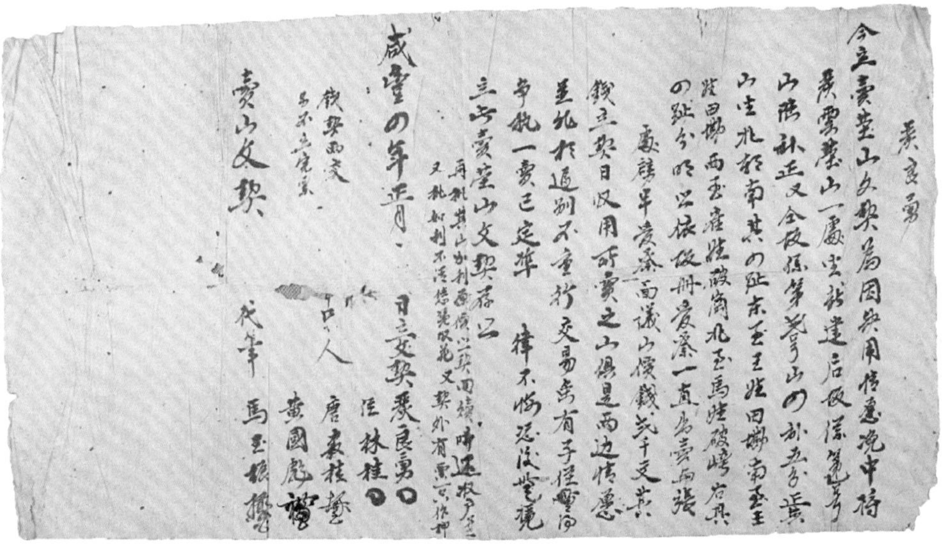

严良勇今立卖茔山文契为因缺用情愿浼中将严云茔山一处坐新建后坂系第一号山陆亩正又仝坂系第贰号山四亩五分正其山坐北朝南其四趾东至王姓田塝南至王姓田塝西至崔姓破岗北至马姓破湾右其四址分明照依坂册管业一直出卖与张处劈半管业面议山价钱贰千文其钱立契日收用所卖之山俱是两边情愿并非相逼别不重行交易虽有子侄无得争执一卖已定准律不悔恐后无凭立此卖茔山文契存照

再批其山加利原价照契回赎并还收户并

又批如利不清恁凭收花又契外有票一只作押

咸丰四年正月日立文契严良勇【押】

钱契两交另不立完票

卖山文契

中人侄林桂【押】唐⍰桂【押】黄国彪【押】

代笔马玉振【押】

咸丰四年十月吉日胡门游氏仝男卖田契

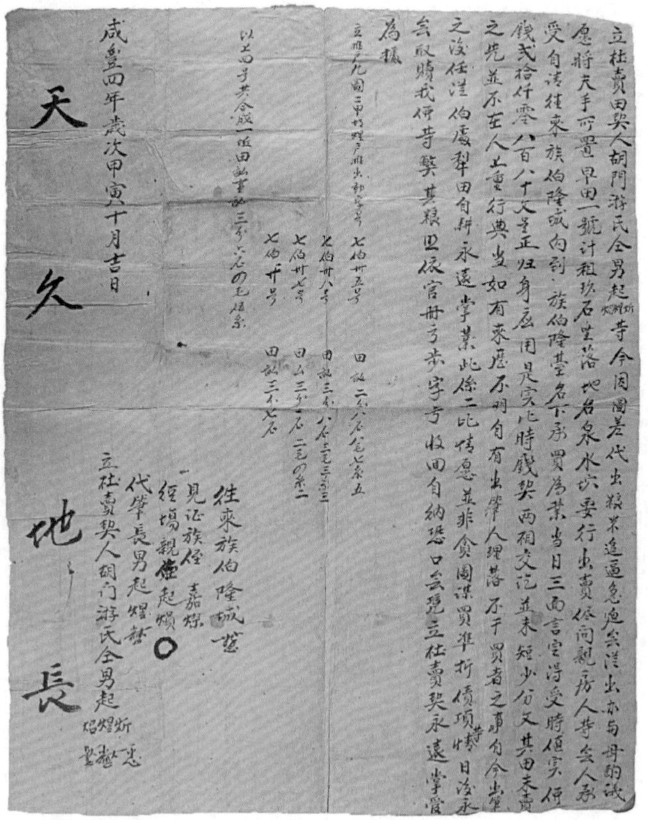

立杜卖田契人胡门游氏仝男起炘起煜起炤等今因图差代出粮米追逼急迫无从出办与母酌议愿将夫手所置早田一号计租玖石坐落地名泉水坑要行出卖尽问亲房人等无人承受自请往来族伯隆城向到族伯隆台名下承买为业当日三面言定得受时值实价钱贰拾仟零八百八十文足正归身应用是实比时钱契两相交讫并未短少分文其田未卖之先并不在人上重行典当如有来历不明自有出笔人理落不干买者之事自今出笔之后任从伯处犁田自耕永远掌业此系二比情愿并非贪图谋买准折债项等情日后永无取赎找价等弊其粮照依官册弓步字号收回自纳恐口无凭立杜卖契永远掌管为据

立推户九图二甲胡煜户推出动字号七佰（佰）卅五号田亩二分八石八毛（毫）七丝五

七佰（佰）卅八号田亩三分八石三毛（毫）三丝三

七佰（佰）卅七号田厶（亩）三分一石二毛（毫）四丝二

七佰（佰）廿号田亩三分七石

以上四号共合成一丘田亩壹亩三分六石四毛（毫）伍丝

往来族伯隆城【押】

见证族侄嘉灿

经场亲侄起熉【押】

代笔长男起煜【押】

咸丰四年岁次甲寅十月吉日立杜卖契人胡门游氏仝男起炘【押】起煜【押】起炤【押】

天久地长

## 咸丰五年十二月吴馥塘绝找田文契

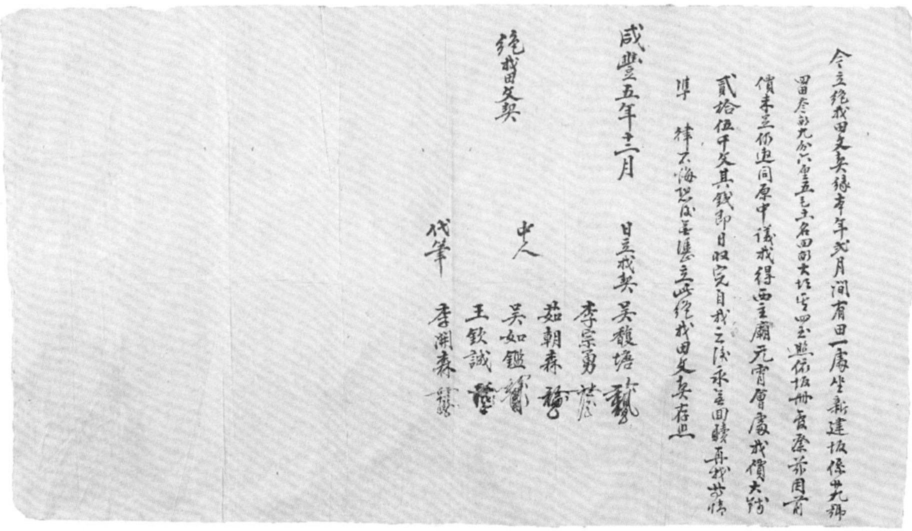

今立绝找田文契缘本年贰月间有田一处坐新建坂系廿九号四田叁亩九分六厘五毛（毫）土名四亩大坵其四至照依坂册管业兹因前价未足仍邀同原中议找得西主庙元宵会处找价大钱贰拾伍千文其钱即日收完自找之后永无回赎再找等情准律不悔恐后无凭立此绝找田文契存照

咸丰五年十二月日立找契吴馥塘【押】

绝找田文契

中人李宗勇【押】茹朝森【押】吴如鑑【押】

王钦诚【押】

代笔李开森【押】

## 同治二年五月吉日王承缝卖田契

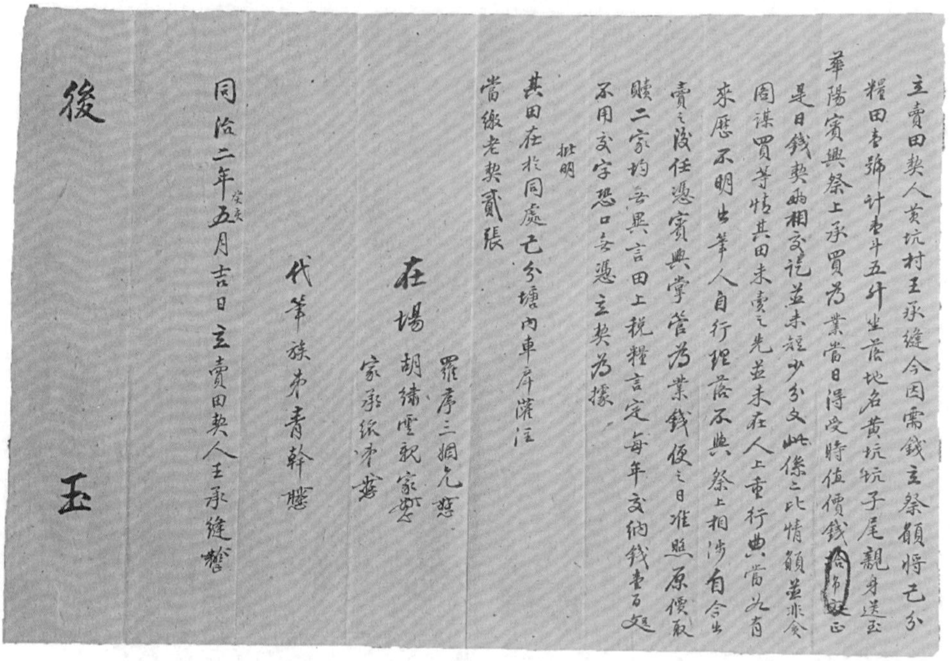

立卖田契人黄坑村王承缝今因需钱立祭愿将己分粮田壹号计壹斗五升坐落地名黄坑坑子尾亲身送至华阳宾兴祭上承买为业当日得受时值价钱拾吊七文正是日钱契两相交讫并未短少分文此系二比情愿并非贪图谋买等情其田未卖之先并未在人上重行典当如有来历不明出笔人自行理落不与祭上相涉自合出卖之后任凭宾兴掌管为业钱便之日准照原价取赎二家均无异言田上税粮言定每年交纳钱壹百文足不用交字恐口无凭立契为据

批明

其田在于同处己分塘内车戽灌注

当缴老契贰张

在场罗序三姻兄【押】胡绣云亲家【押】家承□弟【押】

代笔族弟青干【押】

同治二年癸亥五月吉日立卖田契人王承缝【押】

后玉

# 同治四年二月吉日岳南等卖祭契

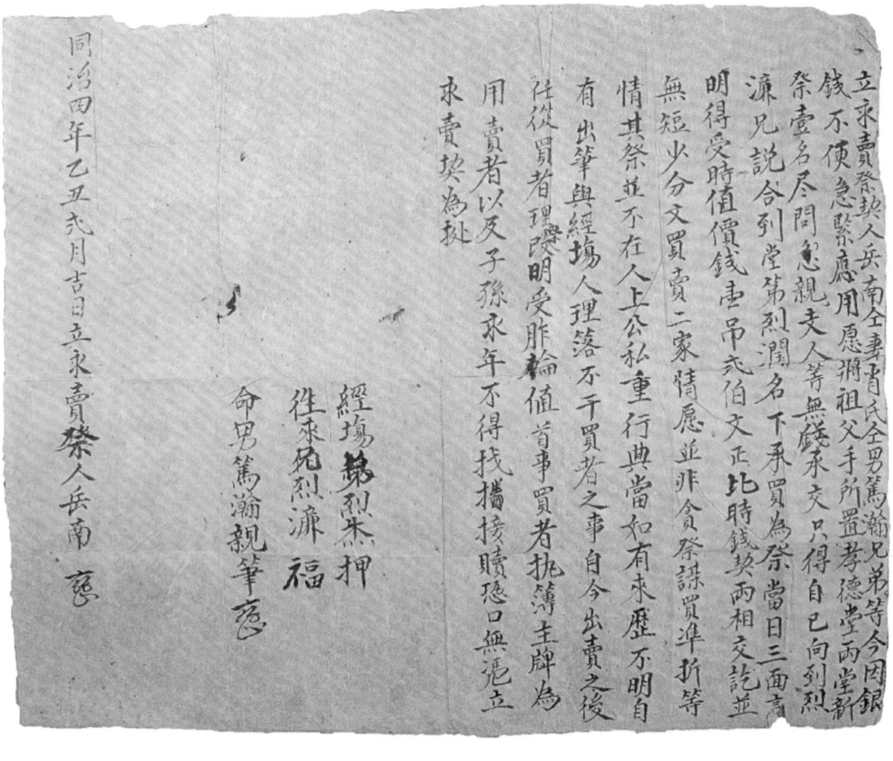

立永卖祭契人岳南仝妻肖氏仝男笃瀚兄弟等今因银钱不便急紧应用愿将祖父手所置孝德堂两堂新祭壹名尽问急亲支人等无钱承交只得自己向到烈濂兄说合到堂弟烈润名下承买为祭当日三面言明得受时值价钱壹吊贰伯(佰)文正比时钱契两相交讫并无短少分文买卖二家情愿并非贪祭谋买准折等情其祭并不在人上公私重行典当如有来历不明自有出笔与经场人理落不干买者之事自今出卖之后任从买者理祭改明受胙伦值首事买者执薄主牌为用卖者以及子孙永年不得找?接赎恐口无凭立永卖契为据

经场弟烈杰【押】

往来兄烈濂【押】

命男笃瀚亲笔【押】

同治四年乙丑贰月吉日立永卖祭人岳南【押】

## 同治六年二月初一日萧后刚卖田契

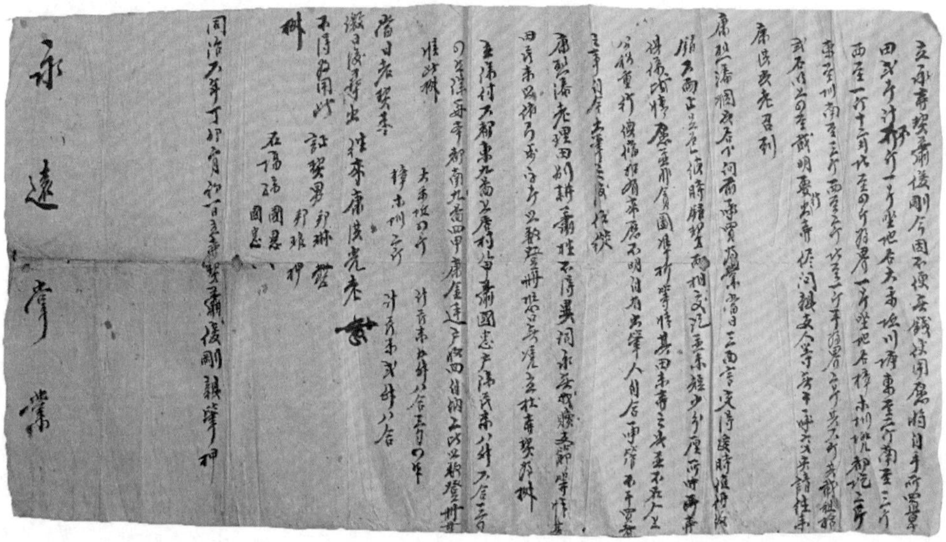

立承卖契萧后刚今因不便无钱使用愿将自手所置早田贰□计□□一号坐地名大禾坵川塘东至二斤南至三斤西至一斤十二两北至四斤为界一号坐地名樟木圳垅都圪二斤东至圳南至三斤西至二斤北至一斤半为界二号共六斤共载租拾贰石以上四至载明要行出卖尽问亲支人等无钱承交央请往来康洪光老召到康烈漆姻兄名下向前承买为业当日三面言定得受时值价纹银六两正足色彼时银契两相交讫并未短少分厘所买所卖俱系二比情愿并非贪图准折等情其田未卖之先并不在人上公私重行倎（典）当如有来历不明自有出笔人自合承管不干买者之事自今出笔之后任从康烈漆老理田别耕萧姓不得异词永无找赎支节等情其田民米照依弓步字号照数登册恐口无凭立杜卖契为据立除付六都东九图七居村八甲萧国忠户除民米八升六合三勺四乍除与本都南九图四甲康金廷户收回自纳二比所照数登册毋准此据

大禾坵四斤计民米五升八合三勺四乍

樟木圳二斤计民米贰升八合

当日老契未缴日后寻出不得为用此据

往来康洪光老【押】

证契男邦琳【押】邦琅【押】

在场孙国思【押】孙国忠【押】

同治六年丁卯二月初一日立卖契萧后刚亲笔【押】

永远掌业

## 光绪元年十一月庆申等卖田契

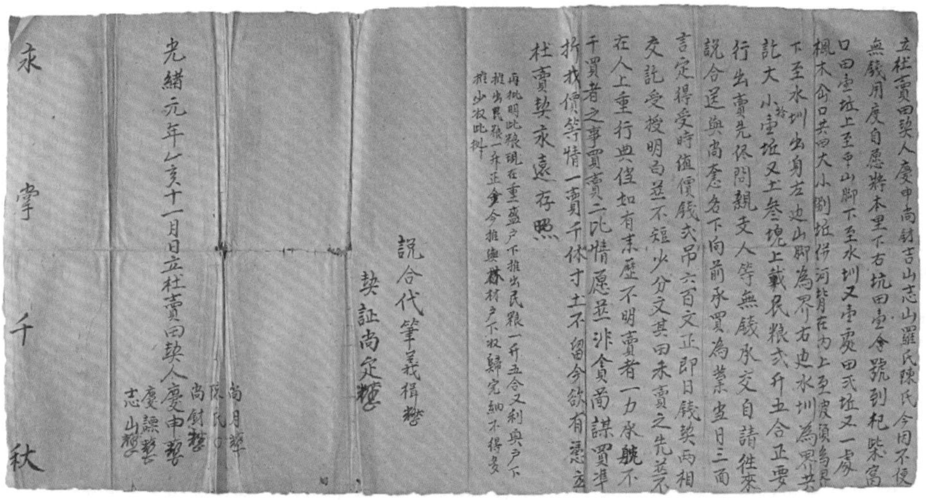

立杜卖田契人庆申尚钋吉山志山罗氏陈氏今因不便无钱用度自愿将本里下右坑田壹号到杞柴窝口田壹丘上至众山脚下至水圳又壹处田贰丘又一处枫木凼口共田大小捌丘并河背在内上至坡头为界下至水圳出身左边山脚为界右边水圳为界共讫大小拾壹丘又土叁块上载民粮贰升五合正要行出卖先尽问亲支人等无钱承交自请往来说合送与尚奎名下向前承买为业当日三面言定得受时值价钱贰吊六百文正即日钱契两相交讫受授明白并不短少分文其田未卖之先并不在人上重行典挡（当）如有来历不明卖者一力承航（担）不干买者之事买卖二比情愿并非贪图谋买准折找价等情一卖千休寸土不留今欲有凭立杜卖契永远存照

再批明此粮现在重盛户下推出民粮一升五合又利兴户下推出民粮一升正今推与材户下收归完纳不得多推少收此据

说合代笔义楫【押】契证尚定【押】

光绪元年乙亥十一月日立杜卖田契人尚月【押】陈氏【押】尚钋【押】

庆申【押】庆谭【押】志山【押】

永掌千秋

# 光绪六年十一月庆谭卖表芯纸蓬契

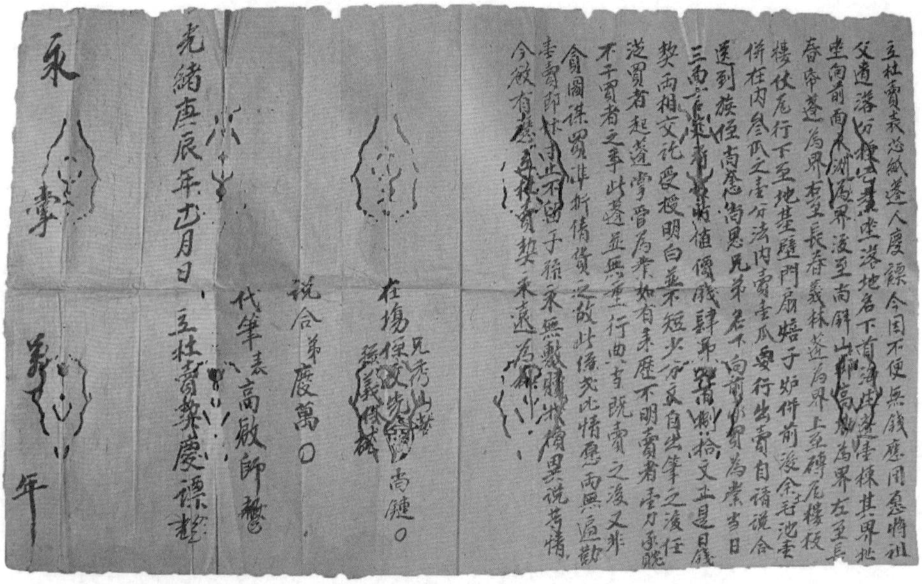

立杜卖表芯纸蓬人庆谭今因不便无钱应用愿将祖父遗落分授已业坐落地名下首海生蓬壹栋其界址坐向前面水洲为界后至尚鉡山脚高塅为界左至长春纸蓬为界右至长春义林蓬为界上至砖瓦楼板楼仗瓦行下至地基壁门扇焙于炉并前后余土毛池壹并在内叁爪（分）之壹分法内卖壹爪（分）要行出卖自请说合送到族侄尚𢙅尚思兄弟名下向前承买为业当日三面言定得受时值价钱肆吊□百捌拾文正是日钱契两相交讫受授明白并不短少分文自出笔之后任从买者起蓬掌管为业如有来历不明卖者壹力承耽不干买者之事此蓬并无重行典当既卖之后又非贪图谋买准折倩（债）货之故此系贰比情愿两无逼勒壹卖即休寸土不留子孙永无敷赎找价异说等情今欲有凭立杜卖契永远为据

在场兄秀山【押】侄文光【押】尚链【押】孙义林【押】

说合弟庆万【押】

代笔表高?师【押】

光绪庚辰年十一月日立杜卖契庆谭【押】

永掌万年

# 光绪九年六月十二日庆茼卖竹木杂树山契

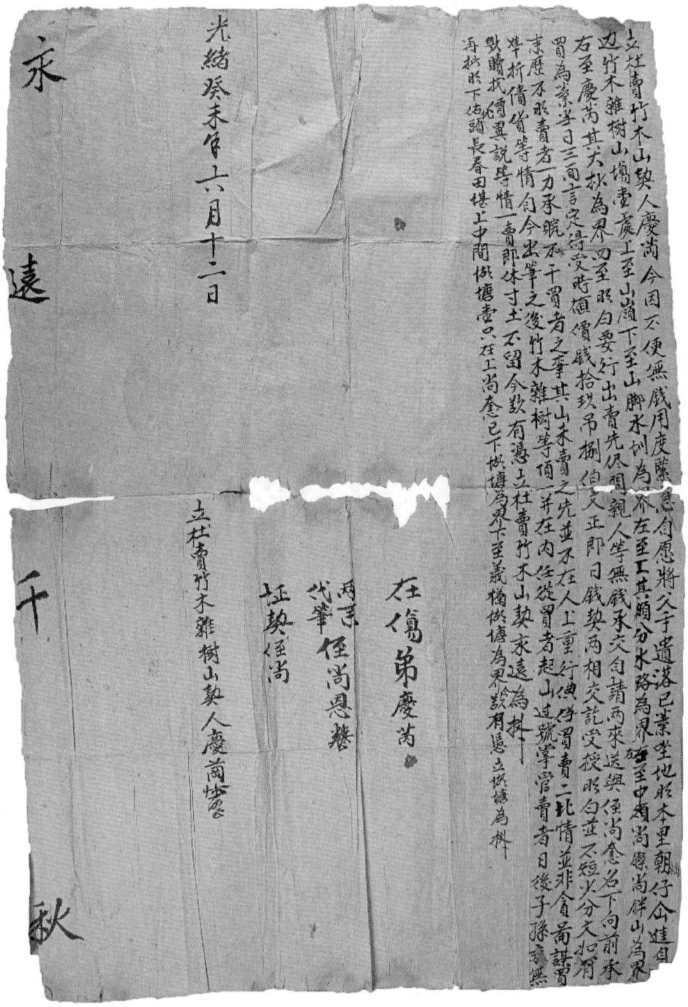

立杜卖竹木山契人庆茼今因不便无钱用度紧急自愿将父手遗落己业坐地明（名）本里朝桥仔岱进身边竹木杂树山场壹处上至山岭下至山脚水圳为界左至上其岭分水路为界右至中领尚灿尚銔山为界右至庆芮其大抄为界四至明白要行出卖先尽问亲人等无钱承交自请两来送与侄尚耄名下向前承买为业当日三面言定得受时值价钱拾玖吊捌伯（佰）文正即日钱契两相交讫受授明白并不短少分文如有来历不明卖者一力承躭（担）不干买者之事其山未卖之先并不在人上重行典（典）凼（当）买卖二比情并非贪图谋买准折债货等情自今出笔之后竹木杂树等项一并在内任从买者起山过号掌管卖者日后子孙永无敷赎找价异说等情一卖即休寸土不留今欲有凭立杜卖竹木山契永远为据

再批明下佑☐头长春田堪上中间坳（湖）塘壹只在上尚耄已下坳（湖）塘为界下至义楠坳（湖）塘为界今欲有凭立坳（湖）塘为据

在场弟庆芮【押】

两来代笔侄尚恩【押】

证契侄尚

光绪癸未年六月十二日

立杜卖竹木杂树山契人庆茼【押】

永远千秋

## 光绪九年十月吉日孙门郭氏卖清明祭契

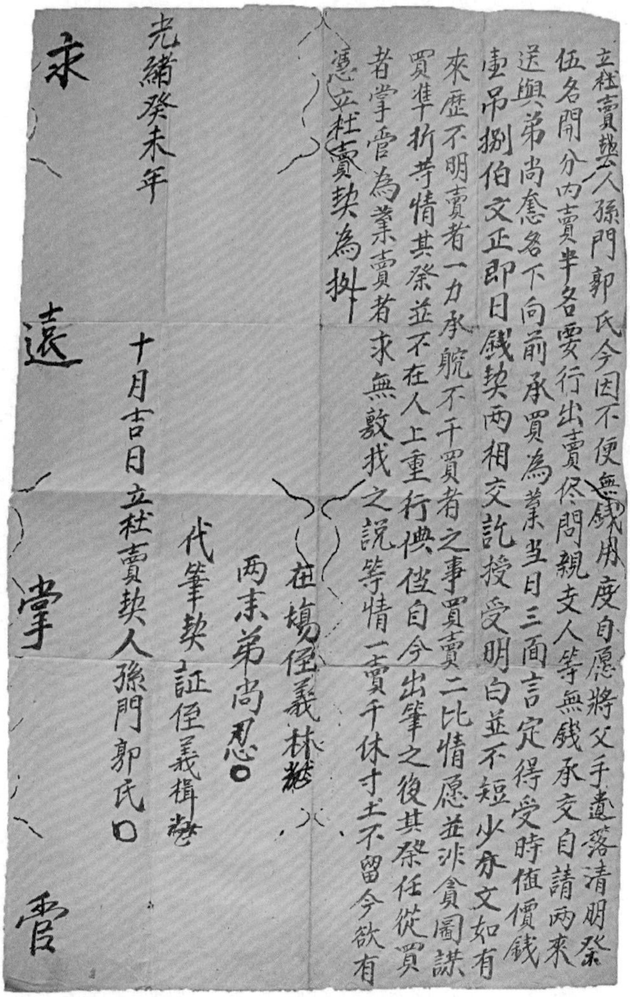

立杜卖契人孙门郭氏今因不便无钱用度自愿将父手遗落清明祭伍名开分内卖半名要行出卖尽问亲支人等无钱承交自请两来送与弟尚耋名下向前承买为业当日三面言定得受时值价钱壹吊捌伯（佰）文正即日钱契两相交讫授受明白并不短少分文如有来历不明卖者一力承貌（担）不干买者之事买卖二比情愿并非贪图谋买准折等情其祭并不在人上重行典（典）峃（当）自今出笔之后其祭任从买者掌管为业卖者永无敷找之说等情一卖千休寸土不留今欲有凭立杜卖契为据

在场侄义林【押】

两来弟尚忍【押】

代笔契证侄义楫【押】

光绪癸未年十月吉日立杜卖契人孙门郭氏【押】

永远掌管

## 光绪九年十一月十四日尚想卖田契

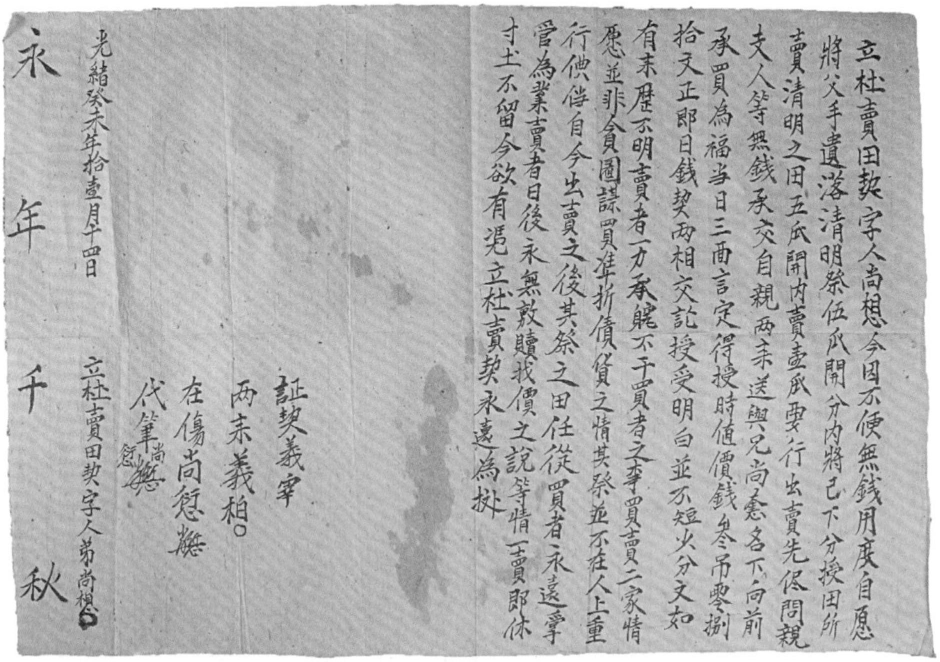

立杜卖田契字人尚想今因不便无钱用度自愿将父手遗落清明祭伍瓜开分内将己下分授田所卖清明之田五瓜开内卖壹瓜要行出卖先尽问亲支人等无钱承交自亲两来送与兄尚奎名下向前承买为福当日三面言定得授时值价钱叁吊零捌拾文正即日钱契两相交讫授受明白并不短少分文如有来历不明卖者一力承躭（担）不干买者之事买卖二家情愿并非贪图谋买准折债货之情其祭并不在人上重行倎（典）佾（当）自今出卖之后其祭之田任从买者永远掌管为业卖者日后永无敷赎找价之说等情一卖即休寸土不留今欲有凭立杜卖契永远为据

证契义宰

两来义柏【押】

在场尚愆【押】

代笔尚愆【押】

光绪癸未年拾壹月十四日立杜卖田契字人弟尚想【押】

永年千秋

光绪十四年二月吉日魁士兄弟等卖田契

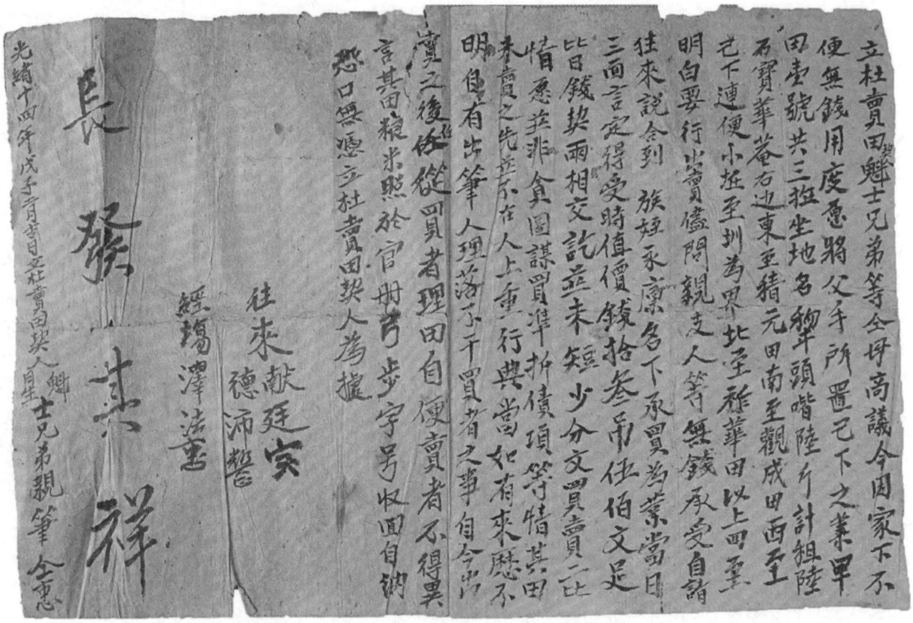

立杜卖田契人魁士兄弟等仝母商议今因家下不便无钱用度愿将父手所置已下之业早田壹号共三坵（丘）坐地名犁头嘴陆斤计租陆石宝华庵右边东至积元田南至观成田西至己下连便小坵至圳为界北至祚华田以上四至明白要行出卖尽问亲支人等无钱承受自请往来说合到族侄永廪名下承买为业当日三面言定得受时值价钱拾叁吊伍佰文足比日钱契两相交讫并未短少分文买卖二比情愿并非贪图谋买准折债项等情其田未卖之先并不在人上重行典当如有来历不明自有出笔人理落不干买者之事自今出卖之后任从买者理田自便卖者不得异言其田粮米照于官册弓步字号收回自纳恐口无凭立杜卖田契人为据

往来献廷【押】德沛【押】

经场泽法【押】

长发其祥

光绪十四年戊子二月吉日立杜卖田契人魁士星士兄弟亲笔仝【押】

## 光绪十四年十一月吉日金刘氏卖塘契

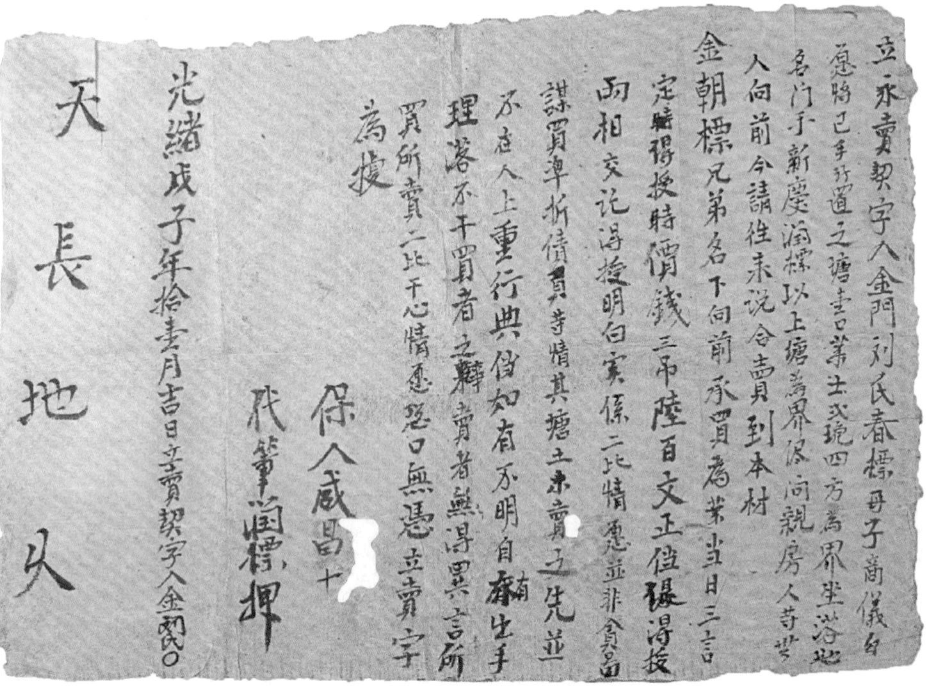

立永卖契字人金门刘氏春标母子商仪（议）自愿将已手所置之塘壹口业土贰块四方为界坐落地名门手新庆润标以上塘为界尽问亲房人等无人向前今请往来说合卖到本村金朝标兄弟名下向前承买为业当日三言定得授时价钱三吊陆百文正当是得授两相交讫得授明白实系二比情愿并非贪图谋买准折债负等情其塘土未卖之先并不在人上重行典凿（当）如有不明自有出手理落不干买者之事卖者无得异言所买所卖二比干（甘）心情愿恐口无凭立卖字为据

保人咸昌【押】

代笔润标【押】

光绪戊子年拾壹月吉日立卖契字人金刘氏【押】

天长地久

## 光绪十五年全月吉日萧恭谦卖麦土契

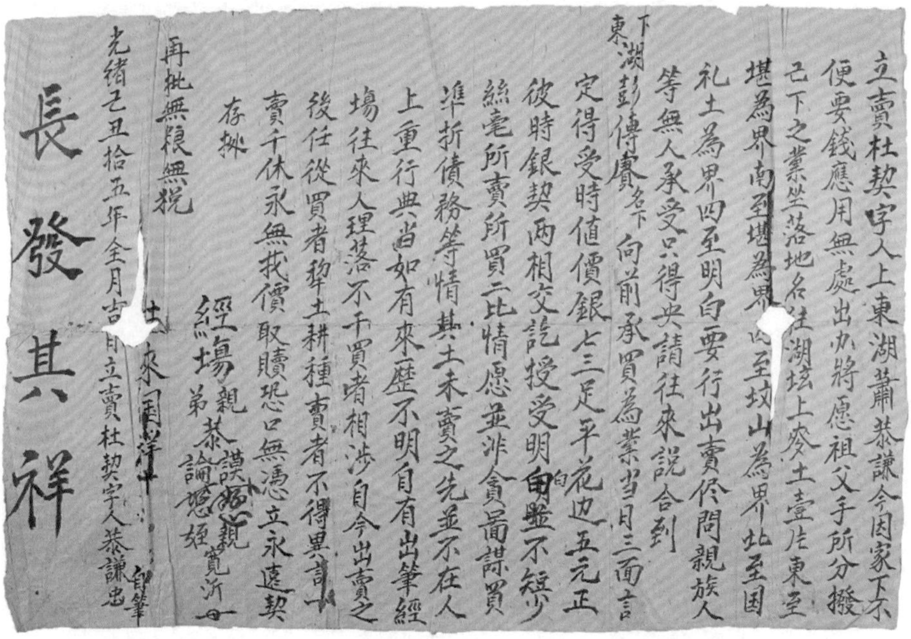

立卖杜契字人上东湖萧恭谦今因家下不便要钱应用无处出办将愿祖父手所分拨己下之业坐落地名往湖坛上麦土壹片东至堪为界南至堪为界西至坟山为界北至国礼土为界四至明白要行出卖尽问亲族人等无人承受只得央请往来说合到下东湖彭传赓名下向前承买为业当日三面言定得受时值价银七三足平花边五元正彼时银契两相交讫授受明白并不短少丝毫所卖所买二比情愿并非贪图谋买准折债务等情其土未卖之先并不在人上重行典当如有来历不明自有出笔经场往来人理落不干买者相涉自今出卖之后任从买者犁土耕种卖者不得异言一卖千休永无找价取赎恐口无凭立永远契存据

再批无粮无税

经场亲弟恭谟【押】恭论【押】亲侄宽沂【押】

往来国祥【押】

光绪己丑拾五年全月吉日立卖杜契字人恭谦【押】自笔

长发其祥

## 光绪十六年正月吉日金仁荣堂众等卖田契

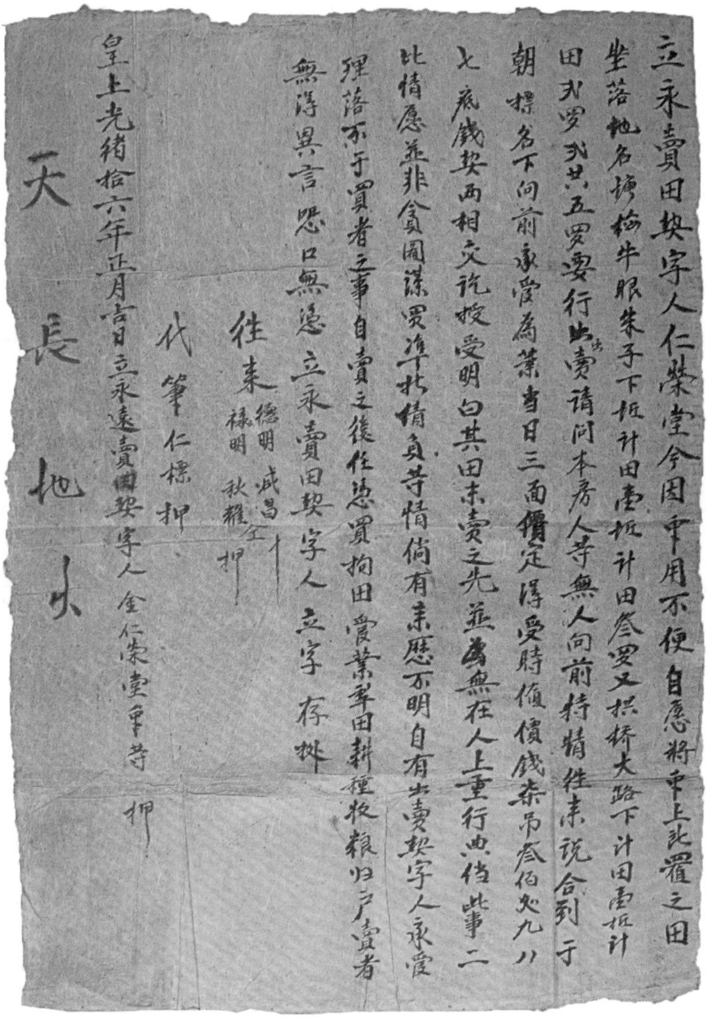

立永卖田契字人仁荣堂今因众用不便自愿将众上所置之田坐落地名塘梅牛眼朱子下垢计田壹丘计田叁罗又拱桥大路下计田壹丘计田贰罗（箩）贰共五罗（箩）要行出卖请问本房人等无人向前特请往来说合到于朝标名下向前承管为业当日三面价定得受时值价钱柒吊叁佰八文九八七底钱契两相交讫授受明白其田未卖之先并无在人上重行典凷（当）此事二比情愿并非贪图谋买准折债负等情倘有来历不明自有出卖契字人承管理落不于（干）买者之事自卖之后任凭买拘田管业犁田耕种收粮归户卖者无得异言恐口无凭立永卖田契字人立字存据

往来德明咸昌【押】禄明秋耀仝【押】

代笔仁标【押】

皇上光绪拾六年正月吉日立永远卖田契字人金仁荣堂众等【押】

天长地久

## 光绪十七年四月吉日孙门陈氏卖田契

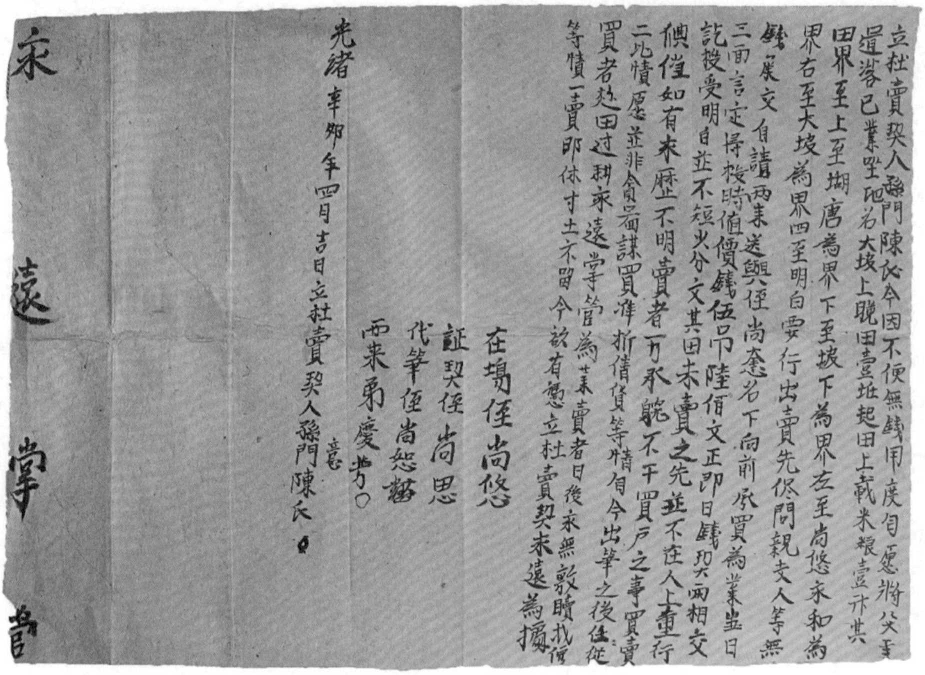

立杜卖契人孙门陈氏今因不便无钱用度自愿将父手遗落已（已）业坐地名大坡上晚田壹丘起田上载米粮壹升其田界至上至瑚（湖）唐（塘）为界下至坡下为界左至尚悠永和为界右至大坡为界四至明白要行出卖先尽问亲支人等无钱承交自请两来送与侄尚悉名下向前承买为业当日三面言定得授时值价钱伍吊陆佰文正即日钱契两相交讫授受明白并不短少分文其田未卖之先并不在人上重行倎（典）偿（当）如有来历不明卖者一力承皖（担）不干买户之事买卖二比情愿并非贪图谋买准折债货等情自今出笔之后任从买者?田过耕永远掌管为业卖者日后永无敷赎找价等情一卖即休寸土不留今欲有凭立杜卖契永远为据

在场侄尚悠

证契侄尚思

代笔侄尚恕【押】

两来弟庆芳【押】庆意

光绪辛卯年四月吉日立杜卖契人孙门陈氏【押】

永远掌管

## 光绪二十二年十月吉日孙门曾氏卖清明祭契

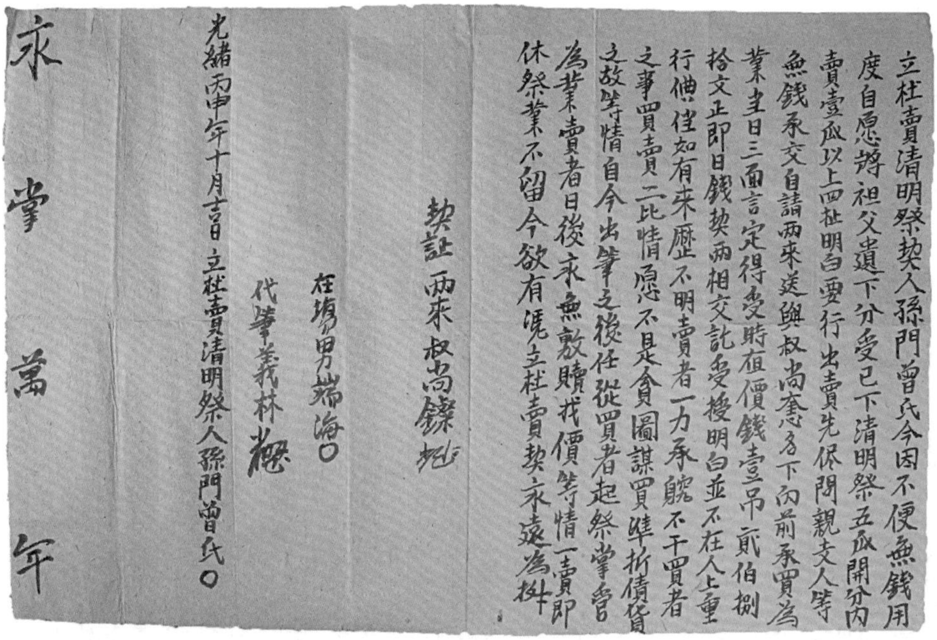

立杜卖清明祭契人孙门曾氏今因不便无钱用度自愿将祖父遗下分受己下清明祭五瓜开分内卖壹瓜以上四扯（址）明白要行出卖先尽问亲支人等无钱承交自请两来送与叔尚鍌名下向前承买为业当日三面言定得受时值价钱壹吊贰伯（佰）捌拾文正即日钱契两相交讫受授明白并不在人上重行佃（典）尚（当）如有来历不明卖者一力承鋎（担）不干买者之事买卖二比情愿不是贪图谋买准折债货之故等情自今出笔之后任从买者起祭掌管为业卖者日后永无敷赎找价等情一卖即休祭业不留今欲有凭立杜卖契永远为据

契证两来叔尚鍌【押】

在场男端海【押】

代笔义林【押】

光绪丙申年十月吉日立杜卖清明祭人孙门曾氏【押】

永掌万年

光绪二十二年十二月吉日金霞标卖禾田契

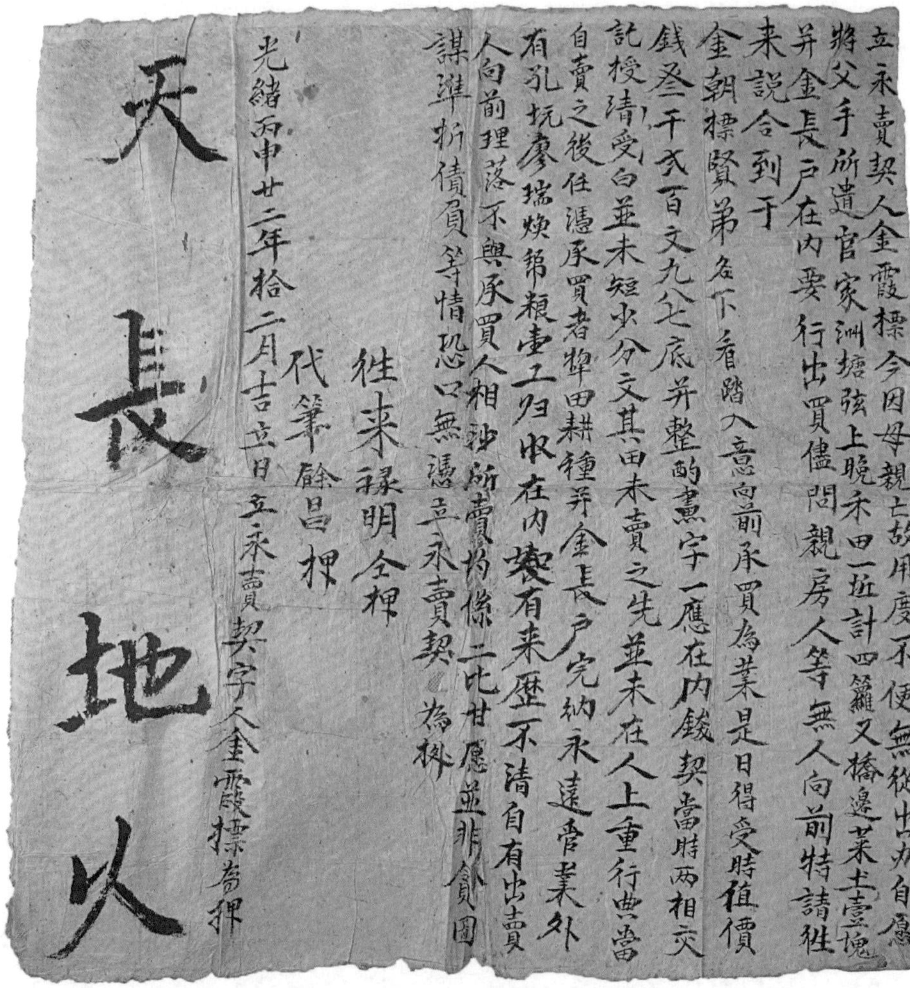

立永卖契人金霞标今因母亲亡故用度不便无从出办自愿将父手所遗官家洲塘弦上晚禾田一丘计四箩又桥边菜土壹块并金长户在内要行出买（卖）尽问亲房人等无人向前特请往来说合到于金朝标贤弟名下看踏入意向前承买为业是日得受时值价钱叁千贰百文九八七底并整酌画字一应在内钱契当时两相交讫授受清白并未短少分文其田未卖之先并未在人上重行典当自卖之后任凭承买者犁田耕种并金长户完纳永远管业外有孔坑廖瑞焕帮粮壹丘归收在内如有来历不清自有出卖人向前理落不与承买人相涉所卖均系二比甘愿并非贪图谋准折债负等情恐口无凭立永卖契为据

往来禄明仝【押】

代笔余昌【押】

光绪丙申廿二年拾二月吉立日立永卖契字人金霞标为【押】

天长地久

## 光绪二十二年十二月张惠堂绝找田文契

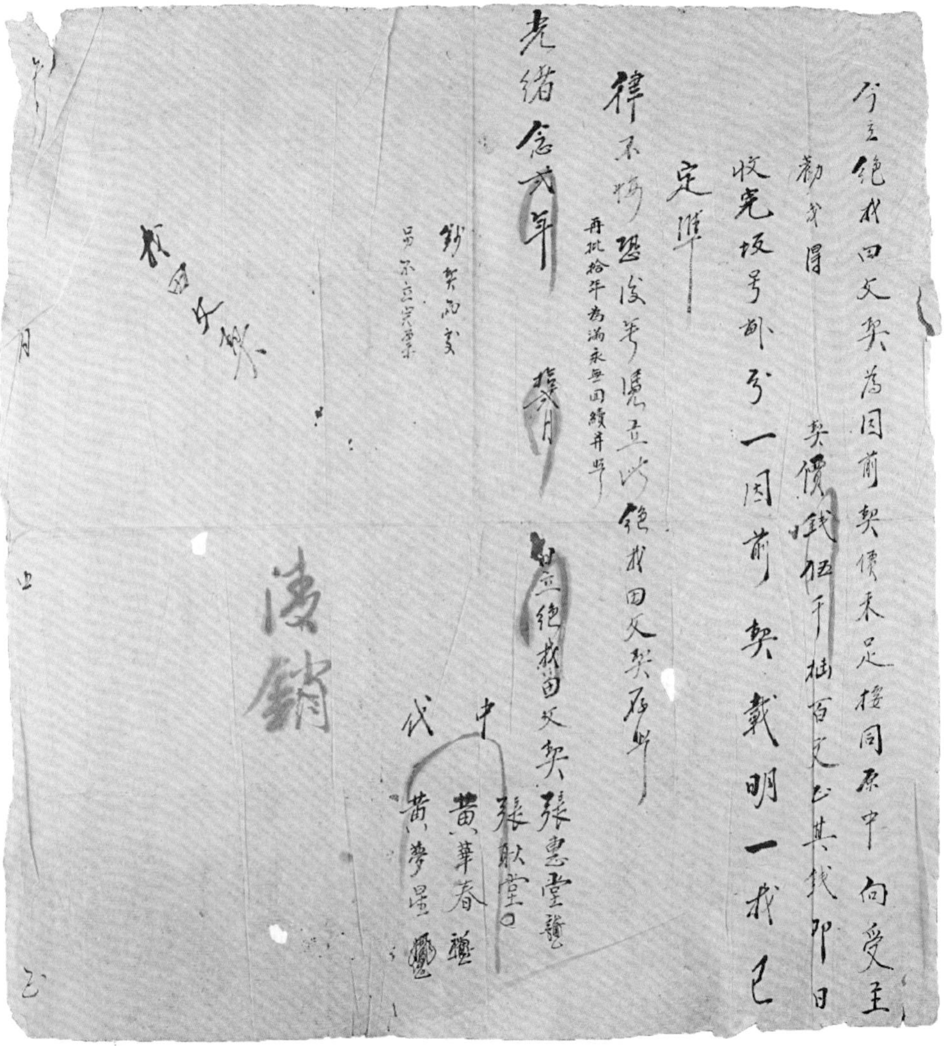

今立绝找田文契为因前契价未足摟
〔邀〕同原中向受主劝找得契价钱伍
千陆百文正其钱即日收完坂号亩分一
因前契载明一找已定准律不悔恐后无
凭立此绝找田文契存照
再批拾年为满永无回续（赎）并照
光绪念（廿）贰年拾贰月日立绝找田
文契张惠堂【押】
钱契两交
另不立完票
中〈人〉张耿堂【押】黄华春【押】
代〈笔〉黄梦星【押】
找田文契
清销

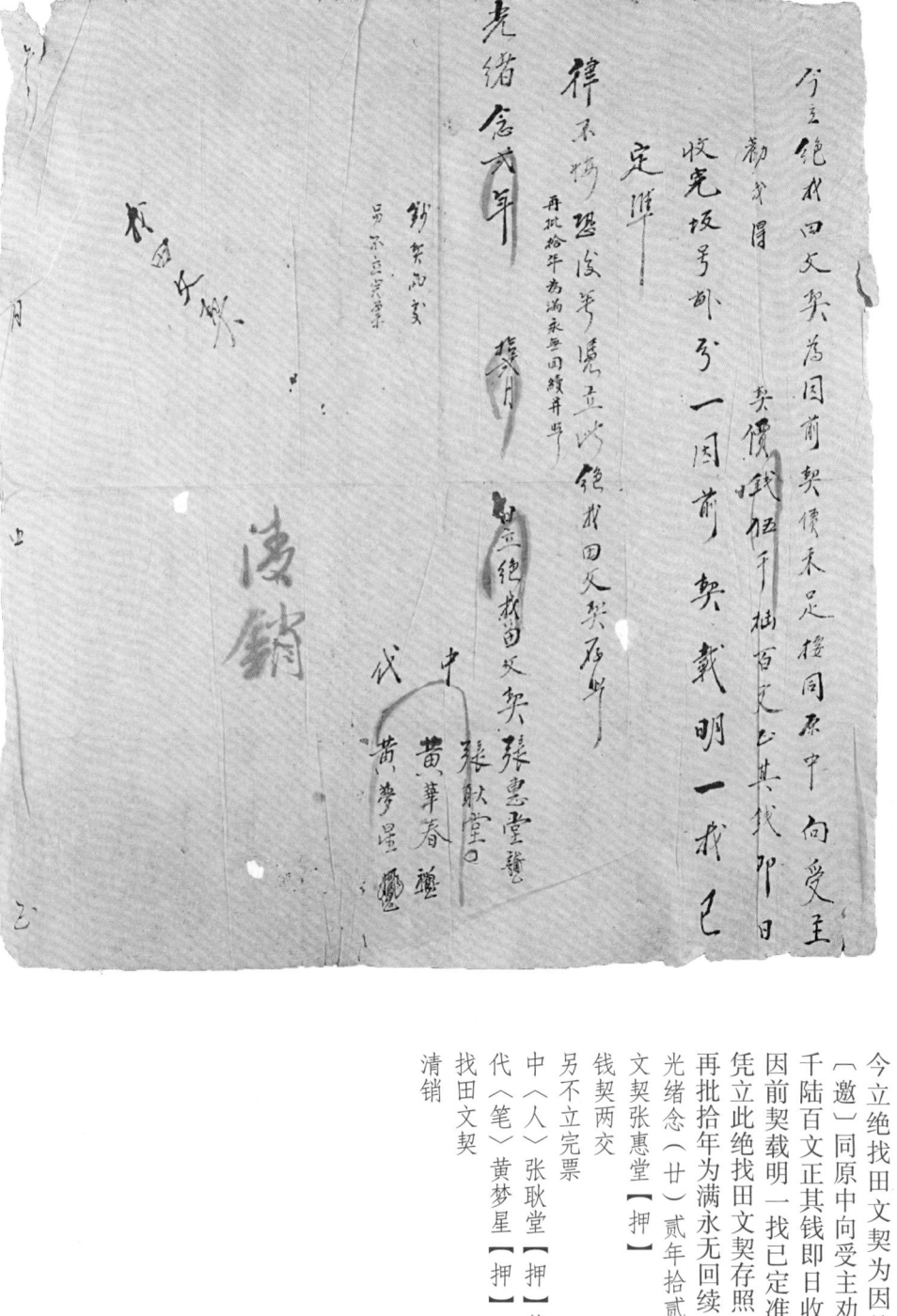

## 光绪二十五年三月吉日金务本堂合房永卖田契

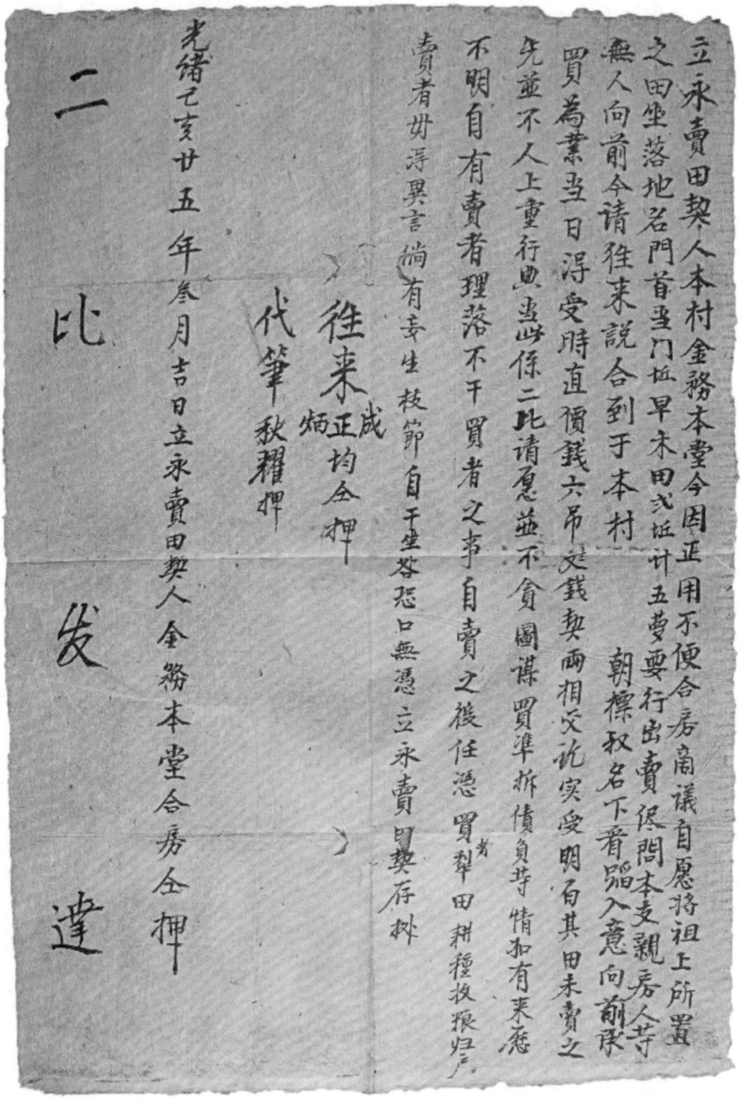

立永卖田契人本村金务本堂今因正用不便合房商（商）议自愿将祖上所置之田坐落地名门首当门坵早禾田贰丘计五萝（箩）要行出卖尽问本支亲房人等无人向前今请往来说合到于本村朝标叔名下看蹈入意向前承买为业当日得受时直（值）价钱六吊八文钱契两相交讫实受明白其田未卖之先并不人上重行典当此系二比请（情）愿并不贪图谋买准拆（折）债负等情如有来历不明自有卖者理落不干买者之事自卖之后任凭买者犁田耕种收粮归户卖者毋得异言倘有妄生枝节自干坐咎恐口无凭立永卖田契存据

往来成均正均炳均仝【押】

代笔秋耀【押】

光绪己亥廿五年叁月吉日立永卖田契人金务本堂合房仝【押】

二比发达

## 光绪二十五年十月文藻永远允卖山地契

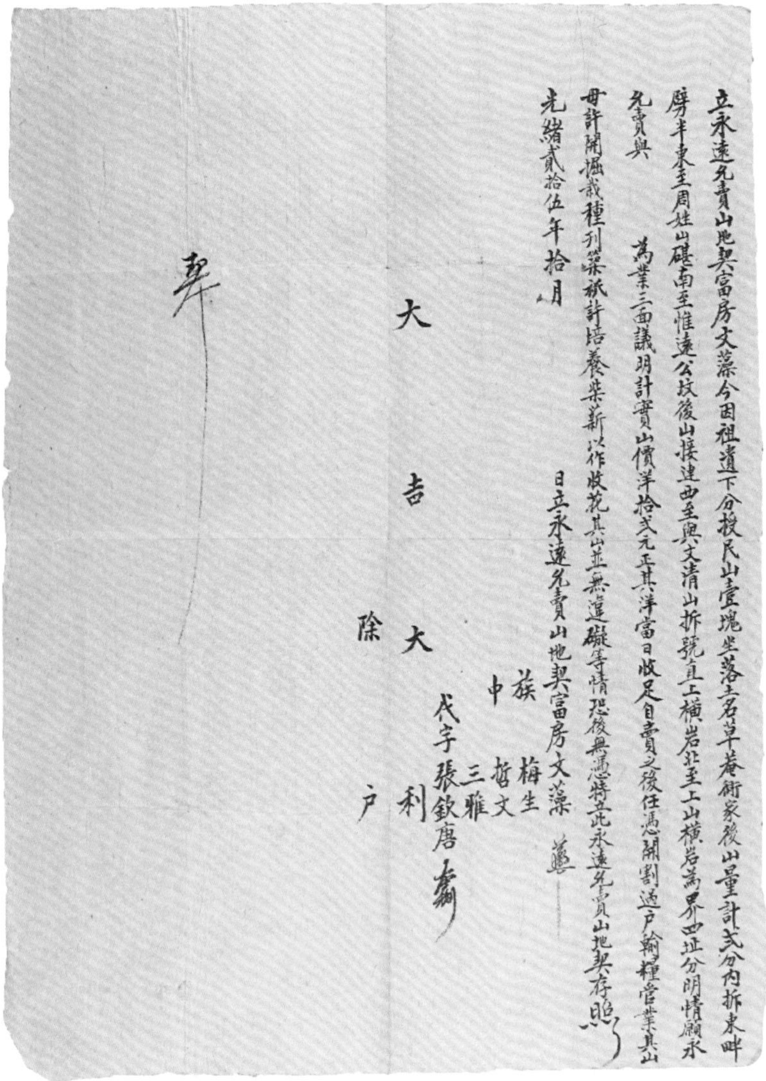

立永远允卖山地契富房文藻今因祖遗下分授民山壹块坐落土名草庵衕家后山量计贰分内拆东畔劈半东至周姓山磜南至惟远公坟后山接连西至与文清山拆号直上横岩北至上山横岩为界四址分明情愿永允卖与　　为业三面议明计实山价洋拾贰元正其洋当日收足自卖之后任凭开割过户输粮管业其山毋许开掘栽种刊筑只许培养柴薪以作收花其山并无违碍等情恐后无凭特立此永远允卖山地契存照

光绪贰拾伍年拾月日立永远允卖山地契富房文藻【押】

族中梅生哲文三雅

代字张钦唐【押】

大吉大利

除户

契

光绪二十六年九月吉日玉壁等卖田契

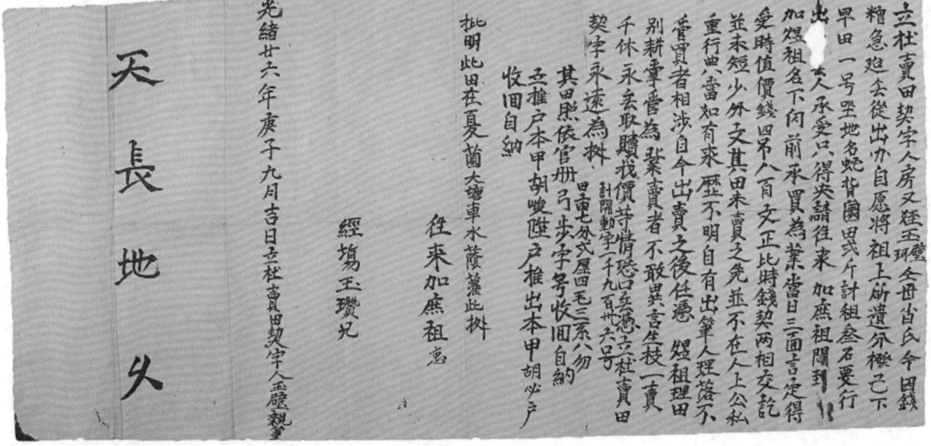

立杜卖田契字人房又娌玉壁玉珂仝母肖氏今因钱糟急迨无从出办自愿将祖上所遗分拨己下早田一号坐地名蛇背园贰斤计租叁石要行出卖无人承受只得央请往来加庶祖问到加煜祖名下向前承买为业当日三面言定得受时值价钱四吊八百文正比时钱契两相交讫并未短少分文其田未卖之先并不在人上公私重行典当如有来历不明自有出笔人理落不管买者相涉自今出卖之后任凭煜祖理田别耕掌管为业卖者不敢异言生枝一卖千休永无取赎找价等情恐口无凭立杜卖田契字永远为据

计开动字一千九百卅六号田亩七分贰厘四毛（毫）三丝八勿（忽）

其田照依官册弓步字号收回自纳立推户本甲胡峻陞户推出本甲胡必户收回自纳

批明此田在夏园大塘车水荫灌此据

往来加庶祖【押】

经场玉瓒兄

光绪廿六年庚子九月吉日立杜卖田契字人玉璧亲笔

天长地久

## 光绪二十七年十二月吉日义宰卖园土契

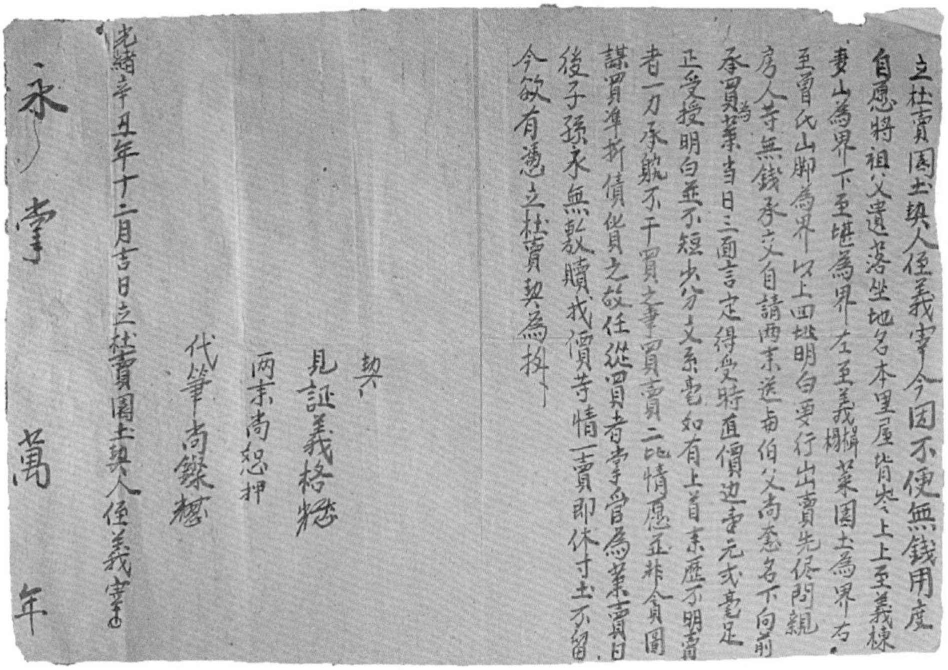

立杜卖园土契人侄义宰今因不便无钱用度自愿将祖父遗落坐地名本里屋背岭上上至义栋妻山为界下至堪为界左至义楫义杨菜园土为界右至曾氏山脚为界以上四址明白要行出卖先尽问亲房人等无钱承交自请两来送与伯父尚銮名下向前承买为业当日三面言定得受时直价边壹元贰毫足正受授明白并不短少分文丝毫如有上首来历不明卖者一力承皖（担）不干买〈主〉之事买卖二比情愿并非贪图谋买准折债货之故任从买者掌管为业卖日后子孙永无敷赎找价等情一卖即休寸土不留今欲有凭立杜卖契为据

契

见证义格【押】

两来尚恕【押】

代笔尚鑅【押】

光绪辛丑年十二月吉日立杜卖园土契人侄义宰【押】

永掌万年

# 光绪三十年八月吉日国慭卖基土契

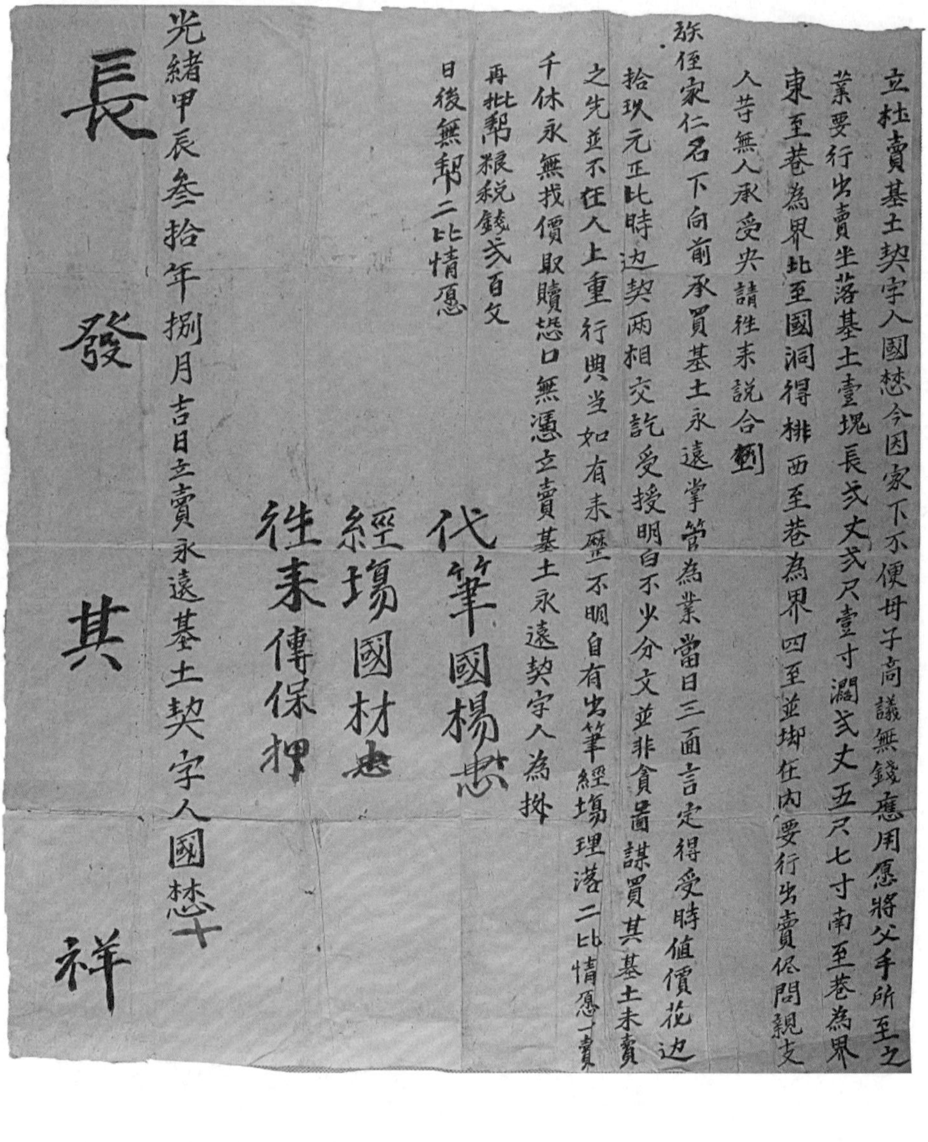

立杜卖基土契字人国慭今因家下不便母子商议无钱应用愿将父手所至（置）之业要行出卖坐落基土壹块长贰丈贰尺壹寸阔贰丈五尺七寸南至巷为界东至巷为界北至国洞得排西至巷为界四至并脚在内要行出卖尽问亲支人等无人承受央请往来说合到族侄家仁名下向前承买基土永远掌管为业当日三面言定得受时值价花边拾玖元正比时边契两相交讫受授明白不少分文并非贪图谋买其基土未卖之先并不在人上重行典当如有来历不明自有出笔经场理落二比情愿一卖千休永无找价取赎恐口无凭立卖基土永远契字人为据

再批帮粮税钱贰百文

日后无帮二比情愿

代笔国杨【押】

经场国材【押】

往来传保【押】

光绪甲辰叁拾年捌月吉日立卖永远基土契字人国慭【押】

长发其祥

## 光绪三十二年十月张远朝继书文据

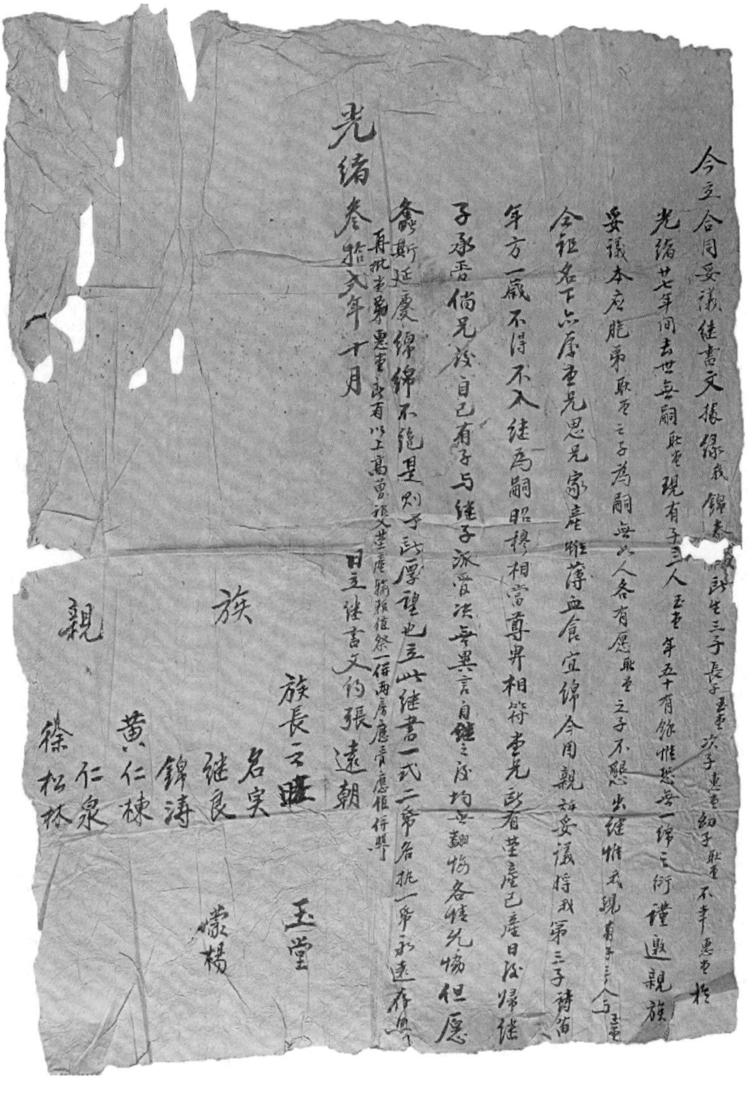

今立合同妥议继书文据缘我锦泰□所生三子长子玉堂次子惠堂幼子耿堂不幸惠堂于光绪廿七年间去世无嗣耿堂现有子三人玉堂年五十有余惟恐无一绵之衍谨邀亲族妥议本应胞弟耿堂之子为嗣无如人各有愿耿堂之子不恳出继惟我现有子三人与玉堂仝祖名下亦族妥议将我第三子祷苗年方一岁不得不入继为嗣昭穆相当尊卑相符堂兄所有茔产已产日后归继子承管倘兄后自己有子与继子派管决无异言自继之后均无翻悔各情允协但愿螽斯延庆绵绵不绝是则予所厚望也立此继书一式二纸各执一纸永远存照

再批堂弟惠堂所有以上高曾祖父茔产输粮值祭一并两房应管应值并照

光绪叁拾贰年十月日

立继书文约张远朝

族长之旺玉堂

族亲名实继良蒙杨锦涛黄仁栋黄仁泉徐松林

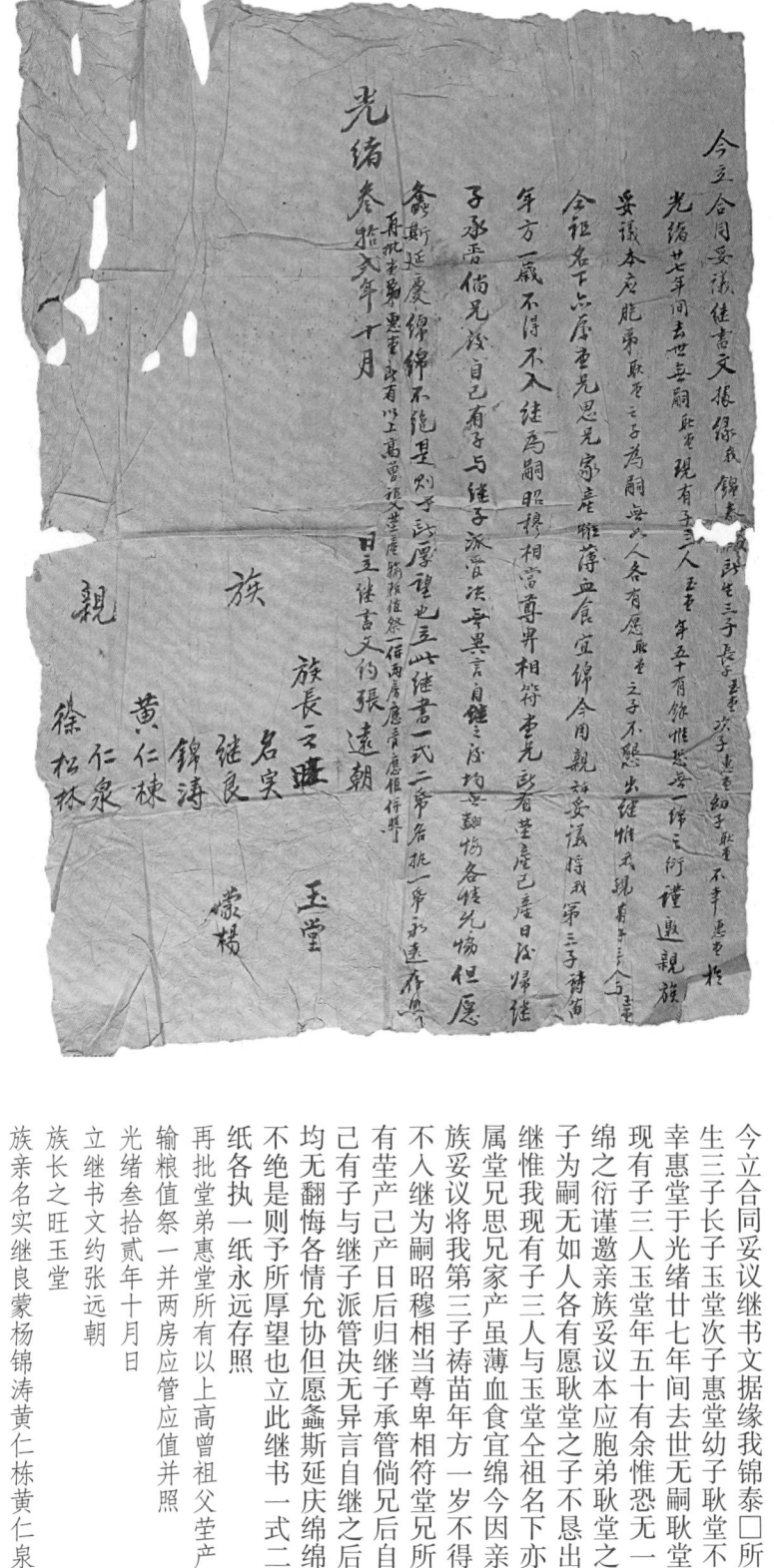

## 宣统三年正月其长买断山契

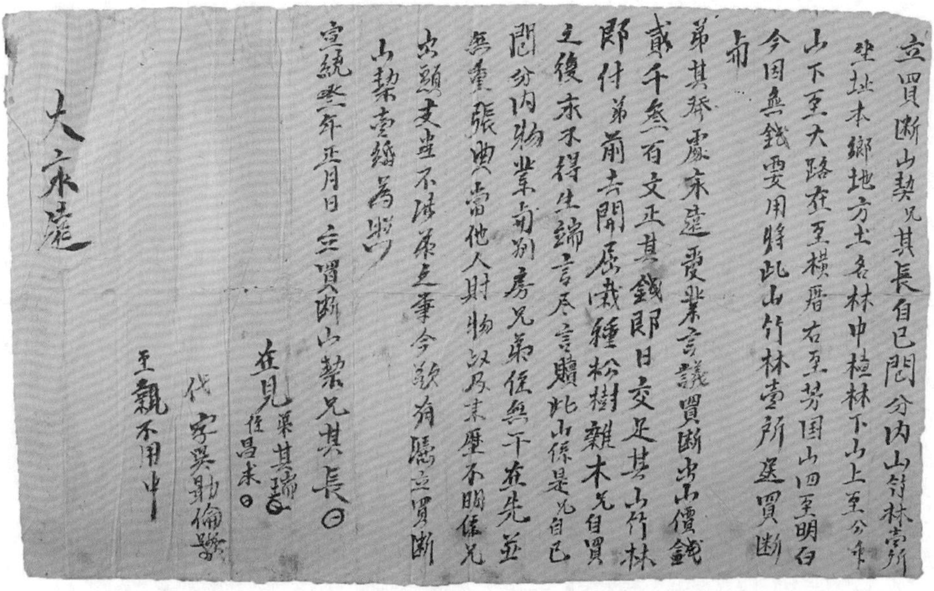

立买断山契兄其长自己关分内山竹林壹所坐址本乡地方土名林中楂林下山上至公众山下至大路在至横厝右至芳国山四至明白今因无钱要用将此山竹林壹所送买断与弟其发处永远管业言议买断出山价钱贰千叁百文正其钱即日交足其山竹林即付弟前去开屈栽种松树杂木兄自买之后永不得生端言尽言赎此山系是兄自己关分内物业与别房兄弟侄无干在先并无重张典当他人财物以及来历不明系兄出头支当不涉弟之事今欲有凭立买断山契壹纸为照

宣统叁年正月日立买断山契兄其长【押】

在见弟其瑞【押】侄昌求【押】代字吴勖伦

【押】

至亲不用中

大永远

## 民国四年三月李有圣卖神会契

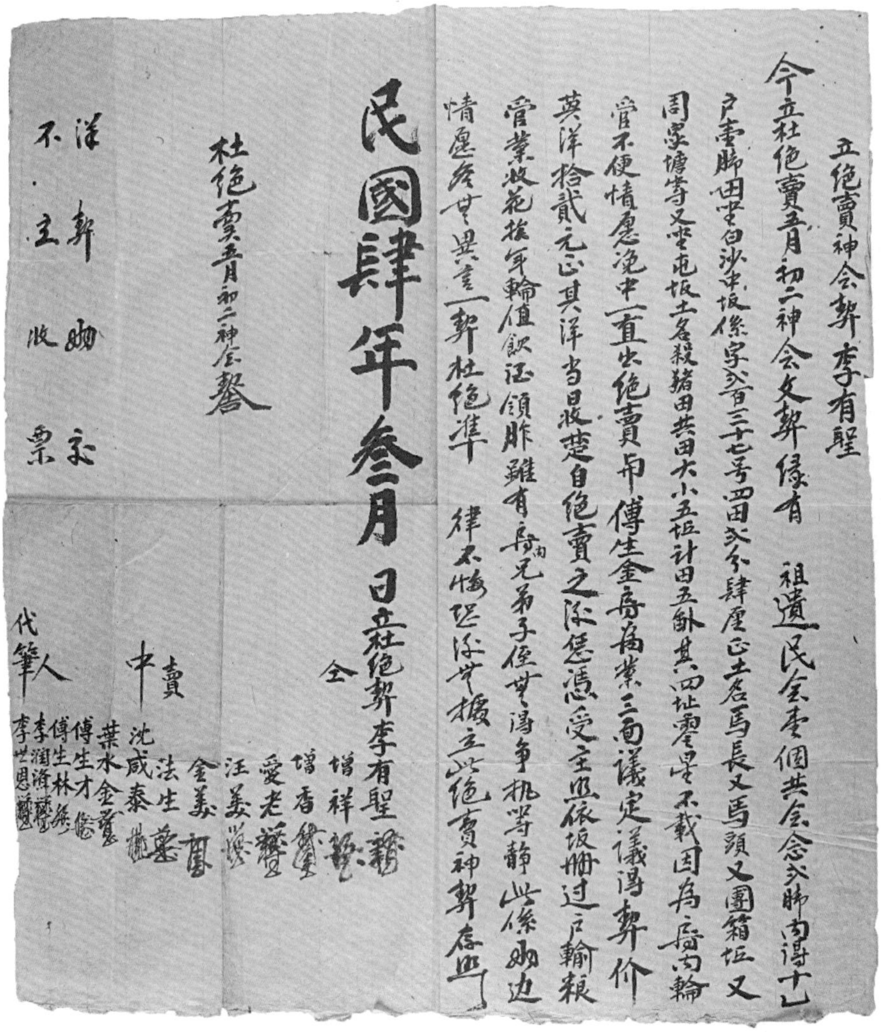

立绝卖神会契李有圣今立杜绝卖五月初二神会文契缘有　祖遗民会壹个共会念贰脚内得十一户壹脚田坐白沙中坂系字贰百三十七号四田贰分肆厘正土名马长又马头又团箱垢又周家塘等又坐屯坂土名杀猪田共田大小五丘计田五亩其四址零星不载因为房内轮管不便情愿浼中一直出绝卖与傅生金房为业三面议定议得契价英洋拾贰元正其洋当日收楚自绝卖之后恁（任）凭受主照依坂册过户输粮管业收花挨年轮值饮酒领胙虽有房内兄弟子侄无得争执等静（情）此系两边情愿各无异言一契杜绝准律不悔恐后无据立此绝卖神契存照

民国肆年叁月日立杜绝契李有圣【押】

杜绝卖五月初二神会【押】

仝卖增祥【押】增香【押】爱老【押】

汪美【押】金美【押】法生【押】

中人沈咸泰【押】叶水金【押】傅生才【押】

傅生林【押】李润洚【押】

洋契两交

不立收票

代笔李世恩【押】

## 民国十一年春月吉日暨德卖屋基土契

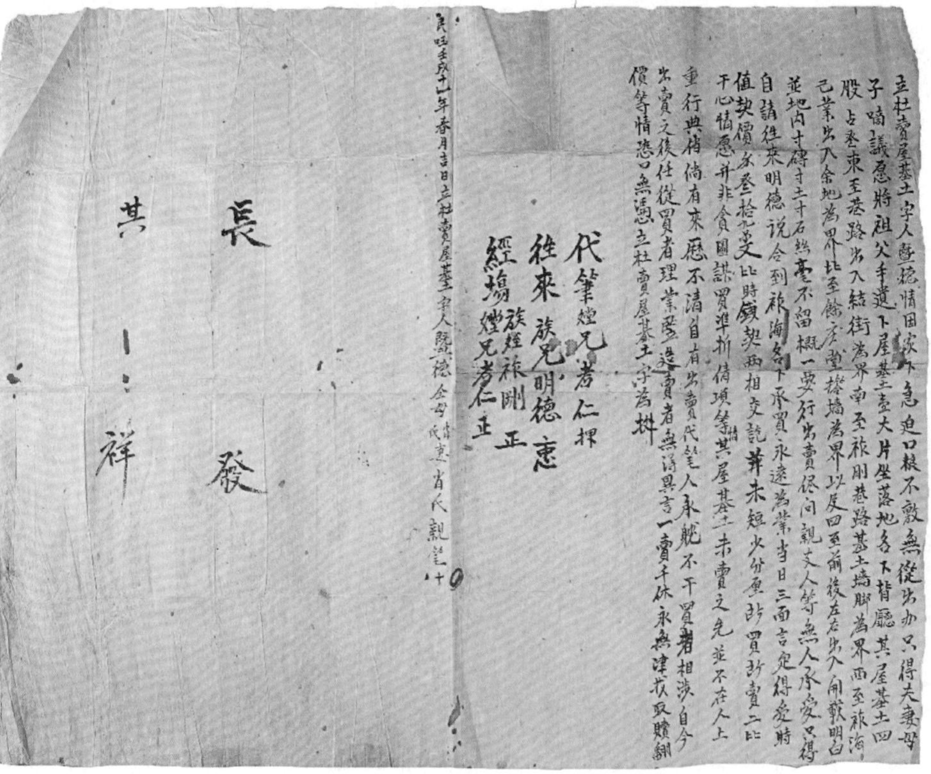

立杜卖屋基土字人暨德情因家下急迫口粮不敷无从出办只得夫妻母子嘀（商）议愿将祖父手遗下屋基土壹大片坐落地名下背厅其屋基土四股占叁东至巷路出入结街为界南至祚刚巷路基土墙脚为界西至祚海己业出入余地为界北至余庆堂搭墙为界以及四至前后左右出入开载明白并地内寸砖寸土寸石丝毫不留概一要行出卖尽问亲支人等无人承受只得自请往来明德说合到祚海名下承买永远为业当日三面言定得受时值契价钱叁拾九吊文比时钱契两相交讫并未短少分厘所买所卖二比干（甘）心情愿并非贪图谋买准折债项等情其屋基土未卖之先并不在人上重行典倘（当）倘有来历不清自有出卖代笔人承躭（担）不干买者相涉自今出卖之后任从买者理业监造卖者无得异言一卖千休永无津找取赎翻价等情恐口无凭立杜卖屋基土字为据

代笔嫜（堂）兄考仁【押】

往来族兄明德【押】

经场族侄祚刚【押】

嫜（堂）兄考仁【押】

民国壬戌十一年春月吉日立杜卖屋基土字人暨德仝母肖氏妻肖氏亲笔【押】

长发其祥

## 民国十二年十二月吉日协和卖田契

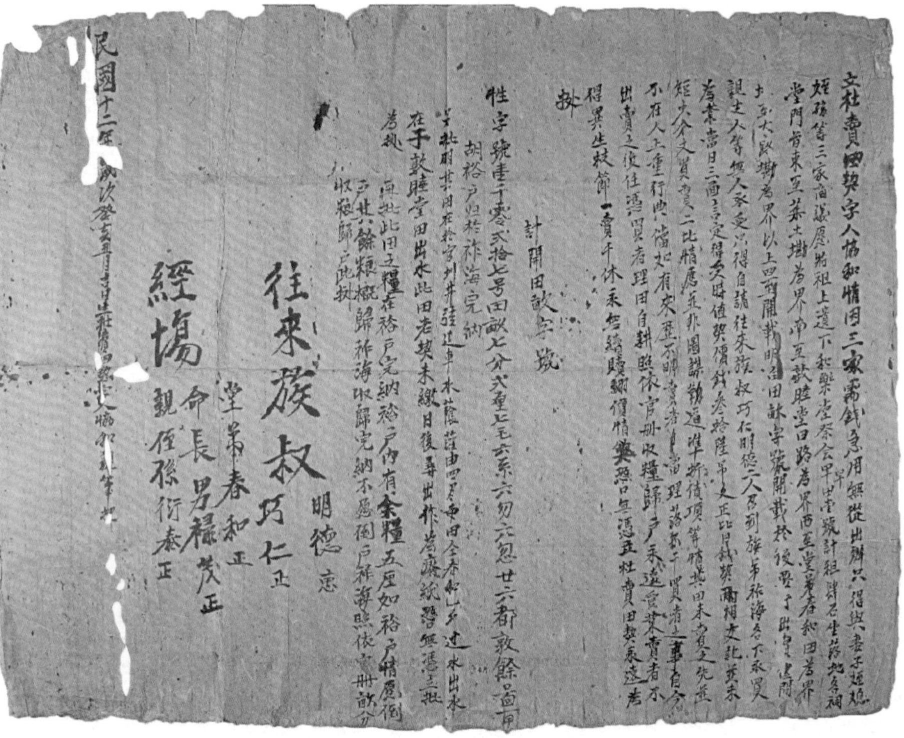

立杜卖田契字人协和情因三家需钱急用无从出办只得与妻子姪媳姪孙等三家商议愿将祖上遗下和乐堂祭会早田壹号计租肆石坐落地名祠堂门首东至菜土塴为界南至敦睦堂田路为界西至堂弟春和田为界北至大路塴为界以上四至开载明白田亩字号开载于后要行出卖尽问亲支人等无人承受只得自请往来族叔巧仁明德二人召到族弟祚海名下承买为业当日三面言定得受时值契价钱叁拾陆吊文正比日钱契两相交讫并未短少分文买卖二比情愿并非图谋勒逼准折债项等情其田未卖之先并不在人上重行典当如有来历不明卖者自当理落不干买者之事自今出卖之后任凭买者理田自耕照依官册收粮归户永远管业卖者不得异生枝节一卖千休永无续赎翻价情弊恐口无凭立杜卖田契永远为据

计开田亩字号

性字号壹千零贰拾七号田亩七分贰厘七毛（毫）六丝六勿（忽）［六忽］廿六都敦余图一甲胡裕户归于祚海完纳

另批明其田在于官圳井弦边车水荫灌由四两众田仝春和一并过水出水在于敦睦堂田出水此田老契未缴日后寻出作为废纸恐口无凭立批为据

再批此田之粮在裕户完纳裕户内有余粮五厘如裕户情愿倒户其余粮概归祚海收归完纳不愿倒户祚海照依官册亩分收粮归户此据

往来族叔明德【押】巧仁【押】

经场堂弟春和【押】命长男禄茂【押】亲侄孙衍泰【押】

民国十二年岁次癸亥丑月吉日立杜卖田契字人协和亲笔【押】

# 民国十九年十月傅增安等绝卖茔山契

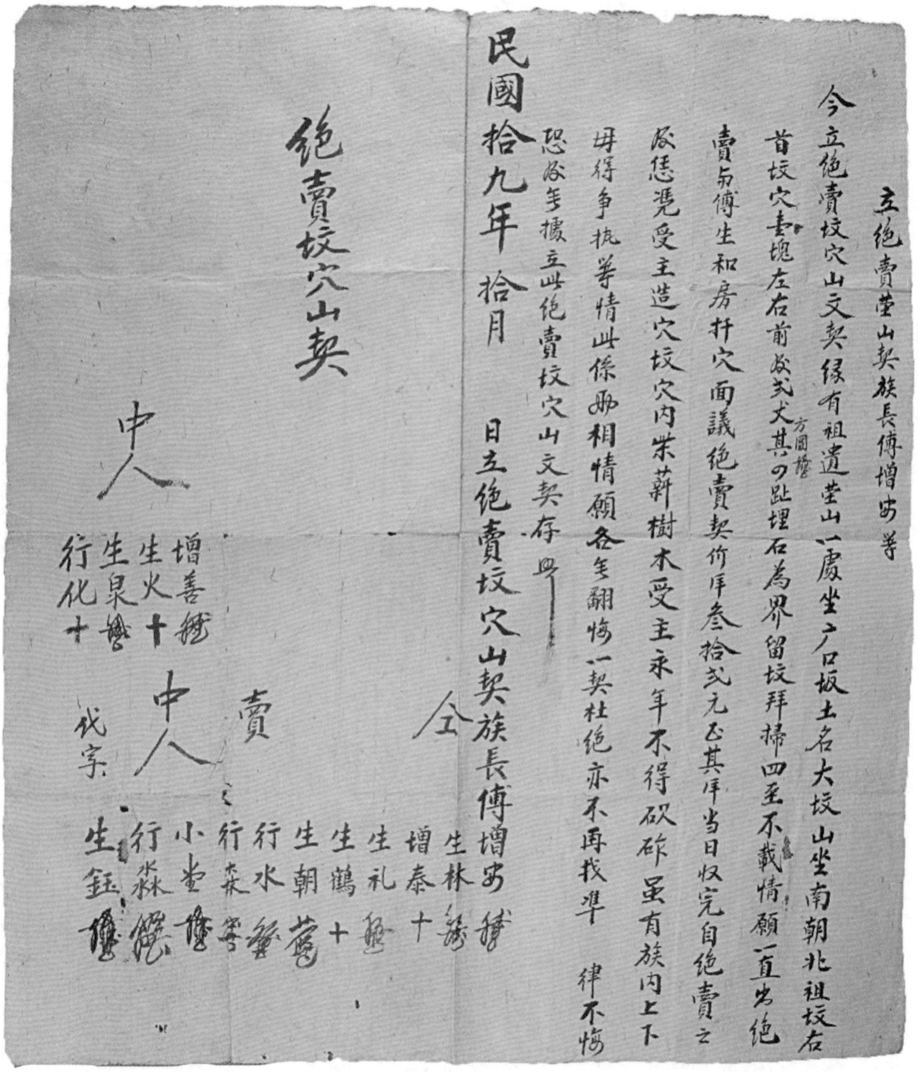

立绝卖茔山契族长傅增安等今立绝卖坟穴山文契缘有祖遗茔山一处坐广口坂土名大坟山坐南朝北祖坟右首坟穴壹块左右前后贰丈方圆【押】其四址埋石为界留坟拜扫四至不载情愿一直出绝卖与傅生和房扦穴面议绝卖契价洋叁拾贰元正其洋当日收完自绝卖之后恁（任）凭受主造穴坟穴内柴薪树木受主永年不得砍斫虽有族内上下毋得争执等情此系两相情愿各无翻悔一契杜绝亦不再找准律不悔恐后无据立此绝卖坟穴山文契存照

民国拾九年拾月日立绝卖坟穴山契族长傅增安【押】

绝卖坟穴山契

仝卖生林【押】增泰【押】生礼【押】

生鹤【押】生朝【押】行水【押】

行森【押】

中人增善【押】生火【押】生泉【押】

行化【押】

中人小堂【押】行淼【押】

代字生钰【押】

民国三十三年谭蔡氏仝男乾生卖田契

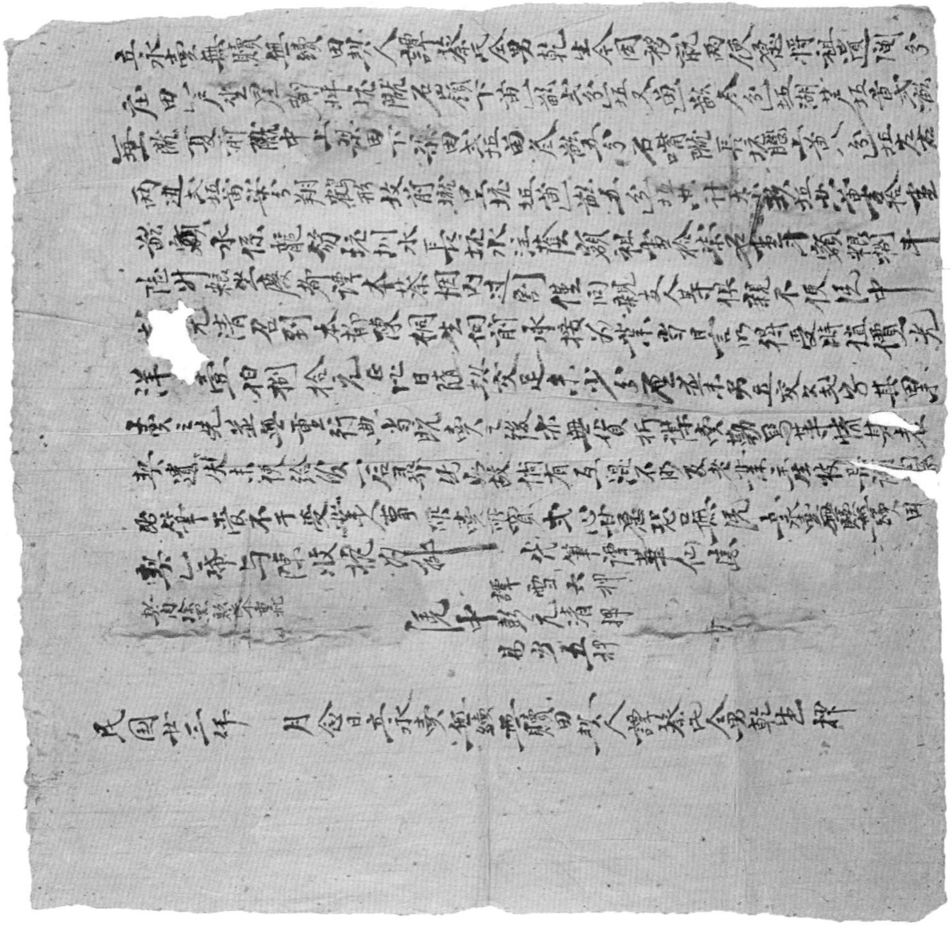

立永卖无赎无续田契人谭蔡氏仝男乾生今因移就两便愿将祖遗阄分庄田一户坐星都坪坑陇石岭下苗一亩贰分一丘又苗一亩叁分一丘湖芦坵苗贰亩一丘上陇夏前陇中上梁田下梁田贰丘苗叁亩五分石嘴陇长坑脑上苗八分一丘左右两边贰丘苗柒分翔鹤形坟前垅口上坑坵苗一亩五分一丘共计大小玖丘共苗壹拾壹亩水系龙笏坑圳水长坑水注荫额租壹拾柒石壹斗额粮捌斗陆升粮坐庆都谭本蔡烟内过割仅问亲支人等俱亲不便凭中彭元清召到本都陈桐生向前承接为业当日言明得受时值价光洋壹伯（佰）捌拾元正比日随契交足未少分厘并未另立交欠贰字其田未卖之先并无重行典当既卖之后亦无货折谋卖勒写等情其老契遗失未便给发一后寻出如故倘有互混不明及老业主生枝异说自系出笔管不干受业人事所卖所买贰心甘愿恐口无凭立永卖无赎无续田契一纸与陈收执为据

代笔谭华仙【押】

契内涂黑额这个重批

凭中谭雪六【押】彭元清【押】易少五【押】

民国廿三年月念日立永卖无续无赎田契人谭蔡氏仝男乾生【押】

## 民国二十五年古正月二十日蔡菊仕请耕契

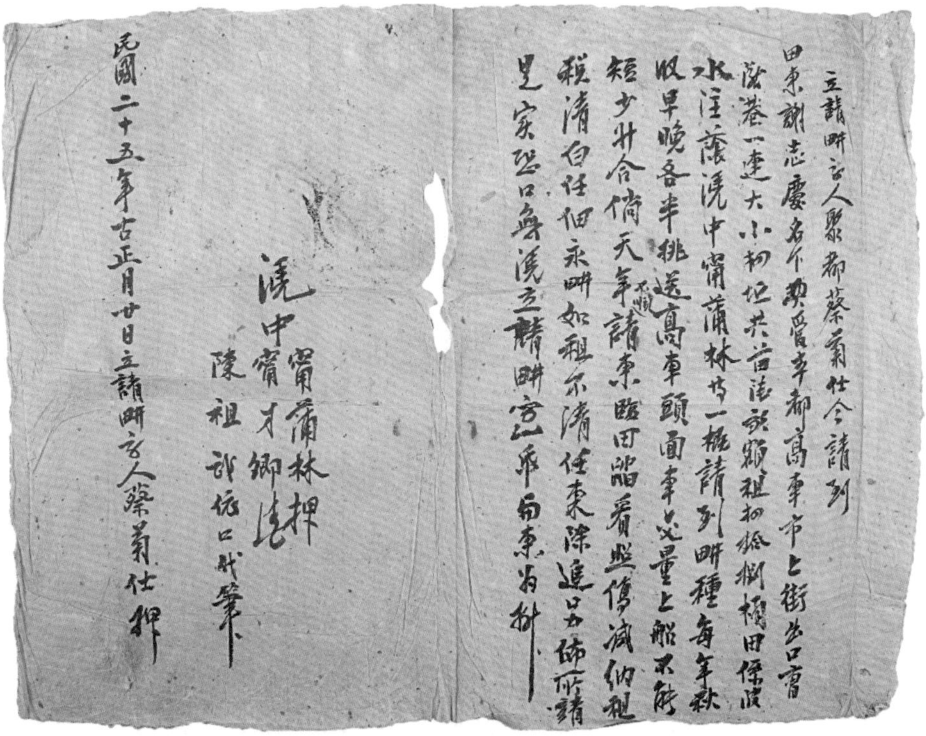

立请耕字人聚都蔡菊仕今请到田东谢志庆名下契管本都高车市上街出口曹陇巷一连大小肆丘共苗陆亩额租肆拾捌桶田系陂水注荫凭中甯蒲林等一概请到耕种每年秋收早晚各半挑送高车头面车交量上船不能短少升合倘天年不顺请东临田踏看照伤减纳租税清白任佃永耕如租不清任东除追另布所请是实恐口无凭立请耕字一纸与东为据

凭中甯蒲林【押】甯才乡【押】

陈祖武依口代笔

民国二十五年古正月廿日立请耕字人蔡菊仕【押】

# 民国二十六年腊月吉日胡永隆卖田契

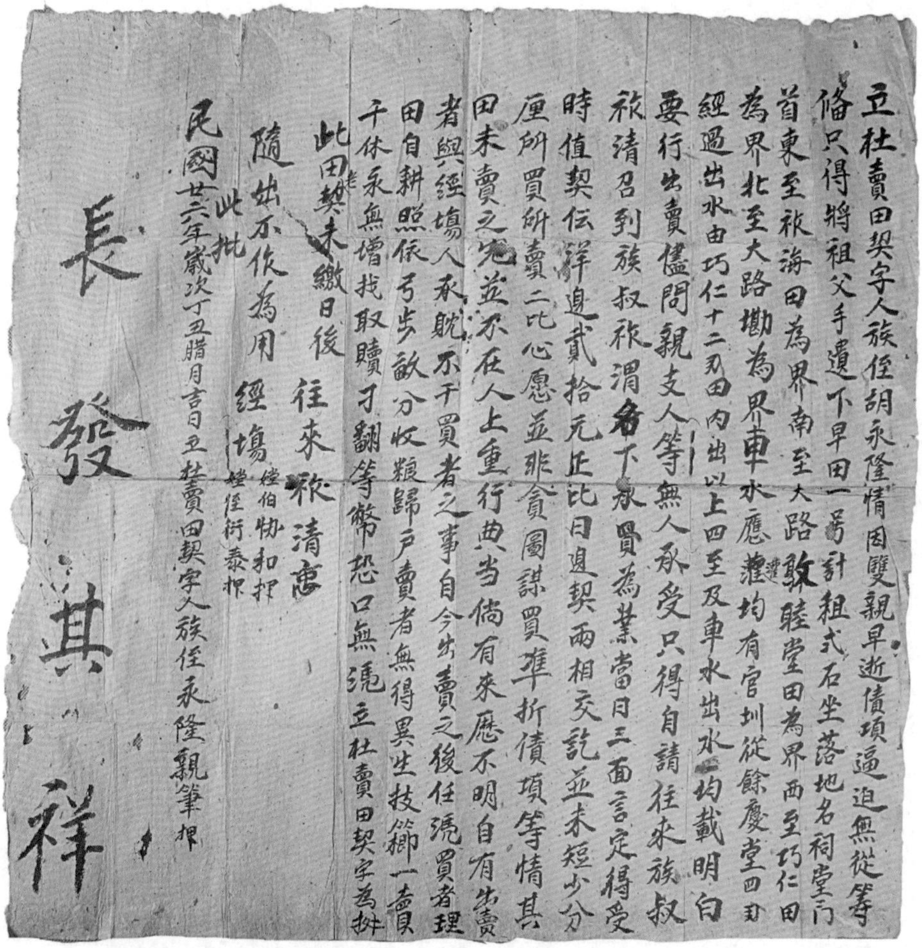

立杜卖田契字人族侄胡永隆情因双亲早逝债项逼迫无从筹备只得将祖父手遗下早田一号计租贰石坐落地名祠堂门首东至祚海田为界南至大路敦睦堂田为界西至巧仁田为界北至大路墈为界车水应灌均有官圳从余庆堂四两经过出水由巧仁十二两田内出以上四至及车水出水均载明白要行出卖尽问亲支人等无人承受只得自请往来族叔祚清召到族叔祚渭名下承买为业当日三面言定得受时值契伝（价）洋边（银）贰拾元正比日边（银）契两相交讫并未短少分厘所买所卖二比心愿并非贪图谋买准折债项等情其田未卖之先并不在人上重行典当倘有来历不明自有出卖者与经场人承兟（担）不干买者之事自今出卖之后任凭买者理田自耕照依弓步亩分收粮归户卖者无得异生枝栉（节）一卖千休永无增找取赎刁翻等币（弊）恐口无凭立杜卖田契字为据

此田老契未缴日后随出不作为用

此批

往来祚清【押】

经场嫜伯协和【押】嫜侄衍泰【押】

民国廿六年岁次丁丑腊月吉日立杜卖田契字人族侄永隆亲笔【押】

长发其祥

## 民国二十七年二月吉日永隆卖棉花田契

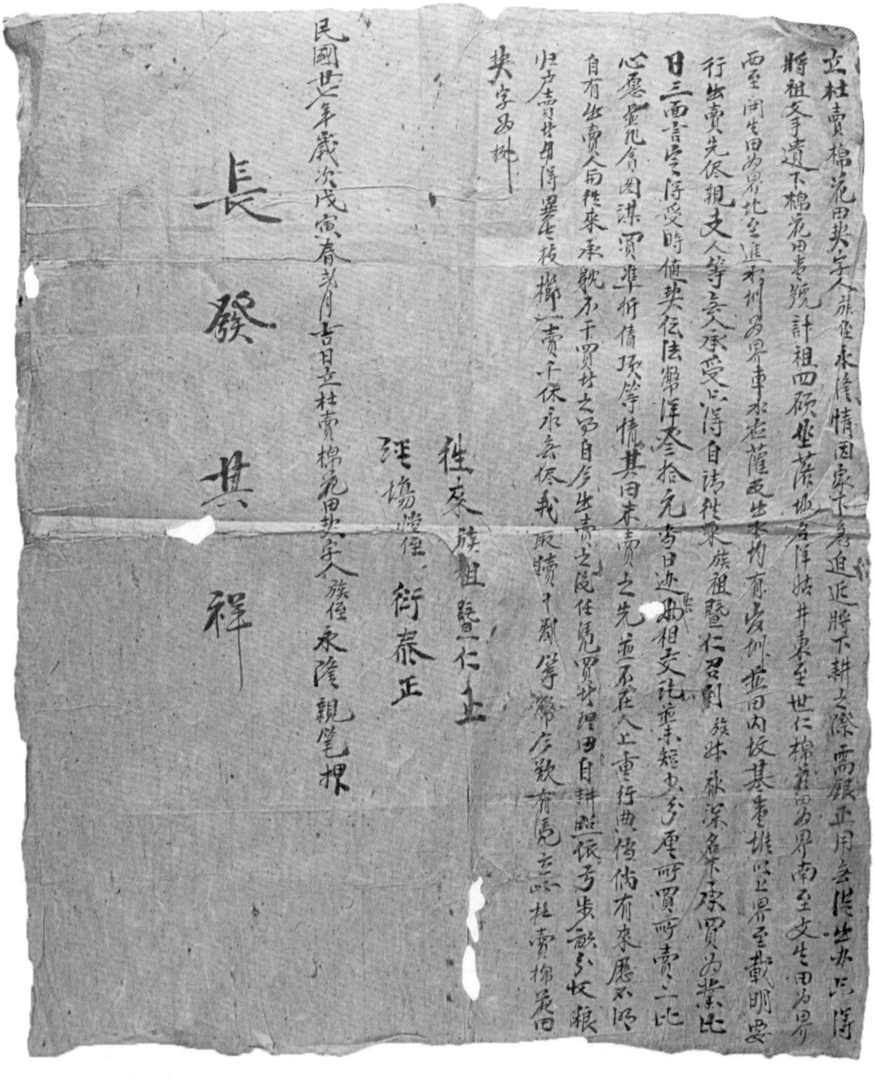

立杜卖棉花田契字人族侄永隆情因家下急迫近将下耕之际需银正用无从出办只得将祖父手遗下棉花田壹号计租四硕坐落地名洋姑井东至世仁棉花田为界南至文生田为界西至开生田为界北至进水圳为界车水应灌及出水均有官圳并田内坟基壹堆以上界至载明要行出卖先尽亲支人等无人承受只得自请往来族祖暨仁召到族孙（叔）祚深名下承买为业比日三面言定得受时值契伝（价）法币洋叁拾元当日边（银）契相交讫并未短少分厘所买所卖二比心愿并非贪图谋买准折债项等情其田未卖之先并不在人上重行典档（当）倘有来历不明自有出卖人与往来承就（担）不干买者之事自今出卖之后任凭买者理田自耕照依弓步亩分收粮归户卖者毋得异生枝栉（节）一卖千休永无尽找取赎刁翻等币（弊）今欲有凭立此杜卖棉花田契字为据

往来族祖暨仁【押】

经场嫜侄衍泰【押】

民国廿七年岁次戊寅春贰月吉日立杜卖棉花田契字人族侄永隆亲笔【押】

长发其祥

# 民国三十一年三月吉日大平洲渡船会人等卖麦土契

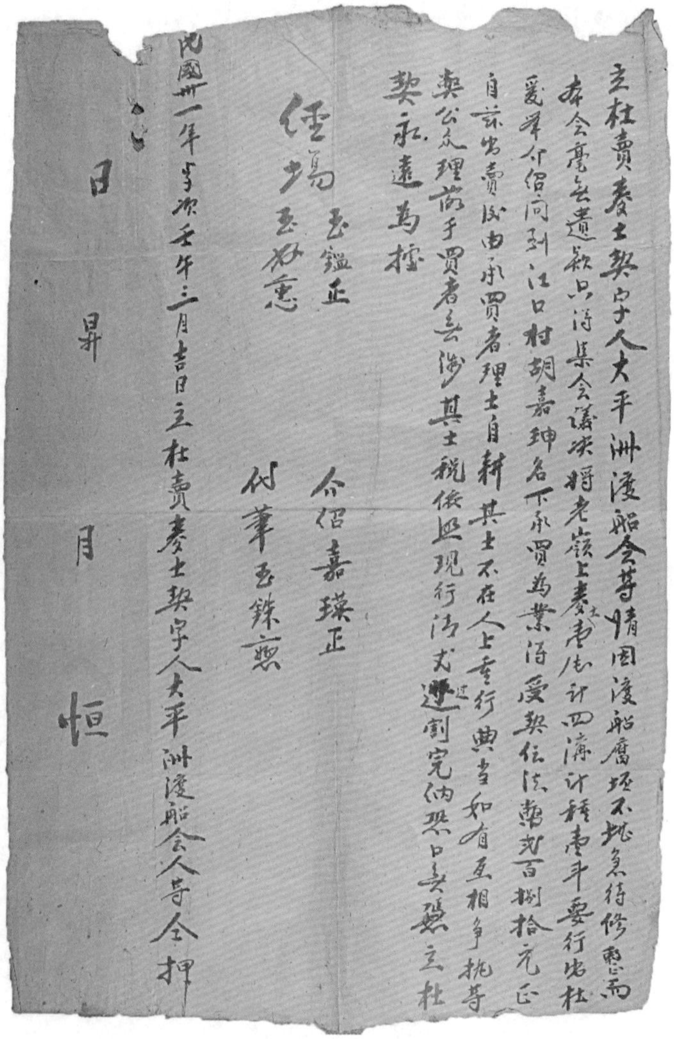

立杜卖麦土契字人大平洲渡船会等情因渡船腐坏不堪急待修整而本会毫无遗款只得集会议决将老岭上麦土壹片计四沟计种壹斗要行出杜爰举命绍问到江口村胡嘉珅名下承买为业得受契伝（价）法币贰百捌拾元正自兹出卖后由承买者理土自耕其土不在人上重行典当如有互相争执等弊公众理落于买者无涉其土税依照现行清丈过割完纳恐口无凭立杜契永远为据

经场玉镒【押】玉好【押】

介绍嘉瑛【押】

代笔玉铢【押】

民国卅一年岁次壬午三月吉日立杜卖麦土契字人大平洲渡船会人等仝【押】

日昇月恒

## 民国三十五年古历冬月吉日彭门刘氏卖麦土契

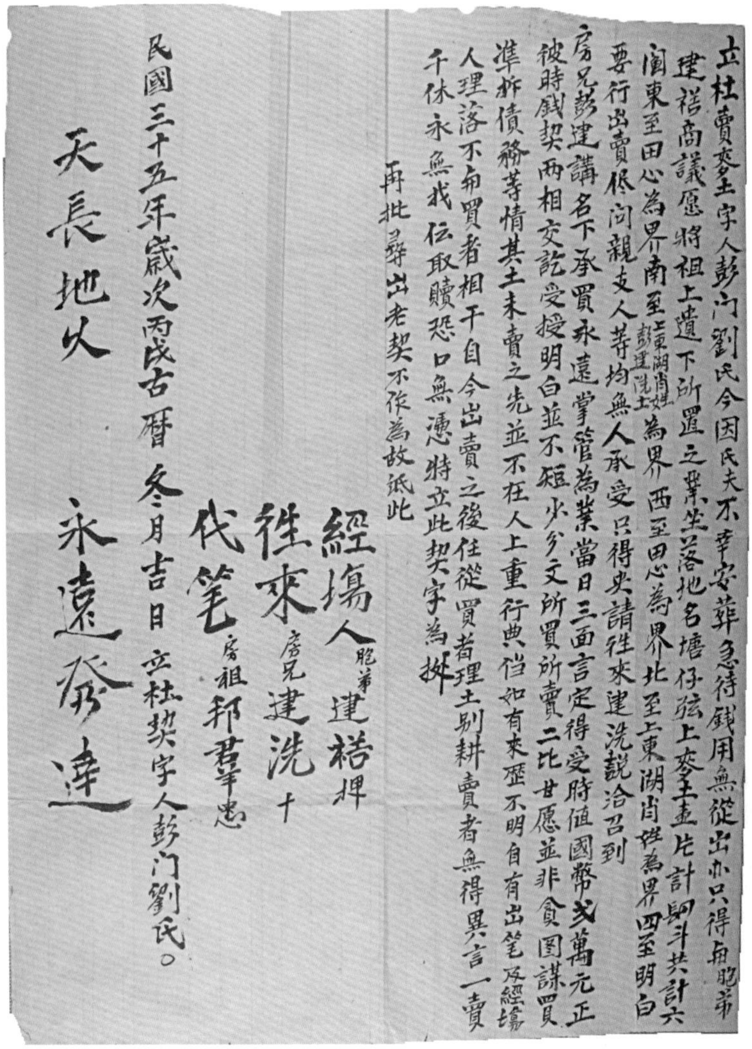

立杜卖麦土字人彭门刘氏今因氏夫不幸安葬急待钱用无从出办只得与胞弟建▢商议愿将祖上遗下所置之业坐落地名塘仔弦上麦土壹片计肆斗共计六阄东至田心为界南至上东湖肖姓彭建洗土为界西至田心为界北至上东湖肖姓为界四至明白要行出卖尽问亲支人等均无人承受只得央请往来建洗说洽召到房兄彭建讲名下承买永远掌管为业当日三面言定得受时值国币贰万元正彼时钱契两相交讫受授明白并不短少分文所买所卖二比甘愿并非贪图谋买准折债务等情其土未卖之先并不在人上重行典呰（当）如有来历不明自有出笔及经场人理落不与买者相干自今出卖之后任从买者理土别耕卖者无得异言一卖千休永无找伝（价）取赎恐口无凭特立此契字为据

再批寻出老契不作为故纸此

经场人胞弟建▢【押】

往来房兄建洗【押】

代笔房祖邦群【押】

民国三十五年岁次丙戌古历冬月吉日

立杜契字人彭门刘氏【押】

天长地久永远发达

# 于都

## 同治二年十二月吉日王泰来卖田契

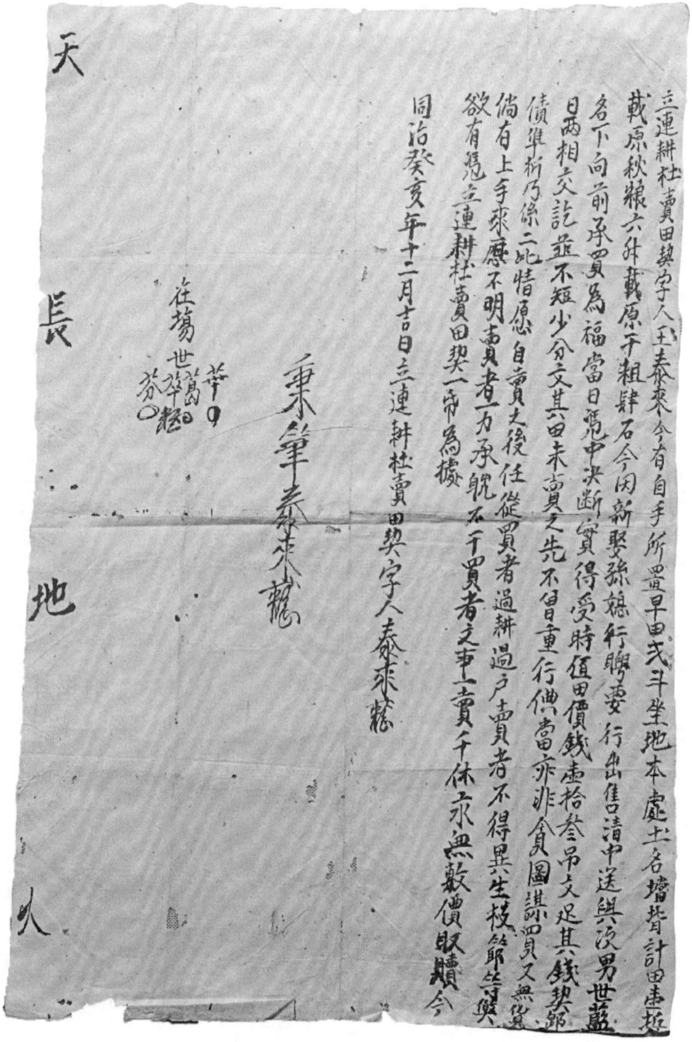

立连耕杜卖田契字人王泰来今有自手所置早田贰斗坐地本处土名垱背计田壹丘载原秋粮六升载原干租肆石今因新娶孙媳行聘要行出售清（请）中送与次男世蓝名下向前承买为福当日凭中决断实得受时值田价钱壹拾叁吊文足其钱契即日两相交讫并不短少分文其田未卖之先不曾重行典（典）当亦非贪图谋买又无货债准折乃系二比情愿自卖之后任从买者过耕过户卖者不得异生枝节等弊倘有上手来历不明卖者一力承躭（担）不干买者之事一卖千休永无敷价取赎今欲有凭立连耕杜卖田契一纸为据

同治癸亥年十二月吉日立连耕杜卖田契字人泰来【押】

秉笔泰来【押】

在场世华【押】世葛【押】世萃【押】

世芬【押】

天长地久

## 同治八年十二月吉日康正柗卖田契

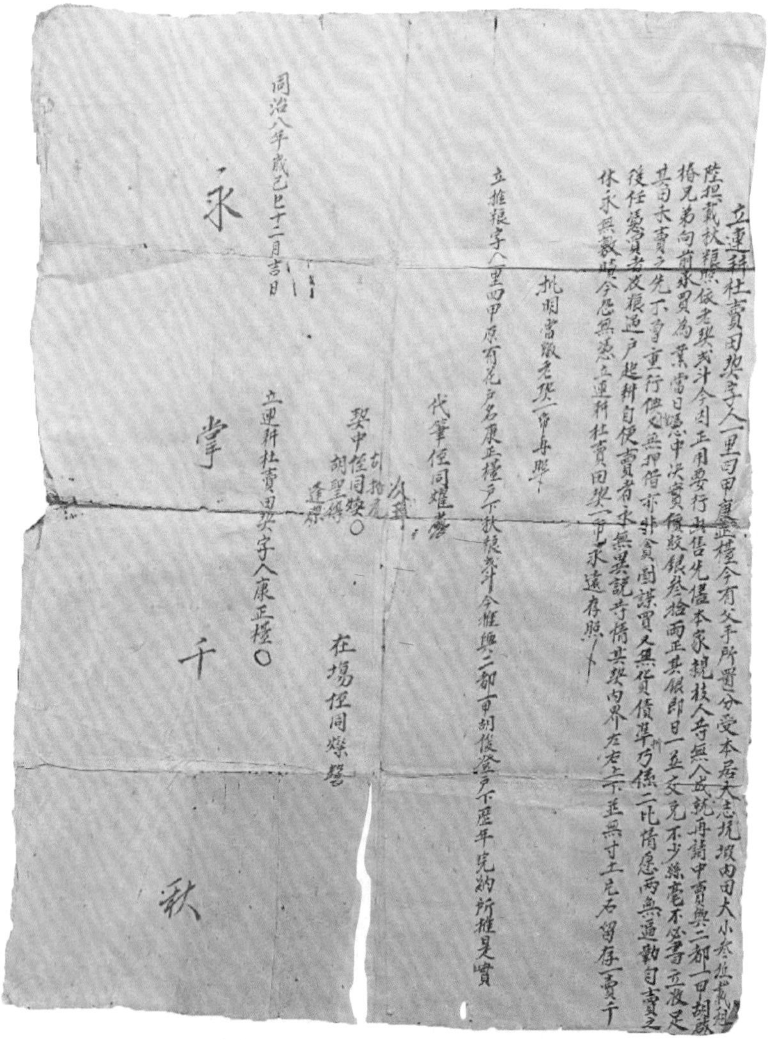

立连耕杜卖田契字人一里四甲康正柗今有父手所置分受本居大志坑堀内田大小叁丘载租陆担载秋粮照依老契贰斗今因正用要行出售先尽本家亲枝人等无人成就再请中卖与二都一甲胡啟椿兄弟向前承买为业当日凭中决实价纹银叁拾两正其银即日一并交兑不少丝毫不必书立收足其田未卖之先不曾重行典（典）偿（当）又无押借亦非贪图谋买又无货债准折乃系二比情愿两无逼勒自卖之后任凭买者收粮过户起耕自便卖者永无异说等情其契内界左右上下并无寸土片石留存一卖千休永无敷赎今恐无凭立连耕杜卖田契一纸永远存照

批明当缴老契一纸再照

立推粮字人一里四甲原有花户名康正柗户下秋粮贰斗今推与二都一甲胡俊登户下历年完纳所推是实

代笔侄同耀【押】

契中胡次王胡拾元侄同焕【押】胡圣传胡逢原

在场侄胡同灿【押】

同治八年岁已巳十二月吉日立连耕杜卖田契字人康正柗【押】

永掌千秋

## 同治十年十一月张良曾嗣孙明保朝连卖大租契

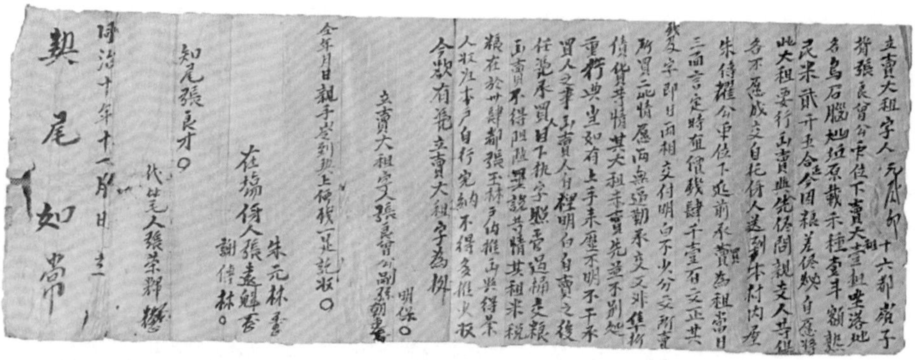

立卖大租字人元⍰夘十六都岭子背张良曾公众位下卖大租壹担坐落地名鸟石脑垇坵原载禾种壹斗额熟民米贰升五合正今因粮差尽𤆵自愿将此大租要行出卖与先尽问亲支人等俱各不愿成交自托伢人送到本村内屋朱传耀公众位下近前承买为租当日三面言定时值价钱肆千壹百文正其钱及字即日两相交付明白不少分文所卖所买二比情愿两无逼勒承交又非准折债货等情其大租未卖先并不别处重行典当如有上手来历不明不干承买人之事出卖人自裡（理）明白自卖之后任凭承买人目下执字照管过桶交粮出卖不得阻㧗（挡）异说等情其租米税粮在于卅肆都张玉林户内推出与得业人收归本户自行完纳不得多推少收今欲有凭立卖大租字为据

立卖大租字人张良曾公嗣孙明保【押】朝连【押】

仝年月日亲手岺（领）到契上价钱一足讫收【押】

在场伢人朱元林【押】张远魁【押】谢传林【押】

知尾张良才【押】

代笔人张荣辉【押】

同治十年十一月日立

契尾如常

光绪七年十二月吉日王珠京卖田契

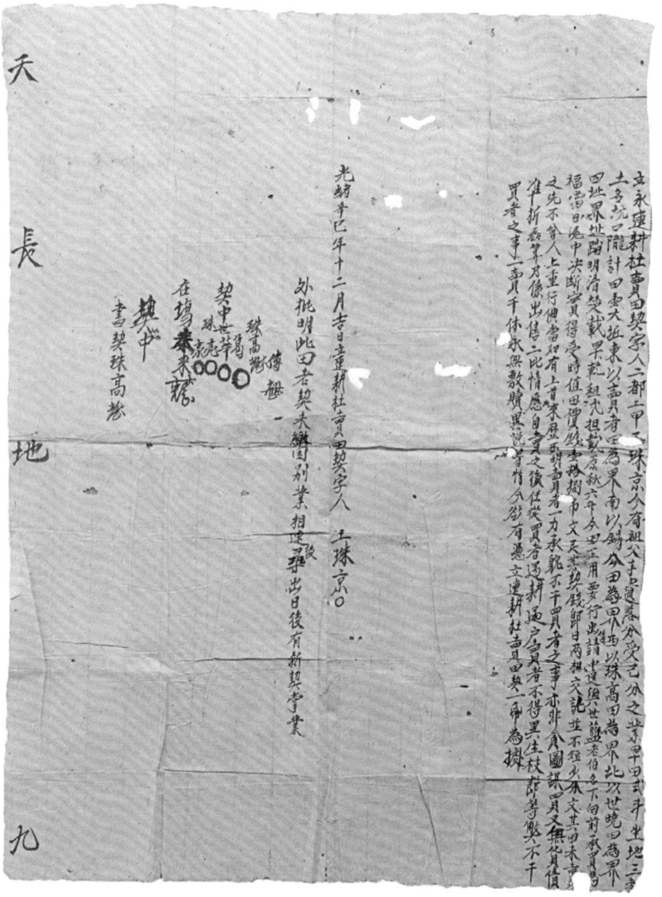

立永连耕杜卖田契字人二都二甲王珠京今有祖父手遗落分受己分之业旱田贰斗坐地三都土名坑口陇计田壹大丘东以卖者田为界南以锡公田为界西以珠高田为界北以世晓田为界四址界址踏明清楚载旱乾（干）租贰担载原秋六升今因正用要行出售请中送与世蓝老伯名下向前承买为福当日凭中决断实得受时值田价钱壹拾捌吊文足其契钱即日两相交讫并不短少分文其田未卖之先不曾人上重行典（典）当如有上首来历不明卖者一力承航（担）不干买者之事亦非贪图谋买又无货债准折磊算乃系出售二比情愿自卖之后任从买者过耕过户卖者不得异生枝节等弊不干买者之事一卖千休永无敷赎异说等情今欲有凭立连耕杜卖田契一纸为据

光绪辛巳年十二月吉日立连耕杜卖田契字人王珠京【押】

外批明此田老契未缴因别业相连后寻出日后有新契掌业

契中珠传【押】珠高【押】珠葛【押】世华【押】

珠亮【押】珠豪【押】

在场泰来【押】

契中

书契珠高【押】

天长地九（久）

## 光绪十年十二月吉日王建猷卖房屋契

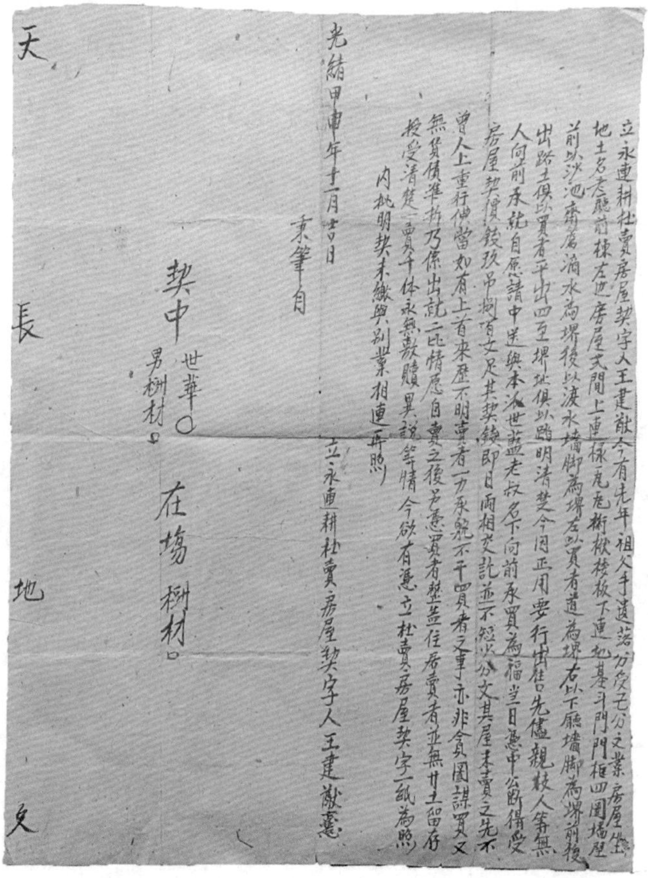

立永连耕杜卖房屋契字人王建猷今有先年祖父手遗落分受己分之业房屋坐地土名老厅前栋左边房屋贰间上连禄瓦瓦桁栿楼板下连地基斗门门框四图（土）墙壁前以沙池齐簷滴水为界后以渡水墙脚为界左以买者道为界右以下厅墙脚为界前后出路土俱以买者平出四至界址俱以踏明清楚今因正用要行出售先尽亲枝人等无人向前承就自愿请中送与本派世蓝老叔名下向前承买为福当日凭中公断得受房屋契价钱玖吊捌百文足其契钱即日两相交讫并不短少分文其屋未卖之先不曾人上重行典（典）当如有上首来历不明卖者一力承躭（担）不干买者之事亦非贪图谋买又无货债准折乃系出就二比情愿自卖之后另凭买者整盖住居卖者并无寸土留存授受清楚一卖千休永无敷赎异说等情今欲有凭立杜卖房屋契字一纸为照

内批明契未缴与别业相连再照

光绪甲申年十二月吉日立永连耕杜卖房屋契字人王建猷【押】

秉笔自

契中世华男树材【押】

在场树材【押】

天长地久

## 光绪十二年三月吉日王世葛等卖田契

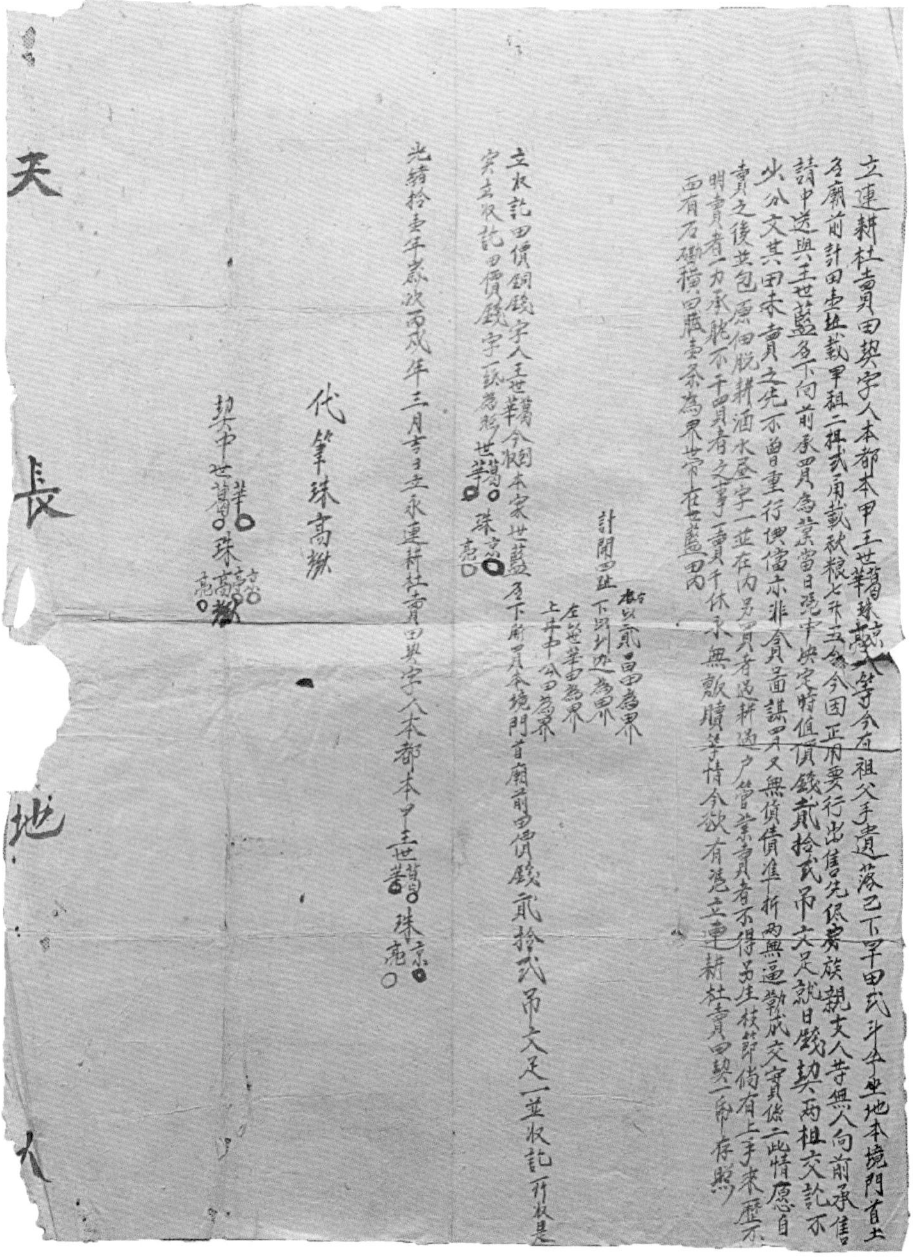

立連耕杜賣田契字人本都本甲王世葛、世華、珠京、亮等，今有祖父手遺落已下甲田弍斗，坐地本境門首土名廟前，計田壹坵，載甲租二秤弍角，載秋粮七升五合。今因正用，要行出售，先侭房族親支人等，無人向前承售，請中送與王世藍名下向前承買為業。當日憑中與定時值價錢貳拾弍吊文足，就日錢契兩相交訖，不少分文。其田未賣之先，不曾重行典當，亦非貪圖謀買，又無債債準折，兩無逼勒，成交實係二比情愿。自賣之後，並包原佃脫耕，酒水歷字一並在內，另買者過耕過户管業，賣者不得另生枝節。倘有上手來歷不明，賣者一力承耽，不干買者之事。一賣千休，永無贖贖等情。今欲有憑，立連耕杜賣田契一紙存照。

西有石砌横田脚壹条為界，世常在世藍田內。

計開四址：東以貳畝田為界，下以圳边為界，左以世華田為界，上至中公田為界。

立收記田價銅錢字人王世葛、世華，今收到本家世藍名下所買本境門首廟前田價錢貳拾弍吊文足，一並收記，所收是實。立收記田價錢字一紙為據。世葛、世華、珠京、亮

光緒拾貳年歲次丙戌年三月吉日立永連耕杜賣田契字人本都本甲王世葛、世華、珠京、亮

代筆　珠高

契中　世華　珠高　亮

天　長　地　久

立连耕杜卖田契字人本都本甲王世葛王世华王珠京王珠亮人等今有祖父手遗落己下早田贰斗今坐地本境门首土名庙前计田壹丘载早租二担贰甬载秋粮七升五合今因正用要行出售先尽房族亲支人等无人向前承售请中送与王世蓝名下向前承买为业当日凭中决定时值价钱贰拾贰吊文足就日钱契两相交讫不少分文其田未卖之先不曾重行佣（典）凼（当）当亦非贪图谋买又无货债准折两无逼勒成交实系二此情愿自卖之后并包原佃脱耕酒水昼字一并在内另买者过耕过户管业卖者不得另生枝节倘有上手来历不明卖者一力承躭（担）不干买者之事一卖千休永无敷赎等情今欲有凭立连耕杜卖田契一纸存照

西有石礅横田塍壹条为界带在世蓝田内

计开四址右以贰昌田为界下以圳边为界左以世华田为界上井中公田为界

立收讫田价铜钱字人王世葛王世华今到收本家世蓝名下所买本境门首庙前田价钱贰拾贰吊文足一并收讫所收是实立收讫田价钱字一纸为照世葛【押】世华【押】珠京【押】珠亮【押】

光绪拾壹（贰）年岁次丙戌年三月吉日立永连耕杜卖田契字人本都本甲王世葛【押】世华【押】珠京【押】珠亮【押】

代笔珠高【押】

契中世华【押】世葛【押】珠京【押】珠亭【押】珠高【押】珠亮【押】

天长地久

宣统元年十二月吉日王藹杨等卖田契

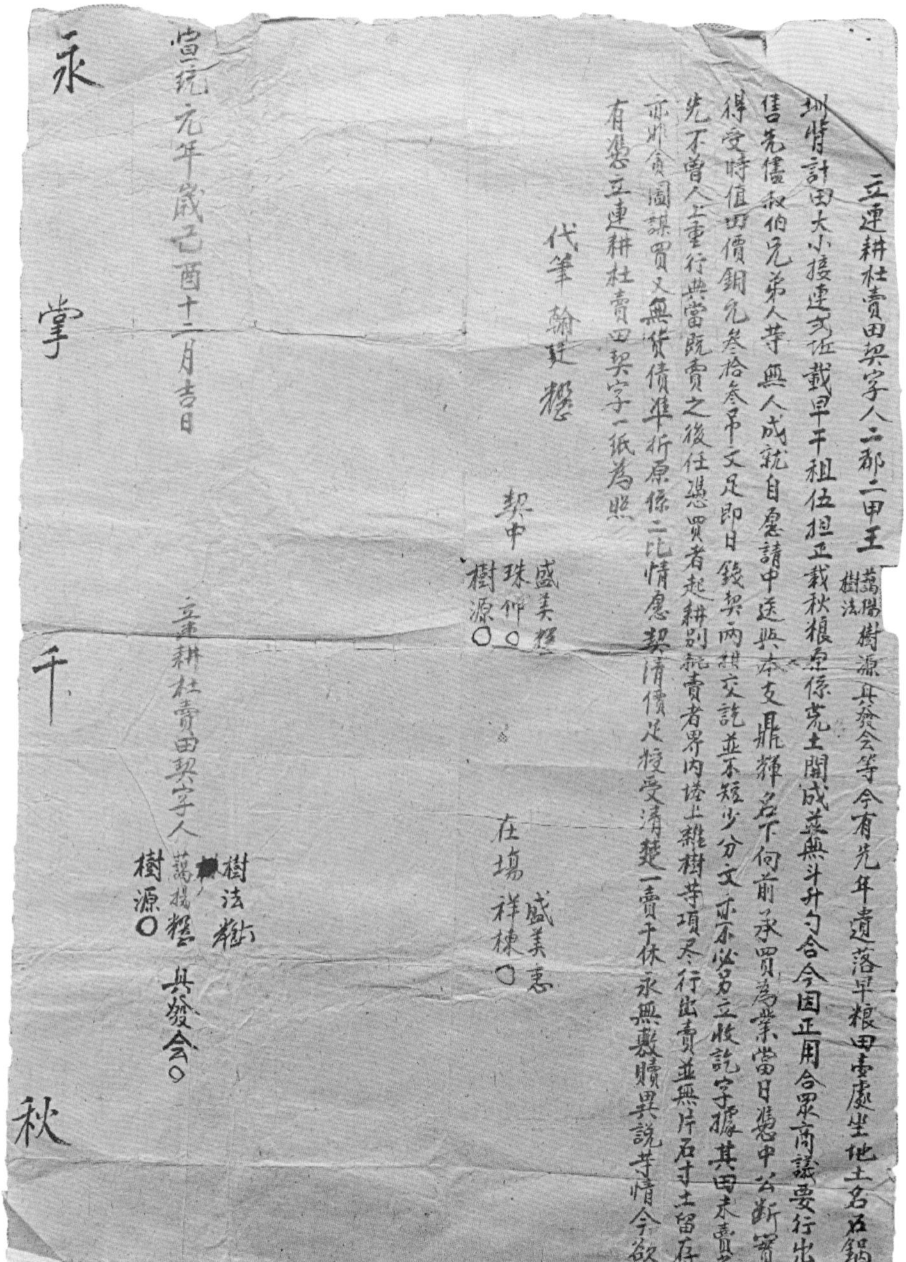
立連耕杜賣田契字人二都二甲王藹楊 樹法 樹源 與發会等今有先年遺落早粮田壹處坐地土名石鍋
圳背計田大小接連式坵載早干租伍担正載秋粮原係先土闢成並無斗升勺合今因正用合衆商議要行出
售先儘叔伯兄弟人等無人成就自愿請中送與本支鼎輝名下向前承買爲業當日憑中公斷實
得受時值田價銅元叁拾叁吊文足即日錢契兩相交訖並不短少分文亦不必另立收訖字據其田未賣之
先不曾人上重行典當既賣之後任憑買者起耕別耕賣者界内堵上雜樹等項尽行出賣並無片石寸土留存
亦非貪圖謀買又無貨債準折原係二比情愿契清價足授受清楚一賣千休永無贖異說等情今欲
有憑立連耕杜賣田契字一紙爲照

代筆 翰廷 押

契中 盛美 押 珠仰 〇 樹源 〇

在場 盛美 惠 祥棟 〇

立連耕杜賣田契字人 藹楊 押 樹法 押 樹源 〇 與發会 〇

宣統元年歲己酉十二月吉日

永 掌 千 秋

立连耕杜卖田契字人二都二甲王蔼杨王树法王树源兴发会等今有先年遗落早粮田壹处坐地土名石锅圳背计田大小接连贰丘载早干租伍担正载秋粮原系荒土开成并无斗升勺合今因正用合众商议要行出售先尽叔伯兄弟人等无人成就自愿请中送与本支鼎辉名下向前承买为业当日凭中公断实得受时值田价铜元叁拾叁吊文足即日钱契两相交讫并不短少分文亦不必另立收讫字据其田未卖之先不曾人上重行典当既卖之后任凭买者起耕别批卖者界内塍上杂树等项尽行出卖并无片石寸土留存亦非贪图谋买又无货债准折原系二比情愿契清价足授受清楚一卖千休永无敷赎异说等情今欲有凭立连耕杜卖田契字一纸为照

代笔翰廷【押】

契中盛美【押】珠作【押】树源【押】

在场盛美【押】祥栋【押】

宣统元年岁己酉十二月吉日

立连耕杜卖田契字人树法【押】蔼杨【押】树源【押】兴发会【押】

永掌千秋

民国元年冬月吉日珠伯等卖田契

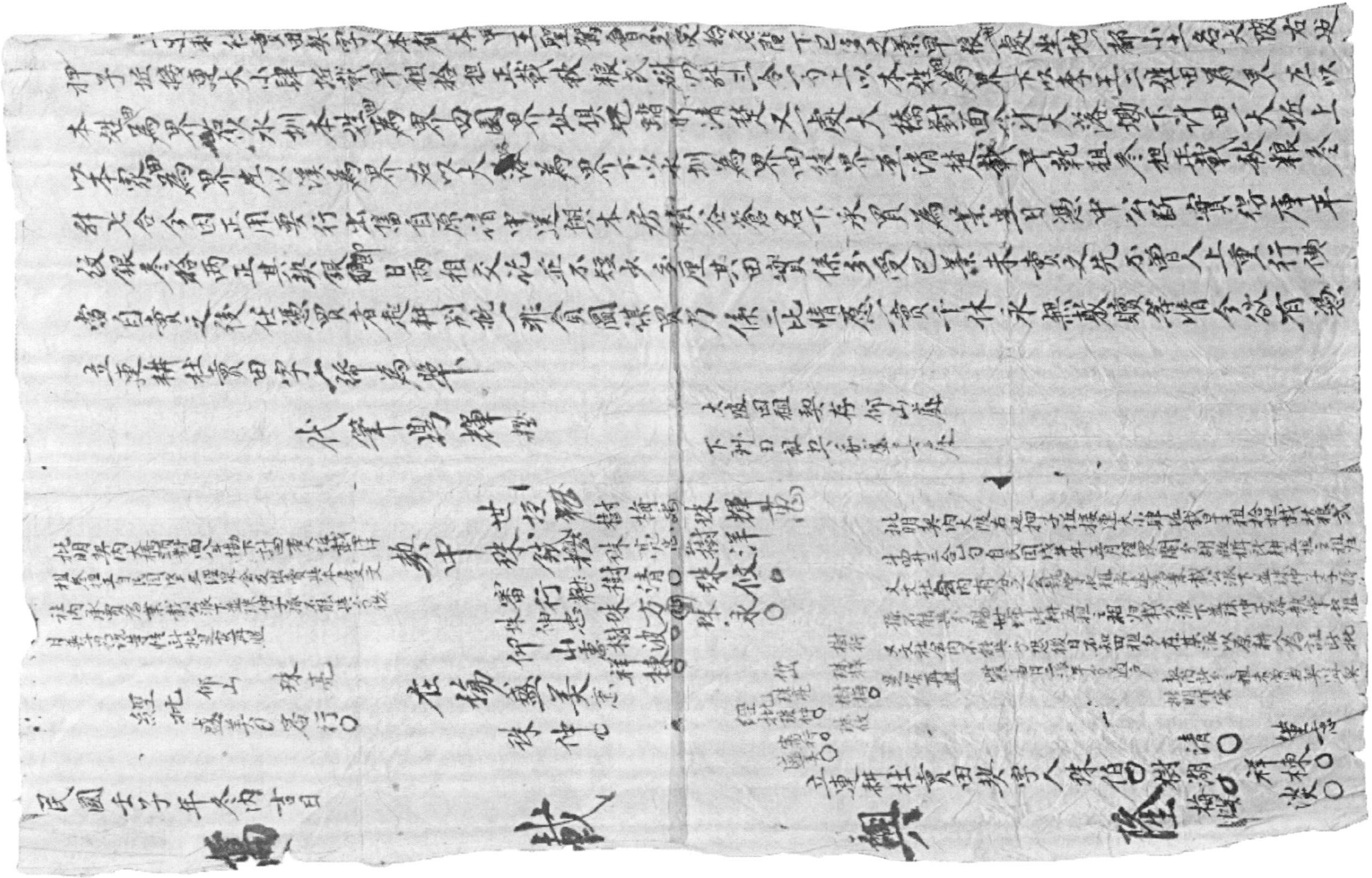

立连耕杜卖田契字人本都本甲王圣驾会分受拾名阄下巳（己）分得之业早粮田贰处坐地一都小土名大陂右边押子丘接连大小肆丘载早租拾担正载秋粮贰科四升三合一勺上以本姓田为界下以李王二姓田为界左以本姓田为界右以水圳本姓田为界四圜界址俱已踏明清楚又一处大桥对面八斗大落塅下计田一大坵上以本家田为界左以溪为界右以大路为界下以水圳为界四徒界至清楚载早干租叁担正载秋粮叁升七合今因正用要行出售自原请中送与本房积谷荅名下承买为业当日凭中公断实得库平纹银叁拾两正其契银即日两相交讫并不短少分厘其田实系分受已业未卖之先不曾人上重行典（典）当自卖之后任凭买者起耕别批一非贪图谋买乃系二比情愿一卖千休永无敷赎等情今欲有凭立连耕杜卖田字一纸为照

代笔鼎辉【押】

大陂田租契存仰山处

下洲田租契存盛美处

批明契内大桥头对面八斗塅下计田壹大坵载早干租叁担正自民国戊午年经众会友出卖与本房又文社内承买为业载公派下并珠仲子孙不能与分后日并无异说等情所批是实再照

经批仰山盛美【押】珠亮审行【押】

契中世垤【押】珠鉽【押】审行【押】珠伸【押】仰山【押】树梅【押】珠亮【押】树清【押】珠方【押】树波【押】祥栋【押】珠辉【押】树洋珠攸【押】珠永【押】

在场盛美【押】珠仲【押】

批明契内大陂右边押子坵接连大小肆丘载早干租拾担载秋粮贰斗四升三合一勺自民国戊午年五月经众阄分胡啟楫所耕五担之租归又文社会内有分之会执掌收租永远为业载公派下并珠仲子子孙孙不能与分欧世辉所耕五担之租归载公派下并珠仲子孙执掌收租又文社会内不能与分恐后日不知田租分在某派以原耕人为证所批是实再照此粮当日二派平分过户

契内所分之租未曾书契以此契批明作实

经批仰山珠亮珠仲【押】审行【押】盛美【押】树衍珠辉树梅【押】珠攸【押】

民国壬子年冬内［月］吉日立连耕杜卖田契字人珠伯【押】树清【押】树湖【押】树梅【押】祥槿【押】祥栋【押】祥淡【押】

万载兴隆

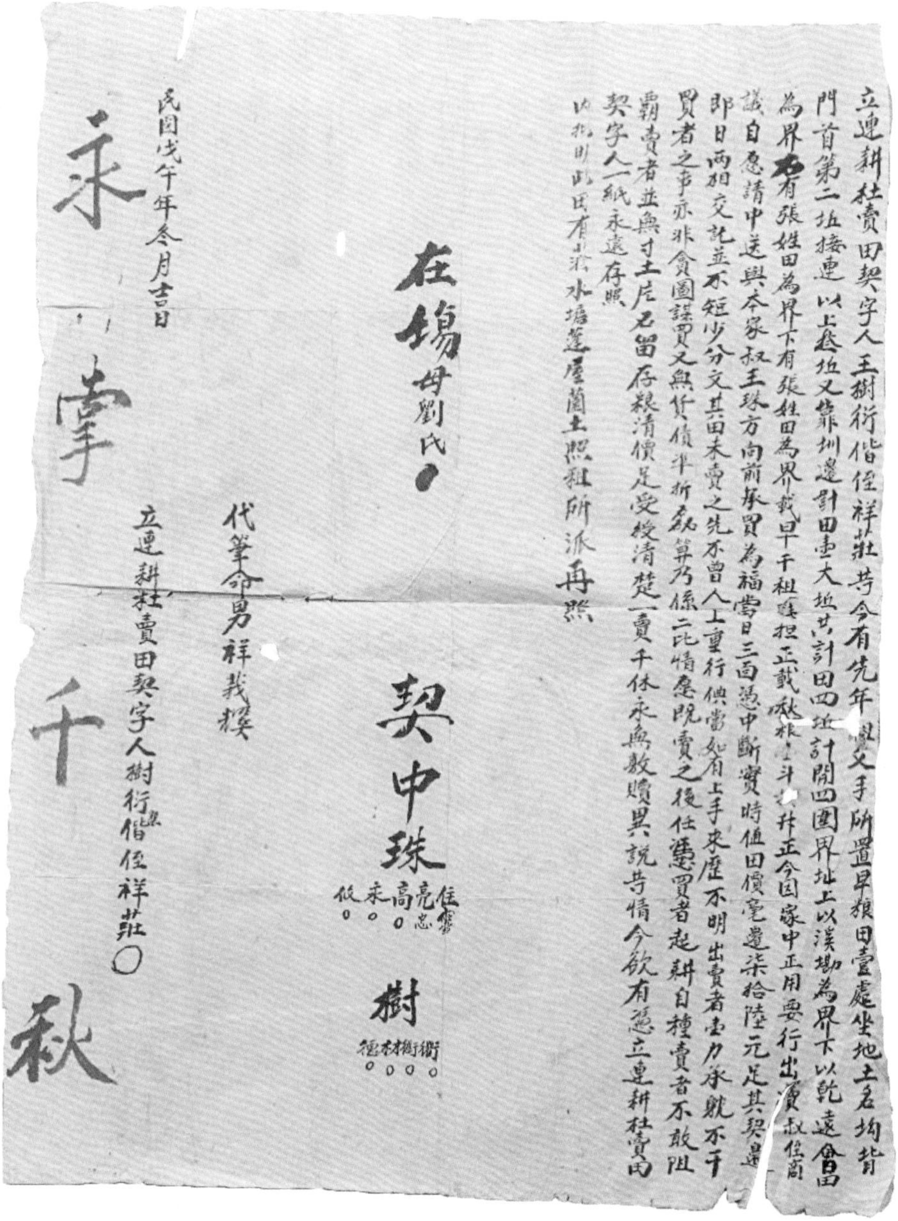

立連耕杜賣田契字人王樹衍偕侄祥莊等今有先年親父手所置早粮田壹處坐地土名均背門首第二坵接連以上叁坵又靠圳邊對田壹大坵共計田四坵計開四圍界址上以溪墈為界下以乾遠會田為界左有張姓田為界下有張姓田為界載早千租[illegible]担正載秋粮[illegible]斗[illegible]升正今因家中正用要行出賣叔侄商議自愿請中送與本家叔王琢方向前承買為福當日三面憑中斷賣時值田價毫邊柒拾陸元足其契即日兩相交訖並不短少分文其田未賣之先不曾人工重行典當如有上手來歷不明出賣者壹力承耽不干買者之事亦非貪圖謀買又無貨債準折成算乃係二比情愿既賣之後任憑買者起耕自種賣者不敢阻覇賣者並無寸土片石留存粮清價足受授清楚一賣千休永無敢贖異說等情今欲有憑立連耕杜賣田契字人一紙永遠存照

內批明此田有小坑水塘蓮屋菌土照租所派再照

在場 母劉氏

契中 珠 任 亮忠 高 來 依

樹

代筆 命男祥裁

民国戊午年冬月吉日

立連耕杜賣田契字人樹衍偕侄祥莊

禾 掌 千 秋

民国七年冬月吉日王树衍等卖田契

立连耕杜卖田契字人王树衍偕侄祥庄等今有先年祖父手所置早粮田壹处坐地土名坳背门首第二丘接连以上叁丘又靠圳边计田壹大丘共计田四丘计开四围界址上以溪墈为界下以乾远会田为界右有张姓田为界下有张姓田为界载早干租?担正载秋粮壹斗捌升正今因家中正用要行出卖叔侄商议自愿请中送与本家叔王珠方向前承买为福当日三面凭中断实时值田价毫?柒拾陆元足其契?即日两相交讫并不短少分文其田未卖之先不曾人上重行僙（典）当如有上手来历不明出卖者壹力承躭（担）不干买者之事亦非贪图谋买又无货债准折磊算乃系二比情愿既卖之后任凭买者起耕自种卖者不敢阻霸卖者并无寸土片石留存粮清价足受授清楚一卖千休永无敷赎异说等情今欲有凭立连耕杜卖田契字人一纸永远存照

内批明此田有灌水塘蓬屋园土照租所派再照

在场母刘氏【押】

契中珠住【押】珠亮【押】珠高【押】珠永【押】珠攸【押】树衢【押】

树衡【押】树材【押】树德【押】

代笔命男祥莪【押】

民国戊午年冬月吉日立连耕杜卖田契字人树衍襄偕侄祥庄【押】

永掌千秋

## 民国廿七年十二月吉日王门郭氏仝男祥润换粮田契

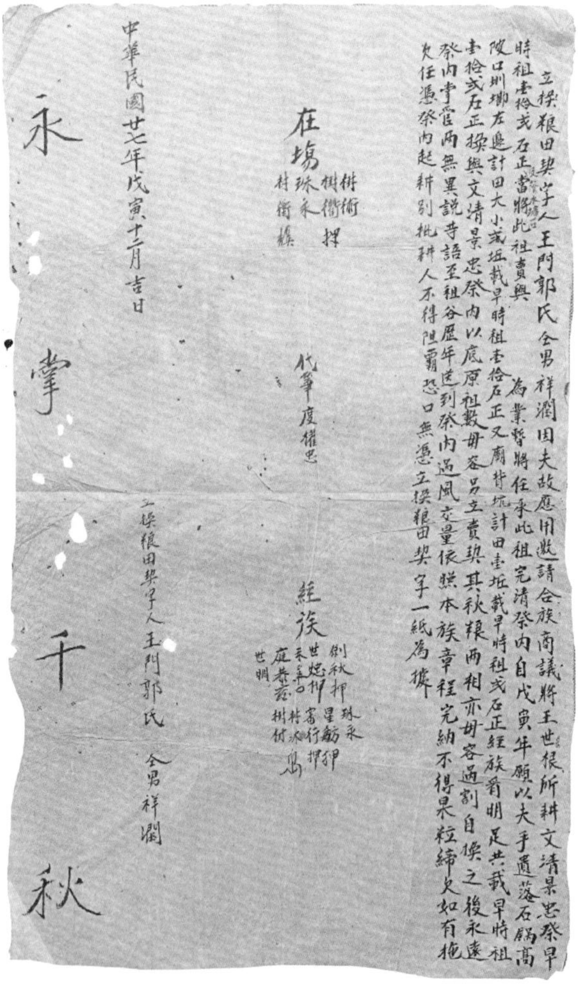

立换粮田契字人王门郭氏仝男祥润因夫故应用邀请合族商议将王世根所耕文清景忠祭早时租壹拾贰石正及荫水塘一口当将此租卖与　　为业暂将任承此租完清祭内自戊寅年愿以夫手遗落石锅高陂口圳墈左边计田大小贰丘载早时租壹拾石正又庙背坑计田壹丘载早时租贰石正经族看明足共载早时租壹拾贰石正换与文清景忠祭内以底原租数毋容另立卖契其秋粮两相亦毋容过割自换之后永远祭内掌管两无异说等语至租谷历年送到祭内过风交量依照本族章程完纳不得果粒缔欠如有拖欠任凭祭内起耕别批耕人不得阻霸恐口无凭立换粮田契字一纸为据

在场树衔树衢【押】珠永树衡【押】

代笔度权【押】

经族剑秋【押】世炮【押】珠华【押】庭恭【押】

世晭珠永星舫【押】审行【押】树林【押】

树材

中华民国廿七年戊寅十二月吉日

立换粮田契字人王门郭氏仝男祥润

永掌千秋